임화 문학과
식민지 근대

저자 소개

박정선(朴正善)은 경북대학교 국어국문학과를 졸업하고 동 대학원에서 문학박사 학위를 받았다. 지금은 창원대학교 인문대학 국어국문학과 교수로 근무하고 있다. 저서로는『우리 영화 속 문학 읽기』(공저),『파시즘미학의 본질』(공저)이 있으며, 최근 논문으로는「해방기 문화운동과 르포르타주 문학」,「파시즘과 리리시즘의 상관성 연구」,「시대의 반서정성과 서정시의 반시대성」등이 있다. 일제 강점기 프로문학과 해방기 민족문학이 그려 내는 파상을 다각도로 조명함으로써 한국 근대문학의 특수성과 보편성을 탐색하는 연구를 계속해 오고 있으며, 최근에는 일제 말기와 서정시의 상관성에 대한 고찰을 통해 서정시의 장르적 성격을 규명하는 데에도 관심을 갖고 연구하고 있다.

임화 문학과 식민지 근대

초판 1쇄 • 2010년 10월 26일
초판 2쇄 • 2011년 9월 14일

지은이 • 박정선
펴낸이 • 함인석
펴낸곳 • 경북대학교출판부

출판등록 • 1973년 10월 10일 ㉑97호
주소 • 대구광역시 북구 대학로 80번지
전화 • 053) 950-6741~3
FAX • 053) 953-4692
이메일 • press@knu.ac.kr
홈페이지 • http://knupress.com

ISBN 978-89-7180-327-1 93810

값은 표지 뒷면에 있습니다.
잘못 만들어진 책은 바꾸어 드립니다.

임화 문학과 식민지 근대

박정선 지음

경북대학교출판부

머리말

임화는 시인으로서, 문학비평가로서, 문학사가로서, 문예운동가로서 한국 근대문학사에 한 획을 그은 인물이다. 그는 카프의 주역으로서 시와 비평을 통해 프로문학의 주요 성과들을 산출했고, 카프 해산 후에도 시와 비평, 문학사를 통해 프로문학의 핵심을 이어 가려 했으며, 해방 후에는 문학가동맹의 지도자로서 민족문학 건설을 위해 노력했다. 그의 문학이 한국 근대문학사 연구의 주된 대상이 되는 이유가 여기에 있다. 한편 그의 시대와 우리 시대를 비교할 때, 두 시대는 엄청난 표면적 차이를 보이지만 근본적으로는 동일한 지반 위에 있음을 느낀다. 그가 대결했던 '근대'와 '자본주의'가 견고한 쇠우리로 여전히 우리를 포위하고 있기 때문이다. 그런 점에서 그의 문학은 이 시대의 실천적 지성에게 '살아 있는 전통'이란 의미를 지닌다. 따라서 임화와 그의 문학을 부단히 재검토하는 작업은 한국 근대문학 연구의 차원에서나 한국문학의 방향 모색 차원에서나 의의가 적지 않다. 이 책은 이러한 판단에 의거하여 임화 문학이 식민지 근대와 어떻게 충돌하면서 전개되어 갔는지를 추적한 것이다.

이 책의 제1부는 근대적 주체를 구조의 산물이자 생산자라고 보는 마르크스의 주체론을 방법론으로 하여 임화 시 전체를 고찰한 논문으로 이루어져 있다. 임화의 삶은 식민지 지배체제의 주체화 메커니즘을 따르는 순응적·타율적 주체가 됨을 거부하고 스스로를 저항적·자율적 주체로 정립해 나가는 고투 어린 과정이었다. 이 같은 주객변증법적 삶의 궤적은 고스란히 그의 시에 투영되어 있다. 그의 시가 폭넓은 변화를 보임에도 각 작품들이 내적 연관성을 지니는 것은 주객변증법의 원리가 시세계의 저류에 흐르고 있기 때문이다. 그의 시에 나타난 '노동자', '청년', '인민'은 모두 주객변증법의 원리에 의해 구성되었고, 그는 이러한 주체의 형상을 통해 반식민적·반근대적 실천을 수행해 갔다. 제1부에서는 이 같은 시적 실천의 전개과정과 역사철학적 근대성을 살피는 데 주력했다.

제2부에는 임화 문학을 심층적이고 맥락적으로 읽은 논문 세 편이 담겨 있다. 첫 번째 논문은 1920년대 아방가르드 문학의 지형 속에서 임화 시가 미학적 전위성과 정치적 전위성을 함께 보여 주고 있음을 분석한 것이다. 두 번째 논문은 일제 말기 전시체제에서 산출된 「찬가」 연작이 임화의 비극적 세계관의 산물이며, 거기에는 니체주의와 마르크스주의가 뒤엉켜 있음을 논증한 것이다. 세 번째 논문은 해방기 임화 시의 탈식민성을 수사학적 독법으로 재조명한 것이다.

제3부에 실린 세 편의 논문은 임화를 근대 문예운동의 흐름 속에서 살펴봄으로써 그가 어떠한 위치에 있었고, 어떠한 역할을 했는지를 고찰한 것이다. 첫 번째 논문은 카프의 문예대중화 논쟁에서 제기된 임화의 볼셰비키적 대중화론을 다른 논자들의 논의와 비교해 본 것이다. 두 번째 논문은 임화

가 민족문학론을 정립하고, 그에 근거해 해방기 문화운동을 주도해 나간 점을 실증적으로 고찰한 것이다. 세 번째 논문은 해방기 문화운동의 일환이었던 해방가요 창작 과정에서 임화가 주도적 역할을 담당했음을 밝힌 것이다.

이 책이 나오기까지 도움을 주신 많은 분들께 감사드린다. 대학 입학 이래 직간접적으로 만난 실천적 지성들은 내게 세상을 읽는 법과 바르게 사는 길을 가르쳐 주셨다. 맑은 눈과 뜨거운 심장을 갖고 올곧게 살아야 한다는 그분들의 가르침을 실천하는 것은 대단히 어려운 일이지만, 최소한 그 가르침을 거스르며 살지는 않겠다고 다짐해 본다. 모교의 선생님들, 특히 이주형, 김재석, 김주현, 박현수, 박용찬 선생님께서는 따뜻한 격려와 냉철한 가르침으로 부족한 나를 학문적으로 이끌어 주셨다. 공부 안 하던 학생이었던 내가 지금까지 공부를 계속할 수 있었던 것은 모두 선생님들의 가르침 덕분이다. 하정일 선생님께서는 박사논문 심사를 맡아 자상하고 섬세하게 논문을 지도해 주셨다. 근대문학을 공부하면서 선생님을 사숙하는 스승으로 여겨 오던 터라 이 자리를 빌려 거듭 감사의 인사를 드린다. 또 서로 의지하고 자극을 주며 함께 학문의 길을 가고 있는 모교의 현대문학 연구실 동료, 선후배에게 고마움을 전한다. 그리고 무엇보다 언제나 나를 지지하고 후원해 주는 가족에게 감사드린다. 마지막으로 출판 과정에서 여러모로 애써 주신

경북대학교출판부 선생님들께도 감사의 말씀을 드린다.

우리는 어디서 왔고, 어디에 서 있으며, 어디로 가야 하는가? 이것은 문학이 영원히 탐구하고 고민해야 할 문제이다. 감히 말하건대 이 문제를 외면하는 한, 문학은 존재할 가치가 없다고 나는 믿고 있고, 앞으로도 이 믿음을 결코 버리지 않을 것이다. 이 믿음을 내게 심어 준 한 사람. 그는 내게 인간의 의지와 열정과 희망의 위대성을, 그것의 언어적 결정체인 문학의 아름다움을 온몸으로 보여 주었다. 그런 의미에서 이 책을 온전히 그에게 바치고 싶다. 그는 임화다.

2010년 10월 어느 가을날

산격동 연구실에서

박 정 선

차례

제1부
임화 문학의 주체와 식민지 근대의 변증법

제1장

주체 구성의 원리와 근대문학의 주체

┌ 임화 시와 주체 문제

1980년대 말에 이루어진 월북 작가들에 대한 해금은 사회 변혁의 고양된 분위기에 힘입은 것으로, 그때까지 소위 '순수문학' 중심적이었던 한국 근대문학 연구의 지형을 바꾸어놓는 결정적인 계기로 작용했다. 당연히도 일제강점기와 해방기에 산출된 그들의 문학에 대한 연구가 봇물처럼 쏟아져 나왔다. 가히 카프와 문학가동맹의 '르네상스'라 일컬어 마땅할 당시의 문학 연구는 일차적으로는 근대문학사의 미개척지를 탐사한다는 순수한 학문적 열정에 의한 것이었지만, 다른 한편으로는 근대문학 연구자들이 자신의 영역에서 어떤 방식으로 변혁적 실천을 수행할 것인가 하는 진지한 고민이 추동한 결과이기도 했다. 이러한 작업은 한국 근대문학사의 진보적 전통을 복원하는 것이라는 문학사적 의의를 지님과 아울러 그간 불구성과 편파성을 면치 못했던 한국 근대문학 연구에 새로운 인식적 지평과 방법적 틀을 제공하는 것이라는 학문적 의의도 내포하고 있었다. 비록 연구자들의 세계관과 미학적 입장에 따라 평가의 양상은 다양했다 하더라도, 일제강점기와 해방기의 진보적 문학에 대한 연구는 근대문학 연구의 영역을 확장하고 문학 연구의 당대적 개입의 가능성을 모색함으로써 근대문학 연구를 포위하고 있던 '순수문학'과 '상아탑'이라는 이중의 벽을 걷어내는 중요한 문학적 실천이었다. 그리하여 여러 연구자들의 숱한 연구 성과를 바탕으로 한국 근대문학사는 새로 쓰이게 되었다.[1] 그것은 역사적 필연이었다.

그런데 일제강점기 프로문학과 해방기 민족문학은 자료 정리와 작가의 생애 및 작품세계의 개괄과 같은 일차적인 연구가 일단락되고 본격적인 연구가 시작되어야 할 1990년대 중반 무렵부터 서서히 연구자들의 관심 밖으로 밀려나기 시작했다. 그래서 이제는 지속적으로 관심을 기울여 왔던 소수를 제외하고는 프로문학과 민족문학에 주목하는 연구자들은 많지 않은 편이다. 프로문학과 민족문학 연구가 이처럼 침체에 빠진 것은 일차적 연구 성과들이 어느 정도 축적된 상황이기 때문에 새로운 자료가 발굴되지 않는 한 새로운 논의가 어렵다는 데에 우선적인 원인이 있다. 또한 이와 연동된 문제로 1950년대 이후 문학으로의 연구영역 확장, 그간 소홀히 다루었던 근대 초기 문학이나 일제 말기 문학으로의 관심 회귀 등도 부가적인 원인으로 추가할 수 있을 것이다. 게다가 현실 정세의 변화와 변혁운동의 역량 약화, 사회 전반의 개량화와 변혁에 대한 무관심, 각종 포스트주의 담론들의 권력화[2] 등의 외적 조건들도 프로문학과 민족문학에 대한 관심 이반의 요인으로 작용하였다. 그렇다고 프로문학과 민족문학 연구가 절맥의 위기에 처한 것은 물론 아니다. 최근까지도 이 분야에 대한 연구논문들이 지속적으로 생산되고 있기 때문이다. 그러나 대개는 기존 논의의 재생산에 그치고 있다는

1_ 김재용 · 이상경 · 오성호 · 하정일, 『한국근대민족문학사』, 한길사, 1993.

2_ 이와 연관하여 유성호의 다음과 같은 지적은 음미해 볼 만한다. "전망의 부재라든가 목적론적 역사관에 대한 일관된 회의가 그 자체로 이미 탈근대적 열정과 매개되어 있는 것이라면, 탈근대적인 문화 코드가 매체권력을 쥐고 있는 것도 임화에 대한 고찰을 뜸하게 하는 원인 중의 하나일 것이다." 유성호, 「비극적 근대시인의 시적 경로」, 문학과사상연구회 편, 『임화문학의 재인식』, 소명출판, 2004, 181면. 이는 비단 임화의 경우에만 국한되는 문제는 아닐 것이다.

느낌을 지울 수 없다. 어떤 특정한 분야에서 새로운 자료의 발굴을 기대하기 힘들 때, 문학 연구는 기존의 대상을 새로운 관점과 방법론으로 고찰함으로써 새로운 논의를 제출하는 방향으로 전개될 수도 있을 것이다. 실제 1990년대 중반 이후 연구자들은 새로운 이론틀, 가령 탈구조주의나 탈식민주의 등을 자양분으로 흡수함으로써 프로문학과 민족문학을 새롭게 조명하는 작업을 시도하고 있다. 그러나 아직까지는 몇몇 연구 성과들을 제외하고는 그다지 생산적이고 설득력 있는 논의라고 하기 어렵다. 게다가 어떤 연구자들은 프로문학과 민족문학의 문제의식을 올바로 이해하고, 그것을 계승적 관점에 입각해서 발전적인 방향으로 연구하려 하기보다는 청산주의적 태도로 그에 접근하는 성급함을 보이기도 한다. 이런 이유에서 프로문학과 민족문학 연구 현황은 한마디로 '풍요 속의 빈곤'이라고 할 수 있다. 프로문학과 민족문학에 대한 연구는 이처럼 여러 가지 내외적 요인들로 인해 활력과 현재성을 상실해 왔다.

그렇다면 이 시점에서 프로문학과 민족문학 연구와 관련하여 이런 질문을 던져 볼 수 있을 것이다. 오늘날 근대문학 연구에서 그것들은 고고학적 유물인가? 아니면 역사적 유산인가? 다시 말해 그것들은 이제 우리 시대 현실과의 연관성을 상실한, 순수한 학문적 연구의 대상에 불과한가? 아니면 문학을 통해 현실 변화를 모색하는 변혁적 지성에게 성찰적 지반과 생산적 사유를 제공해 주는 살아 있는 전통인가? 1990년대 초 후쿠야마는 사회주의 체제(사실은 국가자본주의 체제)의 붕괴와 자본주의 체제의 전면적 확장과 강화라는 현실을 근거로 자본주의야말로 인류가 도달할 종점이라 주장하면서 역사의 종말을 선언한 바 있다.[3] 그러나 그 이후에 전개된 자본주의의 역사는 후쿠야마의 낙관적 '예언'을 무색케 할 정도로 굴곡과 파란으로 점철되고 있다. 오늘날 우리는 자본이 새로운 방식으로 세계를 재편하고 지역적·인

3_ 프란시스 후쿠야마, 이상훈 역, 『역사의 종말』, 한마음, 1992, 8면.

종적·민족적·국가적 분할이 더욱더 가속화되어 가는 새로운 제국주의 체제 속에서 살고 있다. 여전히 '자본'과 '근대'가 문제인 것이다. 자본주의가 역사의 종착지가 아닐뿐더러 인간의 행복의 표상이라고 믿지 않는 이성이라면, 그래서 역사는 인간의 자기해방을 위해 중단 없이 전진해야 한다고 생각하는 주체라면, "자본주의의 모순을 극복하는 문제는 여전히 살아 있는 역사적 과제"[4]라고 인식할 수밖에 없다. 그렇게 본다면, 자본주의적 근대의 극복을 모색했던 모든 혁명적 사유와 실천적 경험의 생명력은 조금도 약화되지 않는다. 일제강점기 프로문학과 해방기 민족문학을 끊임없이 현재에 소환하여 그 의미를 되새겨 보아야 할 이유가 여기에 있다. 우리는 우리 근대문학의 영역에서 축적된 진보적 문학 유산들의 성과뿐만 아니라 오류와 한계마저도 창조적으로 전유함으로써 문학 연구를 통해 동시대적 국면에 대한 새로운 개입의 길을 모색할 수 있을 것이다. 그것이 20세기 전반기 진보적 문학 연구의 올바른 관점과 태도라고 본다. 또한 연구 대상과 연구자가 평형 상태를 이룰 때 비로소 둘 사이의 대화와 소통이 가능해진다고 볼 때, 역사적 사회주의의 실패 이후인 지금이야말로 20세기 전반기 진보적 문학에 대한 균형적이고 발본적인 연구가 가능한 시대라고 할 수 있다.[5] 그런 점에서 '지금, 다시' 프로문학과 민족문학 연구의 활성화가 필요하다.

프로문학과 민족문학의 현재성과 그에 대한 연구의 실천적 맥락을 고려할 때, 임화와 그의 문학은 연구의 핵심 대상으로 떠오른다. 주지하듯이 임화는 카프 활동의 중심에서 시와 비평을 통해 프로문학의 중요한 성과들을 산출했고, 카프 해산 이후에도 시와 비평, 그리고 문학사를 통해 경향문학의 흐름을 지속적으로 이어 가려 노력했으며, 해방 이후에도 문학가동맹에서 중추적 역할을 담당하며 민족문학 건설을 위해 실천했기 때문이다. 임화야말로 한국 근대문학사에서 문학적 삶과 정치적 삶의 일치를 혼신을 다해

4_ 최원식, 「프로문학과 프로문학 이후」, 『민족문학사연구』 21집, 민족문학사학회, 2002, 17면.
5_ 최원식, 같은 글, 16-17면.

추구해 갔으며, 생의 마지막 순간까지 자본주의적 근대와 싸운 몇 안 되는 문인 중의 한 사람이다. 그런 점에서 임화는 일제강점기에서 현재에 이르는 한국 근현대의 진보적 문학 전통 속에서 매우 문제적 인물이 아닐 수 없다. 그리고 지금도 여전히 임화가 문제적인 이유는 현재의 세계가 엄청난 표면적 변화에도 불구하고 그의 시대와 본질적으로 동일한 구조로 지속되고 있으며, 그렇기 때문에 그 장기 지속적 구조에 대한 임화의 문제제기가 오늘날에도 여전히 유효하다는 데에 있다.[6] 즉 지금 우리가 임화의 문학을 읽고 논해야 하는 이유는 근대 자본주의가 노정한 모순의 총체적 집결지인 식민지 조선에서 임화가 문학을 통해 서구적 근대성의 지향과 극복을 동시적으로 전개했다는 점, 그리고 그의 문제의식과 실천은 전 지구적 자본의 전일적 지배를 앓고 있는 현재에도 여전히 유효하다는 데에서 찾을 수 있다. 바로 여기에서 임화와 그의 문학의 현재성이 도출된다. 본 연구가 임화를 연구 대상으로 선택한 것은 이런 이유에서이다. 따라서 본 연구는 일제강점기에서 한국전쟁기로 이어지는 격변의 근대사에서 임화가 특정한 현실의 국면에 어떻게 대응했는지를, 현실 대응의 매개이자 산물의 하나인 시를 중심으로 하여 살펴보고자 한다. 본 연구의 이 같은 목적은 임화를 '박제가 되어버린 천재'로 만드는 것이 아니라 '함께 고뇌하고 모색하는 동시대인'으로 살려 내는 것, 즉 고고학적 유물이 아닌 역사적 유산으로 자리매김하려는 문제의식에서 도출되었다.

지금까지 임화와 그의 문학에 대한 연구는 김윤식에 의해 최초로 학문적 접근[7]이 이루어진 이래 그 자신은 물론이고 그의 시, 비평, 문학사 등의 분야에 걸쳐 최근까지 두루 제출되고 있다. 그 가운데 임화 시에 대한 연구는 생애의 재구성을 중심으로 작품세계를 개괄한 작가론적 연구, 작품 전체를 대상으로 하여 시의 전개과정을 고찰한 연구, 특정 시기의 작품을 집중

6_ 하정일, 「임화의 현재성」, 『문학수첩』, 2005. 봄, 275면.
7_ 김윤식, 「임화연구」, 『한국근대문예비평사연구』, 일지사, 1976.

적으로 분석하여 그 특성을 규명한 연구, 특정한 시대와 경향의 시문학을 종합적으로 검토하는 가운데 한 부분으로 다룬 연구 등 네 가지 범주로 유형화할 수 있다. 본 연구에서는 이 네 가지 유형에 속하는 논저들 가운데 각 유형을 대표할 만한 것들을 중심으로 그간 축적된 연구 성과를 검토해 보고자 한다.

작가론의 차원에서 임화 시를 다룬 연구로는 김윤식, 김용직, 김재용, 정재찬, 신승엽의 논저를 거론할 수 있다. 김윤식[8]은 임화의 의식과 생애를 각각 '현해탄 콤플렉스'와 '아비찾기'라고 보면서 동시대를 살았던 문학인들과의 비교를 통해 임화의 삶과 문학을 총체적으로 복원하였다. 김용직[9]은 임화가 이데올로기, 즉 '계급주의 유물사관'과 시의 상관성을 일관되게 유지하고자 했다고 보면서 임화의 삶과 문학을 카프활동기, 1930년대 후반기, 일제 말기, 해방기, 전쟁기 등 다섯 부분으로 나누어 일관성 있게 고찰하였다. 두 저서는 방대한 실증적 자료를 활용하여 임화의 삶과 문학을 정리함으로써 이후 임화와 그의 문학에 대한 연구의 토대 역할을 하고 있다. 한편 이들과 비슷한 시기에 김재용[10]도 임화에 대한 균형 있는 문학사적 시각의 확보가 필요하다고 주장하면서 임화의 생애를 개괄하고, 그의 문학을 카프 시기, 일제 말기, 해방기로 나눈 후 이념적 지향에 따라 각각 프로문학, 시민문학, 인민문학으로 규정하여 고찰하였다. 또한 정재찬[11]은 일제강점기 임화 시에 대한 검토를 통해 임화의 시인적 면모를 부각시켰으며, 신승엽[12]은 민족문학 유산의 올바른 복원이라는 문제의식에 기초하여 일제강점기 임화의 삶과 문학을 개괄하였다. 이들의 연구는 임화 연구의 초창기 성과로서 이들에 의해 임화의 삶과 문학의 전개과정에 대한 대체적인 정리가 이루어졌다.

8_ 김윤식, 『임화 연구』, 문학사상사, 1989.
9_ 김용직, 『임화 문학 연구』, 세계사, 1991.
10_ 김재용, 「진보적 문학가 임화의 삶과 문학」, 『민족문학운동의 역사와 이론』, 한길사, 1990.
11_ 정재찬, 「시인 임화론」, 『임화선집1』, 세계사, 1988.
12_ 신승엽, 「식민지 시대 임화의 삶과 문학」, 윤여탁 · 오성호 편, 『한국현대리얼리즘시인론』, 태학사, 1990.

최근에는 김재용[13]이 그간 단편적으로만 알려져 왔던 임화의 해주시절과 한국전쟁기 활동에 대해 규명하였다. 이상의 연구는 작가론의 관점에서 임화 시를 다룬 것이다. 그런 탓에 시는 여타의 자료들과 함께 임화의 삶을 복원 내지 해명하기 위한 수단으로서의 위상에 머물러 있다. 따라서 이들의 연구는 임화 시에 대한 집중적이고 심도 깊은 논의를 전개하는 데까지 나아가지는 못하였다. 하지만 작가론이 작품을 규명하는 데 필요한 참조사항을 많이 제공해 준다는 점에서 이들의 논저는 본 연구에서 유용하게 활용될 것이다.

다음으로 임화 시 전체의 전개과정을 고찰한 연구로 주목되는 것은 김재홍, 최두석, 김정훈, 유성호의 논문이다. 김재홍[14]은 임화 시에 나타나는 '네거리', '화로', '우산', '현해탄' 등의 상징을 중심으로 일제강점기 임화 시를 고찰하여 역사적 상황의 변화에 민감하게 반응하면서 전개되는 임화 시의 특징을 규명하였다. 또한 임화 시를 근대시사에서 큰 비중을 차지한다고 평가하는 한편, 한계로 관념성과 감상성, 형식상의 허술함을 지적하였다. 그런데 상기한 몇 가지 상징을 통해 임화 시의 전체적 면모를 해명하는 데에는 무리가 있어 보인다. 게다가 '화로'가 민족적 의미를 지닌다거나 '네거리'의 의미 변화가 시인의 정신적 퇴행과 상동적이라는 설명은 작품에 직핍한 결과라고 보기 어렵다. 비슷한 시기에 최두석[15]은 임화 시를 세 시기로 나누어 단편서사시, 낭만시, 가두시라는 개념으로 명명하고 시의 형식적 특성과 변모과정, 문학사적 의미를 분석하였다. 그런데 단편서사시, 낭만시, 가두시라는 세 가지 개념으로 임화 시 전체의 특성을 포괄적으로 설명하기

13_ 김재용, 「한국전쟁과 임화」, 『작가연구』 10호, 2000. 12; 「임화와 양남수」, 『한국근대문학연구』 3집, 한국근대문학회, 2001. 이 두 편의 논문은 그간 제대로 밝혀지지 않았던 월북 이후 임화의 행적을 집중적으로 조명하고 있어서, 임화의 시 전체를 연구 대상으로 하는 본 연구에 큰 도움이 되었다. 그러나 월북 이후의 임화에 대한 좀 더 풍부하고도 총체적인 재구성이 가능하려면 더 많은 자료가 발굴되어야 할 것이다.

14_ 김재홍, 「낭만파 프로시인, 임화」, 『카프시인비평』, 서울대학교출판부, 1990. 이 저서는 작가론의 차원에서 집필된 것이며, 이 글도 그런 맥락에서 쓰인 것이다. 그러나 임화의 삶과 의식을 규명하는 것보다는 임화 시의 면모를 살피는 데에 더 중점을 두고 있다고 판단하여 두 번째 범주에 포함시켰다.

15_ 최두석, 「임화의 시세계」, 『리얼리즘의 시정신』, 실천문학사, 1992.

는 어렵다고 본다.. 이는 임화 시의 주요 국면들만을 선택하여 거시적으로 고찰했기 때문에 발생한 문제가 아닌가 한다. 김재홍과 최두석의 논문은 몇 가지 문제점을 안고 있기는 하지만 임화의 시 세계를 전체적으로 개괄, 정리한 초창기의 대표적 연구 성과이다. 한편 김정훈[16]은 일제강점기 임화 시를 크게 단편서사시와 감정시로 구분하고 양식적 특성에 초점을 맞추어 고찰하였다. 그에 따르면, 단편서사시는 조선조 서사한시, 최서해와 이상화의 작품, 영화 체험에서 비롯되었으며, 서간체 형식과 낭독시 지향성을 양식적 특징으로 한다. 서간체 형식은 대중성 확보, 이념전달의 경직성 탈피, 리얼리티 획득, 독자의 현실참여 유도의 효과를, 낭독시 지향성은 작품의 이야기 속으로 독자를 동참시키는 효과를 발한다. 단편서사시의 문학사적 의의는 프로시의 한 경향 형성, 시에 산문성 도입, 프로시의 예술성 결여 극복, 프로시의 창작방법상 문제점 극복에 있다. 또한 그는 감정시, 즉 1930년대 후반기 시는 혁명적 로맨티시즘의 문학적 실천이자 기교주의 논쟁의 산물이며, 내적 대화 기법과 보편적 인물인 '청년'의 설정이 특징이라고 주장한다. 내적 대화 기법은 주체의 윤리적 결단을 보여 주는 데에, '청년'은 동시대적 공동 체험의 표현, 동시대인의 각성 유도, 현실과 주체의 긴장과 갈등 표현에 효과적이다. 감정시는 프로시의 새로운 가능성 개척, 시의 서정성 회복, 시적 형상성 확보, 전망의 고수, 해방 후 문학 활동의 원동력 제공이라는 문학사적 의의를 지닌다. 이러한 논의는 당대 현실과 문학적 상황, 텍스트 자체에 대한 치밀한 검토와 분석을 통해 이루어진 것이다. 따라서 김정훈의 논문은 기존의 연구 성과를 충분히 수렴하면서 총체적인 안목으로 임화 시의 특성과 의의를 적출해 냈다고 평가할 수 있다. 다만 단편서사시가 모두 서간체로 이루어져 있는가, 과연 최서해의 서간체 소설이 단편서사시 창작에 영향을 주었는가, 조선조 서사한시와 단편서사시의 유사성을 들어

16_ 김정훈, 「임화 시 연구」, 한양대학교 박사논문, 1996.

전자를 후자의 형성 배경이라고 하는 것이 타당한가에 대해서는 의문이 든다. 또한 임화의 비평적 용어인 '감정시' 개념으로는 1930년대 후반기의 임화 시를 모두 포괄할 수 없다고 본다. 유성호[17]는 임화가 여전히 당대적 소급이라는 역사적 감각과 현재적 해석이라는 현실안을 동시에 요구하는 문학사의 문제적 인물이라고 전제한 후, 시의 전개 과정과 변화 양상을 조감하여 임화 시의 현재적 가치를 탐색하였다. 임화의 삶은 선형적 성장사가 아니라 굴곡과 전회의 궤적을 담은 갈등과 극복의 역정이었으며, 시의 전개 과정은 현실과 진리에 대한 질문과 탐색의 여정이었다는 것이 그의 논문의 요지이다. 결론적으로 그는 임화와 그의 언어적 성과에 주목해야 하는 이유는 우리 사회가 결여하고 있는 진보에 대한 감각의 발본적 사유와 그것의 역사화, 장기적 안목의 비전과 새로운 사회 발전의 모델을 탐색하기 위함에 있다고 역설한다. 유성호는 '왜 지금 임화를 연구해야 하는가', 그리고 '어떻게 임화를 연구할 것인가'에 대한 매우 설득력 있는 답변과 올바른 관점을 제공해 주고 있다. 하지만 텍스트 자체에 대한 분석은 소략한 편이어서, 입론을 임화 시의 구체적 면모를 통해 검증하는 데는 상대적으로 미흡한 감이 있다. 이상의 연구들은 공통적으로 당대 현실에 대한 고려 속에서 임화 시의 변모양상과 각 시기별 특성을 규명하고 있다. 그러나 임화 시의 변모과정을 현상학적으로 정리하는 데 그치고 있으며, 시의 변화의 원인에 대한 분석도 주로 외재적 요인들에 의거하고 있다. 요컨대 임화의 시의 형상화 양상은 비교적 심도 깊게 조명하였으나 시적 경향과 변화의 양상을 추동하는 내재적 동력, 즉 창작 원리에 대해서는 제대로 논구하지 못했다고 본다.

세 번째 유형은 특정 시기의 임화 시를 집중적으로 조명한 것인데, 정효구와 김명인의 논문이 대표적이다. 정효구[18]는 임화의 단편서사시가 다른 카프 시인들의 작품보다 높게 평가받는 이유가 방법적 측면에 있다고 보고,

17_ 유성호, 「비극적 근대시인의 시적 경로」, 문학과사상연구회 편, 『임화문학의 재인식』, 소명출판, 2004.

18_ 정효구, 「임화의 단편서사시에 나타난 방법적 특성의 고찰」, 『인문학지』 9집, 충북대학교 인문과학연구소, 1993.

단편서사시의 방법적 특성을 편지 형식의 도입과 대화적인 구조, 역동적인 화법과 드라마틱한 구조, 서사적 상황과 일상의 도입이라 보았다. 정효구의 논문은 임화의 단편서사시의 미학적 원리를 분석한 최초의 시도로서, 이를 통해 단편서사시의 특성이 대체적으로 규명되었다. 다만 편지 형식이 대화성에 기초한 대표적인 문자양식이라는 견해를 인정한다 하더라도, 임화의 단편서사시가 모두 편지 형식이라고 할 수 있을지는 의문이다. 예컨대 「네거리의 순이」에서 담론의 발신자인 오빠와 수신자인 순이는 "자 좋다, 바로 종로 네거리가 예 아니냐!/ 어서 너와 나는 번개처럼 두 손을 잡고,/ 내일을 위하여 저 골목으로 들어가자"[19]라는 시구에서 알 수 있듯이 시적 정황상 종로 네거리에 함께 있기 때문이다. 그런 점에서 이 시는 편지 형식이 아니라 대화 형식으로 이루어져 있다고 보아야 할 것이다. 따라서 임화의 단편서사시가 전부 편지 형식이라는 주장은 작품의 실상에 부합되지 않는다. 김명인[20]은 1930년대 중·후반 임화 시를 군국파시즘의 폭압을 조직적 연관이나 과학적 전망도 없이 개별자로서 감당해야만 했던 임화의 실존적 고투와 흔들림을 담고 있는 시편들, 주체 재건이나 낭만정신의 견지로 요약되는 시적 전략이 파시즘의 수락으로 귀결되는 양상을 보여주는 시편들, 식민지 지식인의 왜곡된 세계와의 운명적 대결의 필연성을 낭만적 어조와 영웅주의적 고양감에 실어 미화한 방법적 우회의 시편들로 분류한 후 그 전개양상과 성격을 임화의 문학관 및 시대적 상황과 연관하여 고찰하였다. 그에 따르면, 이 시기 임화는 혁명가에서 시인으로 자신을 재조정하게 되고, 시에는 서사성과 대화성이 사라지고 서정성과 독백성이 나타나며, 주관적 낭만주의가 강화된다. 또 한편으로 임화의 시에는 절망과 희망이 공존하고 있고, 적과의 인정투쟁과 지성의 파탄이 드러난다. 그리고 회고적 감상주의의 산

19_ 임화, 「네거리의 순이」, 『조선지광』, 1929. 1; 임화문학예술전집 편찬위원회 편, 『임화문학예술전집1』, 소명출판, 2009, 54면. 이하 이 전집을 '임화전집'으로 약칭함.

20_ 김명인, 「1930년대 중후반 임화 시의 양상과 성격」, 『민족문학사연구』 5집, 민족문학사학회, 1994.

물인 「현해탄」 연작들에는 영웅적 낭만주의가 담겨 있다. 본 연구는 김명인의 논지에 전반적으로 동의하면서도 몇 가지 사항에 대해선 의견을 달리한다. 우선 1930년대 중·후반 임화 시에서 서사성과 대화성이 사라진다고 할 수 있는가 하는 점이다. 단편서사시와 동일하지는 않더라도 서사성과 대화성은 분명히 존재하기 때문이다. 서사성과 대화성은 사라진다기보다는 약화되거나 다른 방식으로 구현된다고 보아야 할 것이다. 또한 「적」이나 「너 하나 때문에」를 정신의 착란 내지 지성의 파탄으로, 「바다의 찬가」를 전향의 포즈로, 「밤의 찬가」를 파시즘의 수락으로 보는 것은 현실 환원주의적 해석이 아닌가 한다. 오히려 이 시들은 골드만적 의미에서 비극적 세계관의 시적 변용으로 해석하는 것이 더 합당할 것이다. 마지막으로 「현해탄」 연작이 회고적 감상주의라는 견해는 그것이 임화의 실천적 의도의 산물이라는 사실을 간과한 평가라 생각되며, 이 시기 시의 낭만주의적 성격만을 부각시킨 탓에 리얼리즘적 측면은 상대적으로 소홀히 다룬 감이 없지 않다. 정효구와 김명인의 연구는 특정 시기의 작품을 집중적으로 살피는 것이 주목적인 만큼 임화 시를 일관된 사적 맥락 속에서 총체적으로 바라보는 데에는 다소간 한계를 지니고 있다. 이는 논문 자체의 한계라기보다는 연구 범위의 국지성 때문에 발생한 것일 터이다.

특정한 시대나 경향의 시에 대한 연구의 일환으로 임화 시를 다룬 네 번째 유형으로는 윤여탁, 오성호, 최두석, 박용찬의 연구가 있다. 윤여탁[21]은 1920-30년대 리얼리즘 시론을 정리하고, 그와 연관하여 리얼리즘 시가 현실 형상화를 위해 어떤 방법적 모색을 전개했는가 하는 문제틀 속에서 임화 시를 거론하였다. 그는 이 시기 리얼리즘 시가 노동자, 농민과 혁명적 전위의 전형을 통해 민족 현실이나 변혁 의지를 형상화하고, 소시민 내지 지식인의 형상을 통해 그들의 허위의식을 폭로했고, 민중적 삶의 현장을 시에

21_ 윤여탁, 「1920-30년대 리얼리즘시의 현실인식과 형상화 방법에 대한 연구」, 서울대학교 박사논문, 1990.

반영했음을 분석하였다. 그는 이러한 형상화가 가능했던 것은 서술구조의 도입, 시적 화자의 구체화 등 방법적 층위에서의 다양한 모색이 있었기 때문으로 보았다. 임화 역시 당대 리얼리즘 시의 전개과정 속에 뚜렷한 역할을 담당한 것으로 평가되고 있다. 오성호[22]는 1920-30년대 시, 특히 김소월과 한용운, 신경향파와 카프의 시가 지닌 리얼리즘적 성격을 규명하는 가운데 임화 시를 다루었다. 그에 의하면 임화는 박팔양, 박세영, 이찬 등과 함께 반성적 자기의식을 바탕으로 민족 현실을 깊이 천착함으로써 총체성을 구현했고, 그 형상 자체가 지닌 정서적 호소력을 통해 시적 감동을 불러일으켰다. 민중의 삶의 형상화에 대한 노력이 소재의 외연적 확대를 낳고, 새로운 시 양식의 모색을 추동했다. 여기서 새로운 시 양식의 모색은 제3의 개성 창조와 서사적 요소의 도입으로 구체화되는데, 그 결실이 임화의 단편서사시이다. 그는 이 같은 임화의 시를 한국 근대 시문학사의 내재적 전통인 리얼리즘적 경향 속에 위치시키고 있다. 최두석[23]은 근대 리얼리즘 시가 문학사의 중요한 흐름을 형성한다고 보고, 당대 현실에 천착하면서도 돋보이는 예술적 성취를 보여 준 임화, 오장환, 백석, 이용악의 시를 시 정신과 창작방법의 측면에서 분석하였다. 이들의 시는 진보주의, 비관주의, 현실주의 정신을 요체로 하며, 창작방법은 진실성 구현, 현실과 긴밀한 상관관계를 형성하는 시적 주체 형상화, 산문적 확장과 시적 응축의 긴장, 전형성 추구이다. 또한 이들의 시는 모더니즘, 낭만주의와 긴밀한 영향관계 속에서 형상화된다. 이상이 그의 논문의 요지이다. 박용찬[24]은 해방기 리얼리즘 시가 1920-30년대 카프시의 전통을 잇고 있다고 보고, 그 구체적 양상을 현실인식과 창작방법의 측면에서 고찰하였다. 그에 따르면, 해방기 시는 당대 현실과 밀접한 관계를 맺으며 전개되는데, 현실의 변화에 따라 해방의 감격

22_ 오성호, 「1920-30년대 한국시의 리얼리즘적 성격」, 연세대학교 박사논문, 1992.

23_ 최두석, 「한국 현대 리얼리즘시 연구」, 서울대학교 박사논문, 1995.

24_ 박용찬, 「해방기 시의 현실인식과 창작방법 연구」, 경북대학교 박사논문, 1998.

과 진로 모색, 10월 항쟁과 고양된 투쟁의지, 분단고착화에 대한 저항 등으로 전개된다. 또한 형식적 특징은 시적 주체의 다양화, 집단 화자의 설정, 현장성과 낭독성 구현, 서사지향적 서술구조 채택이다. 임화 시는 이러한 해방기 시의 리얼리즘적 성격을 공유한다. 지금까지 살펴본 이들의 연구는 근대 리얼리즘 시에 대한 계보학적 고찰 속에서 임화 시를 다루고 있다. 따라서 이들의 연구는 임화 시를 동시대적 혹은 시사적 맥락 속에서 바라볼 수 있게 해 준다는 장점이 있다. 그러나 이들의 연구는 연구 대상으로 다루는 시인들의 공통점을 추출해 내는 데 초점을 맞추고 있기 때문에 임화만의 개성적 면모를 조명하거나 임화 시의 전체상을 조감하는 데에는 미흡하다.

지금까지 살펴본 기존 연구 성과들은 각자 나름대로 의의를 지님에도 불구하고 임화 시의 전개과정의 전체상 조망, 시기별 내적 연관성 해명, 시 세계 형성의 내적 동인 규명에는 미흡한 측면이 있다. 또한 그의 시가 지닌 시대적 의미에 대해서도 충분히 논의하지 못했다. 그 이유는 기존 연구가 임화 시의 창작과 변모의 핵심 원리인 '주체' 구성의 문제를 간과했기 때문이다. 주체의 문제를 소홀히 하고서는 임화 시의 구성 원리와 변모과정을 올바로 해명하기 힘들뿐더러 임화 시의 시사적 의미를 규명하는 데에도 충분한 성과를 산출하기 어렵다. 임화 시의 형성과 전개의 핵심이 주체 구성에 있기 때문이다. 임화의 시는 현실의 부정성을 인식하고 비판하면서 그것을 극복하려는 실천의 산물이다. 그렇기 때문에 현실에 맞서 싸울 시적 주체의 형상 창조가 시의 주요한 형상화 원리로 작용한다. 임화의 문학적 성취는 타자로서의 현실 파악과 현실에 응전할 주체의 자기구성 과정 속에서 산출된다. 즉 임화는 역사의 특정한 국면마다 당대 현실을 탐색하고 그에 저항하는 문학적 방법을 모색했는데, 그러한 실천이 시에서는 부정적 세계에 맞서는 대립적 관계의 중심축으로서 시적 주체의 형상 창조로 나타났다. 그런 점에서 주체와 타자의 변증법, 즉 타자를 통한 주체의 자기구성과 그렇게 구성된 주체가 타자와 벌이는 투쟁이란 원리는 임화 시를 이해하는 관건이라 할 수 있다. 따라서 본 연구는 시적 주체의 구성과 그 내적 원리를 해명함으로써 임화 시의 본질에 한층 더 가까이 다가갈 수 있을 것이라고 본다. 이 점이 본 연구가 기존 연구를 검토하면서 도출한 문제의식이자 연구 목표이다.

┌ 근대적 주체 구성의 변증법

근대 자본주의 체제는 그 자체 내의 필연적 모순으로 인해 항상적 위기와 갈등 상황 속에서 유지되어 왔다. 인간은 이러한 필연적 모순을 노동과 일상생활의 과정을 통해 의식적·무의식적으로 자각한다. 이때 인간은 그러한 모순적 존재조건과 갈등관계를 형성하며, 그것을 극복하고자 하는 의식에 도달하기도 한다. 그러한 현실 변혁적 의식이 실천으로 전화될 경우, 인간은 다만 수동적이고 순응적인 존재로서의 한계를 넘어 능동적이고 저항적인 정체성을 획득하는 존재 전이를 경험한다. 그런데 세계의 개진은 현실의 정확한 인식과 판단, 즉 매 순간 지속과 변화를 두루 아우르는 총체적 시각에 입각한 현실 파악을 필요로 한다. 그럴 때에만 진정한 혁명적 사유, 나아가 혁명적 실천이 가능하기 때문이다. 그러므로 인식과 실천의 통일은 이행 내지 변혁의 출발점이자 종착점이다. 그것을 지속적으로 견지하느냐 그렇지 못하느냐에 따라 존재 전이의 지속성 여부가 판가름 날 것이다.

일제강점기에서 한국전쟁기까지 임화의 문학은 인간의 자유와 해방을 가로막는 지배체제와의 길항 속에서 이루어진 변혁적 실천의 산물이었다. 한국 근대문학사에서 임화만큼 문학을 당대 현실과의 긴밀한 연관 속에서 이해하고, 치열하게 실천했던 문학가는 흔치 않다. 임화는 식민지와 근대라는 이중의 규율체제로의 '편입'을 지속적으로 강제당하는 상황 속에서 좌절과 패배를 거듭하면서도 끊임없이 그에 대한 저항의 길을 모색했다. 그에게 문학은 개인적 유희나 위안의 형식이 아니라 사회 변혁의 무기였다. 그런 이유에서 그에게 문학 행위는 항상 현실에 대한 철저한 인식과 함께 이루어져야 하는 것이었다. 현실에 대한 그의 인식은 실천을 규정하는 것이었고, 그의 모든 실천은 이러한 현실 인식의 타당성 여부를 입증하는 것이었다. 따라서 임화에게 인식과 실천은 서로가 서로를 규정하는 변증법적 연관관계를 형성한다.

임화 시는 습작기와 카프 활동기, 1930년대 후반기, 해방기와 한국전쟁기를 거치면서 다채로운 변모양상을 보여 준다. 그래서 한 시기와 다른 시기의 작품들이 서로 단절적이고 모순적으로 보이기도 한다. 예컨대 다다이즘 시, 단편서사시, 「현해탄」 연작[25], 해방기 시 등은 내용적·형식적 측면에서 확연한 차이를 드러낸다. 그럼에도 불구하고 각 작품들은 긴밀한 내적 연관성을 지니면서 하나의 통시적 계열체를 형성한다. 그것은 시 전체를 통어하는 일관된 구성 원리의 작용 때문이다. 이 구성 원리의 기원은 임화의 세계관에 있다. 따라서 임화 시에 대한 해명의 전제로서 인간과 세계에 대한 임화의 입장을 살펴볼 필요가 있다.

1930년대 말기에 이르러 임화는 인간과 세계의 관계를 체계적으로 논리화하게 되는데, 그것은 마르크스주의자가 된 이후 지속적으로 유지해 온 입장을 명시적으로 표현한 것이다. 그는 「현대소설의 주인공」에서 인간은 환

25_ '「현해탄」 연작'이란 시집 『현해탄』(동광당, 1938)에 수록된 작품 가운데 '현해탄'을 모티프로 한 일군의 시편들을 일컫는다. 임화는 『중앙』 1936년 3월호에 「현해탄」이란 시를 발표하고, 시 마지막에 "「현해탄」 가운데의 하나"라고 명기해 놓았다. 이로 보아 임화는 마산 시절에 '현해탄'을 모티프로 하여 다수의 연작시를 쓴 것으로 보인다. 이 작품은 나중에 시집에 수록되면서 「해협의 로맨티시즘」으로 제목이 바뀌었다. 신승엽은 이상의 정황을 근거로 "임화가 현해탄을 주제로 한 일련의 시를 창작한 다음(혹은 창작하는 도중에) 그중 한 편을 미리 발표하면서 거기에 대표제목인 「현해탄」을 붙였다가 나중에 시집을 내면서 각 편마다 제목을 구체화시킨 것"으로 추정하고 있는데, 타당한 추정이라고 본다. 신승엽 편, 『임화전집1-현해탄』, 풀빛, 1988, 147면. 본 연구에서 '현해탄'을 모티프로 한 일군의 시편들을 '「현해탄」 연작'이라 명명한 것은 김재홍의 "「현해탄」을 비롯한 바다연작시"라는 표현에서 힘입었다. 김재홍, 「낭만파 프로시인, 임화」, 180면. 한편 임화는 초기시 「가을의 탄식」과 「향수」 말미에 각각 "속인의 탄식에서"와 "방랑의 노래에서"라고 부언해 놓았다. 짐작건대 '탄식'이나 '방랑'을 모티프로 연작시를 썼고, 그중 대표작으로 발표한 것이 이 두 편이 아닌가 한다. 그는 이 외에도 종로네거리를 모티프로 한 「네거리」 연작을 썼고, 월북 이후에도 「영웅전」 연작이나 「인민의 날개」 연작을 썼다.

경이 제공하는 조건을 기초로 생을 영위하게 된다고 전제한 뒤, 환경이 인간의 욕구 실현에 얼마나 부합하느냐에 따라 양자 사이에는 이중적 측면, 즉 조화와 부조화가 존재한다고 지적한다. 만약 인간이 환경에 만족하거나 지배당할 때라면, 어떤 형태로든 양자 간의 갈등과 균열은 봉합될 것이다. 그러나 그러한 봉합은 언제든 파괴될 수 있는 허약성을 지닌다. 사회적 환경은 인간의 욕구를 지속적으로 통제하고 규율하려는 반면, 인간의 욕구는 그런 통제와 규율을 넘어서려고 하기 때문이다. 그러므로 '부조화'는 '조화'와 더불어 인간과 환경의 관계를 구성하는 요소이다. 인간과 환경의 이중적 관계에 대한 임화의 지적은 이러한 의미를 내포하고 있는 것으로 해석할 수 있다. 요컨대 임화의 견해는 자기 스스로 언명하고 있듯이 "인간은 생의 실현에 있어서 부단히 여건을 초월하고 구속을 타파하나, 여건은 존재의 현실에 있어 부단히 인간을 비초월적인 것, 현실적인 것으로서 지배해 간다"[26]라는 명제로 간명히 요약할 수 있다.

그에 이어서 임화는 존재를 구속하는 '여건'과 그것을 초월하려는 '욕구'의 부단한 투쟁이 인간의 '생'이며, 그 결과가 '운명'이라고 규정한다.[27] 인간은 세계와의 투쟁에서 승리할 수도 있고, 패배할 수도 있을 것이다. 그런데 임화는 중요한 것은 싸움 자체이지 승패의 여부가 아니라고 생각한다. 「한잔 포도주를」에서 그는 "승리란 싸움이 부르는 영원한 진리다/ 그러나 나는 또한 패배를 후회하지 않는다/ 승패란 자고로 싸움의 어찌할 수 없는 운명이 아니냐"[28]라고 노래한다. 이 시구에 따르면, 중요한 것은 싸움의 과정이지 결과가 아니다. 임화에게 중요한 문제는 인간이 스스로 자기 생의, 삶을 위한 투쟁의 주체가 될 수 있는가에 있다. 임화가 말하는 '인간'은 싸움의 결

26_ 임화, 「최근 소설의 주인공」, 『문장』, 1939. 9; 「현대소설의 주인공」, 『문학의 논리』, 학예사, 1940; 『임화전집3』, 325면.

27_ 임화, 「현대소설의 주인공」, 『임화전집3』, 326면.

28_ 임화, 「한잔 포도주를」, 『청색지』, 1938. 6; 『임화전집1』, 240면.

과인 운명에 연연하지 않고 '지금, 여기'에서의 투쟁에 충실한 존재이다. 그에게 '인간의 위대성'이란 주체와 타자의 변증법 속에서 세계를 인식하고 자기를 정립하며, 비록 처절하게 패배한다 하더라도 살아 있는 한 혼신의 힘을 다해 자기 운명의 주인으로 살아가고자 하는 의지 혹은 정신을 유지하는 데 있다.

주체와 타자의 변증법적 인식틀은 임화 문학에서 지속적으로 관철되는 원리이다. 「적敵」[29]은 주체가 타자에 대한 분명한 인식과 규정, 그리고 그에 의한 구획 짓기를 통해 자기정체성을 확보하는 한편, 확고한 정체성을 바탕으로 타자에 대한 투쟁을 전개하는 임화 시의 구성 원리를 전형적으로 보여주는 작품이다. 이 시에서 '적'은 주체의 대립항으로서 반드시 존재해야 할 필연성을 지닌다. 왜냐하면 적이 없다면 주체는 자기 자신을 형성할 수 없기 때문이다. 즉 적은 주체에게 "어찌할 수 없는 미움"과 "복수의 비싼 진리"와 "섬멸의 수학"을 가르쳐 주는 존재이다. 이런 적이 없다면 주체의 자기정체성 확보와 전투성 강화는 불가능한 일이다. 그래서 적은 주체에게 "최대의 교사"이자 "필생의 동무"이며 "우리들의 용기"[30]라는 역설로 표현된다. 그런 적은 항상 강대하고도 잔인한 존재여야 한다. 그래야만 그에 대적할 주체의 "청춘의 정신"이 불타오를 수 있기 때문이다. 이 적은 「사랑의 진리」에서는 자기구성을 가능케 하는 대립자이면서 동시에 진정한 사랑을 가능케 하는 존재로 나타나기도 한다. "사랑을 위하여 바치는 정성은 사랑하는 것을 괴롭히는 원수를 위한 어찌할 수 없는 미움의 정성과 전혀 떼일 수 없었던 것이다"[31]라는 표현에서 알 수 있듯이 그는 사랑과 증오는 불가분의 관계를 맺고 있으며, '애인'에 대한 온전한 사랑을 위해서는 반드시

29_ 임화, 「적」, 『중앙』, 1936. 5; 『임화전집1』, 141-142면. 이 시는 『현해탄』에 수록되면서 일부 개작되었다. 개작 양상에 대해서는 신승엽 편, 『임화전집1-현해탄』, 134-135면을 참고할 것.

30_ 임화는 이 시를 쓴 후 "오오 적이여 너는 나의 용기이다"를 자신의 묘지명으로 삼는다. 임화, 「나의 묘지명」, 『삼천리』, 1936. 11, 327면.

31_ 임화, 「사랑의 진리」, 『조광』, 1937. 3, 184면.

'적'에 대한 미움이 존재해야 한다고 주장한다.

이상에서 살펴본 바와 같이 임화는 인간과 세계, 주체와 타자의 변증법에 자신의 세계관적 기초를 두고 있다. 그는 서구 근대예술을 편력하던 짧은 시기를 거쳐 마르크스주의자로 변신한 이후 일제강점기와 해방기, 그리고 한국전쟁기까지 줄곧 마르크스주의적 역사 전망에 기초하여 인간의 주체적 실천에 의해 환경을 개조하려는 사유를 문학적·정론적 담론을 통해 표현하였다. 그러한 사유는 시에서 집단적 의식과 정서를 체득한 시적 주체의 형상으로 발현된다. 그의 시 세계는 이렇게 자기구성된 주체로 인해 주체와 타자의 분할, 적대적 관계설정과 쟁투로 구성된다. 그의 삶 역시 일정 정도 굴곡을 겪기는 하지만 대체적으로 그러한 담론의 현실적 실천에 기투된다. 주체 구성의 측면에서 볼 때, 임화의 삶은 지배체제의 '주체화' 메커니즘에 따른 순응적·타율적 주체가 됨을 거부하고 스스로를 저항적·자율적 주체로 구성하는 과정이었다고 할 수 있다. 따라서 그의 삶과 문학은 '노동자', '농민', 그리고 '인민'을 지배하고 억압하는 현실적 적에 대한 명확한 인식과 그에 기초한 주체의 자기형성, 그리고 적과의 투쟁으로 요약할 수 있다. 그가 꿈꾸는 세상은 그것을 불가능케 하는 적과의 무자비한 투쟁을 통해 만들어 가야 하는 것이었다. 그런 점에서 그의 시가 안정보다는 격정을, 화해보다는 대립을 지향하는 것은 어쩌면 당연한 것이었는지도 모른다. 이처럼 임화 시를 이해하는 열쇠가 시적 주체 구성이라는 점에서 임화 시에 대한 본격적 논의를 위해서는 먼저 '주체' 개념에 대한 이론적 고찰을 거칠 필요가 있다.

주지하듯이 르네상스는 중세의 모든 속박으로부터 인간의 해방을 이념으로 삼았다. 이러한 의식적 지향은 데카르트에 이르러 하나의 체계화된 철학으로 정립된다. 데카르트는 진리에 도달하는 것을 철학의 목표로 삼고 그에 이르는 방법으로서 인간의 감각에 의한 경험뿐만 아니라 자신을 둘러싼 세계의 존재성마저도 부정하는 방법적 회의를 감행한다. 그는 이러한 철저한 회의 끝에 더 이상 의심할 수 없는 자명한 진리, 즉 '나는 생각한다. 그러므로 나는 존재한다cogito ergo sum'라는 명제를 얻게 된다. 그는 이것을 철학의 제1원리로 삼음으로써 확실한 진리에 도달할 방법적 기초를 확립한다.[32] 여기서 중요한 것은 '나'(주체)가 '사유'(이성)한다는 부분인데, 바로 이것이 근대 인식론의 핵심이기 때문이다. 이로 인해 세계는 신의 법칙에 의해 구성되었다거나 신의 말씀이 진리라는 논리는 부정되기에 이른다. 오히려 세계는 인간의 이성에 의해 파악될 수 있으며, 이성의 노력으로 진리에 도달할 수 있다는 사고의 전환이 이루어진다. 근대철학은 이처럼 인간을 자율적이고 합리적인 이성적 존재라고 보는 데카르트의 정의에 기초하여 전개된다.[33] 그리고 근대적 주체 개념은 발전과 진보의 이데올로기를 핵심으로 하는 서구의 근대화 기획을 가능케 한 기본 동력으로 작동했다.

그런데 근대철학이 전제하는 주체 개념이 사실은 가정에서 출발하는 허위임이 19세기에 프로이트, 니체, 미르크스에 의해 폭로되기에 이른다. 그러나 "데카르트가 잉태했고 헤겔이 강화했으며 계몽주의에서 가장 낙관적으로 표현되었고 실존주의까지 이어졌던"[34] 근대적 주체 개념에 대한 전면적이고 본격적인 도전은 탈근대주의의 도래에서부터 비롯된다. 근대적 주체 개념이 문명/야만, 이성/광기 등의 이분법에 기초하여 억압을 합리화하고 변화를 거부하는 이데올로기로 작용한다는 비판은 68혁명 이후 서구 지식사회에서 상당한 호소력을 발휘하게 된다.[35] 탈근대주의의 반주체론은 이러한 역사적 경험에서부터 유래한 것이다. 지난 40여 년간 전개된 탈근대적 사유, 예컨대 라캉, 알튀세르, 푸코, 데리다, 들뢰즈 등의 이론적 논의에

32_ 르네 데카르트, 최명관 역, 『방법서설 · 성찰』, 서광사, 1983, 30면.

33_ 그러나 실제로는 모든 인간이 이 같은 자율적 · 합리적 주체의 범주에 포함된 것은 아니었다. 예컨대 18세기의 계몽사상가들에게 '주체'는 문명화된 중산층 이상의 남성 유럽인을 의미했다. 송승철, 「주체와 타자의 순환」, 『실천문학』 53호, 1999. 봄, 278면.

34_ 송승철, 같은 글, 291면.

35_ 송승철, 같은 글, 279면.

서 근대적 주체 개념에 대한 비판은 중요한 부분을 차지한다. 탈근대주의의 주체 개념은 다양한 편차를 보이기는 하지만, 주체란 선험적인 내지 자기기원적인 것이 아니라 타자에 의해 만들어진 것이라는 의미를 공통적으로 내포하고 있다.[36] 이러한 논의들은 주체의 자명성이라는 신화를 해체함으로써 주체 개념에 대한 새로운 인식의 계기를 마련해 주었고, 나아가 근대성 자체에 대한 발본적 성찰을 이끌어 내었다. 그런데 근대철학이 주체의 위치를 과장하고 신화화한 반면, 탈근대주의는 주체의 역할 자체를 소거해 버림으로써 역사 변혁의 어떠한 계기조차도 사고할 가능성을 원천적으로 봉쇄해 버린다.[37] 그것이 탈근대주의의 결정적인 문제점이다.

이 지점에서 근대철학이 전제하는 주체 개념과 그것의 역편향인 탈근대철학의 주체 개념의 오류를 되풀이하지 않으면서 주체에 대한 올바른 관점을 정립하기 위한 방법으로서 근대적 주체 개념의 비판자이자 새로운 주체 개념의 정초자인 마르크스의 주체이론을 살펴볼 필요성이 도출된다. 근대적 주체 개념의 형성과 그에 대한 비판의 역사 속에서 마르크스는 특수한 위치에 놓인다. 그의 주체 개념은 양자 모두를 지양하기 때문이다. 마르크스는 인간을 특정한 사회적 관계에 의해 구성되는 존재임을 주장함으로써 근대철학의 주체 개념을 전복한다. 그는 포이에르바하를 비판하면서 "인간

36_ 주체를 과정의 산물로 보는 입장은 두 가지로 나누어진다. 하나는 프로이트, 라캉, 알튀세르로 이어지는 '표상체계의 패러다임', 즉 대상들을 무의식적 표상체계로 포섭하는 것을 통해 주체 구성을 설명하는 입장이다. 다른 하나는 니체, 푸코, 들뢰즈/가타리, 부르디외 등으로 이어지는 '습속-권력의 패러다임', 즉 강제와 감금, 감시와 처벌 등의 방법으로 신체에 새겨지는 권력을 통해 주체 구성을 설명하는 입장이다. 박태호, 「근대적 주체의 역사이론을 위하여」, 김진균 · 정근식 편, 『근대주체와 식민지 규율권력』, 문화과학사, 1997, 35-43면.

37_ 캘리니코스는 포스트모더니즘의 논리가 68혁명의 실패, 서구 노동운동의 쇠퇴, 레이건-대처 시대의 자본주의의 '과잉 소비주의' 동력의 지배에 따른 지식인들의 정치적 환멸과 혁명의 포기를 지반으로 하고 있다고 분석한다. 포스트모더니즘 발생의 역사적 조건에 대해서는 알렉스 캘리니코스, 임상훈 · 이동연 역, 『포스트모더니즘 비판』, 성림, 1994, 237-251면을 참조할 것. 한편 근대적 주체 개념에 대한 탈근대주의의 비판과 더불어 탈근대주의의 주체 개념에 대한 비판 역시 지속적으로 제기되었다. 마르크스주의자인 알튀세르조차도 이러한 비판에서 예외는 아니었다. 예컨대 톰슨은 알튀세르의 이데올로기론의 구조결정론적 논리가 역사를 '주체 없는 과정'으로 규정함으로써 역사에서 인간을, 나아가 역사 자체를 추방해 버렸다고 비판한 바 있다. Edward Palmer Tompson, *The Poverty of Theory and Other Essays*, Monthly Review Press, 1978, pp. 89-90.

적 본질은 어떤 개개인에 내재하는 추상이 아니다. 그것은 현실적으로 사회적 관계들의 총체이다"[38]라는 정의를 도출해 낸다. 이런 정의는 인간을 고립적 혹은 추상적 존재로 바라보는 관점과는 거리가 멀다. 그것은 근대 자본주의 체제 속에 놓인 역사적 존재로서의 인간, 즉 "계급들로 분할되어 있고 자신들의 실존을 재생산하는 구체적이고 경험적인 존재로서의 인간"[39]에 대한 규정이다. 그의 이러한 테제는 데카르트 이래 근대철학이 전제한 자명한 주체 개념의 허구성에 대한 비판을 내포하고 있다. 그는 『자본론』에서 '시초축적'에 대한 분석을 통해 근대적 주체의 구성과정을 역사적으로 논증한다. 그가 보기에 자본주의적 축적에 선행하는 시초축적은 부르주아 경제학에서 말하듯 '근면한 노동'과 같은 목가적인 방법으로 이루어진 것이 아니다. 그는 영국의 경우를 들어 시초축적이 농민으로부터 토지의 강제적 수탈, 토지로부터 농민의 폭력적 추방 과정을 통해 이루어졌음을 보여 준다. 즉 "무자비한 폭력 아래에서 수행된 교회재산의 약탈, 국유지의 사기적 양도, 공유지의 횡령, 봉건적 및 씨족적 재산의 약탈과 그것의 근대적 사유재산으로의 전환"[40]이 시초축적의 진상이었다. 이러한 시초축적이 농민의 프롤레타리아화를 야기한 원인이다. 그런데 이렇게 토지로부터 추방된 농민들이 곧바로 산업노동 체계로 흡수되거나 새로운 생활환경의 규율에 순응할 수 없었기 때문에 대부분은 거지, 도둑, 부랑자로 전락한다. 자본가들은 그들을 자본의 요구에 부합하는 근대적 노동자로 만들고자 국가권력을 이용한다. 15세기 말에서 16세기 전반에 걸쳐 서유럽에서는 노동력을 지닌 자의 부랑을 금지하는 유혈적 입법을 비롯한 다양한 규율장치들이 고안되었는데, 그것들은 결과적으로 그들을 근대 산업체제에 적응하도록 만들어 내

38_ 칼 마르크스, 「포이에르바하에 관한 테제」, 칼 마르크스 · 프리드리히 엥겔스, 김대웅 역, 『독일 이데올로기』, 두레, 1989, 228면.

39_ 호르헤 라라인, 신희영 역, 『맑스주의와 이데올로기』, 백의, 1998, 132면.

40_ 마르크스, 김수행 역, 『자본론(1권 하)』, 비봉출판사, 1989, 921-922면.

는 역할을 담당했다. 따라서 "처음에는 폭력적으로 토지를 수탈당하고 추방되어 부랑자로 된 농촌주민들은 그 다음에는 무시무시한 법령들에 의하여 채찍과 낙인과 고문을 받으면서"[41] 임금노동 제도의 규율에 적응하게 된다. 시초축적과 근대적 노동자의 탄생에 대한 마르크스 역사적 고찰은 근대적 주체가 고정불변하는 실체로서 선험적으로 존재하는 것이 아니라 특정한 조건과 과정 속에서 만들어지는 것임을 보여 주는 적확한 사례이다.[42] 이 점에서 마르크스의 주체 개념은 근대적 주체 개념에 도전하는 여타의 탈근대적 사유와 동일한 문제의식에 기반을 두고 있다.

그러나 인간은 다만 구성되는 존재, 즉 구조의 산물만은 아니다. 마르크스는 "환경이 인간들에 의해 변화"[43]되기도 한다고, 즉 인간은 환경을 변혁시키는 존재이기도 하다고 주장한다. 여기서 '실천'은 주체의 능동성과 관련된 중요한 개념이다. 마르크스는 "이제까지의 모든 유물론(포이에르바하의 것을 포함하여)의 주된 결함은 대상, 현실, 감성이 단지 객체 또는 직관의 형식하에서만 파악되고, 인간의 감성적 활동, 즉 실천으로서는 파악되지 못했으며, 주체적으로 파악되지 못한 점이다. 따라서 활동적인 측면은 유물론과 대립되는 관념론-이것은 물론 현실적인, 감성적인 활동 그 자체를 인식하

41_ 마르크스, 『자본론(1권 하)』, 926면.

42_ 이진경은 근대적 주체 생산에는 주체의 '정의', '훈육', '동일화'라는 세 가지 개념적 성분이 내포되어 있으며, 그것이 근대적 주체 생산양식의 중요한 계기이자 원리라고 본다. 그 세 가지 개념적 성분에 대한 그의 견해는 다음과 같다. 첫째, '근대적 주체를 정의하기'는 타자를 통해 주체를 정의하는 방식, 즉 '인간'을 '인간이 아닌 존재'와 구분함으로써 주체를 정의하고 그렇게 정의된 주체를 통해 '인간'의 범주를 구획 짓는 방식이다. 둘째, '주체를 근대적 습속에 길들이기'는 타자와의 구별을 통해 정의된 주체의 이성과 도덕의 질서 안에서 개개인이 그런 규칙을 따르며 일상적 삶을 영위하도록 하는 습속과 습관의 메커니즘을 형성하는 것이다. 셋째, '주체를 근대적 습속에 동일화하기'는 통제와 훈육을 자기에게 필요한 것으로 받아들임으로써 스스로 그러한 통제와 훈육의 도식에 따라 활동하고 생활하도록 하는 메커니즘을 형성하는 것이다. 이진경, 『맑스주의와 근대성』, 문화과학사, 1997, 153-173면. 이 가운데 첫 번째 개념적 성분은 임화 시의 구성 원리인 주체와 타자의 변증법에 내포되어 있는 타자를 통한 주체의 자기정립이라는 원리와 유사해 보인다. 그러나 그 목적과 방식은 전혀 다르다. '주체의 정의'는 인간을 근대적 규율과 지배체제에 편입시키기 위해 '비인간'(타자)을 통해 '인간'(주체)을 정립하는 것이라면, 임화 시의 주체 구성은 바로 그러한 근대적 규율과 지배체제를 해체하기 위해 '지배집단'(타자)을 통해 저항적 '피지배집단'(주체)을 정립하는 방식이기 때문이다. 또한 전자가 지배계급의 강제에 의한 것이라면, 후자는 피지배계급의 자발성에 의한 것이기 때문이다.

43_ 마르크스 · 엥겔스, 『독일 이데올로기』, 227면.

지 못한다-에 의해 추상적으로 전개되었다"[44]라고 지적한다. 즉 관념론은 말할 것도 없이 그때까지의 유물론도 세계를 인간의 대상적 실천의 과정으로 보지 못하고 선험적 소여로만 간주했으며, 그런 이유로 인간의 활동적·능동적 측면은 간과해 왔다는 것이다. 따라서 이러한 관점들은 주체와 객체를 통일적으로 바라보지 못하고 양자를 분리한 채 사고하게 한다. 이것이 근대철학의 인식론에 내재된 인식 주체와 대상에 대한 이분법적 관점이다. 그는 그에 맞서서 "인간적 사유가 대상적 진리를 포착할 수 있는지 여부의 문제는 결코 이론적인 문제가 아니라 실천적인 문제이다"[45]라고 하여 주체가 대상의 진리에 이를 수 있는 유일한 방법이 실천이라 규정한다. 따라서 실천은 주체와 대상을 매개하는 개념이 된다. 또한 그는 "환경의 변혁과 인간활동의 변혁 양자의 일치는 오직 혁명적 실천으로 파악될 수 있으며, 합리적으로 이해될 수 있다"[46]라고 주장한다. 마르크스의 이러한 테제는 주체/대상의 이분법적 틀에 대한 부정일뿐만 아니라, 자유로운 주체의 의지와 목적의 실현으로 실천을 규정하는 근대철학적 입장에 대한 전복이다. 즉 근대철학이 주체의 인식이 먼저 존재하고 그런 주체에 의해 실천이 이루어진다고 보았다면, 마르크스는 반대로 주체의 인식은 실천을 통해서 획득된다고 본 것이다. 따라서 주체는 실천을 통해 세계와 자신을 인식, 변혁할 수 있으며, 그때 주체는 사회적 관계에 의해 구성되는 존재임을 넘어 사회적 관계 자체를 새롭게 구성하는 능동적 존재로 변화하게 된다. 이처럼 인간이 과거의 실천을 통해 형성된 사회적 조건들 속에서 다시 실천을 통해 사회적 조건들을 변화시켜 나가므로, 현실은 고정불변하는 것이 아니라 인간의 주체적 실천이 행해지는 가변적 과정이다.[47] 마르크스는 『자본론』에서 자본

44_ 마르크스 · 엥겔스, 『독일 이데올로기』, 226면.

45_ 마르크스 · 엥겔스, 같은 책, 227면.

46_ 마르크스 · 엥겔스, 같은 책, 227면.

47_ 정진상, 「마르크스 사회과학과 실천」, 경상대학교 사회과학연구소 편, 『마르크스의 방법론과 가치론』, 한울, 2000, 14면 참고.

의 작동 메커니즘을 분석하고 불안정성과 위기를 항상적으로 내포하고 있는 자본의 본질을 규명하였다. 근대 자본주의 체제의 작동 메커니즘에 내재하는 항상적 불안정성과 위기는 그 같은 체제에 저항하고 그것을 개혁하려는 변혁주체의 자기생산을 가능케 하는 조건이 된다.[48] 이처럼 생산력의 거대한 상승을 조건으로 한, 현존 세계와의 모순관계에 있는 완전한 프롤레타리아의 산출은 혁명을 일으키는 동력이 된다.[49] 그러한 변혁주체의 혁명적 실천에 의해 기존 세계의 개변이 이루어진다. 역사상 발생한 대중의 자생적 봉기는 이처럼 변혁주체의 자기조직화의 가능성을 입증한다. 여기서 말하는 변혁주체란 노동자계급을 말한다. 노동자계급이 변혁주체인 것은 자본주의 체제에서 그들의 해방은 광범위한 인간해방의 전제이며, 그것은 그들 자신의 힘에 의해서만 쟁취될 수 있기 때문이다. 비록 지배 이데올로기에 의한 의식조작이 이루어져서 노동자가 자신의 억압적 위치를 의식하지 못한다 하더라도 억압과 착취가 객관적으로 없어지는 것이 아니듯, 그의 계급적 정체성은 객관적으로 여전히 존재한다.[50] 마찬가지로 고도로 발달한 생산력과 생산관계와의 모순이 극심한 사회에서 혁명이 일어나지 않고 오히려 노동자계급의 광범위한 개량화가 이루어진다 하더라도 노동자계급 자체의 역사적 성격은 결코 소멸되지 않는다. 그렇기 때문에 항상적 억압과 착취라는 조건 속에 놓이는 노동자계급이 근대 자본주의 체제에서 변혁적 실천의 주체일 수밖에 없다. 그러므로 마르크스에게 주체는 구조의 효과 안에 있으면서도 구조를 벗어나 구조의 이행 내지 변혁을 추진하는 존재이며, 그러한 주체의 생산이 가능한 것은 혁명적 실천, 즉 계급투쟁의 과정에서이다.[51] 이처럼 '실천'은 마르크스의 주체 개념을 근대주의의, 그리고 탈근대

48_ 잉여가치를 둘러싼 자본과 노동의 적대관계와 노동자계급의 반근대적 내지 탈근대적 주체화 과정에 대해서는 마르크스, 『자본론(1권 하)』, '제15장 기계와 대공업'을 참조할 것.

49_ 마르크스 · 엥겔스, 『독일 이데올로기』, 76면.

50_ 홍승용, 「변혁주체」, 『문예미학』 10집, 문예미학회, 2002, 74면.

51_ 박영균, 「맑스주의의 '주체'와 포스트적 전화의 담론들」, 『문예미학』 10집, 58면.

주의의 주체 개념과 변별되게 하는 핵심 요소이다.

주체가 탄생하는 것이 아니라 구성되는 것이라면, 주체 구성의 과정과 방식, 그리고 그러한 메커니즘에 의해 구성된 주체에 대한 역사적 고찰이 이루어지는 것은 당연하다. 역사유물론이라 불리는 마르크스의 주체 생산의 역사이론이 논리화된 것은 이런 맥락에서였다. 앞서 살펴본 바와 같이 마르크스는 각 시대와 사회마다 개인의 실천을 특정한 양상으로 반복하여 조직하는 조건과 그 조건에 의해 구성된 주체를 연구한다.[52] 마르크스가 다루려는 인간은 "어떤 환상적으로 완결되고 고정된 인간이 아니라, 특정한 조건 아래에서 현실적이고 경험적으로 관찰될 수 있는 발전과정상의 인간"[53]이기 때문이다. 역사유물론을 이처럼 개인으로 하여금 특정한 형태의 실천을 반복하도록 규정하는 조건을 포착함으로써 역사를 고찰하는 방법이라고 정의할 때, 그 대상은 단지 생산양식에 대한 연구에 국한되지 않는다. 그것은 인간으로 하여금 특정한 형태의 사회역사적 존재가 되도록 하는 특정한 생활적 조건을 다루는 일반적인 방법론의 성격을 갖게 된다. 그리고 당연히도 역사유물론은 사회역사적 조건에 의해 만들어진, 나아가 실천에 의해 그러한 조건을 변혁하는 존재인 인간에 대한 연구를 수반한다. 요약하자면 역사유물론은 개인을 특정한 사회역사적 존재로 구성하는 조건과 그러한 조건에 의해 형성된 존재이자 조건 자체를 변혁하는 존재인 인간에 대해 연구한다.

역사유물론이 어떤 한 개인이 특정한 역사적 조건 속에서 다른 존재로 변화한다는 것을 체계화한 이론이자 그런 이론적 토대 위에서 개별적 사례를 역사적으로 연구하는 방법론이라 할 때, 이러한 이론틀과 방법론은 근대문학사 연구에도 적용해 볼 수 있을 것이다. 이 경우 다음과 같은 질문들을 제기해 볼 수 있다. 특정한 작가의 정체성을 형성하는 사회적 조건은 무엇

52_ 이진경, 『맑스주의와 근대성』, 119-120면.

53_ 마르크스 · 엥겔스, 『독일 이데올로기』, 66면.

인가? 그러한 조건 속에서 이루어지는 그의 사고와 행위는 어떠한가? 그의 정체성의 변화를 야기하는 역사적 조건의 변화는 무엇인가? 그런 조건 혹은 조건의 변화 속에서 생산되는 작품은 어떠한 양상을 보이는가? 이처럼 마르크스의 주체생산이론을 전유하여 작가의 삶과 문학을 형성하는 조건과 그러한 사회역사적 조건 속에서 이루어지는 작가의 실천으로서 산출된 텍스트의 성격을 규명함으로써 텍스트중심주의나 역사주의 어느 한쪽에 치우치지 않는 총체적 관점을 확보할 수 있을 것이다.

전통적으로 근대시 연구는 시의 여러 구성요소 가운데 특히 시적 주체를 중심으로 이루어져 왔다. 그럴 경우 대개 시적 주체에는 근대적 주체 개념이 내포되어 있다. 그런 관점은 일차적으로 시인을 통일적이고 완결적인 주체로 간주하며, 나아가 시적 주체에겐 시인의 담지자로서 텍스트 내에서 담론과 행위의 중심적 역할을 부여한다. 시적 주체는 어떠한 내적 균열 없이 세계를 인식하고 대상과 관계 맺음으로써 텍스트에 통일성을 부여한다고 가정된다. 그러나 시인의 정체성이 특정한 조건과 과정 속에서 다양한 요소들의 관계 맺기를 통해 구성되는 것임을 상기할 때, 시인의 반영태인 시적 주체 역시 자기기원적인 성격을 지니는 자명한 존재가 아니라 텍스트의 내외적 조건에 의해 만들어지는 구성물이라고 할 수 있다. 한편 시인이 자신에게 강제된 조건을 거부하고 변혁하는 혁명적 실천에 나설 경우, 그의 삶과 문학은 결정적 변화를 경험한다. 이런 변화는 시인과 시인을 구성하는 사회적 관계들과의 모순과 충돌의 산물이므로 특정한 역사적 국면을 결정하는 생산양식과 생활양식의 변화와 연관된다. 그러한 변화는 시 속에 반영되며, 시적 주체의 정체성과 타자와의 관계의 변화로 구체화된다. 임화 시에 나타난 중심인물들인 '노동자'와 '청년', 그리고 '인민'의 형상은 마르크스가 역사적 고찰을 통해 이론화한 주체 개념과 일치한다. 따라서 본 연구는 마르크스의 주체 개념을 전유하여 시적 주체의 형상과 구성 방식, 그리고 변화 과정과 변화의 동인 문제를 중심으로 임화 시를 분석하고, 그것을 텍스트의 내외적 조건에 대한 고찰과 결합시키고자 한다. 그렇게 함으로써 임화 시의 면모를 새롭게 조명해 볼 수 있을 것이다. 요컨대 본 연구의 방법적 틀은 시인의 정체성을 형성·변화시키는 조건과 그러한 조건에 대한 시인의 역작용에 대해 고찰하고 그것의 의미를 규명하는 것, 그리고 그러한 것들이 시 속에서 어떻게 반영되는지를 시적 주체의 구성 방식과 양상에 대한 고찰을 통해 분석하는 것이다.

이상의 방법론을 바탕으로 본 연구는 다음과 같이 전개될 예정이다. 제2장에서 제4장까지는 임화가 거쳐 간 특정한 역사적 조건들이 임화를 어떻게 형성·규율했고, 임화는 그러한 근대적 주체 생산 메커니즘 속에서 어떻게 반근대적 주체로 스스로를 구성하는지를 살펴본다. 그와 아울러 반근대적 주체로서 임화의 저항적 실천인 시가 어떤 양상으로 형상화되는지를 시적 주체를 중심으로 고찰해 보고자 한다. 임화 시는 시적 주체를 기준으로 할 때 크게 세 시기로 나누어진다. 전기는 습작기부터 카프 해산 직전까지이며, 전기시는 시적 주체의 정체성 확립과정을 보여 준다. 중기는 카프 해산기부터 1930년대 말기까지이며, 중기시는 시적 주체의 위기와 재구성, 그리고 분열의 과정을 특징으로 한다. 후기는 해방기부터 한국전쟁기까지이며, 후기시의 특징은 새로운 시적 주체의 구성과 변모 과정이라고 할 수 있다. 우선 제2장에서는 임화 시가 상징주의시에서 출발하여 다다이즘 시를 거쳐 단편서사시에 이르는 각 단계별 시적 양상과 그러한 양상을 산출한 내외적 조건을 분석할 것이다. 상징주의, 다다이즘, 단편서사시가 서로 판이한 성격을 지님에도 불구하고 임화가 어떻게 짧은 기간에 이것들을 거칠 수 있었는지를 살펴볼 것이다. 제3장에서는 임화가 계급문예운동의 좌절과 경향문학의 전반적 위기, 일제 규율권력의 일상적 감시와 통제 체제 속에서 어떻게 새로운 시적 실천을 전개해 나가는지를 규명할 것이다. 우선 주체 재건으로 요약되는 실천적 모색이 '낭만정신'과 '체험의 역사화'로 나아가게 되는 동인과 그러한 방법론에 입각한 작품들의 발현 양상을 고찰할 것이다.

또한 주체의 재건 노력에도 불구하고 왜 결국에는 시적 주체가 '내적 분열'을 겪으면서 자기해체로 귀결되는지에 대해 분석할 것이다. 제4장에서는 해방기와 한국전쟁기에 쓴 작품을 대상으로 임화가 시에서 어떻게 주체를 복원하고, 새로운 문학적 실천으로 나아가는지를 해명할 것이다. 최종적으로 제5장은 제2-4장에서 논의한 내용을 바탕으로 임화 시의 시사적 의미를 다룬다. 여기서는 임화 시를 서구적 근대성에 대한 지향과 극복, 리얼리즘 시의 모색과 자기갱신이라는 차원에서 서술할 것이다.

제2장

계급주체 구성과 식민지 자본주의와의 대결

┌ 자기동일성 탐색과 상징주의의 이원적 인식틀

시인의 초기 작품은 그의 시의 전개과정 속에서 특별한 의미를 지닌다. 그 속에는 그가 평생에 걸쳐 보여 주게 될 시 세계의 다채로운 맹아가 고스란히 내장되어 있기 때문이다. 시인에 따라 그 맹아들이 골고루 발현되기도 하고, 어느 특정한 부분에 국한되어 시 세계가 구축되기도 한다. 한편 한 시인의 시 세계는 일관되게 지속되는 부분과 특정한 원인에 의해 변화되는 부분이 결합되어 이루어져 있다. 그 지속과 변화의 내재적 계기 역시 초기시에 포함되어 있다. 따라서 초기시는 한 시인의 전체 작품 세계의 본질을 규명하는 데에 시사하는 바가 매우 크다는 점에서 주목을 요한다.

임화의 초기시는 1920년대 전반기의 문화적 환경, 특히 학생층을 중심으로 형성된 문화적 유행과 서구 근대예술에 대한 임화의 독서편력, 그리고 유소년기 임화의 고독한 성장사가 복합적으로 결합됨으로써 탄생한다. 임화의 초기시에 가장 두드러지게 나타나는 특성은 낭만성이라고 할 수 있는데, 초기시의 낭만성은 주로 시적 주체의 애상적 정서와 방황을 통해 발현된다. 따라서 1920년대 전반기의 사회문화적 환경과 임화의 개인사에 대한 고려를 바탕으로 하여 시적 주체의 형상에 대해 분석함으로써 임화의 등단기 시의 성격, 나아가 그의 시적 역정이 어떻게 전개될 것인지를 가늠해 볼 수 있을 것이다.

임화의 초기시는 당시 신문들이 신설 혹은 증면한 학예면에 발표된다. 『동아일보』는 1924년 10월 무렵 학예면을 신설하고 기성문인의 투고뿐만 아니라 일반 독자들의 투고도 적극적으로 독려했다. 독자투고 제도는 학예면 신설의 연장선상에서 도입된 것이다. 이런 사정은 『매일신보』도 유사하다. 특히 『매일신보』는 상금제도를 활용하여 독자들의 투고를 유도하기도 했다. 두 신문이 차이가 있다면, 기성문인들의 작품들도 다수 게재되던 『동아일보』의 것에 비해 학생들의 습작품이 주종을 이루던 『매일신보』의 것이 수준면에서 훨씬 떨어지는 정도였다. 이처럼 신문들이 경쟁적으로 독자투고작을 유치하려 했던 것은 창작 활성화를 통해 문학의 발전을 촉진하기 위함이라기보다는 독자확보라는 상업주의적 목적을 달성하려는 데에 더 큰 목적이 있었기 때문으로 보인다.[1] 그러나 당시의 문학청년들은 독자투고 제도를 자신의 작품을 검증받는 계기로 인식했을 것이다. 임화는 이러한 문화적 상황 속에서 지속적으로 창작열을 불태웠고, 그 결과물인 습작품들을 열성적으로 투고한 것으로 보인다. 그는 1924년에 「연주대戀主臺」를 비롯한 여섯 편의 작품을 『동아일보』에, 「밤이면」을 포함한 일곱 편의 작품을 『매일신보』에 발표했다.[2]

1_ 독자투고를 권유하는 두 신문의 사고를 소개하면 다음과 같다. "투고환영. 이천 자 이내로 문단작가 개인에게 대한 평과 희망의 투고를 바랍니다. 그러나 인신공격에 대한 것은 받지 않습니다. 그 밖에 감상문, 동요, 동화, 시의 투고도 환영합니다."(『동아일보』, 1924. 12. 15.) "독자를 위하여 공개한 지면을 활용하시오! 소설 · 동화=14자 1행, 10행까지 구어체로(상금 갑 10원, 을 5원), 신시 · 동요 · 시조=행수, 문체 자유로(상금 갑 3원, 을 2원), 가정생활개량의 실례=1행 14자 50행까지 구어체(상금 갑 3원, 을 2원). 상금 받고 재미 보는 일요부록을 보십시오! 아무 때라도 매일신보 현상계로 투고하시오. 상금은 발표 후 일주일 내에 보내드리겠습니다."(『매일신보』, 1925. 7. 5.)

2_ 오랫동안 임화의 등단작은 「밤이면」(『매일신보』, 1926. 3. 28.)으로 알려져 왔다. 그러나 임화는 1924년에 이미 『동아일보』를 통해 「연주대」(『동아일보』, 1924. 12. 8.) 등 여섯 편의 작품을 발표한 바 있다. 임화는 이 무렵 '성아(星兒)'라는 필명으로 작품을 발표했는데, 이 시들의 작자가 모두 '성아'로 되어 있다. 그런 이유에서 이 작품들이 임화의 것임은 의심의 여지가 없다. 따라서 임화의 등단작은 「연주대」로 수정되어야 한다.

야주현夜珠峴 군밤장사
설설히끓소
애오개 만주장사
호이야호야
이내몸은 과천관악果川冠岳
연주대에서
가슴을 파헤치고
호이야호야

부들밭 오리새끼
깨우억깨웕
잔솔밭 까투리는
께께푸드덕
이내몸은 관음보살
연주대에서
손톱을 툭이면서
께께푸드덕

–「연주대」 전문[3]

임화의 등단작 여섯 편에서 우선적으로 발견할 수 있는 특징은 모두 일정한 율격을 지닌, 다시 말해 음수율을 엄격히 지키고 있는 단형서정시라는 점이다. 위에서 인용한 「연주대」는 "야주현 군밤장사/ 설설히끓소/ 애오개 만주장사/ 호이야호야"에서 알 수 있듯이 한 연이 7·5조의 음수율로 이루어진 시구의 반복으로 구성되고, 이런 형식의 연 두 개로 이루어진 작품이다. 그 밖의

3_ 임화, 「연주대(戀主臺)」, 『동아일보』, 1924. 12. 8; 『임화전집1』, 15면. 전집에는 "야주현"이 "야주개"로 되어 있는데, 이는 오류이다.

작품들도 "깨어진 나의 맘에/ 소낙비가 퍼불 제/ 처마 끝 낙수물은/ 설은 꿈에도"[4]에서 알 수 있듯이 '3·4/4·3/3·4/5'와 같은 특정한 음수율의 반복으로 구성되어 있기는 마찬가지이다. 한편 「연주대」는 형태상으로 볼 때도 두 연이 엄격한 대칭을 이루고 있다. 이는 시각적 균형을 위해 띄어쓰기를 의도적으로 무시한 결과로 보인다. 이로써 볼 때, 등단 무렵 임화는 시의 음악성에 지대한 관심을 가지고 있었던 듯하다. 그런데 이러한 율격은 내적 리듬의 자연스러운 발현이 아니라 특정한 통사구조의 기계적인 반복에 의한 것이어서 작위적인 성격이 짙다. 이와 관련하여 민요의 율격을 살펴볼 필요가 있다. 민요 역시 특정한 율격이 이미 전제되어 있고 그에 맞춰 가사가 만들어지는 양상을 보인다. 하지만 민요의 율격은 민요 담당층의 생활리듬의 반영이어서 내용과 자연스러운 결합을 이룬다. 그러므로 민요에서 율격은 내용을 제약하는 '감옥'이 아니다. 그러나 임화의 등단작들은 내용과 형식이 조화를 이룬 자연스러운 리듬을 만들어 내지 못하고 있다. 그런 문제점은 시의 음악성에 대한 이해 부족과 작품 속에 음악성을 구현할 만한 창작 역량의 미숙함에서 연원한다. 그 결과 시의 형식이 단조롭고도 도식적인 양상을 띠게 된 것이다.

임화의 등단작들은 내용적 측면에서도 단순성과 감상성이란 문제점을 드러내고 있다. 즉 이 시들은 풍경의 소박한 재현이나 시적 주체의 과잉된 감정의 무분별한 분출 등 대상의 이미지화나 정서 표현의 측면에서 습작기 작품의 유치함을 그대로 드러내고 있다. 앞서 인용한 「연주대」의 시적 배경은 관악산 정상인 연주대의 적막한 겨울밤이다. 그 속에서 시적 주체는 어두운 풍경을 바라보면서 괴로움을 토로한다. 여기서 적막한 밤 풍경과 시적 주체의 고통스러운 내면은 서로 호응한다. 따라서 밤은 시적 주체의 내면의 표상이자, 내면의 고통을 심화시키는 매개이다.[5] 또한 군밤장사나 만주장사

4_ 임화, 「낙수」, 『동아일보』, 1924. 12. 15; 『임화전집1』, 17면.

5_ 초기시에서는 이처럼 '밤'이 단지 시적 주체의 내면의 객관적 상관물인 반면, 1930년대 중반 무렵부터는 당대 현실의 표상이라는 시대적 의미가 추가된다.

의 호객행위인 "호이야호야"라는 외침에는 누군가를 애타게 그리워하는 주체의 감정이 이입되어 있으며, "부들밭 오리새끼"의 "깨우억깨웍"과 "잔솔밭 까투리"의 "께께푸드덕"이란 울부짖음과 몸부림은 심리적 안정을 잃고 번민하는 시적 주체의 내면을 반영한다. 그런 점에서 이 시는 대상과의 동일화를 통한 정서 표출이라는 서정시의 원리를 충실히 따르고 있다. 그런데 이 시에서 시적 주체의 내적 고통의 원인이 그리움 때문이라는 것은 막연하게나마 짐작할 수 있으나, 그리움의 대상이나 원인이 구체적으로 무엇인지는 모호하기만 하다. 이런 특성은 『동아일보』에 발표된 다른 작품들에서도 공통적으로 발견된다. 가령 「연주대」와 유사한 모티프를 지닌 「낙수」는 용두각의 밤 풍경과 시적 주체의 애상적 정서를 노래한 작품이며, 「실연1」·「실연2」[6]는 시적 주체인지 대상인지 불분명한 존재가 실연의 상처를 이기지 못해 술을 마시고 자살을 시도하는 과정을 감상적으로 표현하고 있다.

아름다운 봄날
여기저기 꽃이 필 때
네 마음속에
사랑이 생겼어라
아름다운 봄날
갖은 새 노래 속에
나는 님께다가
사랑을 알렸어라
–하이네, 「연가 3수」 부분[7]

사실 율격에 대한 집착과 단형 지향성은 임화 시에만 국한되는 것이 아

6_ 임화, 「실연1」, 『동아일보』, 1924. 12. 22; 「실연2」, 『동아일보』, 1924. 12. 22.
7_ 하이네, 「연가 3수」, 『동아일보』, 1924. 11. 3.

니라 1920년대 중반기 신문 투고작들에서 흔히 발견되는 특징이다. 예컨대 「연주대」와 같은 지면에 게재된 백영白影의 「부엉새」는 "어제 아침 박달나무 우거진 속에/ 신세 편한 부엉새 새끼새 하나/ 높다랗게 고운 집 지어놓고서/ 부엉부엉 부르며 노래하였소"와 같이 한 연이 '4·4·5/4·3·5/4·3·5/4·3·5'의 음수율로 이루어진 3연시이다. 인용한 하이네의 시는 신문 투고작들의 이 같은 형식적 특징이 어디에서 유래했는지를 해명할 단초를 제공한다. 하이네의 이 시는 사랑의 갈구라는 주제를 일정한 율격에 맞춰 서정적 어조로 노래하고 있어서 당시 신문 투고작들과 내용적 측면에서나 형식적 측면에서 유사성을 보여 준다. 1920년대 전반기에는 일본 유학생들에 의해 소개된 독일 낭만주의와 프랑스 상징주의 시인들의 시가 유행하고 있었다. 이 둘이 문예사조적으로나 미학적으로나 긴밀한 연관성을 지닌다는 것은 주지의 사실이다. 시 창작이 창작자 개인의 경험과 기존 작품을 바탕으로 한 기술적 '제작'이라는 점에서 습작기의 시인에게 기성 시인과 시편의 영향은 지대하다.[8] 습작기에 있는 문학청년들의 그 같은 창작 습성을 고려해 볼 때, 신문 투고작들 가운데 특히 고정된 율격을 지향하는 시들은 상징주의 내지 낭만주의 시풍의 모방이라고 보는 것이 옳을 것이다. 게다가 시 창작이 고정된 율격을 전제하는 경우 정해진 율격적 틀에 언어를 끼워 맞추는 방식으로 이루어진다. 그런 방법은 아직 전문적인 수준에 이르지 못한 일반인들이 비교적 용이하게 시를 창작할 수 있게 해 준다. 따라서 당시의 투고작들 가운데 일정한 율격에 맞춰 쓴 시는 창작 주체의 미숙성 때문이었던 듯하다. 그러므로 이 시기 임화의 시를 비롯한 투고시가 율격에 대해 집착한 것은 당대 유행 시풍의 영향과 투고자들의 창작적 미숙성으로 인한 결과라고 할 수 있다.

율격에 대한 집착은 내용의 단순성과 짝을 이룬다. 물론 이러한 미숙성이 인과적 선후관계를 맺고 있는 것은 아니다. 오히려 창작 주체의 유소함

8_ 유종호, 『다시 읽는 한국시인』, 문학동네, 2002, 22면.

이 이 두 가지 특징을 야기한 원인이라고 보아야 할 것이다. 임화가 『동아일보』와 『매일신보』에 시를 발표하던 시기가 17-19세 무렵이었음을 고려할 때, 이러한 매체에 시를 투고하던 부류는 대체로 학생들이었을 것이라 짐작된다. 두 신문의 독자투고작들은 거의가 관념적이고 직정적인 성격을 지닌 서정시여서 시적 깊이나 수준면에서 유치하기 짝이 없기 때문이다. 그들에게 생활은 학교와 집을 오가는 것 이상이 아니었고, 고민이란 대개 학업과 이성 문제를 넘어서기 어려웠다. 그런 상황에서 보여 줄 수 있는 작품세계의 편폭이란 고작 책을 통해 관념적으로 선취한 사랑에 대한 갈망이나 자연풍경에 조응하는 소박한 내면의 고백 이상일 수 없었다. 여기에 당대의 문화적 환경이 또 하나의 영향적 요인으로 작용한다. 1920년대 전반기에는 유학생들을 통해 서구 근대문예사조들이 '신흥예술'이란 이름으로 일본으로부터 난마처럼 뒤엉킨 채 유입되고 있었다. 앞서 언급한 바와 같이 특히 시의 영역에서 상징주의와 낭만주의의 영향력은 컸다. 그와 아울러 학생층을 중심으로 '연애'가 돌림병처럼 번지고 있었다. 그것을 자극한 것은 각종 연애소설, 하이네 등의 연가풍의 시, 폭발적인 인기를 누렸던 노자영의 연애서간집 『사랑의 불꽃』 등이었다. 당시 학생들은 이런 책들을 열독하며 낭만적이고 비극적인 '사랑'을 추체험하고 있었다. 임화 역시 이런 문화적 환경속에 놓여 있었던 만큼 그의 자아형성 과정도 당시의 여느 학생들과 다르지 않았다. 임화의 등단작들이 슬픔에 잠긴 주체와 적막한 밤 풍경이 뒤섞인 애상적이고 몽환적인 세계를 보여 주는 것은 그 역시 창작자들의 이러한 존재 조건 및 그들이 처한 문화적 환경과 무관하지 않기 때문이다. 나중에 그는 이 무렵의 자신을 이렇게 회고한다.

> 열대여섯 살 때(1922-23년 무렵-인용자) 그는 하이네의 시와 어여쁜 소녀의 생각으로 퍽 행복되었습니다. 소녀가 가고 가을 깊어갈 제 그는 『영혼의 추秋』라는 이쿠타 슌게츠生田春月의 책을 읽으며 다만 눈물과 탄식으로 살았습니

다. 그 해 겨울에 위고의 『레미제라블』을 읽어 그는 더욱 슬펐습니다. 그가 늘 독본 대신으로 읽던 시마다 세이지로島田清次郎의 3부작―(불행히 그는 늘 자기를 이런 천재라고 생각했었습니다.)도 흥미가 없어지고, 아리시마 다케오有島武郎도, 다니자키 준이치로谷崎潤一郎도 그 전만치 그의 마음을 끌지는 않았습니다.

우연히 그는 그 때 고리키란 작가와 톨스토이, 투르게네프 등의 로서露西 작가를 알았으나 그의 사우師友가 되지는 아니했습니다. 유명한 『햄릿』과 『맥베스』를 읽었으나 『파우스트』와 같이 난해했을 따름이었습니다. 오히려 『무정』이 더 재미있었습니다. 물론 유명한 『사랑의 불꽃』은 그가 소녀를 생각할 때 읽어서 암송할 지경이었습니다. 그러다가 우에다 빙上田敏이란 이의 『해조음海潮音』이란 역시집을 읽고 그 중에도, 베를렌과 칼 부세를 좋아해서 지금도 그 시를 오일 수 있다 합니다.[9]

임화가 보성고등보통학교(보성중학교)에 입학한 것이 열네 살 때인 1921년이므로 위의 기록은 2-3학년 무렵과 관련된다. 이 회고에서 눈길을 끄는 것은 그가 열독했던 것들로 하이네와 베를렌과 부세의 시, 이쿠타 슌게츠의 시집 『영혼의 가을』, 이광수의 소설 『무정』, 노자영의 서간집 『사랑의 불꽃』, 우에다 빙의 역시집 『해조음』을 유독 표 나게 내세우고 있다는 점이다. 또한 그로선 아직 『햄릿』이나 『맥베스』, 『파우스트』와 같은 철학적 깊이를 지닌 작품을 읽을 사상적 수준에 도달하지 못한 상태였음을 인용문에서 읽을 수 있다. 그런 점에서 러시아 작가가 사우가 되지 않은 원인도 '난해함'에 있다고 짐작된다. 그런 상황에서 그가 열독한 것들이 '연애' 곧 사랑을 테마

9_ 임화, 「어떤 청년의 참회」, 『문장』, 1940. 2, 22면. 이 글에는 "어느덧 남자의 나이 33이 되었다니"라는 구절이 있다. 임화가 태어난 해가 1908년이니, 이 글에서 그는 자신의 나이를 한국식으로 계산하고 있다는 것을 알 수 있다. 앞으로 이 글, 나아가 임화의 다른 글에 나타나는 나이를 연도로 환산할 경우에는 임화의 계산법을 따르도록 하겠다. 한편 인용문에 있는 '島田清次郎'은 원문에는 '島田清三郎'으로 되어 있는데, 이는 잘못된 표기로 보인다. 임화가 말하는 '삼부작'은 시마다 세이지로의 소설 『地上』으로 추측되기 때문이다. 이 소설은 극빈에서 자립하는 천재 소년에 관한 이야기로, 시마다를 일약 유명작가로 만들어 주었다. 고재석 편, 『일본문학 · 사상명저사전』, 깊은샘, 1993, 1012면 참고.

로 한 정서적 흡인력이 강한 책들이었다.[10] 습작시 수준의 등단작들을 쓰던 무렵 임화는 이처럼 서구 낭만파와 그 후예들인 상징파 시인들, 그리고 그들의 영향을 받은 일본 시인들의 작품에 심취했으며, 당대의 베스트셀러였던 『무정』과 『사랑의 불꽃』을 열독했다는 것을 알 수 있다. 이와 같은 작품들은 감수성이 예민하고 조숙했던 그의 소년기[11]의 내면에 부합하는 점이 많았을 것이며, 임화의 자아 형성과 시 창작에 밑거름이 되었다고 본다.

죽은 듯한 밤은 땅과 하늘에 가만히 덮였고
음울한 대기는 갈수록 컴컴한
저 하늘 끝에서 땅 위를 헤매는데
소리 없이 자취를 감추고 내리는 가는 비는
고요히 졸고 있는 나무 잎에
구슬 같은 눈물을 지워
어둔 밤에 헤매면서 우는
두견의 슬픈 눈물 같이 굴러 떨어진다
남모르게 홀로 뛰는 혼령아
이 어둔 비 오는 밤에도 쉬지 않고 날뛰며
무엇을 너는 찾느냐?

–「무엇 찾니」 전문[12]

10_『무정』의 테마는 물론 사랑이 아니라 계몽이다. 그런데 열독했다는 책들이 모두 사랑을 테마로 한 것이며, 그 가운데 『무정』을 언급하고 있다. 또한 임화는 『무정』을 '재미' 즉 흥미성의 차원에서 회고하고 있다. 『무정』의 흥미성의 원천은 '자유연애'에 있고, 그것은 계몽이라는 이념성과 짝을 이루며 소설을 떠받치고 있다. 그런 점에서 임화는 이 소설을 계몽보다는 사랑에 초점을 맞춰 읽었을 가능성이 크다. 『무정』의 이념성과 흥미성의 관계에 대해서는 김윤식 · 정호웅, 『한국소설사』, 예하, 1993, 74–80면 참고.

11_ 임화의 소년시절을 살펴볼 수 있는 글은 많지 않다. 그런데 어디에도 형제자매에 대한 언급은 없다. 「나와 호랑이」(『조광』, 1938. 1.)에 "어려서 내가 울면 호랑이가 물어간다는 말은 내가 독자라 어머니가 엄금하셨다 하며"라는 표현이 있는 것으로 보아 그가 독자(獨子)였던 것은 분명해 보인다. 외로운 성장과정이 그를 또래에 비해 조숙하게 했고, 책읽기에 몰입하게 만들었던 한 원인으로 작용했을 것이다.

12_ 임화, 「무엇 찾니」, 『매일신보』, 1926. 4. 16; 『임화전집1』, 22면.

이 시는 임화가 투고 지면을 『매일신보』로 옮긴 후 두 번째로 쓴 작품으로서 "서구 상징파의 세기말 사상을 흉내 낸 아류적 소품"[13]에 불과한 것이긴 하지만, 임화 초기시의 경향을 집약적으로 잘 보여 주는 것이어서 주목할 만하다. 시에서 묘사되고 있는 세계는 "죽은 듯한 밤"과 "음울한 대기", "비" 등의 암울한 이미지로 구성되어 있다. 등단작에서부터 줄곧 임화 시의 주요 배경이 된 '밤'이 이처럼 이 시에도 나타나며, 거기에 슬픔의 정서를 환기하는 '비'가 결합되어 시 세계를 더욱 애상적으로 만들고 있다. 그런데 시에서 비 내리는 밤풍경은 외부세계를 사실적으로 재현한 것이지만, "죽은 듯한", "눈물 같이" 등의 표현이 말해주듯 우울과 비애라는 정서가 강하게 투영되어 있어서 주체의 정서의 객관적 상관물이라 할 수 있다. 이런 음울한 밤 풍경 속에서 홀로 날뛰는 "혼령"이 있다. 시적 정황으로 보아 이는 주체 자신을 객관화한 존재로 보인다. 그런데 중요한 것은 혼령이 끊임없이 무언가를 찾아 헤매고 있다는 점이다. 무언가를 찾아 헤맨다는 것은 그것이 '지금, 여기'라는 시공간에서 결핍되어 있기 때문이다. 결핍은 현존세계에 대한 '부정'과 외부세계에 대한 '동경' 의식을 낳는데, 그 결핍의 정도가 심하면 심할수록 부정과 동경은 강렬해진다. 시적 주체가 비 내리는 음울한 밤의 세계로부터 벗어나 "무엇"을 찾으려고 갈망하는 것은 이처럼 결핍 의식이 그를 강하게 지배하고 있기 때문이다.

이 시는 세계에 대한 격렬한 부정과 영혼의 거처를 찾아 헤매는 주체의 열정으로 요약되는 '백조' 동인들의 시와 동일한 범주에 속한다. 그러나 임화의 시는 아직 백조 시의 경지에까지 도달하지 못하고 있다. 왜냐하면 백조 시가 비록 '동굴'이나 '침실'과 같이 음습하고 자폐적인 공간이나마 지향점을 뚜렷이 설정하고 있는 데 반해, 이 시는 아직 지향해야 할 세계의 발견으로까지 나아가지는 못하고 있기 때문이다. 「무엇 찾니」를 이해하는 관건은 그

13_ 유성호, 「비극적 근대시인의 시적 경로」, 167면.

'무엇'의 실체가 도대체 어떤 것이냐를 해명하는 데 있는데, 작품 속에서 그것의 정체를 밝히는 것은 거의 불가능하다. 시에서 주체는 무엇을 찾느냐고 자기 자신에게 묻고 있으나 그것은 대답 없는 물음일 뿐이다. '지금, 여기'를 벗어난 어떤 영역을 찾고자 하나 그것이 무엇인지조차 아직은 자각하지 못하고 있기 때문이다. 아마 실제로 임화 자신도 그것이 어떤 것인지 명확하게 의식하지 못했을 것으로 짐작된다. 그렇기 때문에 시에서 주체는 그 무엇을 스스로도 알지 못하는 상태에서 끊임없이 찾는 몸짓만 강렬하게 발현하고 있는 것이다. 다만 그 무엇은 방황하는 영혼을 받아 줄 무언가라는 점에서 그에겐 긍정적 가치를 지닌 것이라는 점을 유추할 수 있을 따름이다.

그런데 시적 주체의 방황을 멈추게 해 줄 그 무엇, 즉 영혼의 안식처는 이 시기에 창작된 다른 작품들에서 '사랑'[14]으로 의미화된다. 그러나 그 사랑은 도달하지 못할 먼 곳에 있으며, 따라서 결코 이루어질 수 없는 것이라는 점에서 비극적이다. 「밤이면」에서 시적 주체는 항상 변함없는 '달'과는 달리 연인, 즉 "사람인 너의 마음"은 너무 쉽게 변함에 대한 원망과 재회의 갈망을 토로하고 있다.[15] 이후 작품들에서도 온통 임에 대한 그리움과 기다림의 정서가 전경화되어 있다. 예컨대 「밤비」[16]는 임에 대한 기다림을, 「구고」[17]는 임에 대한 그리움을, 「가을의 탄식」[18]은 기약한 임은 오지도 않았는데 가을이 와 버린 데 대한 탄식을 민요풍으로 노래하고 있다. 그 가운데 「서정소시」는 "'에데두카'여 만일 그대가 지금/ 끝없는 바다 우를 떠난다고 하면/ 탄식과 그리움에 파리해진/ 이 얼굴의 한 쪽을 싣고 달아난 물결에/ 그대는 부딪쳐 볼 때가 있으리로다"[19]라는 시구에서 알 수 있듯이 실연의

14_ 유성호, 「비극적 근대시인의 시적 경로」, 167면.
15_ 임화, 「밤이면」, 『매일신보』, 1926. 3. 28; 『임화전집1』, 21면.
16_ 임화, 「밤비」, 『매일신보』, 1926. 9. 12; 『임화전집1』, 23면.
17_ 임화, 「구고(舊稿)」, 『매일신보』, 1926. 9. 12; 『임화전집1』, 24면.
18_ 임화, 「가을의 탄식」, 『매일신보』, 1926. 10. 24; 『임화전집1』, 26면.
19_ 임화, 「서정소시」, 『매일신보』, 1926. 10. 10; 『임화전집1』, 25면.

아픔과 연인과의 합일에 대한 갈망을 다만 직설적으로 전달하지 않고 이미지의 매개를 통해 표현하고 있다. 이런 사실을 토대로 할 때, 『동아일보』에 발표된 작품들에 나타나는 고통과 비애, 예를 들어 「연주대」에서의 울부짖음과 몸부림, 「낙수」에서의 '깨어진 마음'도 사랑에 대한 갈망이 좌절됨에서 비롯된 것이라고 유추할 수 있다.

이상에서 살펴본 것처럼 '사랑'은 이 무렵 임화라는 방황하는 영혼의 유일한 안식처였음을 알 수 있다. 인간은 현실세계에서 행복을 구하지 못할 때 쉽게 관념의 세계에 행복의 성채를 구축하고 그 속에 몰입하기 마련이다. 즉 관념의 세계에 대한 낭만적 동경은 현실세계에 대한 부정의식과 상동성을 지닌다. 가정에서도, 학교에서도 행복을 구하지 못했던 소년 임화는 여성을 절대화된 존재로 이상화하고 낭만적 사랑을 꿈꾸었던 것이다. 그것을 추동한 것이 하이네의 시로 대표되는 낭만적 연가, 『사랑의 불꽃』과 같은 연애서간집이었다. 그는 사랑에 대한 낭만적 몽상과 그것의 등가물인 책 읽기에 몰입하는 그 순간만은 현실세계의 온갖 번민과 고뇌를 잊을 수 있었다.[20] 그럴수록 현실의 영역은 점점 더 축소되는 대신 관념세계의 영역은 점점 더 확대된다. 이 시기 임화가 맹렬히 찾던 '무엇'은 사랑과 문학, 즉 "하이네의 시와 어여쁜 소녀"였다고 할 수 있다. 임화 초기시에서 시적 주체가 찾아 헤매는 것이 결국 '사랑'으로 귀결되는 것은 이처럼 임화의 실제적 조건이 반영되었기 때문이다.

모든 시인들의 습작기는 시인으로서의 자기동일성 형성기이다. 그러한 특성은 시에 투영되며, 시적 주체 역시 확고한 정체성을 지니지 못한 채 주관이나 객관 어느 한쪽에 침윤되는 양상으로 나타난다. 따라서 습작기 시의

20_ 임화는 「환멸의 철인」(『매일신보』, 1926. 10. 3.)에서 이쿠타 슌게츠의 시를 인용한 후 인생의 허무와 환멸을 매우 관념적이고 감상적으로 피력하고 있다. 이 글은 이쿠타의 시와 산문 독서와 사춘기 소년의 감상성이 결합되어 작성된 것으로 짐작된다. 그렇기는 해도 이 글이 다만 니힐리즘에 대한 치기 어린 흉내 내기에 불과하다고만 보기는 어렵다. 인생을 허무와 환멸로 느끼는 내면의 형성은 그에 조응하는 존재론적 조건이 수반될 때 가능할 것이다. 따라서 이 글에 나타난 허무와 환멸 의식은 고독한 성장과정과 예민한 성격, 실연 체험 등 당시 임화의 실제 조건에 비추어 보았을 때 그 나름대로 근거를 가진 것이라 생각된다.

특징은 대개 내면적 감상의 과잉이나 외부풍경의 단순재현이라는 두 가지 편향으로 드러난다. 『동아일보』와 『매일신보』에 발표된 열세 편의 임화 시들은 공통적으로 단형의 음수율, 미성년적 주체의 애상적 정서를 특징으로 한다. 이 시들에서 시적 주체는 밤의 세계에서 무언가를 찾으려는 열망을 강렬히 발현하고 있다. 그 무언가는 현존세계와의 갈등에 대한 심리적 보충물로서 영혼의 안식처이다. 그 무엇을 찾음으로써 방황하는 영혼은 심리적 안정을 획득하려 한다. 임화 초기시의 세계는 현존세계에 대한 부정과 외부세계에 대한 동경이란 소년기 임화의 의식의 산물이며, 그러한 부정과 동경의 정신이 시 속에 투영됨으로써 방황하는 시적 주체의 형상을 구성하였다. 그러나 정체성을 세계와 자신에 대한 인식, 나아가 세계와 자신의 관계에 대한 감각이라고 정의했을 때, 이런 작품들에서 시적 주체의 자기정체성이 뚜렷이 형성되었다고 말하기는 어렵다. 시적 주체의 형상이 구체화되어 있지 않을 뿐만 아니라 세계에 대응할 만한 확고한 내면을 아직 형성하지 못하고 있기 때문이다. 따라서 시적 주체 구성의 측면에서 볼 때, 임화의 초기시는 자기동일성을 찾기 위한 탐색과정이라고 할 수 있으며, 그러한 탐색은 시에서 현존세계에서 다른 세계로의 지향이라는 낭만주의적 양상으로 나타난다.

┌ 프롤레타리아 세계관 획득과 아방가르드 예술의 혁명성

임화는 「작가단편자서전」에서 소년시절에 동대문 안에 있는 사립학교에 다니다 학교가 '해산'되는 바람에 열 살에 보통학교 1학년급으로 올라갔다고 회고한 바 있다.[21] 이때가 1917년이었다. 보통학교는 보통학교령에 따라 1906년에 설치된 초등교육기관이다. 총독부는 1911년 제1차 조선교육령을

21_ 임화, 「작가단편자서전」, 『삼천리문학』, 1938. 1, 261면. 이 글은 「어떤 청년의 참회」와 더불어 임화의 성장기를 재구성할 수 있게 해 주는 중요한 자료이다.

제정함으로써 사립학교를 통해 이루어지던 민족주의적 교육을 말살함과 아울러 보통학교를 통해 공교육을 확산시킴으로써 황국신민 양성에 주력했다.[22] 임화는 이런 상황에서 보통학교에 진학한 것이다. 그리고 그는 보통학교를 졸업한 후 1921년에 보성고등보통학교(보성중학교)[23]에 진학하게 된다. 고등보통학교 역시 보통학교와 동일한 목적에 의해 설치, 운영되었으므로 사정은 다르지 않다. 그런 점에서 임화의 보통학교 진학은 "일제의 전면적인 식민지 지배라는 틀 속에 가두어져버림"[24]이라는 의미를 지닌다. 임화가 보통학교 1학년에 편입한 것이 열 살이고 고등보통학교(중학교)를 졸업 직전에 중퇴한 것이 열아홉 살이었으니, 그는 십대 대부분을 일제에 의한 식민지 교육제도 속에서 황국신민이 되기 위해 규율, 육성되었다는 것을 알 수 있다.

식민지 교육을 충실히 이행한 학생들은 그러한 교육 목적에 맞는 직업을 선택하여 삶을 영위해 가야 했다. 그것은 곧 식민지 지배기구를 용인하는 가운데 이루어지는 개인의 자기욕망 충족이자 그것을 통한 식민지 지배기구의 견고화를 의미한다. 임화 역시 당시 대개의 학생들이 걸어간 길을 따라가야 했다. 즉 그는 식민지 교육을 받은 후 사회에 진출하여 식민지 지배체제를 공고히 하는 역할을 담당하는 길로 나아가야 했다. 그러나 그는 스스로 학업을 포기함으로써 정해진 항로를 이탈한다. 임화는 어째서 미래가 보장된 이런 제도적 장치 속에 더 있을 수 없었던 것인가? 그곳을 스스로 박차고 나온다는 것은 어떤 의미를 지니는가? 왜 부모는 그런 자식의 일탈을 제어할 수 없었는가? 이러한 물음에 대한 답변 속에는 이 시기 임화의 인간적 특징과 문학의 성격을 해명하는 중요한 단서가 잠겨 있다. 따라서 학교 자퇴를 전후한 그의 생활과 독서체험, 그리고 시 창작 상황을 검토함으로써 이 시기 임화 시의 급격한 변화를 해명할 수 있을 것이다.

22_ 강만길, 『한국현대사』, 창작과비평사, 1994, 175-176면.

23_ 1940년부터 '고등보통학교'가 '중학교'로 명칭이 바뀐다.

24_ 김재용, 「진보적 문학가 임화의 삶과 문학」, 151면.

열아홉 살 때(1926년-인용자) 가정의 파산과 더불어 그의 평화한 감상시대感傷時代는 끝이 났습니다. 그는 전혀 입학시험의 준비를 위하여 독실히 공부하던 영어와 수리학과 더불어 중학교를 졸업 직전에 이별했습니다. 허나 그는 학업의 폐지를 조금도 슬피도 섭섭히도 생각지 않았습니다. 그는 무모하게도 교과서를 팔아 그때 유행하던 조타모鳥打帽를 사 쓰고 본정本町에 가서 『개조』라는 잡지 일 책과, 크로포트킨의 저서를 일 책 사 가지고 의기헌앙히 집으로 돌아와 양친께 그 뜻을 말했습니다. 그 뒤로 그는 크로포트킨의 『청년에게 고함』이란 소책자를 읽고 몹시 감동되었습니다. 『개조』와 『중앙공론』의 고본을 자꾸 사들여, 후쿠다 도쿠조福田德三란 이의 논문 속에서 리카도란 이름과 더불어 마르크스와 엥겔스라는 이름을 알았습니다. 쓰지 준辻潤란 사람의 문장을 애독하고 그가 번역한 슈티르너의 『유일자와 그 소유』란 책을 샀다가 어려워서 반만 읽었습니다. 그 다음에는 니체란 사람의 『차라투스트라』란 책을 사서 읽고 『파우스트』와 비슷한 것이라고 생각했을 따름입니다. 그동안 다카하시 신키치高橋新吉란 이의 시집을 사 읽고, 어느 틈에 다다이즘이란 말을 배웠습니다. 이치우지 요시나가一氏義良이란 이의 『미래파연구』란 책, 외의 알렉세이 간이란 이의 『구성주의예술론』, 표현파 작가 『칼레의 시민』과 더불어 로망 롤랑을 특히 『민중극장론』과 『애愛와 사死의 희롱』을 통하여 알았습니다. 한 일 년 전부터 공부하던 양화에서 그는 이런 신흥예술의 양식을 시험할 만하다가 우연히 무라야마 토모요시村山知義란 사람의 『금일의 예술과 명일의 예술』이란 책을 구경하고 열광했습니다.

그때로부터 그는 낡은 감상풍의 시를 버리고, 다다풍의 시작을 시험했습니다. 그동안에 조선에서 고한승, 김화산, 김니콜라이라는 이름을 발견하고 반가워했습니다.

그동안에 그는 모친상(1927년 봄-인용자)을 치렀습니다.[25]

25_ 임화, 「어떤 청년의 참회」, 22-23면. 인용문 가운데 "표현파 작가"와 "『칼레의 시민』" 사이에 '게오르그 카이젤의'가 빠진 듯하다. 『칼레의 시민』은 카이젤의 작품으로서 표현주의 희곡의 최고 작품으로 평가받는다. 또한 임화

다소 길게 인용한 위의 글에서 1926-27년 무렵의 임화의 독서편력과 생활적 변화를 읽어 낼 수 있다. 학교를 그만둘 무렵 임화는 "가정의 파산"과 "모친상" 등 개인적으로 불우한 사건들을 차례로 겪으면서 가출을 감행하여 "서울거리를 정신 나간 사람처럼 헤매"[26]게 된다. 가정의 파산은 학업 포기의 직접적인 원인이 되었고, 모친의 죽음과 아버지와의 불화가 가출의 계기로 작용했을 것으로 짐작된다. 그런 와중에 그는 아나키즘, 마르크스주의, 미래주의, 구성주의, 표현주의, 다다이즘 등 당시로선 최첨단의 사상과 예술에 매혹된다. 그것들은 그에게 현실에서 구하지 못한 정신적 만족감과 행복을 안겨 주었기 때문이다. 그리고 그것들은 학업을 포기한 그에게 학교와 등가의 비중을 지닌 것이었다. 후일 그는 인용문에도 드러나듯이 상급학교 진학을 목표로 열심히 입학시험 준비를 하다 졸업 직전에 자퇴를 하고도 조금도 슬프거나 섭섭지 않았다거나, 혹은 「작가단편자서전」에서 "괴로운 때였습니다. 그러나 마음은 강한 행복에 불탔습니다"[27]라고 이때를 회고한다. 그럴 수 있었던 이유는 학업에 맞먹는, 아니 학업보다 더 매력적인 새로운 사상과 예술의 세계가 학교 바깥에 무궁무진하게 펼쳐져 있었기 때문이다. 그런 이유에서 그는 교과서를 팔아 유행하던 조타모를 사 쓰고, 신흥 사상과 예술 서적을 사서 의기헌앙하게 돌아와 부모에게 향후 자신의 진로를 밝힐 수 있었던 것이다. 따라서 그가 상징주의적 색채의 '낡은 감상풍의 시'를 버리고 전위예술의 하나인 '다다풍의 시'로 달려간 것은 필연이었다. 게다가 상징주의와 다다이즘은 현존세계에 대한 거부와 새로운 세계의 지향이라는 의식상의 동질성을 내포하고 있어서 임화 시의 변화는 자연스러워

가 모친상을 당한 시기가 1927년 봄이라고 한 것은 수필 「영춘부」(『매일신보』, 1927. 5. 8.)에 있는 "한 달이나 전에 돌아가신 어머니"라는 표현에 의거한 추측이다. 한편 『개조』와 『중앙공론』은 일제강점기에 조선에 들어온 대표적인 일본잡지들인데, 당시 상당히 많은 부수가 조선에 들어왔다고 한다. 일제강점기의 일본 신문과 잡지 유입 상황에 대해서는 정진석, 『한국 언론사』, 나남, 2001, 12장 Ⅶ절을 참고할 것.

26_ 임화, 「작가단편자서전」, 261면.

27_ 임화, 같은 글, 261면.

보인다. 이처럼 임화는 개인사적 불행, 성장과정에서 획득된 낭만적 기질과 유행에 대한 민감한 감각, 기성질서에 대한 반항적 의식 등의 내외적 조건 속에서 감상적이고 관념적인 상징주의의 세계에서 반항적이고 파괴적인 다다이즘의 세계로 비약한다.

1927년 벽두에 임화는 「설雪」·「혁토赫土」[28] 등의 작품을 발표함으로써 상징주의적 경향의 시와 결별한다. 이후 그는 1927년 일 년 동안 열한 편의 아방가르드 시를 발표한다. 임화의 시적 역정에서 '낡은 감상풍의 시'의 마지막 작품이 「향수」[29]이고, '다다풍의 시'의 첫 작품이 바로 이 두 편이다. 발표 시기를 고려하여 양자를 비교할 때, 불과 한 달도 채 되지 않는 기간 동안 엄청난 변화를 보임을 확인할 수 있다. 전자에 비해 후자는 정형률에 대한 과도한 집착에서 벗어나 있으며, 문학소년적 애상성이 현저히 제거되어 있다. 또한 식민지 민중에 대한 인식과 그들과의 민족적 동질성의 자각, 나아가 그들의 비참한 삶의 극복 전망이 처음으로 표현되고 있다. 즉 시적 주체는 폐허나 겨울로 표상되는 부정적 세계에서 민중과 함께 고통스러운 상황에 처해 있지만, 새로운 세계의 비전을 획득하고 그것을 구현하기 위해 현재적 세계에 적극적으로 맞서는 자세를 보여준다. 그 구체적 양상을 살펴보기로 한다.

뭇 사람 놈들의 잇삿에 올라
이미 낡은 지가 오래인 시뻘건 나토裸土일지라도
그것은 조상의 해골을 파묻어 가지고
대대로 물려 내려왔던 거룩한 땅이며
한없이 거칠어진 폐지廢地일망정
여기는 가장 신성한 숨소리 벌떡이며

28_ 임화, 「설」, 『조선일보』, 1927. 1. 2; 「혁토」, 『조선일보』, 1927. 1. 2.
29_ 임화, 「향수」, 『매일신보』, 1926. 12. 19.

이 땅의 젊은 사람들에게 끊임없이

귀 넘겨 속삭여주는 우리의 움이어라

분명코 그것은 무엇이라 중얼대는 것이다/ 침묵한 무언 중에서 쉬일 새 없도록

그러나——그것을 짐작이나마 할 사람은

오직 못나고 어리석으며

말 한 마디도 변변히 못 내는 백랍白蠟 같은 입 가지고/ 구지레한 백포白布를 두른/ 그리운 나의 나라의 비척거리는 사람의 무리가 있을 따름이다

오오! 그러나

비록 그렇게 못생기고 빙충맞은 친구일지라도

그것은 나의 동국인同國人이요 피와 고기를 나눈 혁토赫土의 낡은 주인이며—

나의 조선의 민중인 것이다

–「혁토」 전문[30]

이 시에서 시적 주체는 민족의 터전으로서 '황무지'와 역사의 주체로서 '민중'을 인식하고 그에 대한 애정과 연대감을 표시하고 있다. 그는 식민지 조선을 "시뻘건 나토" 내지 "혁토"[31]와 "폐지"로 인식하고, 그 속에서 "못나고 어리석으며/ 말 한 마디도 변변히 못 내는 백랍 같은 입 가지고/ 구지레한 백포를 두른" 식민지 조선 민중이 자신과 같은 민족이자 이 땅의 주인임

30_ 임화, 「혁토」, 『조선일보』, 1927. 1. 2; 『임화전집1』, 31면. 이 시는 대체로 의미 단위를 기준으로 행 구분이 되어 있고, 한 행도 비교적 짧은 편이다. 그런데 원문을 보면 9행과 12행이 다른 행에 비해 길이가 긴 편이어서 시 전체의 균형감을 저해하고 있다. 임화의 초기시는 행 길이가 단형인 것이 특징인데, 유독 이 두 행만이 장형이다. 이는 임화의 의도에 의한 것이라기보다는 신문 편집과정에서 야기된 현상이 아닌가 싶다. 9행과 12행의 '/'는 의미단위로 행을 나누어 보기 위해 필자가 표시한 것이다. 전집에서는 9행은 필자와 같이 행 구분을 하였고, 12행은 "말 한 마디도 변변히 못 내는 백랍(白蠟) 같은 입 가지고 구지레한/ 백포(白布)를 두른 그리운 나의 나라의/ 비척거리는 사람의 무리가 있을 따름이다"와 같이 행 구분을 하고 있다. 한편 "폐지(廢地)"는 전집에 "부지(腐地)"로 잘못 표기되어 있다.

31_ 김정훈은 '赫土'에서 '赫'을 '빛나는'으로 해석한다. 김정훈, 「임화 시 연구」, 10면. 이 시에서 '혁토'는 '시뻘건 나토', '폐지' 등과 함께 식민지 조선의 암울한 현재 상황에 대한 은유로 기능하고 있다. 그런 점에서 '赫'은 '빛나다'의 의미가 아니라 '붉다'라는 의미로 해석하는 것이 옳다고 본다. 따라서 '혁토'는 '빛나는 땅'이 아니라 황무지를 연상케 하는 '붉은 땅'의 의미를 지닌다고 해석해야 할 것이다.

을 분명히 자각하고 있다. 그런데 눈여겨볼 점은 조국의 대지가 "이 땅의 젊은 사람들에게 끊임없이/ 귀 넘겨 속삭여주는" 이야기를 알아들을 수 있는 사람은 오로지 그들뿐이라고 단정하는 점이다. 여기서 '대지의 중얼거림'은 "움"과 같이 미래와 연관된 것이며, "혁토의 낡은 주인"인 조선 민중의 미래와 연관된다. 임화가 이 시를 쓴 시기가 카프 가입 이후임을 고려할 때, 미래란 마르크스주의적 미래상을 암시함을 알 수 있다. 미래를 감지할 수 있는 존재는 바로 민중밖에 없다는 시적 주체의 인식은 곧 임화가 마르크스주의의 역사 전망을 선취했기 때문에 가능한 것이다. 마르크스주의에 따르면, 프롤레타리아의 해방은 자기 스스로 성취해 가는 것, 즉 자기해방의 성격을 지니기 때문이다. 이처럼 이 시는 '황폐한 조선'의 주인으로서 민중의 발견과 '대지의 중얼거림'으로 표상되는 전망의 획득이라는 시적 주체의 인식적 전환이 중심 내용을 이룬다.

「혁토」에서 막연하게 표현된 역사의 전망은 「설」에서는 좀 더 구체화된 양상으로 나타난다. 이 시에서 태양과 신과 달과 나침반이 자신의 역할과 위상을 고수하며 유지, 운행되던 기존의 세계는 눈보라와 폭풍과 같은 격변을 겪으면서 혼돈에 빠진다. 그래서 이 시에서 세계는 태양과 신이 영원히 사라지고, 달은 중력을 잃고 표랑하며, 고요하던 나무는 급격히 동요하는 곳으로 변화한다. 게다가 나침반의 바늘은 방향을 잃고 흔들린다. 그런 의미에서 눈보라와 폭풍은 기존의 세계를 전복하는 혁명적 성격을 띤다. 그런데 그때 "얼어터진 연못의 얼음틈바구니"에서 "미래를 위협하는/ 눈알"이 반짝인다. 이 눈알은 차갑고 두꺼운 얼음장 아래에서 고통스러운 시간을 견디는 "어류"의 것이다. 그리고 그것은 미래를 바라볼 수 있다는 점에서 기존의 세계를 대체할 새로운 세계의 비전을 담지하고 있다. 시적 주체는 그들은 그처럼 미래를 바라볼 수 있는 눈을 가지고 있기 때문에 태양과 신과 나침반으로 표상되는 기존의 질서체계가 눈보라와 폭풍과 같은 격변에 의해 전복된 후 새로운 세계의 질서를 수립할 존재라고 인식한다. 매우 상징적으로 쓰인 작품이지만, 이 시기 임화의 삶과 지적 편력을 고려한다면, 시의 의미는 쉽게 파악된다. 즉 기존의 세계는 자본주의 세계이며, 눈보라와 폭풍은 혁명이며, 미래를 위협하는 눈은 마르크스주의 세계관이다. 「혁토」가 민중의 발견 혹은 재인식에 초점이 맞춰져 있다면, 이 시는 어류의 "눈알"이라는 상징을 통해 새로운 세계의 전망을 가능케 하는 마르크스주의 세계관의 획득을 형상화하고 있는 셈이다.

「혁토」와 「설」에 나타난 조선과 민중의 발견, 마르크스주의적 역사 전망의 획득은 임화와 그의 시의 다음 행보가 어디로 향할지를 짐작게 한다. 그것은 곧 혁명적 실천의 길이다. 역사의 주체와 전망에 대한 인식은 세계를 변혁하는 실천을 낳는다. 일제강점기 지식인들 가운데 일부는 러시아 혁명의 성공으로 인한 세계적 혁명의 분위기를 감지하면서 구체적이고 실제적으로 목격하게 되는 민족 현실에 대한 비판적 인식과 그런 현실의 전복에 대한 열망을 내재화함으로써 마르크스주의로 나아갔다. 그들에게 마르크스주의는 눈을 가리고 있는 암흑의 장막을 뚫고 들어오는 강렬한 불빛이었다. 다시 말해 그것은 그들에게 근대 사회의 은폐된 본질을 총체적으로 인식할 수 있으며, 현실은 객관적 소여가 아니라 가변적인 것이어서 혁명적 방법에 의해 전복할 수 있다는 확신을 심어 주었다. 그래서 마르크스주의에 대한 그들의 기투는 지배의 그물을 찢고 해방의 들판으로 내닫는 역사적 도약이었다. 이 시기 임화 시에서 그 같은 역사로의 투신은 「선시宣詩」[32]에서 어둠과 추위와 굶주림의 고통으로 무기력해진 상태를 벗어나서 "증오와 싸움이 나의/ 고단한 몸을 파악하는 나라"로 떠나겠다는 시적 주체의 선언으로 나타난다. 그런 선언의 행위화가 「초상肖像」[33]에 표현되어 있다. 이 시에서 "젊은 이 땅의 화공"으로 표상되는 시적 주체는 얼어붙은 땅 위에 "괭이"로 언젠가 올 "거룩한 당신의 커다란 초상"을 "이 나라 백성의 이마를 지나간/ 심줄같이" 그리고 있다. 여기서 '당신'은 시적 주체가 합일하고자 하나

32_ 임화, 「선시」, 『조선일보』, 1927. 1. 31; 『임화전집1』, 34–35면.
33_ 임화, 「초상」, 『조선일보』, 1927. 1. 31; 『임화전집1』, 32–33면.

아직 만나지 못한 존재이다. 그래서 그는 미래의 시간과 연관된다. 그런 '당신'을 땅, 그것도 얼어붙은 땅에 그리는 행위는 그와의 합일을 실현하려는 적극적 의지의 소산으로 볼 수 있다. 따라서 이 시는 젊은 화공, 괭이, 언 땅, 초상 등 일련의 상징적 이미지와 그림 그리기라는 행위를 통해 역사의 전망을 구현하기 위한 시적 주체의 실천을 표현한 것이다.

임화 시의 이 같은 급격한 변화는 카프 가입과 계급예술을 접하면서 겪게 된 임화의 인식론적 비약에서 비롯된 것이다. 임화는 개인적 차원에서 마르크스주의와 계급예술론을 수용하던 단계에서 카프 가입을 계기로 문학적 실천의 집단적 장으로 편입된다. 임화의 카프 가입 시기는 1926년 12월경인 것으로 알려져 있다. 그는 이 무렵 「정신분석학을 기초로 한 계급문학의 비판」[34]에서 정신분석학을 전유하여 계급문학의 정당성과 역사적 필연성을 강력히 주장한 바 있다. 곧바로 그는 「무산계급을 주제로 한 세계적 작가와 작품」[35], 「무산계급을 주제로 한 세계적 작가와 작품의 속」[36]을 발표한다. 제목에서 알 수 있듯이 이 글들은 무산계급의 현실을 소재로 한 작품에 대한 소개이다. 여기서 그는 크누트 함순, 조지 키싱, 막심 고리키, 업튼 싱클레어, 잭 런던, 게르하르트 하우프트만 등 세계 여러 나라의 리얼리즘 작가와 작품을 나열하면서 그들의 삶과 문학세계를 상술하고 있다. 임화는 이 작품들을 접하면서 자본주의의 모순이 다만 식민지 조선에만 국한된 것이 아니라 세계적으로 보편적인 현상이라는 것을 자각했을 것으로 보인다.[37] 그는 이와 아울러 프로문학의 위상과 정체성을 논한 「무산계급 문화의 장

34_ 임화, 「정신분석학을 기초로 한 계급문학의 비판」, 『조선일보』, 1926. 11. 22-11. 24; 『임화전집4』, 11-17면.

35_ 임화, 「무산계급을 주제로 한 세계적 작가와 작품」, 『조선일보』, 1926. 12. 1-12. 24; 『임화전집4』, 26-50면.

36_ 임화, 「무산계급을 주제로 한 세계적 작가와 작품의 속」, 『조선일보』, 1927. 1. 21-2. 8; 『임화전집4』, 51-86면. 임화는 이 글 연재 6회분인 '생명의 하 기타'(1. 30-1. 31.)에서부터 '星兒' 대신에 '林和'라는 필명을 사용한다. 또한 시에서 이 필명을 쓴 것은 「화가의 시」(『조선일보』, 1927. 5. 8.)에서부터이다. 이처럼 낭만성이 짙은 필명에서 사회적 의미를 지닌 필명으로의 변화는 카프 가입 및 활동에 따른 자기의식의 변화로부터 유래된 것으로 보아야 할 것이다.

37_ 김외곤, 「임화의 초기 문학 활동 연구」, 『인문과학연구』 12집, 서원대학교 인문과학연구소, 2003, 330-331면 참고.

래와 문예작가의 행정」[38], 문학운동의 조건과 의미를 다룬 「자본주의 사회에 재한 문학운동의 전개 경향」[39]을 차례로 발표한다. 이 글들은 원론적인 성격이 짙어 프로문학 이론에 대한 학습의 산물인 것으로 보인다. 그러면서 그는 후쿠모토주의福本主義의 '분리결합론'에 입각해 아나키즘 논쟁에 참여하기도 하고, 김용준과의 논쟁을 통해 프로미술의 정체성을 확립하려 하기도 했다. 임화는 이처럼 학습과 논쟁을 통해 계급예술론을 체득하고 프로문인으로서 자기를 정립해 가면서 이전의 모호하고 추상적인 창작 방식을 버리고 서구의 아방가르드, 특히 다다이즘 시 형식을 적극적으로 차용하게 된다. 아직 프로시의 독자적 형식을 창출하지 못한 상황에서 다다이즘이 보여주는 저항성에서 새로운 시 형식의 가능성을 발견했기 때문이다. 그래서 임화는 "전투적 기분을 가지고 강렬한 형식으로"[40]라는 표현처럼 다다이즘 시를 통해 정치적 전위성과 미학적 전위성을 결합함으로써 아방가르드 예술의 혁명적 가능성을 시험하게 된다.

그런데 엄밀히 말해 「설」에서 「말세末世」[41]에 이르는 일곱 편의 작품들을 다다이즘 시라고 보기는 어렵다. 비록 「설」이나 「선시」에서처럼 초현실주의적인 이미지가 나타나거나 「말세」에서와 같이 병치 기법이 활용되고 있기는 하지만, 어디까지나 그것은 부분적인 차원에 국한되어 있기 때문이다. 그런 점에서 이 시들은 그의 표현대로 다다이즘 형식을 흉내 낸 '다다풍'의 작품에 불과하다고 할 수 있다. 따라서 이 작품들은 넓은 의미에서 아방가르드 시라고 부를 수 있을 것이다. 임화의 본격적인 다다이즘 시는 「화가의 시」에서부터 「담-1927」에 이르는 네 편[42]의 작품이다.

38_ 임화, 「무산계급 문화의 장래와 문예작가의 행정–행동 · 선전 · 기타」, 『조선일보』, 1926. 12. 27–12. 28; 『임화전집4』, 18–25면.

39_ 임화, 「자본주의 사회에 재한 문학운동의 전개 경향」, 『조선일보』, 1927. 3. 30–4. 2; 『임화전집4』, 87–99면.

40_ 임화, 「무산계급 문화의 장래와 문예작가의 행정」, 『조선일보』, 1926. 12. 28; 『임화전집4』, 24면.

41_ 임화, 「말세」, 『조선일보』, 1927. 4. 29.

42_ 임화, 「화가의 시」, 『조선일보』, 1927. 5. 8; 「지구와 '박테리아'」, 『조선지광』, 1927. 8; 「タンクの出發」, 『プロレタリア藝術』, 1927. 10; 「담(曇)–1927–사코, 반제티의 명일(命日)에」, 『예술운동』, 1927. 11.

이 가운데 「화가의 시」는 혁명적 다다이즘으로 나아가는 임화의 예술적 변화를 규명하는 데 결정적 단서를 제공하기 때문에 주목을 요한다. 이 시는 다소 난해하긴 하지만 대략 아카데믹한 "청년화가"인 시적 주체가 창작 방법의 쇄신을 통한 존재 전이를 선언함을 골자로 한다. 화가는 실업과 춘궁을 암시하는 그로테스크한 이미지를 동원하여 한 노동자 일가의 참상을 형상화함으로써 자본주의의 모순상을 폭로한다. 문제는 그가 "권태와 육취가 코를 찌르는 아틀리에"에 처박혀 "인간의 낡은 피"와 "다 삭은 뼈"로 그들의 그림을 그리고 있다는 점이다. 밀실에 틀어박혀 낡은 재료와 방법으로 노동자의 현실을 그리는 것은 분명 자기모순적이다. 그런 모순성을 깨달은 화가는 자신의 한계를 돌파하고자 자신을 반역한다. 그 결과 그는 "총과 마차"로 그림을 그리겠다고 선언한다. 싸움과 의미상 연관을 맺는 총, 밀실이 아닌 거리의 공간성과 상관적인 마차로 그림을 그리겠다는 시적 주체의 선언은 자신의 존재론적 한계에 대한 극복의지의 발현이며, 나아가 프로예술에 대한 임화의 기투의식의 표명이다. 임화는 이처럼 「화가의 시」에서 현실의 부정성과 그것의 극복을 위한 실천을 강렬한 몇 개의 이미지와 시적 주체의 의지적이고 전투적인 정서를 통해 표현하고 있다.

아까——그 사무원이 페스트로 즉사하였다는 소식은 버-ㄹ써
관측소를 새어나가
　　——거리로
　　　　　　　▶우주로 뚫고
　　——산야로
질주한다——확대된다
그러나 아직도 급사란 놈은 기旗에다 목을 걸고 귓짝 속에서 난무한다
　비 ● 바람
　　쏴——
그것은 여지없이 급사를 사무실로 갖다 붙였다

페스트—그것은 위대한 것인 줄 급사는 알았다

…(중략)…

하아! 40년 동안에 최초로 한 실수는
저기압과 '페스트'라고 급사란 놈은 창밖에서 웃었다
박테리아 박테리아
—그 힘은 위대하다
—그 힘은 위대하다
○
일 분 간에 한 마리씩 잡아 삼키니
십육억 분이면—시간 환산은 성가시다
=지구는 한寒이다
=지구는 한寒이다
'박테리아'는 지구를 포옹하고 홍소哄笑한다
　　크게—
　　크게—
　　(그 웃음은 흑색사변형의 배수로 증대한다)
-「지구와 '박테리아'」 부분[43]

「지구와 '박테리아'」는 전 세계 프롤레타리아의 성장과 혁명의 확산에 대한 알레고리이다. 시에서 도수가 틀린 안경을 쓴 관측소원은 날씨를 잘못 예측하나, 급사는 날씨를 제대로 관측한다. 관측소원은 페스트로 사망하고 박테리아는 기하급수적으로 지구상에 퍼져 나간다. 시적 주체는 이러한 일

43_ 임화, 「지구와 '박테리아'」, 『조선지광』, 1927. 8; 『임화전집1』, 41-42면.

련의 사건의 연쇄를 급사 내지 박테리아의 입장에서 기술한다. 그것은 그들이 시적 주체에게 긍정적인 존재들이기 때문이다. 즉 급사는 관측소원과는 달리 대기가 곧 저기압으로 변하리라는 것을 정확히 예측할 능력을 지닌 자이며, 박테리아는 관측소원을 죽이고 순식간에 지구를 장악할 만큼 '위대한 힘'을 지닌 존재인 것이다. 이렇게 본다면 다수성, 확산성을 특징으로 하는 박테리아는 프롤레타리아 계급의 역사적 성격을 암시하는 존재란 것을 쉽게 알 수 있다. 아울러 저기압은 혁명의 분위기를, 관측소원은 부르주아를, 급사는 그러한 역사적 변화를 감지할 '눈'을 가진 자라는 유추가 가능하다. 이러한 전언이 "▶"처럼 운동의 방향성을 지시하는 기호의 사용, 시각적 효과를 위한 장치인 글자 크기나 행 배열의 변화, 의미의 강조를 위한 단어나 구문의 반복과 같은 기법과 결합됨으로써 시를 역동적으로 구성하고 있다.

「지구와 '박테리아'」와 주제나 시적 정황이 유사한 작품이 「탱크의 출발」[44]이다. 「탱크의 출발」은 20세기의 숱한 기계가 공장과 농장, 감방에서 분실되는 상황에 대한 언급으로 시작된다. 공장과 농장, 감방은 자본주의 체제하의 착취와 억압을 상징하는 공간이다. 프롤레타리아 계급은 공장과 농장에서 '기계'로 취급되며, 기계임을 거부할 때 감방에 수감될 운명을 지닌 존재들이다. 따라서 이 시에서 기계란 프롤레타리아 계급이다. 지주와 자본가가 그들을 공장과 농장과 감방에서 분실한다는 것은 곧 그들이 자본주의 체제를 부정하고 거부한다는 것을 의미한다. 그리고 그들은 "깊은 밤 차고 속"에서 스스로를 새로운 기계로 만들어 낸다. 차고란 그들이 새로운 존재로 재탄생하기 위해 계급적 자각과 연대, 자기단련을 실현하는 공간이다. 그렇게 만들어진 기계가 "인터내셔널의 탱크"이다. 이 시는 그와 같은 인터내셔널의 위용과 확산력을 형상화하는 데 중점을 두고 있다. 「지구와 '박테리아'」에서 박테리아의 기하급수적 확산을 통해 프롤레타리아 계급의 성장을 표현한

44_ 임화, 「タンクの出發」, 『プロレタリア藝術』, 1927. 10; 『임화전집1』, 43-44면.

것과 마찬가지로 이 시에서도 '인터내셔널의 적색 탱크'의 진군을 통해 전 세계 프롤레타리아 계급의 단결과 연대, 그리고 성장을 표현한다. 게다가 이 시 역시 「지구와 '박테리아'」와 동일한 기법적 특징을 보이고 있다.

이처럼 임화는 「지구와 '박테리아'」나 「탱크의 출발」에서 전 세계 프롤레타리아 계급의 성장과 연대투쟁을 아방가르드적으로 표현하였다. 그러나 두 작품에서 시적 주체의 태도는 다분히 관망적이다. 물론 시적 주체는 프롤레타리아 계급에 정서적 친화감을 드러내고 있기는 하다. 하지만 그는 아직 그들 속에 자신을 기투하고 있지 못하다. 그것이 극복된 작품이 「담曇—1927」[45]이다. 이 시는 이탈리아 출신의 미국 노동자 사코, 반제티의 억울한 죽음과 전 세계 노동자들의 분노, 제2인터내셔널의 개량성과 제3인터내셔널의 혁명성 대조, 두 노동자의 뜻을 계승할 것에 대한 다짐으로 이루어져 있는 작품이다. 시적 주체는 "제1의 동지"로부터 "제8의 동지"에 이르는 노동자 계급의 저항적 행위를 나열하고, 확신에 찬 어조로 "오오 지금 세계의 도처에서 우리들의 동지는 그놈들의 폭압과 ××에 얼마나 장렬히 싸워가고 있는가"라며 전 세계 노동자들의 투쟁을 서술하고 있다. 이 격렬하고 파괴적인 이미지들의 병치[46]는 아방가르드 시의 전위성을 잘 보여 준다. 그와 아울러 주목할 사실은 이 시의 주체는 개별자가 아니라 '우리'라는 집단, 곧 프롤레타리아 계급이라는 점이다. 그런 점에서 이 시에는 시적 주체의 정체성이 앞선 시기의 작품들보다 뚜렷이 부각되어 있다.

45_ 임화, 「담—1927」, 『예술운동』, 1927. 11; 『임화전집1』, 45-48면. 임화 시에서 프롤레타리아 계급의식이 나타나는 첫 작품은 「신조태양(新造太陽)」(『조선일보』, 1927. 4. 8.)이다. 이 작품의 시적 주체는 수감된 전위노동자인데, 그는 함께 수감된 옆방의 '동무'에게 계급투쟁의 승리에 대한 낙관을 프롤레타리아가 만드는 '새로운 태양'의 이미지를 통해 설파하고 있다. 그런 점에서 이 시의 주체는 프롤레타리아로서 계급적 정체성을 뚜렷이 하고 있다. 그러나 이 작품 이후 「말세」, 「지구와 '박테리아'」, 「탱크의 출발」과 같이 관조적인, 그래서 계급적 거리감이 나타나는 작품들이 발표된다. 이는 임화의 시에서 시적 주체의 계급적 정체성이 아직 완전히 정립되지 못했다는 증거이다. 반면 「담—1927」 이후에 발표되는 시들에서는 모두 프롤레타리아 계급이 시적 주체로 등장한다.

46_ 앞서 언급했듯이 임화 시에서 병치 기법은 「말세」에서 처음으로 나타난다. 이 시에서 임화는 인도주의자, 민족주의자, 성도(聖徒), 자본가, 연통소제부의 행위를 병치시킴으로써 '말세'의 다양한 양상을 표현하고, 마지막 연에서 코뮤니스트들의 분기(奮起)를 묘사함으로써 세계의 변혁을 예측하고 있다. 「담—1927」에서는 이러한 기법이 전 세계 노동자들의 투쟁 상황을 전달하기 위한 장치로 활용된 것이다.

이 세 편의 다다이즘 시에서 임화는 '전투적 기분'과 '강렬한 형식'으로 전 세계 프롤레타리아트의 국제적 연대투쟁을 자신감 있게 서술하였다. 이런 자신감의 근거는 당시 마르크스주의자들의 정세인식을 자기화한 데에 있다. 1920년대 말경부터 점차 세계 공황의 분위기가 확산되고 있었고, 1929년 뉴욕 주가 폭락으로 자본주의 세계경제는 실제로 공황의 국면으로 접어들게 된다. 국제 사회주의 운동은 바로 이러한 정세와 함께 급성장했다. 당시의 마르크스주의자들은 공황을 자본주의 붕괴의 시발점으로 인식하고, 당대 정세를 혁명 초기로 판단했다. 임화 역시 당시 마르크스주의자들의 이러한 정세관에서 벗어나지 않았다. 그는 「자본주의 사회에 재한 문학운동의 전개 경향」에서 당대를 "자본주의 문명이 완벽 절정에 달한 문화의 숙란기熟爛期"이자 "투쟁기 즉 혁명 전기前期"라고 규정한다.[47] 그리고 자본주의 문화는 '노작계급' 즉 노동자 농민의 투쟁에 의해 필연적으로 붕괴하고 말 것이라고 주장한다.[48] 이런 인식은 당시 카프 문인들의 정세 인식과 동일하며, 전 세계 사회주의 운동 세력 내에서 보편적으로 통용되고 있었다.[49] 1930년대 들어 자본주의가 세계공황을 극복하고 더욱 강화된 체제를 구축하게 되면서 이 무렵의 마르크스주의자들의 정세 분석이 오판이었던 것으로 증명되기는 하지만, 어쨌든 이 시기 임화의 시가 신념에 찬 어조로 혁명을 소리 높여 외칠 수 있었던 것은 이러한 명확한 확신 위에 서 있었기 때문이다.

임화의 다다이즘 시는 유럽의 다다이즘 시 가운데 급진적 성격을 지닌

47_ 임화, 「자본주의 사회에 재한 문학운동의 전개 경향」, 『조선일보』, 1927. 3. 30-4. 2(3. 30); 『임화전집4』, 87-91면.

48_ 임화, 같은 글, 『조선일보』, 1927. 3. 31; 『임화전집4』, 92면.

49_ 그렇다고 임화가 조선적 특수성을 몰각한 채 보편주의의 미망에 사로잡혔던 것은 아니었다. "××[혁명] 전기 기중(其中)에도 조선과 여(如)히 자본주의가 정당한 과정을 과정치도 못하고 그의 기형적 송습(送襲)을 당하는 지방"이란 표현에서 알 수 있듯이 임화는 자본주의의 조선적 특수성, 즉 식민지 자본주의라는 조선의 성격을 분명히 자각하고 있었기 때문이다. 임화, 「미술영역에 재한 주체 이론의 확립-반동적 미술의 거부」, 『조선일보』, 1927. 11. 20-11. 24(11. 22).

아방가르드 예술과 친연성을 지닌다. 다다이즘의 본래적 목표는 언어적 질서의 전복과 파괴를 통해 기성사회에 대한 부정과 반항 의식을 표출하는 것이었다. 거기엔 부정과 파괴 이후의 무엇에 대한 고려는 없다. 역사적 다다이즘의 사상적·정치적 지반이 니힐리즘과 아나키즘이었기 때문이다. 그러나 임화의 다다이즘 시에는 기존질서의 부정과 파괴 이후의 비전이 존재한다. 그의 다다이즘 시는 「담—1927」에 표현된 '제3인터내셔널'이 암시하듯 세계 혁명과 사회주의 체제의 건설이라는 분명한 전망, 그 기초인 마르크스주의 사상과의 연관, 그리고 1920년대 후기의 세계 자본주의의 위기상황 속에서 창작된 것이다. 따라서 그의 다다이즘 시에 내장된 전망은 분명 사회주의적이다. 그런 점에서 그의 다다이즘은 '파리 다다'나 '취리히 다다'보다는 부르주아 질서에 대한 미적 저항을 혁명과 결합시켰던 '베를린 다다'와 유사한 특성을 보인다.[50] 한편 임화의 다다이즘 시는 당시 조선의 다다이즘 시와도 본질적으로 차이를 보인다. 임화는 당시의 다다이스트인 고한용이 다다이즘을 자아의 '해탈'[51], 김화산이 자아의 '자유로운 자기표현'[52] 차원에서 수용한 것과는 달리 프롤레타리아트의 해방의 차원에서 그것을 수용했기 때문이다. 이상의 두 가지가 임화 다다이즘 시의 특성이다.

임화는 1927년 한 해 동안 열한 편의 아방가르드 시를 쓰면서 마르크스

50_ 앞서 「어떤 청년의 참회」를 인용한 부분에서 살펴보았듯이 임화는 무라야마 토모요시의 『금일의 예술과 명일의 예술』을 읽고 열광한 "그때로부터" 낡은 감상풍의 시를 버리고 다다풍의 시작을 시험했다고 회고하였다. 그러니까 임화 시가 상징주의 시에서 다다이즘 시로 전화하는 데에 무라야마가 결정적 매개 역할을 했다는 것을 알 수 있다. 무라야마는 유학시절 당시 독일의 급진적 아방가르드 예술에 매료되었고, 1923년에 귀국한 후 전위미술단체를 결성했으며, 마르크스주의를 받아들이면서 프롤레타리아 연극운동의 중심적 역할을 했다고 알려져 있다. 이렇게 본다면 임화의 초기 문학과 사상의 궤적은 무라야마와 매우 흡사함을 알 수 있다. 또한 임화의 다다이즘이 왜 파리나 취리히 다다이즘과는 달리 베를린 다다이즘의 혁명적 분위기를 닮아 있는지를 짐작게 한다. 무라야마에 대해서는 고재석 편, 『일본문학 · 사상명저사전』, 727면 참고. 그리고 파리, 취리히, 베를린 등 각 도시를 중심으로 전개된 유럽 다다클럽의 활동에 대해서는 한스 리히터, 김채현 역, 『다다-예술과 반예술』, 미진사, 1995 참고.

51_ 고한용, 「다다이즘」, 『개벽』, 1924. 9, 2-3면.

52_ 방원룡, 「세계의 절망」, 『조선일보』, 1924. 11. 1. 방원룡의 본명은 방준향이다. 그는 방원룡, 방다다, 방포영, 김화산 등의 필명을 사용했는데, 김화산이란 필명으로 가장 잘 알려져 있다. 방준향의 필명에 대해서는 박인기, 『한국문학의 현대적 전개』, 지식산업사, 1999, 63면 참고.

주의와 계급예술을 수용한다. 그런 과정에서 그는 식민지 현실에 대한 인식을 심화하고 세계 자본주의 체제를 포착하는 감각을 기르면서 점차 자신의 정체성을 확립해 나간다. 그러나 프롤레타리아 계급을 바라보는 임화의 관점은 아직 지식인적인 상태에 머물러 있다. 그러한 인식상의 문제점은 시에 그대로 반영되었다. 「혁토」나 「혼광의 아들」에서 시적 주체는 프롤레타리아 계급을 동정과 연민의 시선으로 바라보고 있는데, 그런 시선 때문에 그와 프롤레타리아 계급 간에 거리감이 발생한다. 그들은 다만 시적 주체의 인식 전환을 매개 내지 촉진하는 대상화된 존재에 머물러 있다. 이는 임화가 아직은 실제적 차원에서 프롤레타리아 계급에 밀착되어 있지 못하고, 그들에 대한 인식도 관념적인 차원에 머물러 있으며, 현실의 구체적 이미지를 통해 그들을 표현할 수 있을 정도의 수준에 도달하지 못하고 있다는 증거이다. 그렇기 때문에 역사적 전망 실현을 위한 실천도 프롤레타리아 계급과의 연대 속에서 모색되는 것이 아니라 「초상」에서처럼 단지 시적 주체의 개인적이고 실존적인 결단의 차원에서 이루어지고 있다. 「담—1927」에 이르러 비로소 시적 주체의 인텔리성이 극복될 단초가 보이기 시작한다. 하지만 여전히 시적 주체는 특정한 시공간 속에서 사고하고 행위하는 구체적이고 현실적인 인물이라기보다는 임화의 세계관을 전달하는 '메가폰' 수준에 머물러 있다. 그런 점에서 이 시기에 임화는 이론적 차원에서는 프로문학의 이념을 받아들이고 있으나, 그 이념에 걸맞은 프로시 고유의 형식 창출에는 이르지 못하고 있다고 할 수 있다. 다다이즘 시의 선택은 그런 과도기적 특성을 잘 보여 준다. 시적 주체의 형상이 지식인과 노동자가 혼재된 모습으로 나타나는 것은 그 때문이다. 따라서 시적 주체의 정체성의 확립과 프로시 고유의 시 형식 창출이라는 이중의 과제는 '단편서사시'에 이르러서야 비로소 해결된다.

┌ 변혁주체의 확립과 노동자 계급의 자기해방 서사

1928년까지 프로시는 주로 프롤레타리아 계급의식이나 현실에 대한 계급적 분노의 관념적·즉자적 표출에 머물러 있었다. 작품의 내용과 형식은 천편일률적이었고, 그런 만큼 프로시는 도식주의적 경향이 강했다. 이는 당시 카프의 대표적인 시인이었던 김창술, 김해강, 유적구 등의 시에 공통적으로 나타나는 특징이다. 이들은 "현실의 반영이 아닌 이데올로기 및 정치적 과제의 반영에만 과도하게 집착"[53]함으로써 예술의 선전선동적 측면만이 기형적으로 확대된 관념주의적인 범작들을 양산하는 결과를 낳았다. 그리고 그와 연동된 문제로서 창작의 저조 현상도 나타났다. 프로시의 이러한 문제점은 일차적으로는 프로시인들의 경직된 세계관과 미숙한 창작방법의 결합이 야기한 것이다. 프로시의 도식성과 창작의 저조는 검열의 압박, 무산계급 독자로의 작품전달의 어려움, 그리고 실천적인 대안을 제시하지 못한 채 원론적인 논의만 되풀이하는 카프 비평의 한계와 더불어 문예운동의 필수 요건인 대중성 확보에 결정적인 걸림돌로 작용했다. 따라서 민중적 내용과 형식의 창출, 작품 유통을 위한 조직망 구축과 기관지 확보 등을 통한 프로문예의 대중화가 제1차 방향전환 이후 점차 카프의 주요 의제로 제기되기 시작했다. 임화의 다다이즘 시는 이처럼 프로시가 도식화되고, 프로비평이 교조성에 빠져 있는 상황에서 창작되었다.

임화의 다다이즘 시는 당대 프로시의 일반적 경향에서 한 걸음 비켜서 있었던 만큼 도식주의적 오류를 범하지는 않았다. 그러나 그는 다다이즘의 가능성을 지속적으로 실험할 수 없었다. 그가 비록 마르크스주의적 세계관과 아방가르드 예술 양식의 결합을 시도했다 하더라도, 애초부터 아방가르드 예술은 계급적 한계를 안고 있었고, 카프 비평가들이 그에 결코 우호적

53_ 정재찬, 「시인 임화론」, 229면.

이지 않았기 때문이다. 우선 실험성이 강한 다다이즘 시는 인텔리적 성격이 짙어 노동자 계급의 생활 감정과 취향에 부합되지 않는 측면이 많았다. 따라서 프로문예의 대중화라는 당면 목표를 달성하기엔 부적절한 것이었다. 게다가 김화산의 다다이즘 작품들이 보여준 개인주의적이고 자유주의적인 면모는 다다이즘에 대한 프로문인들의 부정적 인식을 더욱 확고하게 해 주었다. 특히 카프가 방향전환을 감행하면서 조직 내의 부르주아적 · 반동적 경향을 제거하는 내부투쟁, 즉 아나키즘 논쟁을 벌이고 있는 상황에서 부르주아적이라 규정되는 모더니즘 시를 지속적으로 창작한다는 것은 곧 조직으로부터의 탈퇴나 제명을 의미했다. 실제 이 시기에 임화는 다다이즘, 미래주의, 표현주의가 "일체 현실의 반역과 또는 현실의 부정으로부터 출발하였던 성질상 같은 부정주의자이고 반항군反抗群"[54]이라며 그 의의를 어느 정도 인정하면서도, 프롤레타리아 계급의식에 도달하지 못하고 단지 반항의식에만 머물러 있는 한계를 지적한 바 있다.[55] 카프 내에서도 서구 아방가르드 예술에 대한 부정적인 견해가 지배적이었다. 김기진은 신경향파 시기에 다다이즘이나 미래주의와 같은 서구 아방가르드 예술을 "도회지에서 일어난 기형적, 과도기적 현상"[56] 내지 "세기말적 말초신경의 난사선亂射線의 범벅"[57]이라고 비판했다. 김기진이 이후에 아방가르드 예술을 새롭게 인식하려고 노력했다는 증거는 발견되지 않는다. 그런 점으로 미루어 볼 때, 그는 카프 시기에도 지속적으로 이런 입장을 견지했을 것으로 보인다. 또한 1920년대 말기까지 카프 내에서 그의 위상을 고려할 때, 이는 카프의 공식적 입장으로 보아도 무방할 것이다. 한편 다다이즘은 당시 식민지 조선의

54_ 임화, 「분화와 전개-목적의식 문예론의 서론적 도입」, 『조선일보』, 1927. 5. 16-5. 21(5. 17); 『임화전집4』, 104면.

55_ 임화, 같은 글, 1927. 5. 18; 『임화전집4』, 105-106면. 임화는 이후에도 다다이즘을 비롯해 입체파, 초현실주의 등을 일컬어 "역사과정의 합법칙성을 인식치 못하는 급진적 소시민의 주관적 환상의 산물"이라고 비판한다. 임화, 「담천하의 시단 일 년」, 『신동아』, 1935. 12; 『임화전집3』, 495면.

56_ 김기진, 「반자본 비애국적인 전후의 불란서 문학」, 『개벽』, 1924. 2, 82면.

57_ 김기진, 「본질에 관하여」, 『매일신보』, 1924. 11. 24.

상황을 고려해 보아도 객관적 근거를 가진 것은 아니었다. 다다이즘을 비롯한 서구 아방가르드 예술은 서구적 근대성에 내장된 부정적 측면의 전면적 발현이라는 객관적 토대 위에서 생성된 것이다. 그러나 1920년대 식민지 조선의 경제적·정치적·문화적 조건은 아방가르드 예술이 생성되기엔 훨씬 미급한 것이었다. 객관적 근거를 가지지 못하는 예술이란 한갓 이국적 취향이나 일시적 유행의 차원에서 소수에게만 유통, 소비될 뿐이다. 따라서 임화가 미학적 전위성과 정치적 저항성을 결합함으로써 모더니즘 예술의 혁명적 가능성을 보여 주었다고 평가[58]할 수 있는 다다이즘 시는 더 이상 창작될 수 없었다. 임화로서는 대중화의 요구에 부응하는 프로시를 창작하는 것이 당면한 중심적 과제였다. 따라서 임화에겐 또 한 번의 시적 변화가 필요했다.

『조선지광』 1929년 1월호에는 '조선예술운동의 당면과제'라는 설문에 대한 작가, 비평가의 답변서가 실려 있다. 「기술적 능력의 확충과 조직」은 이러한 설문에 대한 임화의 답변이다. 이 글에서 그는 두 가지 문제를 거론한다. 즉 그는 예술운동의 과제로 예술가가 가두나 공장과 같은 실천적 공간에서 기술적 기능을 확충하는 데 전력을 다해야 하며, 그것을 위해서 통일적 지도의 중심인 카프 산하에 개별 기술자 조직을 구성해야 한다고 주장한다.[59] 이로써 볼 때 임화는 당시 프로시의 한계와 자신의 다다이즘 시의 문제점을 극복하기 위해서는 프로예술가의 소시민성 극복뿐만 아니라 창작기술 능력의 배양이 중요한 과제라고 판단했음을 알 수 있다. 그 창작적 성과가 「네거리의 순이」와 「우리 오빠와 화로」이다. 이 두 편의 시는 임화가 「담—1927」 이후 한동안의 침묵기를 거쳐 발표한 작품이다. 김기진은 1929년 벽두에 차례로 발표된 이 작품들, 그중에서도 「우리 오빠와 화로」를 '단편서사시'라 부르면서 침체에 빠진 프로시가 나아갈 길을 제시한 모범작이

58_ 박정선, 「식민지 근대와 1920년대 다다이즘의 미적 저항」, 『어문론총』 37집, 한국문학언어학회, 2002, 123면.
59_ 임화, 「기술적 능력의 확충과 조직」, 『조선지광』, 1929. 1, 114-115면.

라 극찬한 바 있다.[60] 그러니까 이 작품은 프로문예운동의 당대적 요구에 대한 임화적인 부응의 산물이었던 것이다.

그러나 임화가 다다이즘 시에서 곧바로 단편서사시로 나아간 것은 아니다. 그 사이에는 과도기적 성격을 지닌 「젊은 순라巡邏의 편지」[61]가 놓여 있다. 이 시는 '기술적 기능의 확충'을 위한 임화의 개인적 노력이 어떻게 진행되었는지를 잘 보여 준다. 「젊은 순라의 편지」는 바로 앞 시기의 작품인 「담—1927」과 바로 다음 작품인 「네거리의 순이」의 특성을 두루 지니고 있다. '형님'에게 보내는 편지 형식으로 이루어진 이 시는 코민테른의 지도 아래 전개되는 전 세계 노동자들의 투쟁을 프롤레타리아 국제주의의 관점에서 서술한 작품이다. 그런 점에서 이 시는 「담—1927」과 동일한 사상적 지반과 모티프를 공유한다. 또한 이 시는 「담—1927」과 마찬가지로 시 세계의 폭이 지나치게 넓어 시적 공간의 구체성을 상실하고 있다. 이는 임화가 비록 「설」에서 식민지 조선의 현실과 민중에 대한 탐색으로 나아갈 단초를 보여주긴 했지만 아직 식민지 조선이란 구체적 현실 속에서 시의 제재를 발견하지 못하고 있음을 증명한다. 아울러 「젊은 순라의 편지」는 적과 동지의 선명한 구분이라는 대립적 인식틀을 사상적 근거로 삼고 있으며, 시적 주체를 전 세계 프롤레타리아 계급이라는 집단주체로 설정하고 있다는 점에서도 「담—1927」과 유사하다. 다른 한편으로 이 시는 발신자와 수신자로 이루어진 소통적 담론 구조를 취하고 있고, 담론 행위가 친밀한 관계 사이에 이루어지고 있으며, 발화의 시작부분이나 전환부에 청자의 호칭을 삽입하고 있다는 점에서 「네거리의 순이」와 유사성을 보인다. 그러나 이러한 유사성에도 불구하고 「네거리의 순이」에 훨씬 못 미치는 이유는 시 세계가 구체성을 확보하지 못하고 있을뿐더러 시상의 전개가 혼란스럽다는 데 있다.

「젊은 순라의 편지」는 다다이즘 시를 극복하려는 임화의 노력의 산물이

60_ 김기진, 「단편서사시의 길로」, 『조선문예』, 1929. 5.

61_ 임화, 「젊은 순라의 편지」, 『조선지광』, 1928. 4; 『임화전집1』, 49-51면.

지만 완성도 측면에서는 여러 모로 실패한 작품이다. 이 시를 읽는 독자의 입장에서는 왜 주체가 "순라"인지, 왜 "순라는 고만하지만 기쁨은 가슴에 찼"는지, 세계 곳곳의 노동자들이 투쟁을 전개하고 있는데 "조선의 서울"에서는 투쟁이 어떻게 전개되는지 등의 의문을 제기할 법하다. 그러나 작품 속에서 이를 유추할 근거는 보이지 않는다. 그런 의미에서 이 시의 난해성은 의도에 의한 것이라기보다는 형상화의 실패에서 연원한 것으로 보아야 할 것이다. 이러한 문제점을 해결하지 않고는 시적 형상화 수준의 진전은 있을 수 없었다. 실제로 그는 「젊은 순라의 편지」를 발표한 후 약 10개월 동안 한 편의 시도 발표하지 못한다. 1928년 한 해 동안 영화 〈유랑〉, 〈혼가〉의 제작과 관련하여 시를 쓸 여유가 없기도 했겠지만, 더 근본적으로는 시적 모색의 시간이 필요했기 때문으로 보인다. 「젊은 순라의 편지」가 지닌 문제점을 해결할 결정적 방법은 전형의 창조, 즉 식민지 조선이라는 구체적 시공간과 그 속에서 삶을 영위하고 싸우는 조선 노동자의 형상을 창조하는 데 있었다.

그리하여—
찬 눈보라가 유리창을 때리는 그 날에도 기계소리에 지워지는 우리들의 참새 너희들의 콧소리와,
눈길을 밟는 발소리와 함께 가슴으로 기어드는 청년과 너의 귓속에서 우리들의 젊은 날은 흘러갔으며
또 언 밥이 가난을 울리는 그 날에도
우리는 바람과 같이 거리에서 만나 거리에서 헤며
골목 뒤에서 의논하고 공장에서 ××[투쟁]하는 그 때가
그 중 즐거운 젊은 날의 행진이었다

그러나 이 가장 귀중한 너 나의 사이에서 하나 우리들 동무를 집어간 ×[놈]은 누구며 그 일은 웬일이냐

순이야—이것은………………………

너도 잘 알고 나도 잘 아는 멀쩡한 사실이 아니냐

보아라—어느 ×[놈]이 도××[적놈]인가

이 눈물 나는 가난한 젊은 날의 가진 이 불쌍한 즐거움을 노리는 ×[놈]하구

그 조그만 풍선보다 딴 꿈을 안 깨치려는 간지런 마음하구

말하여 보아라 이 나라에 가득 찬 고마운 젊은이들아—

…(중략)…

오오 눈보라는 도락구처럼 길거리를 달아나는구나

자 좋다 바루 종로 네거리가 아니냐—

어서 너와 나는 번개같이 손을 잡고 또 다음 일 계획하러 또 남은 동무와 함께 검은 골목으로 들어가자

네 사나이를 찾고 또 근로하는 모–든 여자의 연인인 용감한 청년을 찾으러…………

그리하여 끊이지 않는 새로운 용의用意와 계획으로 젊은 날을 보내라

–「네거리의 순이」 부분[62]

62_ 임화, 「네거리의 순이」, 『조선지광』, 1929. 1; 『임화전집1』, 379–380면. 이 시는 시집 『현해탄』에 수록되면서 대폭 개작되었다. 『조선지광』본과 『현해탄』본을 비교해 보았을 때, 우선 지적할 수 있는 것은 『현해탄』본의 내용이 좀 더 정제되었다는 점이다. 이는 시집 간행 시 개고할 수 있는 여유가 확보된 탓일 것이다. 또한 전투적인 시어들이 순화되고, 직설적 시어의 사용 때문에 불가피했던 복자가 사라졌다. 이는 그가 검열을 의식한 때문이라 생각되나, 다른 한편으로는 그가 순화된 언어와 비유적 언어로도 충분히 전언을 전달할 수 있다고 판단했고 그것을 구현할 만큼의 창작적 역량을 갖추었기 때문으로 볼 수도 있다. 여기서는 당대적 중요성을 고려해 『조선지광』본에 실린 원작을 인용하였다. 한편 인용부분은 총 9연 가운데 3–4연과 7–9연인데, 이 시에서 주제를 집약한 부분은 투쟁의식을 고취하고 있는 7–9연이다. 『삼천리』 60호(1935. 3.)에는 유명한 시의 일부를 수록한 「명작시가집(2)」란이 실려 있는데, 「네거리의 순이」의 7–9연이 조명희의 「봄 잔디밭 위에」, 변영로의 「논개」, 홍사용의 「나는 왕이로소이다」 등의 일부와 함께 수록되어 있다. 이것이 편집자의 의도에 의한 것인지 아니면 임화의 생각이 반영된 것인지는 알

「네거리의 순이」는 임화가 10개월여의 침묵을 깨고 발표한 작품이다. 이 시는 가난 속에서도 꿋꿋이 피어나는 청춘들의 계급적 희망과 열정과 사랑을 노래한 작품이다. 임화는 이 시에 이르러 비로소 1920년대 식민지 조선의 종로 네거리를 시적 배경으로 활용할 수 있게 된다. 이와 같은 시공간의 구체성은 곧 인물의 구체성을 담보하는 조건이 되었다. 이 시의 등장인물들이 조선의 노동자인 것은 그 때문이다. 시의 구조는 시적 주체의 동료인 "청년"의 수감, 시적 주체의 누이이자 청년의 연인인 "순이"의 슬픔, 악조건 속에서도 희망을 위해 싸우던 과거의 회고, 수감된 청년의 고통과 그런 현실에 대한 분노, 오빠의 위로와 투쟁의 청유라는 일련의 화제들이 서사적 인과성에 의해 자연스럽게 직조되어 있다. 여기서 "네거리"는 노동자들의 대중적인 투쟁이 전개되는 공간이고, "검은 골목"은 갇힌 동무를 찾기 위해 "또 다음 일 계획하러" 들어가는 곳으로서 비밀스런 지하투쟁의 공간이다.[63] 따라서 "네거리"와 "골목"은 등장인물들인 노동자 계급의 투쟁과 관련된 공간으로서 계급투쟁의 대중적 형식과 전위적 형식을 상징한다. 이처럼 이 시는 계급투쟁이란 주제를 노동자들의 삶에 관련된 공적인 사건, 친밀한 관계에서 이루어지는 편지나 대화 같은 사적 담론 형식의 채택을 통해 표현하는 '단편서사시'의 본격적인 출발을 알리는 신호탄이 되었다.

오빠—그러나 염려는 마세요
저는 용감한 이 나라 청년인 우리 오빠와 핏줄을 같이한 계집애이고
영남이도 오빠도 늘 칭찬하던 쇠 같은 거북무늬 화로를 사온 오빠의 동생

수 없다. 그러나 임화의 시 가운데 이 작품이 소개된 것은 그것이 지닌 대표성을 말해 주며, 시 전체에서 7-9연 부분이 소개된 것은 시 속에서 그것이 지닌 비중을 암시하는 것일 터이다.

63_ 김재홍은 이 시에서 시적 주체가 누이동생에게 "검은 골목"으로 들어가자고 권유하는 것을 두고 "적극적이고 능동적인 투쟁의 길에 나서는 게 아니라 어둔 골목 안으로 도피"하는 것으로 해석하고 있다. 김재홍, 「정치의 길, 예술의 길, 임화」, 『한국 현대문학의 비극론』, 시와시학사, 1993, 147면. 그런데 이 시에서 시적 주체가 골목으로 들어가는 목적은 투쟁으로부터 도피하기 위함이 아니라 수감된 청년을 되찾는 투쟁을 "계획"하기 위함이다. 따라서 골목은 도피처가 아니라 지하투쟁의 공간으로 보아야 할 것이다.

이 아니에요

그러고 참 오빠 아까 그 젊은 나머지 오빠의 친구들이 왔다 갔습니다

눈물 나는 우리 오빠 동무의 소식을 전해주고 갔에요

사랑스런 용감한 청년들이었습니다

세상에 가장 위대한 청년들이었습니다

화로는 깨어져도 화젓갈은 깃대처럼 남지 않았에요

우리 오빠는 가셨어도 귀여운 '피오닐' 영남이가 있고

그리고 모-든 어린 '피오닐'의 따듯한 누이 품 제 가슴이 아직도 더웁습니다

그리고 오빠………

저뿐이 사랑하는 오빠를 잃고 영남이뿐이 굳세인 형님을 보낸 것이겠습니까

슬지도 않고 외롭지도 않습니다

세상에 고마운 청년 오빠의 무수한 위대한 친구가 있고 오빠와 형님을 잃은 수없는 계집아이와 동생

저희들의 귀한 동무가 있습니다

그리하여 이 다음 일은 지금 섭섭한 분한 사건을 안고 있는 우리 동무 손에서 싸워질 것입니다

오빠 오늘 밤을 새워 이만 장을 붙이면 사흘 뒤엔 새 솜옷이 오빠의 떨리는 몸에 입혀질 것입니다

이렇게 세상의 누이동생과 아우는 건강히 오늘 날마다를 싸움에서 보냅니다

-「우리 오빠와 화로」 부분[64]

64_ 임화, 「우리 오빠와 화로」, 『조선지광』, 1929. 2; 『임화전집1』, 56-57면.

「우리 오빠와 화로」는 미각성 노동자인 누이동생이 오빠의 피검이라는 사건을 겪으면서 계급적 각성을 이루어 가는 과정을 자연스럽게 그려 낸 수작이다. 이 시는 담론의 발신자와 수신자의 관계 유형의 측면에서 「네거리의 순이」와 대칭적이다. 즉 「네거리의 순이」에서 발신자와 수신자의 관계가 '오빠-누이'인 반면, 이 작품에서는 '누이-오빠'로 설정되어 있다. 이처럼 발신자와 수신자의 관계 설정의 차이는 작품 내용의 차이를 낳는다. 노동운동을 하는 오빠가 피검되고, 여동생과 남동생은 그 때문에 공장에서 쫓겨난다. 여동생은 오빠가 잡혀간 이유를 알지 못하지만, 오빠의 동무들을 만나면서 오빠의 "위대한 결정과 성스러운 각오"를 이해하고 자신도 오빠의 길에 동참하고자 하는 의지를 표명한다. 이상이 「우리 오빠와 화로」의 서사의 요지이다. 그런데 이 시에서 중요한 인물은 노동계급의 전위인 오빠가 아니라 일반 노동자인 누이동생이다. 이 시는 바로 이러한 평범한 노동자가 계급의식을 획득해 가는 과정을 형상화하는 데 주력하고 있기 때문이다. 노동자 대중을 의식화하는 데에는 이미 완결된 전위적 인물이 아니라 그들과 비슷한 인물을 내세워 변화 발전하는 모습을 보여 주는 것이 때론 훨씬 효과적일 수 있다. 즉 프로문학의 독자인 노동자들은 이 시를 감상할 때 누이동생과의 상상적 동일시를 통해 자연스럽게 계급의식을 획득할 수 있다. 게다가 시적 주체인 누이동생은 임화와는 전혀 상관없는 배역화자이며, 완전히 노동자적 성격을 지닌 인물이다. 「네거리의 순이」에는 "남은 것이라고는 때 묻은 넥타이 하나뿐"이나 "이 추운 밤 가느다란 그 다리가 피아노줄 같이 떨리겠구나"와 같이 시적 상황과 어울리지 않는 표현이 나타나 있다. 노동자의 생활과는 어울리지 않는 넥타이와 피아노줄과 같은 시어의 선택은 비록 그것이 의도된 것은 아니었다 할지라도 인텔리적 무의식이 투영된 것이다. 그런데 그런 잔재가 이 시에서는 완전히 제거되어 있다.

이 시에서 또 하나 주목할 점은 "화로"와 "화젓가락"의 상징성이다. 시 속에서 "영남이"가 고단한 노동의 대가로 사 온 화로가 깨어진다. 화로가 깨어진 이상 화젓가락은 쓸모없는 물건이다. 화로의 깨어짐은 오빠의 잡혀감과 두 동생의 해고, 즉 단란했던 가정의 파탄과 동일한 의미를 지니고, 화로가 깨어져도 깃대처럼 벽에 걸린 한 짝의 화젓가락은 오빠의 수감에도 절망하지 않고 의연히 살아가는 두 동생의 형상과 상동관계를 이룬다. 따라서 화로는 오빠를, 화젓가락은 두 동생을 의미한다. 나아가 오빠가 계급투쟁의 전위라는 점에서 화로는 계급해방의 염원을, 두 동생이 오빠의 투쟁에 동참한다는 점에서 화젓가락은 계급투쟁의 의지를 상징하는 것으로 확대 해석해 볼 수 있을 것이다.[65] 이처럼 이 시는 구체적 사건과 명확한 정체성을 지닌 주체, 그런 주체의 호소력 있는 어조, 계급의식 획득과정의 자연스러움, 탁월한 상징의 구사, 수준 높은 선전선동 방식 등의 측면에서 1920년대 프로시가 도달한 최고의 경지로 평가할 수 있는 작품이다.

임화가 단편서사시라는 새로운 프로시 형식을 창안할 수 있었던 것은 여러 가지 요인들이 작용했기 때문이다. 앞서 언급한 바와 같이 작품 창작 부진에 대한 카프 외부의 비난, 창작 활성화와 프로문학 대중화에 대한 카프 내부의 요청은 임화로 하여금 새로운 형식을 모색하도록 한 배경적 요인이었다. 그와 더불어 임화의 개인적 체험과 선행시인들과의 영향관계에서 단편서사시 창안의 요인을 추출해 볼 수 있을 것이다. 이에 대해서는 그간 여러 연구자들에 의해 규명된 바 있다. 본 연구는 기존 연구에서 지적된 사

65_ 김재홍은 화로와 화젓가락의 의미를 민족과 연관하여 해석하고 있다. 그의 해석은 이렇다. "거북무늬 질화로는 삶의 둥지를 표상하는 동시에 그 안에 불씨를 간직한다는 점에서 주권 또는 국가라는 틀의 한 상징이 될 수 있다. 민족적 주권 또는 조국의식의 표상이 바로 거북무늬 화로와 그 속에 담긴 불씨인 것이다. 이 시에 담긴 불과 피의 이미저리가 바로 이러한 민족적 생명력 또는 민족의식의 표상이 된다고 할 수 있기 때문이다. 따라서 …(중략)… 그것(화로의 깨어짐-인용자)은 바로 공적인 차원에서 민족적 주권 또는 국권상실을 의미한다. …(중략)… "화로는 깨어져도 화적갈은 기ㅅ대처럼 남지 안었세요"라는 구절은 바로 우리가 비록 국권을 상실했다고 하더라도 민족은 그대로 살아남아 있다는 사실을 의미한다는 뜻에서 민족의식 또는 민족혼의 한 상징이 되는 것이다." 김재홍, 「낭만파 프로시인, 임화」, 161면. 그러나 이 시에 나타나는 화로를 민족적 주권 내지 조국의식으로, 나아가 화로의 깨어짐을 국권상실로, 그리고 화젓가락을 민족의식의 표상으로 보는 것은 무리한 해석이다. 그렇게 해석할 근거를 텍스트 내에서 발견하기 어렵기 때문이다. 당시 임화의 시적 경향과 사상적 입장을 고려해 보아도 사정은 마찬가지이다. 따라서 화로 및 화젓가락과 민족의 의미상 연관성은 텍스트의 구조분석이나 임화의 삶과 의식에 대한 규명을 통해 '도출'한 것이 아니라 일제강점기라는 시대적 상황으로부터 '부여'한 것으로 보인다.

항[66]을 수용하면서 여기에 새로운 요인을 추가해 보고자 한다. 결론부터 말하면, 본 연구는 임화의 단편서사시는 영화와 연극 활동 경험, 소설 창작 경험, 이상화와 나카노 시게하루中野重治로 대표되는 국내외 시인들로부터의 영향 등의 요인들이 결합되어 만들어진 것이라고 본다.

김윤식은 임화가 영화배우였고 연기력을 몸에 익혔다는 점과 단편서사시의 배역시적 성격의 유사성을 들어 임화에게 영화 출연과 단편서사시 창작이 "별개의 행위가 아니라 '연기력'이라는 단일한 행위의 두 가지 형태"[67]라고 지적한 바 있다. 임화는 카프 가입 무렵 근대예술 전반, 특히 영화에 지대한 관심을 보였다. 「위기에 임한 조선영화계」에서 그는 시공간적 초월성, 감상의 동시성 등을 영화의 특성으로 지적하고, 민중오락적 성격이 연극보다 더 강하다는 점을 들어 영화의 대중적 파급력을 강조했다. 그러면서 그는 "현대인의 생활 요소로부터 절대로 제거할 수 없게 된 오락으로서, 예술로서, 또 기타 여러 가지 의미에서 영화는 우리의 생활에 일종의 양糧이 되어 있다"라고 보고, "현대인으로서 영화를 모른다면 그보다 더 큰 무지는 없을 것이다"라고 단언했다.[68] 그 후 그는 카프는 물론 조선영화예술협회, 신흥영화예술가동맹 등에 가입하여 영화 연구 및 제작에 왕성하게 참여했다. 식민지 농민의 비극적 현실을 그린 〈유랑〉(1928), 도시와 농촌을 배경으로 계급적 갈등을 그린 〈혼가〉(1929)에 주연으로 출연한 것은 그런 활동의 과정에서 이루어진 것이다. 따라서 영화 연구와 출연 경험이 단편서사시의 상황과 인물 설정을 가능케 했다고 볼 수 있다. 그런 점에서 영화 체험이 단

66_ 기존연구 가운데 김정훈의 논문은 색다른 요인을 제시하고 있어 이채롭다. 그는 조선조 서사한시와 단편서사시의 유사성을 추출해 내고, 그것으로 영향관계를 설명하고 있다. 김정훈, 「임화 시 연구」, 50-53면. 그러나 임화가 한문학과 같은 고전적 전통 속에서 성장했다거나 조선조 서사한시에 심취했다는 기록은 없다. 또한 단편서사시 양식 창안에 서사한시로부터 도움을 받았다는 증거도 없다. 임화의 서구 근대 사상과 예술의 편력과정을 상기해 본다면 단편서사시 양식 창출에 서사한시가 영향을 미쳤다는 주장은 더욱 설득력을 잃는다. 따라서 단편서사시는 서사한시와 함께 한국 리얼리즘 시의 계보에 속한다는 정도로 둘의 관계를 바라보는 것이 옳지 않을까 한다.

67_ 김윤식, 『임화 연구』, 278면.

68_ 임화, 「위기에 임한 조선영화계」, 『매일신보』, 1926. 6. 13.

편서사시 창작의 요인으로 작용했을 것이란 설명은 충분히 설득력이 있다. 그와 아울러 임화가 연극에도 관심[69]이 많았다는 점에서 영화와 마찬가지로 연극도 단편서사시가 배역시적 성격을 지니도록 한 요인으로 볼 수 있을 것이다.

한편 단편서사시 창작의 밑거름이 된 요인으로 소설 창작 경험도 고려해 봄 직하다. 등단 초기에 임화는 「젊은 희순이와 영철이」[70], 「최후의 면회인」[71] 등 두 편의 소설을 창작한 바 있다. 이 소설들은 사건의 개괄적 제시와 그에 관련된 서술자의 정서를 표현하고 있어서 서사와 서정의 결합을 기본원리로 하는 단편서사시와 유사성을 보인다. 특히 「최후의 면회인」은 서술자인 주인공과 그의 누이인 "영순", 주인공의 친구이자 영순의 연인인 "김", 김의 누이이자 주인공의 연인인 "그"로 구성된 인물관계, 그리고 그들 사이에서 발생하는 사건의 추이에 따라 서사가 전개된다. 그런 점에서 이 소설은 임화의 초기 단편서사시, 즉 「네거리의 순이」나 「우리 오빠와 화로」의 인물구성 및 상황설정과 유사하다. 이 소설의 주인공과 김은 절친한 친구 사이이다. 삼년 만에 귀국한 김이 주인공의 집에서 우연히 영순과 재회한다. 김은 성숙한 영순에게 이성의 감정을 느끼고, 마침내 둘은 사랑에 빠진다. 그런데 김이 돌연 러시아로 떠나 버리자 임신한 영순은 상심한 채 몸져눕는다. 주인공은 김에 대한 증오로 인해 자신의 연인을 더 이상 사랑할 수 없음을 깨닫고 괴로워한다. 그 이튿날 영순은 16세를 일기로 쓸쓸히 세상을 떠난다. 이상이 이 소설의 줄거리이다. 남매로만 구성된 가족구조와 청춘남녀의 사랑으로 이루어진 인물관계, 애인이나 누이와의 이별에 따른 감상적인 비애 등의 측면에서 이 소설은 「네거리의 순이」나 「우리 오빠와 화로」의

69_ 임화가 연극에 관해 쓴 첫 번째 글이 당시 독일의 대표적인 연극 연출가 막스 라인하르트를 소개하는 「라인하르트와 민중극장의 의의」(『매일신보』, 1926. 9. 12.)였다. 그 후 그는 연극에도 지속적으로 관심을 기울였다.

70_ 임화, 「젊은 희순이와 영철이」, 『매일신보』, 1926. 1. 31.

71_ 임화, 「최후의 면회인」, 『매일신보』, 1927. 1. 16. 및 1. 23.

원형질을 내포하고 있다. 이처럼 임화는 소설 창작 경험을 통해 서사를 구성하는 방법을 익힐 수 있었고, 결과적으로 서사를 시에서 전경화할 수 있었을 것이라고 본다.

또 하나, 선행시인들의 영향도 고려해 볼 수 있다. 단편서사시 창작의 배경으로 많은 연구자들이 거론하는 사항이 백조파, 특히 이상화의 영향이다.[72] 실제로 이상화 시 특유의 격렬한 리듬과 과잉된 정서, 그리고 시형의 장형화, 돈호법의 적극적 사용 등의 특성이 임화의 단편서사시에도 나타난다는 점에서 이는 타당하다. 본 연구는 여기에 일본 프로시의 영향을 추가할 수 있다고 본다. 윤곤강은 "임화의 시 작품 중의 가작이라고 볼 수 있는 것들이 대개 동경 좌익시단의 뮤즈들-예하면 나카노中野, 모리야마森山-의 시 작품을 '아류'한 데 불과하였다"[73]라고 지적하면서 임화와 일본 프로시인들의 영향관계에 대해 언급한 바 있다. 그가 언급하는 나카노 시게하루中野重治와 모리야마 게이森山啓 가운데 본 연구가 주목하는 사람은 나카노이다. 잘 알다시피 나카노는 1920년대 말 카프 동경지부 맹원들, 특히 이북만과 운동적으로나 인간적으로 매우 밀접한 관계를 맺고 있었고, 임화와는 조선과 일본 노동자간의 계급적 연대를 모티프로 시를 주고받은 적이 있다. 1933년 무렵 임화는 나카노의 「밤 벼 베기의 회상」을 「닥쳐오는 가을」이란 제목으로 바꾸어 자신의 애송시라고 소개하였다. 그가 소개한 부분은 다음과 같다.

72_ 이는 김윤식 이래 여러 연구자들이 누차 지적한 사항이다. 김윤식은 이상화에 대한 임화의 매료, 「네거리의 순이」와 이상화 시의 운율적 유사성을 들어 두 시인의 연관성을 언급한 바 있다. 김윤식, 『임화 연구』, 49면. 그리고 김재홍은 이상화에 대한 임화의 인간적 감화, "투쟁적인 계급의식과 낭만적인 예술의식이라는 두 가치축이 시의 전체적 뼈대를 이룬 것과 함께 하소연체나 비교적 긴 이야기 시형"의 측면에서 임화의 「암흑의 정신」과 이상화의 「곡자사」, 「말세의 희탄」이 유사성을 보인다며 두 시인이 영향관계에 있음을 지적한다. 김재홍, 「낭만파 프로시인, 임화」, 180면. 최동호도 독백적 어법, 격렬한 감정을 이끌어 나가는 시적 장형화, 돈호법의 사용 등 "이상화의 시적 특징들이 프로 의식으로 윤색되고 한 단계 넘어선 것이 임화의 프로시 「네거리의 순이」와 「우리 오빠와 화로」 계열의 시들이며 바로 그런 점에서 일차적으로 임화의 시들은 문학사적 의미를 갖는다"라며 두 시인의 영향관계의 측면에서 임화 시를 평가한다. 최동호, 『디지털 문화와 생태시학』, 문학동네, 2000, 185면. 유종호 역시 임화가 '백조'파의 정통적 후계자로서의 면모가 있으며, 그의 시는 "'백조'파의 무잡(蕪雜)하고 원색적인 감격과 우울에 사회주의 지향이라는 구체적 모티프를 도입한 것"으로 보면서 영향관계를 설명한다. 유종호, 『다시 읽는 한국시인』, 94면.

73_ 윤곤강, 「임화론」, 『풍림』, 1937. 4, 8면.

우리들이 밤 벼를 베지 않으면 안 되었던가 우리들의 허리뼈가 가느다랬는가
응 너희들은 '×××[재판소]'를 데리고 왔다
등골 빠지게 만들어 놓은 넓은 들판에 순식간에 패목이 꽂히었다
그리고 우리들이 앞뒤를 둘러보았을 때 사나이란 사나이는 모조리 ××[뽑아]갔었다
그래서 우리들의 발길이 조금이라도 멈추었던가
밤 벼를 베어라 ××××[동원이다]
우리들의 소리가 너희들의 귀에 들리지 않았던가 낫 이빨이 서 있지 않고
짚신감발의 우리들의 자전거가
마을로부터 마을로 메뚜기 같이 나르지 않았는가
횃불은 논두렁에서 훨훨 타오르고
불길은 하늘을 뒤덮으며
그을음은 너희들의 여편네들의 허연 면목을 휘감았다(하략)74

이 시는 수확기에 수탈당하는 농민들의 현실과 그에 대한 농민들의 집단적 분노를 표출한 작품이다. 시에 등장하는 농민들은 "등골 빠지게 만들어 놓은 넓은 들판에 순식간에 패목이 꽂히었다"라는 시구가 말해 주듯 땀 흘려 지은 곡식을 수확하기도 전에 빼앗기고 만다. 그런 참담한 사건을 겪은 농민들은 생존을 위해 밤에 몰래 벼를 베지 않을 수 없는 상황에 처한다. 그리고 농민집단인 "우리"의 목소리로 자신들을 죽음의 궁지로 몰아가는 수탈자인 "너희"에 대한 분노를 강렬히 표현하고 있다. 이 시는 이처럼 집단주체와 대화적 담론구조, 그리고 구체적인 사건과 그에 밀착된 정서를 표현하고 있다는 점에서 단편서사시와 매우 흡사한 면모를 보여 주고 있다. 따

74_ 임화, 「나의 애송시-中野重治의 「닥쳐오는 가을」」, 『조선일보』, 1933. 8. 29. 이 시는 나카노의 「夜刈りの思ひ出」를 번역한 것으로, 이 작품은 『戰旗』 1928년 10월호에 발표되었고, 나중에 『中野重治詩集』(ナウカ社, 1935) 3부에 수록된다. 번역된 텍스트와 시집의 텍스트를 대교해 보면 '×××'는 '裁判所', '××갔었다'는 '拔かれて居た', '××××'는 '動員ぢゃ'이다.

라서 단편서사시 형식의 창안에 나카노의 시가 일정한 영향을 미쳤을 것이라 판단된다.

임화는 「네거리의 순이」와 「우리 오빠와 화로」의 시적 성취와 대중적 성공에 힘입어 「어머니」, 「봄이 오는구나」, 「다 없어졌는가」, 「병감에서 죽는 녀석」, 「우산 받은 요코하마의 부두」 등 다섯 편[75]의 작품을 1929년 한 해 동안 차례로 발표한다. 이 작품들은 앞서 살펴본 두 작품처럼 가족이나 동료 노동자 간의 대화적 형식을 따르고 있으며, 노동자 계급의 해방에 대한 염원과 그를 위한 투쟁을 노래하고 있다. 그런 공통점에도 불구하고 각 작품이 개별적 고유성을 지니는 것은 발신자와 수신자의 관계 유형의 차이에서 발생하는 서사의 다양화 때문이다. 예컨대 「어머니」는 아들과 돌아가신 어머니의 대화 형식을 취하고 있는데, 그들의 가족적 서사를 통해 현실에 대한 분노와 계급해방의 염원을 노래하고 있다. 또 「다 없어졌는가」는 전위 활동가들 간의 대화 형식에 기초하여 탄압과 싸움의 패배로 인한 조직의 와해 상황 속에서도 흔들림 없는 투쟁을 표현하고 있으며, 「우산 받은 요코하마의 부두」는 연인관계에 있는 조선인 남성 노동자와 일본인 여성 노동자의 대화 형식을 통해 프롤레타리아 국제주의를 노래하고 있다.

이 가운데 「어머니」나 「봄이 오는구나」는 장황한 호흡과 영탄적이고도 무절제한 어조, 시상의 혼란, 서사의 객관화 실패 등 여러 측면에서 문제점을 드러내고 있으나, 나머지 작품들은 형식적으로나 주제 구체화의 측면에서 비교적 성공한 작품이라 할 수 있다. 그중에서 특히 주목되는 작품이 「우산 받은 요코하마의 부두」이다. 잘 알려져 있듯이 「우산 받은 요코하마의 부두」는 나카노의 「비 내리는 시나가와역品川駅」에 대한 화답시이다.[76] 그러

75_ 임화, 「어머니」, 『조선지광』, 1929. 4; 「봄이 오는구나」, 『조선문예』 1호, 1929. 5; 「다 없어졌는가」, 『조선지광』, 1929. 8; 「병감(病監)에서 죽은 녀석」, 『무산자』, 1929. 8; 「우산 받은 요코하마의 부두」, 『조선지광』, 1929. 9.

76_ 나카노의 「雨の降る品川驛」은 『改造』 1929년 2월호에 발표되었다가 『무산자』 창간호인 1929년 5월호에 이북만의 번역으로 재발표된다. 두 작품의 관련성에 대해서는 김윤식의 「현해탄의 사상과 품천역의 사상」(『한국근대문학사상사』, 한길사, 1984)과 신은주의 「나카노 시게하루(中野重治)와 한국 프롤레타리아 문학운동」(『일본연구』 12집,

므로 이 시는 임화의 실제 체험에 바탕을 둔 것이 아니라 「비 내리는 시나가와역」의 모티프에 그 자신의 상상력을 더하여 만들어 낸 것이다. 두 작품 공히 암울하고도 비극적인 정서를 유발하는 '밤비', 떠남과 이별의 의미가 내포된 '기차역' 혹은 '항구'를 시공간적 배경으로 하고 있다. 또한 재일 조선인 노동자의 '추방'이란 비참한 상황 속에서도 프롤레타리아 국제주의에 입각한 흔들림 없는 투쟁의지를 표현하고 있다. 그럼에도 「우산 받은 요코하마의 부두」가 「비 내리는 시나가와역」보다 정서적 울림이 더 큰 것은 프롤레타리아 국제주의가 이국 남녀의 사랑과 절묘하게 결합되어 있기 때문이다. 즉 임화의 시가 나카노의 시에 비해 정서적 편폭이 훨씬 크고 넓은 것은 서로 사랑하는 이국 남녀가 민족적 차별과 계급적 탄압으로 인해 이별하게 된다는 상황이 환기하는 비극적 정조 때문이다. 그리고 어떤 모진 '운명'도 그들의 사랑을 갈라놓지 못한다는 굳건한 믿음이 프롤레타리아 국제주의의 후광에 힘입어 빛을 발하고 있기 때문이다. 식민지 청년과 제국주의 국가 여성의 사랑은 그들이 노동자라는 현실적 조건과 노동해방이라는 계급적 이상을 공유하고 있었기 때문에 가능한 것이다. 「우산 받은 요코하마의 부두」는 동일한 처지와 이상 앞에서 민족적 차이란 한갓 신원적 범주에 속하는 것일 뿐 그들의 계급적·정서적 연대에 어떠한 위해도 가하지 못하는 무력한 것임을 우회적으로 설파하고 있다. 이처럼 이 시는 조선 노동자의 추방이란 사건, 그와 일본 여성 노동자의 이별이 환기하는 비극적 정서, 사랑의 불멸성에 대한 믿음, 프롤레타리아 국제주의에 근거한 투쟁의식 등이 어우러진 수작이라 할 수 있다.

한국외국어대학교 일본연구소, 1997)에서 상세한 고찰이 이루어졌다. 「비 내리는 품천역」의 부제는 '×××기념으로 이북만 김영호에게'인데, 신은주에 의하면 이 복자는 1928년 11월 10일에 거행된 '昭和天皇'의 즉위식인 '御大典'이다. 신은주는 일왕의 즉위식을 앞두고 조선인들이 체포되어 강제 추방되는 현실을 고발한 이북만의 「追放」(『赤旗』, 1928. 9.)이 나카노가 이 시를 쓰게 된 직접적 동기로 작용했을 것으로 추정하고 있다. 신은주, 같은 글, 191면 참고.

그로부터 연극, 영화, 예술, 문학, 철학, 함부로 각색 서적을 난독亂讀하여 두뇌가 쓰레기통 같아졌습니다. 예술동맹 사람들은 그를 퍽 아껴주어, 그는 28년에 간부가 되고, 그 익년에 아버지에게 알리지도 않고 청운의 뜻을 품고 동경으로 갔습니다. 동경 갈 때 그는 기이하게도 연극을 배우려고 떠났으나, 돌아올 제 그는 연극도 문학도 배우지 않고 전연 딴 생각을 가지고 왔습니다. 동경시대에 그는 전혀 사회과학서 난독에 몰두하고, 그 방면 잡지 편집과 실제적 생활에 퍽 접근했습니다. 김남천, 안막, 한재덕, 이북만, 김두용 군과 그때 한 클럽이었습니다.[77]

임화가 한창 단편서사시 창작에 열을 올리고 있던 1929년 무렵, 카프는 문학운동조직으로선 거의 무력한 상태에 처해 있었다. 간부들은 회합을 가지지 못했고 각자 개별적으로 창작과 비평 행위를 전개하고 있어서, 카프는 예술운동 조직이라기보다는 진보적 예술가 집단으로서 그 명맥을 겨우 유지하고 있는 상황이었다.[78] 1928년 제3차당 사건과 제4차당 사건으로 불리는 대대적인 공산당 검거로 모든 운동세력의 활동은 위축되었고, 그와 아울러 카프는 핵심분자였던 김복진의 검거로 조직활동에 상당한 혼란이 초래되었기 때문이다.[79] 이때부터 카프는 거의 활동이 정지된 상태에 처해 있었다. 이런 상황에서 카프를 매개로 행할 수 있는 운동적 실천이란 별로 없었다. 임화로서는 새로운 돌파구가 필요했는데, 그는 이러한 교착상황에서 "예술, 학문, 움직일 수 없는 진리…………/ 그의 꿈꾸는 사상이 높다랗게 굽이치는 동경"[80]의 무산자사 조직원들에게 달려간다. 그러나 임화의 동경행이 결코 우발적이거나 충동적인 것은 아니었다. 임화는 이미 1927년 여름

77_ 임화, 「어떤 청년의 참회」, 24면.

78_ 김기진, 「나의 회고록」, 『세대』, 1968. 11, 146면 참고.

79_ 권영민, 『한국 계급문학 운동사』, 문예출판사, 1998, 190면 참고.

80_ 임화, 「현해탄」, 『중앙』, 1936. 3; 「해협의 로맨티시즘」, 『현해탄』; 『임화전집1』, 151면.

에 경성으로 건너온 제3전선사의 구성원들인 조중곤, 한식, 김두용, 홍효민, 이북만 등을 만난 바 있다. 또한 카프 동경지부 구성원들이 지부를 해산하고 재조직한 무산자사에서 간행한 『무산자』, 이북만과 긴밀한 관계에 있던 나카노 시게하루가 편집한 『프롤레타리아예술』에 시를 발표한 것으로 보아 카프 소장파들과 지속적인 관계를 유지하고 있었다고 보아야 할 것이다.[81] 후일 그는 이때를 "여태까지 '문화주의'적이었던 예술운동이 급격히 이 사람들의 '동경적東京的 정치 기분'에 이끌리어 급격히 정치적 훈기가 높아지고 일본의 '프로'예술운동과의 ××적 연락이 성립되어 실로 놀라운 발전이었다"[82]라고 회고하는데, 그에게 이들은 카프 경성본부의 구성원들과는 비교할 수 없을 정도의 이론적 수준과 실천력을 갖추고 있는 것으로 보였을 것은 당연하다. 임화는 그들이 있는 동경으로 건너가 일본의 프로예술과 예술운동을 배움으로써 침체된 조선의 프로예술과 예술운동의 진로를 모색하고자 했던 것이다.

그런데 인용문에 나타난 것처럼 임화는 연극을 배우기 위해[83] 동경으로 갔으나 연극도 문학도 배우지 않고 사회과학 서적 난독에 몰두하고 "그 방면 잡지 편집과 실제적 생활"에 몰두하게 된다. 여기서 사회과학 서적이란 각종 마르크스주의 저작들을 말할 것이며, 그가 편집한 잡지란 구체적으로 『무산자』와 같은 사회주의 운동에 관련된 잡지였을 것임이 분명하다. 그리고 그가 말하는 "실제적 생활"이란 전위활동가가 되기 위한 사상학습과 조직적 훈련, 그리고 일본 사회주의 운동 단체 특히 나프와 연계된 활동이었

81_ 신은주, 「나카노 시게하루(中野重治)와 한국 프롤레타리아 문학운동」, 219면. 『무산자』에 실린 시는 「병감에서 죽은 녀석」을, 『프롤레타리아예술』에 실린 시는 「탱크의 출발」을 말한다.

82_ 임화, 「예술운동 전후」, 『조선일보』, 1933. 10. 5-10. 8(10. 8).

83_ 카프 가입 전부터 임화가 영화와 더불어 연극에 특별한 관심을 가지고 있었음은 널리 알려진 사실이다. 그가 동경행의 목적을 특별히 연극을 배우기 위함이었다고 밝힌 것은 당시 카프의 예술운동 상황과 관련된 듯하다. 카프 활동 가운데 활발하게 전개된 분야가 연극운동이었다. 연극이 대중에 대한 선전선동에 매우 효과적인 장르였기 때문이다. 따라서 이 기록을 통해 도일 당시 임화가 침체된 카프 운동에 활력을 불어넣기 위한 출구로서 연극에 주목했음을 알 수 있다.

을 것이다.[84] 김두용의 회고에 따르면, 당시 동경지부 동맹원들은 경성본부 동맹원들과는 달리 "대부분은 스스로 자진해서 노동조합 속에 들어가 프롤레타리아적 조직 속에서 일하며 자신들의 문학이나 연극에 올바른 프롤레타리아적 방향을 부여하려고 노력"[85]했다고 한다. 세계를 단지 해석하는 데 머무르는 것이 아니라 변혁하는 데까지 나아가려는 사상은 혁명적 실천이 수반되어야만 비로소 완전한 것이 될 수 있다. 마르크스주의를 단지 사상적 차원으로만 받아들일 때, 그것은 여타의 사상과 구분되지 않는, 지적 유행에 불과한 것으로 전락하고 만다. 그러므로 진정한 마르크스주의자에게 혁명적 실천은 필수적이다. 그런 의미에서 임화에게 동경시절은 혁명적 사상과 혁명적 실천을 변증법적으로 결합시킴으로써 스스로를 담금질하는 수련 기간이었다. 그는 김남천, 안막, 한재덕, 이북만, 김두용 등과 한 "클럽"에 소속되어 있었던 1년여의 기간을 거치면서 비로소 관념적 마르크스주의자에서 실천적 마르크스주의자로 거듭날 수 있었다. 다음의 인용문은 임화의 「시인이여! 일보 전진하자!」 가운데 당면 정세를 분석한 부분인데, 1927년의 거칠고 단순화된 정세파악과는 판이하게 다를 만큼 세밀하고 국제적임을 알 수 있다. 결국 이런 차이는 식민지 경성과, 제국의 심장이자 국제적인 도시 동경의 차이에서 기원하는 것일 터이다. 임화는 동경에서 경성과는 비교할 수 없을 정도의 학습과 실천을 경험하면서 국제적인 감각을 익힐 수 있었다. 그 결과의 일단이 다음과 같은 정세분석이다.

××자본주의의 제국주의적 ×[정政]세勢-자국 내에 재在하여는 자본가적

84_ 임화는 「공가(空家)의 향수(鄕愁)」(『동아일보』, 1936. 1. 19.)에서 동경시절에 비밀조직의 연락원으로서 누군가와 접선하는 임무를 띠고 동경 외곽의 소읍을 방문했던 일화를 소개하고 있다. 단편적인 기록에 불과하지만, 이를 통해 동경시절 그의 조직적 훈련과 활동을 어느 정도는 유추해 볼 수 있다. 한편 무산자와 일본프롤레타리예술연맹 및 나프와의 관계에서 매개적 역할을 했던 인물은 이북만과 김두용이다. 이에 대해서는 신은주, 「나카노 시게하루(中野重治)와 한국 프롤레타리아 문학운동」, 201-203면을 참조할 것.

85_ 金斗鎔 · 江口煥, 「朝鮮プロレタリア文學運動の史的展望」, 『民主朝鮮』, 1949. 9. 신은주, 같은 글, 212면에서 재인용.

산업의 합리화에 의한 경제적 고도화, 식민지에 있어서는 공전의 경제적 지배의 강화, 정치적 ××에 의하여 진행되는—태평양상의 문제, 북대륙의 문제 등 극동에 재한 제諸××주의적 세력의 불균형에서 일반 정치적 관계—×× 간間의 대비는 일층 첨예화한다.

이러한 일반적 ×[정政]세勢는 프롤레타리아의 세력을 일시적이나마 미약화시키고 부분적 파괴의 타격을 준 것이 사실이며, 또한 일면으로 동요되는 소시민층과 민족적 자본벌資本閥에 대한 개량적 부패 ××은 완전히 승리하였으며, 일방 빈농과 도시 노동자 일반 ×××××을 전全×적的으로 ×××시키고 말았다.[86]

앞서 살펴본 바와 같이 임화에게 동경시절은 연극이나 문학과는 관계가 먼 기간이었다. 실제로 이 기간 동안 그가 쓴 작품은 「양말 속의 편지」와 「제비」, 그리고 동요 「자장자장」 정도이다.[87] 사상학습과 운동가로서의 단련, 그리고 실천투쟁 등이 그에게 시를 쓸 여유를 주지 않았기 때문이다. 그와 아울러 그로서는 카프 내 볼셰비키파에 의해 수차례 지적된 문제점을 극복하기 위한 모색 기간을 가질 필요가 있었기 때문이다. 그런데 볼셰비키파가 임화의 단편서사시 양식 자체를 부정한 것은 아니었다. 임화 시에 대한 그들의 비판은 주로 '소시민적 감상성'에 초점이 맞춰져 있기 때문이다.[88] 임화는 이처럼 볼셰비키파의 비판이 제기되는 시기와 거의 동시적으로 「시인이여! 일보 전진하자!」를 통해 자기비판을 감행한다. 이 글은 소시민적 감상성이 제거되어 있는 「양말 속의 편지」 이후 집필된 탓에 시간상 상거가 있기는 하나 동일한 문제의식에서 쓰인 것이다. 여기서 임화는 프로시에 소

86_ 임화, 「시인이여! 일보 전진하자!-시에 대한 자기비판 기타」, 『조선지광』, 1930. 6; 『임화전집4』, 165면. 그는 이 글 말미에 "30. 4. 동경 화(和)"라고 집필의 시공간적 신원을 밝힘으로써 자신이 무산자사의 일원으로 활동하면서 이 글을 쓴 것이라는 점을 명시하고 있다.

87_ 임화, 「양말 속의 편지」, 『조선지광』, 1930. 3; 「제비」, 『조선지광』, 1930. 6; 「자장자장」, 『별나라』, 1930. 7.

88_ 대표적인 비판으로 권환의 「시평과 시론」(『대조』, 1930. 6.)을 들 수 있다.

시민적 감상주의가 스며드는 이유는 시인이 프롤레타리아의 생활과 밀착되지 못한 데 있다고 분석한 후, 그 해법으로 "'시인'인 것을 완전히 포기"하고 "××××××[프롤레타리아]의 생활 속으로 들어가는 것과 노동자 농민의 생활감정을 자기의 생활감정으로 하는 것"[89], 즉 시인이 프롤레타리아로의 존재전이를 이루는 것밖에 없음을 역설한다. 이처럼 임화는 자신의 단편서사시에 소시민적 감상성이 스며드는 원인을 등장인물이 완전한 노동자계급이 아니고, 또한 그 속에 자신의 소시민성이 투영되어 있기 때문이라고 보았다. 그의 이런 진단에 따른다면, 방법은 하나로 수렴된다. 즉 시에서 소시민적 감상성을 제거하는 근본적인 방법은 시인의 프롤레타리아화이다.

무산자사의 조직적 결정이 반영된 듯 보이는 이러한 원칙의 시적 실천이 「양말 속의 편지」이다. 「양말 속의 편지」는 "1930. 1. 15. 남쪽 항구의 일"이라는 부제가 말해 주듯 1930년 1월 15일에 일어난 부산방직공장 파업을 제재로 한 작품이다. 임화는 이 시에서 파업투쟁의 전개과정에서 포착한 주요한 사건을 몇 개의 선명한 이미지로 개괄하고 있다. 시에서 발신자는 파업투쟁으로 수감된 노동자이며, 수신자는 바깥에 남아서 싸우고 있는 동지들이다. 그들은 '우리'라는 집단주체로 통합되면서 눈보라와 바닷바람, 회사의 펌프, 징 박은 구둣발, 해고와 피검의 시련 속에서도 "쇠의 뜻", "황소같이 뻗대이고 나가자", "돌멩이 부처같이 뻗대리라"라는 표현에서 알 수 있듯이 지속적인 투쟁을 다짐하고 있다. 이 시에 이르러 내부적으로 여러 차례 지적받아 왔던 소시민적 감상성은 완전히 제거되고, 시적 주체는 노동자 계급 특히 전위 노동자로서의 정체성을 명확히 확립하고 있다. 이는 임화 자신이 무산자사에 몸담으며 부단한 자기단련을 통해 운동가로서의 존재전이에 성공했음을 보여 주는 증표이다. 또한 담론의 발신자와 수신자는 사적인 성격이 짙은 가족이 아니라 공적인 성격에 가까운 동지 관계로 설정

89_ 임화, 「시인이여! 일보 전진하자!」, 『임화전집4』, 174-175면.

되어 있다. 그런 관계 설정이 혹시라도 틈입될지 모를 감상성을 원천적으로 차단하는 역할을 했다. 따라서 「양말 속의 편지」는 「젊은 순라의 편지」에서 싹을 틔워 「우리 오빠와 화로」에서 완성된 단편서사시 양식이 정서 과잉이란 문제점을 극복함으로써 도달한 단편서사시의 완결편이라 할 수 있다.

그런데 「양말 속의 편지」에까지 도달한 임화의 시적 성취는 그 후 더 이상 지속되지 못한다. 1930년 후반 귀국[90] 이후 그는 공산주의자협의회 사건(1931)으로 인한 검거와 수감, 신병의 악화 등을 겪었고, 카프 서기장으로서 예술운동의 현황을 진단하고 방향을 모색하는 데 집중해야 하는 불가피한 상황에 처해 있었기 때문이다. 그는 예술운동의 상황과 정세판단, 운동의 방향 모색과 조직 운영방침 수립 등 조직 앞에 당면한 현실적 과제의 해결에 골몰할 수밖에 없었다.[91] 게다가 그가 귀국한 1930년은 볼셰비키화론이 제기될 무렵이어서 전위의 관점과 노동자 계급 당파성에 입각한 예술운동의 실천이 강제되고 있었다. 임화는 1931년의 예술운동을 회고하는 글에서 작가들에 대한 과중한 통제와 지나치게 급격히 볼세비키화 정책을 수행하려고 한 지도부의 과실을 인정했다. 그는 "활동적이었던 이, 삼의 작가는 이 급격한 변화 앞에서 오직 침묵을 가지고 고려케 하고 또 대부분의 작품에 있어서 그 자유스러운 창의성과 구체적 생활을 경시하는 내용의 무절조한 정치주의화란 기계적 고정화의 현상을 나타내게 하였다"[92]라고 하면서 볼세비키화론의 문제점을 지적하였다. 그러나 임화가 볼셰비키화 자체를 부

90_ 임화의 귀국을 1930년 후반이라 본 것은 다음의 기록을 참고했기 때문이다. "벌써 여섯 해 전 나는 동경역으로부터 서울까지 오는 차표를 끊어가지고 차중의 한 사람이 되었었다. …(중략)… 바람이 몹시 부는 첫겨울 어느 날 밤에 내가 '하관' 역에서 기차를 내린 때는 자기의 길이 3분의 2는 성공하는가보다 하는 가벼운 안심과 또 한 쪽으로는 바다만 무사히 건너면 하는 최후의 안타까운 긴장미가 내 머리를 적이 곤하게 하였다." 임화, 「현해탄 상의 일야」, 『조광』, 1936. 6, 37-38면.

91_ 이동규는 이 무렵의 임화가 시 창작에 소홀했던 이유를 카프 활동과 연관짓고 있는데, 본고의 생각과 일치하여 인용해 본다. "나의 추측으로는 당시의 카프의 정세는 그의 실천적인 활동과 이 활동에 필요한 평론을 요구하게 되고 시작(詩作)에 잠심할 한가를 주지 못하였던 까닭이라고 생각한다." 이동규, 「작가가 본 평가-임화」, 『풍림』, 1937. 5, 22면.

92_ 임화, 「1931년간의 카프예술운동의 정황」, 『중앙일보』, 1931. 12. 7-12. 13(12. 11); 『임화전집4』, 180면.

정하는 것은 아니었다. 1930년대 초반까지도 공황에 따른 세계자본주의의 위기는 계속되고 있었고, 임화는 혁명의 전제조건은 무르익었다는 코민테른의 판단을 절대적으로 신뢰하고 있었기 때문이다.[93] 그런 만큼 예술운동의 볼셰비키화는 원칙적으로 정당했다는 것이 그의 판단이었다. 다만 그는 볼셰비키화론이 작가의 작품 창작을 위축시킨 점을 문제 삼고 있다. 임화도 이러한 분위기 속에서 작품을 쓰지 못한 것으로 짐작된다. 그는 1930년 중반 무렵부터 1933년 중반 무렵까지 국제정세 분석과 예술운동의 원칙과 방법에 관련된 비평적 글쓰기에만 골몰하였다. 그가 다시 시를 쓰기 시작한 것은 「오늘 밤 아버지는 퍼렁 이불을 덮고」[94]를 발표하는 1933년 무렵에 이르러서였다. 임화의 감옥 체험이 반영된 것으로 보이는 이 작품과 재일 조선인 노동자의 투쟁을 형상화한 「만경벌」[95]을 끝으로 임화의 단편서사시 시대는 끝난다. 공교롭게도 그것은 카프시대의 종말과 운명을 같이한다.

김기진이 잘 분석했듯이 단편서사시의 장점은 노동자계급이 일상생활과 생산현장에서 체험하는 사건을 시에 부각시킨 데 있다. 그 때문에 시는 구체적인 시공간성을 획득하게 되고, 이전에는 찾아보기 힘들었던 뚜렷한 정체성을 지닌 주체가 시 속에 등장한다. 이 작품들에서 시적 주체는 모두 노동자 계급이고, '우리'라는 시어에서 알 수 있듯이 집단주체이며, 이미 노동자 계급의식을 선취했거나 각성해 가는 노동자의 형상으로 등장한다. 그들은 개별자로서 각자 처한 조건에 굴복하지 않고, 현실의 모순과 그에 대한 극복의지를 노래한다. 노동자로서 시적 주체는 노동자 계급의 일원이고, 그런 만큼 계급적 성격을 지닌다. 따라서 그들은 단지 개별적 차원에 국한되지 않고 집단적 성격을 획득하게 된다. 기존의 프로시는 지식인 주체 혹

93_ 임화, 「당면정세의 특질과 예술운동의 일반적 방향-그의 결단적 전향을 위하여」, 『조선일보』, 1932. 1. 1-2. 10(1. 1-1. 2); 『임화전집4』, 206-212면.

94_ 임화, 「오늘 밤 아버지는 퍼렁 이불을 덮고」, 『제일선』, 1933. 3; 『임화전집1』, 78-80면.

95_ 임화, 「만경벌」, 『우리들』, 1934. 2; 『임화전집1』, 83-85면. 작품의 배경이 일본이라는 점을 고려할 때, 이 시는 임화가 동경 시절에 쓴 것이거나 그때를 회고하여 쓴 것으로 보인다.

은 계급적 정체성이 모호한 주체가 주로 등장했다. 그러한 시적 주체는 대개 시인 자신이 투영된 존재일 경우가 많았다. 이같이 노동자 계급과 거리가 있는 주체가 등장하여 계급해방을 노래한 탓에 시는 자연 추상적이고 관념적인 느낌을 줄 수밖에 없었다. 시의 내용도 민중주의적 한계, 즉 노동자, 농민에 대한 연민과 그들을 그런 현실에 처하게 한 대상에 대한 분노를 즉자적이고 관념적으로 표출하는 것에 머물러 있었다. 그런 문제점은 시를 계급 이데올로기나 마르크스주의적 세계관의 직설적 표출로 보는 문학관에서 온 것이기도 했지만, 근원적으로는 시적 주체를 노동자가 아니라 지식인(시인 자신)이 투사된 존재로 설정했기 때문에 발생한 것이었다. 그런 문제점의 극복이란 과제에 적절히 부응한 것이 배역시적 성격을 지닌 임화의 단편서사시였다. 배역시는 시인이 자신의 존재론적 한계를 넘어 다양한 인간의 삶을 형상화하고자 할 때 선택하는 효과적인 장치이다. 물론 임화의 단편서사시가 경향시의 배역시적 성격을 처음으로 보여 준 것은 아니다. 신경향파 시에서부터 배역시적 성격을 지닌 작품은 두루 발견된다. 그러나 그 가운데 임화의 단편서사시만큼 명확한 정체성을 지닌 시적 주체를 설정하고 그를 통해 서사와 서정을 적절히 조화시킨 작품은 찾아보기 힘들다. 따라서 한국 근대시사에서 처음으로 임화가 배역시의 가능성을 식민지 조선의 현실에 목적의식적으로 접목하였다고 평가할 수 있다. 임화 개인적 측면에서 볼 때도 그것은 그가 지닌 계급적 한계를 단번에 돌파할 수 있는 획기적인 것이었다. 임화는 노동자 계급, 특히 전위 노동자를 시적 주체로 설정하고 자신을 그에 투사함으로써 비로소 지식인적 소시민성을 탈피할 수 있었다. 한국 근대시는 임화의 단편서사시에 이르러 비로소 노동자 계급의 목소리로 노동자 계급 해방의 서사를 노래할 수 있게 된다.

제3장

청년주체 구성과 새로운 근대를 향한 도정

┌ 낭만정신의 절대화와 역사유물론의 자연 투사

임화 시에서 단편서사시의 특징인 노동운동과 관련된 구체적 사건과 정서의 결합, 가족이나 동료 노동자 간의 소통적 담론구조는 1934년도 작품 「세월」[1]에서 갑자기 자취를 감춘다. 그 대신 그의 시에는 자연 풍경의 상징적 묘사와 시적 주체의 격정적인 정서, 사변적인 진술이 전면화된다. 바로 직전 작품인 「만경벌」과 비교했을 때, 이는 매우 돌연한 변화라 할 것이다. 임화는 이 시에서 세월의 힘, 즉 시간의 법칙성이 지닌 위력에 대한 경이와 친화감을 시적 주체의 격정적인 어조를 통해 형상화하고 있다. 시에서 시간의 흐름이라는 철의 법칙은 그 어떤 힘도 거역할 수 없으며, 과거를 사멸시키고 미래를 생탄시키는 위대한 것으로 표현되어 있다. 과거와 미래의 대립적 인식, 직선적 시간관의 전유를 통한 미래의 긍정이 이 시가 담고 있는 전언이라 할 것이다. 그런데 이 시에서 시적 주체는 단편서사시와는 달리 계

1_ 임화, 「영원한 청춘 세월」, 『문학창조』, 1934. 6; 「세월」, 『현해탄』; 『임화전집1』, 86-88면.

급적 정체성이 모호하며, 막연히 "젊은 시대의 대오"로 설정되어 있다. 시적 주체의 모호한 정체성은 담론의 수신자의 추상성을 야기하고, 단편서사시가 구현했던 대화성을 현저히 약화시킨다. 담론 상대자로 '세월'이 설정되어 있기는 하나 제 역할을 담당하지 못한 채 다만 주체의 자기표현 과정 속에서 호명되는 존재로 나타날 뿐이다. 대화적 관계의 요건인 상호적 대등성을 확보하고 있지 못하기 때문이다. 따라서 시적 주체의 담론은 대화적 형식을 취하고는 있지만 기실은 자기고백에 불과하다. 한편 주체의 불명확성은 시적 배경의 추상화와 긴밀하게 연관된다. 그런 이유로 이 시의 배경은 노동자 계급의 삶과 투쟁이 전개되는 현실의 구체적 시공간이 아니다. 비록 시적 배경으로 자연 풍경이 묘사되고 있기는 하지만, 이는 주체의 전언을 전달하기 위해 동원된 것이어서 관념화된 자연일 뿐이다. 이 시와 함께 카프 해산기에 쓰인 「암흑의 정신」, 「주리라 네 탐내는 모든 것을」이 공통적으로 이러한 특성을 보인다.

「만경벌」과 「세월」 사이의 이 급격한 변화를 이해하기 위해서는 1934년 5월부터 시작된 '신건설 사건'[2]으로 인한 조직원들의 대대적 피검이라는 카프의 두 번째 위기상황을 고려해 보아야 한다. 이 무렵 조직원들의 대다수는 검거된 상태였기 때문에 조직은 이미 붕괴된 것이나 다를 바 없었다. 이런 와중에 그는 "카프의 해산을 강경히 권고"[3]하는 경찰 당국의 압박을 이기지 못하고 결국 해산계를 제출하고 만다. 또한 그 자신은 신병의 악화를 이유로 기소를 면한 채 세상으로부터 단절되어 있었다. 당시 언론 인터뷰에서 그는 "다만 통탄한다면 금일의 객관적 정세의 불리함이겠고, 유감된 바를 말한다면 다른 여러 동지들과 함께하지를 못한 점이겠습니다"[4]라며 조

2_ 카프 제2차 검거사건으로 불리기도 하는 신건설 사건의 전모와 그로 인한 카프 해체 과정에 대해서는 권영민, 『한국 계급문학 운동사』, 292-347면을 참고할 것.

3_ 「경찰 당국의 권고로 프로예맹 수(遂) 해체-서기장 임화 씨 명의로 해산계를 28일 동문서(東門署)에 제출」, 『조선중앙일보』, 1935. 6. 5.

4_ 「객관적 정세의 불리함을 통탄-카프 서기장 임화 씨 담(談)」, 『조선중앙일보』, 1935. 6. 5.

직의 붕괴와 자신의 처지에 대한 고통스러운 심경을 밝혔다. 조직의 해체는 조직원을 단자화시켰고, 그 결과 단자화된 개인을 무력화시켰다. 한 개인의 신념은 조직이 해체되었다고 해서 동시에 파괴되지는 않는다. 그러나 실천의 거점인 조직이 사라진 상황에서 변혁적 실천을 수행해 나갈 가능성은 거의 없다. 이런 상황에서 단자화된 개별자로 전락한 인간은 어떻게 해야 하는가? 즉 "대체 자기는 이것으로 좋은가? 이것만으로 자기는 만족을 느낄 것이고, 또 자기가 충실하려는 그 진가에 대하여 할 일을 다 하였다고 말할 수가 있을까?"[5]와 같은 난감한 문제가 1930년대 중반의 임화 앞에 가로놓여 있었다. 더 이상 단편서사시가 창작될 수 없는 것은 당연했다.

희망을 갖는다는 것은 어려운 일이다
더욱이 옳은 희망을 실천한다는 것은……
그러나 희망을 버린다는 것은 일층 더 어려운 일이다.
비록 죽음이 일체를 무덤 속에 파묻는 때라도……

비열이란
아무 거리낌 없이 이것을 실행하는 인간이다.
더욱이 그것을 변명하는 교지狡智
어떠한 무지도 이보다는 선량하다

…(중략)…

길——
아직도 모-든 길은 로마[羅馬]로 통한다는

5_ 임화, 「주유(侏儒)의 변」, 『사해공론』, 1936. 5, 76면.

몽매한 신념을 팔고 있는 시인이 있다
너에게는 너의 길
나에게는 나의 길
예술의 길을 걷는 모든 시민에게 자유가 있다……
이런 자유 속에는 노예의 자유와 향락의 자유의 깊은 모순이 숨겨 있다.
반드시 길의 일단은 로마로
다른 일단은 '에티오피아'로 통하는 것이 정말이다.
–「단장」 부분6

이 시는 임화 시 세계에서 보기 드물게 전언 위주로 이루어진 시로서 카프 해산 후 홀로 남은 임화의 내면을 잘 보여 주는 작품이다. 현저한 자기고백성이 이 시기 임화의 시의 특징인데, 이 시야말로 그러한 성격에 부합한다고 하겠다. 임화는 카프 해산과 조직원들의 검거를 겪으며 희망을 실천하기도, 그렇다고 버리기도 어려운 딜레마에 빠지게 된다. 그것이 카프의 붕괴 국면에 처한 임화의 솔직한 심경이었다. 그런데 그는 이 시에서 희망이란 고통스러운 것이지만 결코 포기할 수 없는 것이라는 인식을 보여 준다. 왜냐하면 그에겐 희망을 버리는 것은 비열한 짓이며, 그것을 변명하는 것은 교활한 논리이기 때문이다. 이를 통해서 볼 때, 그는 희망의 포기냐 고수냐의 판단 기준을 '윤리'의 문제에서 찾고 있음을 알 수 있다. 그에게 희망의 실천, 즉 변혁운동은 정당한 것이고, 비록 시련기에 있지만 옳기 때문에 포기할 수 없는 것이었다. 그는 희망을 버리는 자는 비열하고 교활한 자들로 인식한다. 그래서 그는 "너에게는 너의 길/ 나에게는 나의 길"이라는 표현을 통해 그들과 결연히 갈라서려는 의지를 보여 준다. 이 시구는 1936년 5월 이탈리아의 에티오피아 침략을 모티프로 한 것이다. 두 개의 길이 있는

6_ 임화, 「단장(斷章)」, 『낭만』, 1936. 11; 『임화전집1』, 210-211면.

데, 하나는 "로마"로 통하는 길이고 다른 하나는 "에티오피아"로 통하는 길이다. 그는 모든 길은 로마로 통한다는 신념을 몽매한 것으로 비웃으며, 길의 다른 일단은 에티오피아로 통함을 주장한다. 그런데 하나는 "노예의 자유"이고 다른 하나는 "향락의 자유"이다. 이 두 가지 길을 놓고 어느 쪽에 서느냐에 따라 각각 입장이 달라질 것이다. 로마 쪽에 설 경우 로마로 통하는 길이 향락(주인)의 길이고 에티오피아로 통하는 길이 노예의 길이다. 반면 에티오피아 쪽을 선택할 경우 길의 의미는 반대가 된다. 예술가가 그 두 개의 길 중 어느 하나를 선택하는 것은 자유이다. 이 시의 논법으로 본다면, 희망을 지키는 자에게 주어진 길이 에티오피아로 통하는 길이고, 희망을 버리는 자에게 주어진 길이 로마로 통하는 길이다. 임화의 선택이 에티오피아 쪽에 있었음은 물론이다. 그는 이 무렵에 쓴 평론에서 "포구를 향하여 배를 젓기에는 너무나 험한 천후이었다. 그러나 역사의 출항을 그만둘 수는 없는 것이다. 이곳에 우리들의 운명의 잔인함이 있고, 이 땅의 시문학의 눈물겨운 행로가 있다"[7]라며 프로시, 나아가 프로문학의 위기 속에서도 운동을 포기할 수 없다는 태도를 표명한다. 그는 시련과 고난 속에서도 운동을 지속해 나가는 것을 일종의 운명으로 인식하고 있다. 그에게 희망이란 그러한 '잔인한 운명'의 길을 멈추지 않고 갈 수 있도록 해 주는 동력이다. 그가 희망을 포기할 수 없는 이유가 여기에 있다. 비슷한 시기에 쓴 「가을 바람」에서도 임화는 "이상과 진리"를 버린 대가로 얻은 "한 그릇 죽을 주린 개처럼" 쫓으면서 "군색한 푸념"을 늘어놓는 자들을 신랄하게 비판하면서 고통스럽지만 여전히 희망을 지키려는 모습을 보여준다.[8] 이는 카프 해산기에 쓰인 그의 여러 작품들에서 공통적으로 발견되는 태도이다.

그런데 희망이란 막연한 기대나 주관적 바람과는 다르다. 희망은 현실적 근거로부터 도출되는 것이며, 그럴 때에만 그것은 진정한 것일 수 있기

7_ 임화, 「담천하의 시단 일 년-조선의 시문학은 어디로?」, 『신동아』, 1935. 12; 『임화전집3』, 481-482면.
8_ 임화, 「가을 바람」, 『중앙』, 1936. 1; 『임화전집1』, 128-129면.

때문이다. 카프 시대에 임화의 희망은 무엇이었던가? 그것은 두말할 것도 없이 사회주의 혁명의 세계적 확산이었고, 식민지 조선에서 그것의 완수였다. 그가 예술운동에 가담한 것은 모두 이를 위한 것이었다. 그의 그 같은 희망은 러시아 혁명의 성공, 공황으로 인한 세계 자본주의 체제의 위기, 국제 혁명조직인 코민테른의 활동, 식민지 조선의 산업화에 따른 노동운동의 성장과 같은 객관적 근거에 기반을 둔 것이었다. 물론 임화가 발붙이고 있던 조선은 일제의 식민지라는 특수한 조건 속에 놓여 있었던 탓에 프롤레타리아 혁명은 훨씬 더 어려운 일이긴 했다. 그러나 임화는 그것이 옳은 희망인 만큼 실천에 의해 실현될 수 있다는 확신을 가지고 있었다. 그리고 그에게 그러한 실천의 거점은 카프였다. 코민테른의 일국일당 원칙에 따라 조선공산당 만주총국이 1930년에 중국공산당에 흡수되고, 일본총국이 그 이듬해 일본공산당에 흡수되었다는 것은 주지의 사실이다. 이런 상황에서 카프는 자신을 지도해 줄 전위당이 사라지고, 코민테른의 국제적 지도력이 약화되는 상황에서 홀로 1930년대를 맞이하게 된다.[9] 그런 점에서 카프는 임화에게 혁명과 문학의 과제를 동시적으로 수행할 유일한 조직이었다. 그러나 희망의 근거였던 카프는 "강화된 시대적 중압"[10]으로 인해 해체될 수밖에 없었다. 임화에게 그것은 희망을 실천할 매개를 상실했다는 것을 의미한다. 따라서 실천의 거점을 상실한 채 '전향의 계절'을 맞이한 임화가 여전히 희망을 고수할 수 있는 현실적 근거는 어디에서도 찾아볼 수 없다.

따라서 이 시기 임화의 희망은 현실적 기초를 가진 것이라기보다는 역사의 합법칙성, 즉 마르크스주의적 역사 전망이라는 선취된 관념으로부터 도출된 것이라 할 수 있다. 시에서 그것은 시간의 흐름이나 계절의 순환이라는 자연의 법칙에 투사되어 표현된다. 임화는 이러한 작품들에서 계절의 순환이나 시간의 흐름에 대한 전폭적 신뢰를 통해 '암흑'으로 표상되는 부정

9_ 최원식, 「프로문학과 프로문학 이후」, 26-27면.
10_ 임화, 「담천하의 시단 일 년」, 『임화전집3』, 507면.

적 현실에 적극적으로 맞서서 역사의 진보와 미래에 대한 낙관적 전망을 유지하려 했다. 「가을 바람」의 마지막 시행 "겨울이 오면 봄은 멀지 않았으니까"라는 구절이 간명하게 보여 주듯이 카프 해산기에 임화가 압도적인 위력을 가진 외부세계에 대항할 수 있었던 것은 자연의 순환법칙에 역사의 발전법칙을 일치시키고 그것을 절대화했기 때문이다. 셸리의 「서풍부」의 인유인 이 구절은 그가 무너져 가는 자신을 추스르고 '역사의 겨울'을 견디며 봄을 기다리도록 하는 데에 결정적인 기여를 했다. 이런 정신주의적 태도는 그가 희망을 고수하면서 당대 현실을 견디기 위해 고안해 낸 방법이었다.

「세월」과 「주리라 네 탐내는 모든 것을」은 열정과 의지로 충만한 '청년들'이 암흑의 세계에 적극적으로 맞서는 모습을 보여 준다. 「세월」에서 이 청년들은 지고의 가치를 지닌 위대한 존재로 표현된다. 그들은 낡은 것과 새로운 것의 갈등 가운데서 새로운 것을 소유할 수 있는 미래의 세대이기 때문이다. 과거에 대한 미래의 우위성, 청년과 미래의 긴밀한 연관성에 대한 신념은 모두 "얼음장같이 냉혹한" 시간법칙에 대한 자각에 의해 가능했다. 시간의 법칙은 아무리 우악스러운 겨울의 손아귀도 봄의 위력 앞에서는 무기력할 수밖에 없다는 진술을 통해 표현된다. 그것이 시간의 위대한 힘인 것이다. 그래서 낡은 과거를 사멸시키고 새로운 미래를 생탄시키는 시간은 "영원한 청춘"이고, 그것은 곧 청년과 동일한 의미체계에 속한다. 계절의 변화로 표상되는 시간의 흐름에 내재되어 있는 철의 법칙은 미래의 유일한 소유자로서 청년의 정체성을 보증해 주고 있다. 어떤 힘도 미래를 향해 나아가는 시간의 힘을 이길 수 없고, 결국 미래는 청년의 것이라는 것이 이 시의 전언이다. 「주리라 네 탐내는 모든 것을」[11]도 내용이 장황하고 시상이 난삽하긴 하지만, 시적 주체의 태도나 주제면에서 「세월」과 흡사한 면모를 보여 준다. 이 시에서 청자인 '너'는 대지이다. 흔히 대지는 생명의 근원이자

11_ 임화, 「주리라」, 『중앙』, 1935. 7; 「주리라 네 탐내는 모든 것을」, 『현해탄』; 『임화전집1』, 94-102면.

무덤이라는 양면성을 지닌다. 그런데 여기서는 후자의 속성만 부각되어 있다. 시적 주체는 모든 것을 거두어 갈 수 있는 위력을 지닌 대지도 "세월은 네 품이 아닌/ 먼 저쪽에서 흐르면서/ 죽어가는 것 대신에 영구히 새로운 것을 낳고 있다./ 어제도, 지난해에도, 태고의 옛날에도,/ 그리고 끝 모를 먼 미래에까지도"란 표현에서 알 수 있듯이 세월의 힘을 이길 수 없음을 강변한다. 사실 시 속에서 주체는 "가만히 머리를 숙이고 얼굴을 붉히는/ 할미꽃"이나 "한 오리 성천강"과 같이 무력한 존재이다. 그런데 할미꽃이나 성천강은 세월이 부여한 힘으로 겨울이라는 죽음의 시간을 견디고 찬란한 봄을 맞이한다. 그는 그처럼 혹독한 겨울도 시간이 지나면 결국 봄에게 자리를 내어 줄 수박에 없듯이 아무리 악령이 지배하는 암흑의 세계라도 결국 시간이 지나면 극복될 것이라는 믿음을 통해 암흑의 세계에 맞서는 모습을 보여 준다. 이는 주관성을 절대화함으로써 세계의 부정성에 맞서려는 낭만주의적 전략으로, 카프 해산기의 위기 국면을 돌파하려 한 임화의 시적 의도의 소산이다. 그 자신의 표현을 빌리자면, 그것은 "형이상학적 세계에의 침잠"이자 "상상의 세계에의 몰아적 비상"이라 할 수 있다.[12]

그런데 다른 한편으로 임화는 「암흑의 정신」에서 역사의 진보를 상징하는 계절의 변화가 결코 저절로 주어지는 것이 아니라 투쟁에 의해 획득되는 것임을 보여 준다. 격정적인 장광설로 이루어진 이 시에서 시적 주체는 암흑의 폭풍 속에서 "창백한 새" 내지 "빈사의 새"가 되어 "어둠의 공포 절망의 탄식"에 떨고 있다. 그와는 반대로 벼락을 맞아 몸에 불이 붙은 교목들은 "백척의 장검인 화주를 두르며, 고원한 정신의 뇌명과 함께 암흑의 세계와 격투"하고 있다. 결국 그러한 싸움은 교목의 승리로 귀결됨으로써 "봄의 아름다움", "만산의 초화와 우거진 녹음, 황금색 실과의 단 그 맛"을 가져온다. 시적 주체는 바로 그 교목의 위대성에 자신을 투사하여 공포와 절망을 극복

12_ 임화, 「병상일기」, 『동아일보』, 1935. 8. 11-8. 12(8. 12). 이 글 말미에는 "1934년 ×월 ××일 서울서"라고 명기되어 있고, 계절적 배경이 여름인 것으로 보아 신건설 사건으로 검거가 시작된 직후에 쓴 것으로 보인다.

하고 암흑의 세계에 맞서고자 한다. 결국 이 시의 핵심은 "고원한 정신"의 힘에 의한 투쟁 때문에 "미친 무질서의 광란"은 영원하지 않을 것이며, 승리가 가져오는 "봄의 아름다움"은 자명하다는 것이다. 임화는 이 시를 통해 역사의 진보와 희망의 도래는 결코 저절로 주어지는 것이 아니라 투쟁을 통해 획득하는 것이라는 점을 어둠과 빛, 죽음과 생명 등 대립물의 투쟁과 승리의 드라마를 통해 보여 주고 있다. 시적 주체의 인식이 승리란 자명하고 적의 위력은 영원하지 않다는 신념에 근거를 두고 있다면, 이제 그에게 남은 일은 명확해진다. 바로 정신의 위대성으로 세계에 맞서서 흔들림 없는 투쟁을 전개하는 것이다. 그래서 시적 주체는 시 말미에 이르러 자기 자신에게 이렇게 외치고 있다.

> 영리한 새여- 아직도 양심의 불씨가 꺼지지 않은 조그만 심장이여!
> 불룩 내민 그 귀여운 가슴을 두드리면서
> 이렇게 소리쳐라!
>
> "오라! 어둠이여! 울어라! 폭풍이여!
> 노호하라! 사死와 암흑의 '마르세이유'여!"
>
> 그렇지 않은가!
> 누구가 대지로부터 스며 오르는 생명인 봄의 수액을
> 누구가 청년의 가슴 속에 자라나는 영웅의 정신을 죽음으로써 막겠는가
> 암흑인가? 폭풍인가? 뇌명雷鳴인가?
>
> -「암흑의 정신」 부분[13]

13_ 임화, 「암흑의 정신」, 『청년조선』, 1934. 10; 『임화전집1』, 92-93면.

그런데 시에서 시적 주체는 이처럼 의지적이고 열정적인 형상으로 나타나는 반면, 시인 임화의 모습은 실상 이와는 정반대였다. 카프가 이름만 남은 1934-1935년 무렵 임화는 폐결핵으로 평양 실비병원과 서울의 탑골승방을 전전하고 있었다.[14] 그는 운동의 패배와 육신의 병이라는 치명적 조건 속에 놓여 있었던 것이다. 실제 조건과 시적 형상화의 이 같은 모순은 이 시기 임화의 정신적 지향이 어떠한가를 알게 한다. 그는 육신의 병과 운동의 패배감이 심하면 심할수록 자연의 법칙을 통해 희망을 고수하고, '청년'의 열정적이고 의지적인 태도를 통해 역사의 전망을 형상화하는 문제에 더욱 맹렬히 매달렸다. 아울러 그는 "누구나 역사의 거센 물가로 다가서지 않으면,/ 영원히 진리의 방랑자로 죽어버릴지 누가 알 것인가?/ 청년의 누가 과연 이것을 참겠는가? 두말 말고 강가로 가자"[15]라고 선언하며 현실로의 복귀를 간절히 바랐다. 그러나 "꿈꾸지 말고 시대의 한가운데로"[16] 돌아가고자 하는 그의 열망은 실현되지 못했다. 그는 곧 신병 치료를 위해 결핵요양원이 있는 마산으로 내려갈 수밖에 없었다. 그 직전에 쓴 시가 다음의 작품이다.

> 오오 정다웁고 그리운 고향의 거리여!
> 너는 내 귀한 동생 순이와 같이

14_ 이 무렵 그는 매일 고열과 구토와 통증에 시달리면서 "금일이야말로 우리들과 같은 청년, 더구나 예술적인 인간들에게 있어 과거의 어느 때에도 비할 수 없는 고통의 시기일 것이다"라고 「병상일기」에서 썼다. 정치적 시련과 육신의 병이 그에게 가져다준 정신적·육체적 고통이 이 글에서 선연히 드러난다. 김영랑은 후일 이 무렵에 만난 임화에 대해 이렇게 회고하였다. "그 다음해(1935년-인용자) 봄인가 지용과 서이서 탑골승방에를 나갔다가 병석의 임화를 찾은 일이 있다. 좌익의 효장 임화를 우리 서이서 찾았다니 좀 기이한 감이 없지도 않지마는 비록 우리가 시인 임화를 손꼽는다 하더라도 그가 앓지 않고 있다면 찾았을 리는 없었을 것이다. 임화가 우리의 시를 의식문제로 경멸했더라도 임화의 시를 우리가 경멸할 아무 이유는 없었다. 시문학에 싫더라도 상극될 아무 건지도 없는 것이었다. 그 재인 임화가 제3기를 앓는다 하지 않느냐. 생전에 만나보자는 긴장된 마음! 그도 태연하였었다. 용아에 못지않게 태연하였었다. 폐를 앓는 사람은 다 그런 상 싶었다." 김영랑, 「인간 박용철」, 『조광』, 1939. 12, 319-320면.

15_ 임화, 「강가로 가자」, 『조광』, 1936. 2; 『임화전집1』, 125면. '病舍 앞', '대동강', '고무의 아이들' 등의 시어가 나타나고 계절적 배경이 봄인 것으로 볼 때, 이 시는 임화가 1935년 봄 무렵 평양 실비병원에 입원 중일 때 쓴 작품으로 짐작된다.

16_ 임화, 「낮」, 『삼천리』, 1935. 8; 『임화전집1』, 122면. 『삼천리』본에는 작품 말미에 '5. 7'이라고 창작 시기를 밝혀 놓았다. 이때는 임화가 평양 실비병원에서 퇴원하여 탑골승방에서 요양하고 있을 무렵이다.

그가 사랑한 용감한 이 나라 청년과 같이
노하고 즐기고 위하고 싸울 줄 알며 네 위를 덮은 검은 ××[장막]을 ×[원]수처럼 ××[미워]하던
저 위대하고 아름다운 청년들의 발길을 대체 오늘날까지 몇 사람이나 맞고 보냈는가
고향의 거리여…… 나는 지금
네 위에서 한 사람의 낯익은 얼굴도 찾을 수가 없다

간판이 죽 매어 달렸던 낯익은 저 이층 지금은 신문사의 흰 기旗가 죽지를 늘인 너른 마당에,
장꾼같이 웅성대며, 확 불처럼 흩어지던 네 옛 친구들도
아마 대부분은 멀리 가버렸을지도 모를 것이다.
그리고 순이의 어린 딸이 죽어간 것처럼 쓰러져갔을지도 모를 것이다.
허나, 일찍이 우리가 안 몇 사람의 위대한 청년들과 같이,
진실로 용감한 영웅의 단(熱한) 발자국이 네 위에 끊인 적이 있었는가?
나는 이들 모든 새 세대의 얼굴을 하나도 모른다.
그러나 "정말 건재하라! 그대들의 쓰린 앞길에 광영이 있으라"고.
원컨대 거리여! 그들 모두에게 전하여다오!
잘 있거라! 고향의 거리여!
그리고 그들 청년들에게 은혜로우라,
지금 돌아가 내 다시 일어나지를 못한 채 죽어가도
불쌍한 도시! 종로 네거리여! 사랑하는 내 순이야!
나는 뉘우침도 부탁도 아무것도 유언장 위에 적지 않으리라.
–다시 네거리에서」 부분[17]

17_ 임화, 「다시 네거리에서」, 『조선중앙일보』, 1935. 7. 27; 『임화전집1』, 406면. 인용한 부분은 이 시의 6–7연인데, 시집 『현해탄』에는 6연이 삭제되어 있다. 삭제된 6연은 『조선중앙일보』의 것을 인용하였다.

「다시 네거리에서」는 임화의 실존적 위기 국면에서 쓰인 것으로서 온통 비감에 찬 내면이 절제력을 잃고 과잉되게 표출되어 있다. 그런 만큼 시적 주체의 형상은 임화에게 현저히 근접해 있다. 이런 양상은 임화가 「현해탄」 연작을 통해 새로운 주체를 구성하게 되는 시기까지 그의 시에서 산발적으로 드러난다. 1935년, 그는 모든 것을 잃고 '죽음에 이르는 병'까지 얻은 상태에 처한다. 과연 살아 돌아올지 장담할 수조차 없을 만큼 상황은 절망적이었다. 그것이 자연스럽게 그를 비감한 심정으로 몰아갔다. 그래서 목숨을 바쳐 싸웠던 '전장'을 바라보는 그의 내면은 비애로 가득 차 있다. 그런데 이 시는 절망과 희망의 정서가 묘하게 공존하고 있다. 이 시는 임화 스스로도 표현하고 있듯이 죽음을 예감한 자의 자기 회고가 비장한 어조로 진술되어 있는 '시적 유언장'이다. 그의 말처럼 이 시에는 "뉘우침도 부탁도 아무것도" 적혀 있지 않다. 후회도 여한도 없다는 이러한 발언의 내면에는 청춘을 다 바쳐 싸웠음에 대한 자부심이 은밀히 스며들어 있다. 또한 임화는 "허나, 일찍이 우리가 안 몇 사람의 위대한 청년들과 같이,/ 진실로 용감한 영웅의 단(熱한) 발자국이 네 위에 끊인 적이 있었는가?"라는 반문이 말해 주고 있듯이 변혁운동 세력의 퇴조라는 상황 속에서도 희망을 상실하지 않고 있다.

이처럼 마르크스주의의 정당성에 대한 신념은 육체와 정신의 고통을 겪고 있던 이 시기 임화를 지탱해 주는 유일한 버팀목이었다.[18] 그렇기 때문에 그는 「나는 못 믿겠노라」[19]에 나타나듯이 "두렵고 고단한 오늘날의 긴 밤" 속에서 "나는 새벽 항구를 멀리 남긴 채 나이 먹고 늙어서 죽어갈 것일까?"라고 회의하기도 하지만, "밤의 굳은 손이 우리의 몸과 마음을 사로잡아 누일 때,/ 그저 운명에 종용함이 오는 아침을 위하여 가장 현명할 것이다"라

18_ 임화는 마산 시절에 한 설문에서 청년남녀에게 읽히고 싶은 책으로 『유물론전서』를, 읽고 싶으면서 읽지 못한 책으로 메링의 『독일사회민주당사』를 거론한 바 있다. 임화, 「독서설문」, 『조광』, 1937. 6, 59면. 『유물론전서』를 청년남녀에게 읽히고 싶을 만큼 가치 있는 책이라고 답하고 있다는 사실을 통해 여전히 이전의 사상을 견지하고 있다는 것을 알 수 있다. 이는 전시체제로 돌입하기 직전인 당시의 사정을 고려할 때 의미심장한 발언이 아닐 수 없다.

19_ 임화, 「나는 못 믿겠노라」, 『임화전집1』, 103-108면.

는 '교지狡智'를 결연히 거부할 수 있는 것이다. 이 시는 "멀리 남쪽 시골"에서 벗이 보낸 "봉함편지"를 읽고 쓴 작품이다. 아마도 카프 조직원 가운데 신건설 사건에 연루된 벗이 수감 중에 임화에게 편지를 보낸 듯하다. 또한 계절적 배경이 여름인 것으로 보아 이 작품은 1935년 여름경에 쓴 작품으로 보인다. 여기서 그는 현실의 위력이 인간의 의지를 꺾을 때 운명 즉 현실의 논리를 따르는 것이 지혜로운 일이라는 벗의 생각을 내내 부정하고 있다. 그 이유는 인용 부분에서 알 수 있듯이 만약 사상적 신념을 포기하고 시류를 좇게 된다면 언젠가 오게 될 새로운 세상을 맞이할 수 없기 때문이다. 시 속에서 "이놈의 일족"이란 모기떼를 말하지만, 또 한편으로는 일제를 지칭하는 중의적 표현이다. 그는 그 같은 밤의 지배자들에 대한 단호한 대결의식과 숙명론의 거부를 표현하고 있다. 그래서 "지금/ 우리들 청년의 세대의 괴롭고 긴 역사의 밤" 속에서도 아직 자신의 "열정의 옛 집"인 심장은 맥박치고 있다는 것이다. 여전히 그는 사상적 신념을 견지하고 있고, "희망의 항구"에 닿고자 하는 열정을 유지하고자 하였다.

이 무렵 그의 시들은 그가 제창한 '낭만정신론'의 창작적 현현이다. 임화는 「낭만적 정신의 현실적 구조」에서 "문학에 있어 사실적=서사적인 것과 낭만적=서정적인 것은 진실로 원리적인 양대의 범주"[20]라고 규정하면서 "낭만적 정신"의 의의를 주장한다. 그의 설명에 따르면, 18-19세기의 리얼리즘이 낭만주의와 상호 모순적이었다면, 20세기의 리얼리즘, 즉 사회주의 리얼리즘은 낭만주의와 모순하지 않을뿐더러 서로 변증법적으로 결합함으로써 현실의 본질에 직핍해 들어간다. 바로 여기에 낭만적 정신의 현실성이 존재한다. 그가 말하는 낭만적 정신이란 "역사주의적 입장에서 인류사회를 광대한 미래로 인도하는 정신"[21]으로서 사회주의 리얼리즘을 가능케 하는 내적

20_ 임화, 「낭만적 정신의 현실적 구조-신창작이론의 정당한 이해를 위하여」, 『조선일보』, 1934. 4. 19-4. 25(4. 20); 『임화전집3』, 18면.

21_ 임화, 같은 글, 1934. 4. 25; 『임화전집3』, 28-29면.

조건이다. 그렇게 본다면, 낭만정신은 단순한 몽상이나 초월의식과는 무관하게 철저히 현실에 기초하여 '가능한 미래'를 실현하려는 실천적 정신이다. 또한 임화는 「위대한 낭만적 정신」에서 문학이란 소여의 상태를 긍정하는 것이 아니라 미지의 것을 의욕하는 가운데에서 시작된다고 보았다. 그가 보기에 문학의 존재이유는 바로 거기에 있다. 그런데 그것이 가능한 것은 "창조적 정신" 혹은 "창조하는 몽상"으로 불리는 낭만정신 때문이다. 문학이란 현실과 이상의 모순과 부조화 속에서 그것을 화해, 조화시키는 것, 즉 "이상에의 적합을 향하여 현실을 개조하는 행위, 즉 이미 존재한 것을 가지고 존재하지 않은, 그러나 존재할 수 있고, 또 반드시 존재할 세계를 창조하는 그것"[22]이라는 것이다. 그것은 "가능한 당위를 자연적 진행으로가 아니라 인위적 행위에 의하여 실현"[23]하는 것이다. 지금까지 살펴본 평론의 내용을 종합해 본다면, 그의 낭만정신은 역사주의적 입장에서 현실과 이상의 모순을 조화시키는 실천을 가능케 하는 창조적 몽상으로 정의할 수 있다. 그는 당대 조선문학의 가장 큰 문제점을 '꿈의 결핍'으로 규정하고, 낭만주의를 통해 그것을 극복할 수 있을 것으로 보았다. 그의 시에 나타나는 '미래'나 '봄'의 이미지들과 시적 주체의 확고한 신념은 낭만정신론과 거울관계를 형성한다.

그러나 카프 해산기 임화 시들은 예술운동의 현실적 위기 상황에 맞서려는 의도의 과잉 탓에 시적 주체의 정서와 의지가 과장되게 표출되어 있다. 즉 이 시기의 시들은 암흑의 세계에 대한 절망과 그것에 적극적으로 맞서려는 의지가 격렬히 충돌하는 양상을 보여 준다. 유종호는 임화 시의 문체를 일컬어 "감정의 노도질풍이 절제되지 않은 전언 위주의 장광설"[24]이라

22_ 임화, 「위대한 낭만적 정신-이로써 자기를 관철하라!」, 『동아일보』, 1936. 1. 1-1. 4(1. 1); 『임화전집3』, 33면.

23_ 임화, 같은 글, 1936. 1. 1; 『임화전집3』, 33면.

24_ 유종호, 『다시 읽는 한국시인』, 94면. 유종호는 임화 시의 문체가 언어를 갈고 다듬는 솜씨나 정서를 제어하는 능력의 부족, 요컨대 창작적 미숙성에서 비롯되었다고 보고 있다. 물론 이는 일리 있는 주장이다. 그런데 임화 시에 나타나는 장광설적 문체는 그의 의도에 따른 것으로 볼 수도 있다. 장광설은 장시에서 특히 두드러지는데, 이는 격렬하게 분출하는 정서를 억제하기보다는 오히려 방기함으로써 세계의 부정성에 맞서려는 낭만주의적 전략에서 나온 것으로 보인다.

고 지적하는데, 특히 이 시기에 창작된 시들이 그러한 문체적 특성을 잘 보여 준다. 또한 이 시기 임화는 유물론적 역사 전망의 현실적 근거를 발견하기 힘들었고, 설령 인식했다 하더라도 그것을 이전처럼 직설적 화법으로 이야기할 수 없었다. 그래서 동원된 것이 자연을 통한 간접화의 방법이었다. 임화는 그런 전략으로 객관적 현실의 열악함을 돌파하고자 했는데, 그런 만큼 시 세계는 주관성 내지 관념성에 감염되기 쉬웠다. 이런 특성은 「다시 네거리에서」 이후 결핵 요양차 머문 마산 시절 내내 지속된다. 시적 주체의 담론은 임화 자신의 내면 고백에 가까워져서 시 세계가 구체성을 회복하고 있기는 하지만, 자연에 역사의 전망을 투사하는 방식은 여전히 되풀이되고 있다. 그렇기 때문에 과거의 성찰을 통해 새로운 비전을 제시하거나 새로운 실천을 모색하는 모습은 보여 주지 못하고 있다. 선취된 역사유물론의 전망을 자연에 투사하여 간접적으로 표현하는 것이 임화, 나아가 1930년대 후반기 경향시인들이 역사적 위기상황에 맞서는 시적 대응의 최대치였다. 따라서 카프 해산기의 임화 시에는 현실 변혁을 위해 투쟁하는 시적 주체의 형상은 전혀 나타나지 않는다. 대신 시적 주체는 상징화된 세계에서 열정과 대결의식을 과장되게 표현하거나 육신과 영혼의 고통 속에서 역사의 법칙성을 주문처럼 되풀이하는 모습으로 나타난다.

이상에서 살펴보았듯이 임화는 낭만정신이 현실적 구조 위에서 생성되어야 한다는 논리를 시에 구현하지 못했다는 것을 알 수 있다. 기실 그가 의지한 낭만주의는 사회주의 리얼리즘의 내포적 계기인 혁명적 낭만주의였다. 그러나 소련의 현실과는 전혀 다른 식민지 조선에서 사회주의적 전망은 파시즘의 강화와 변혁운동의 패배로 인해 더욱 요원한 것이 되었다. 그런 의미에서 그가 시에 구현하려 했던 혁명적 낭만주의는 현실적 토대를 가질 수 없었다. 따라서 그의 낭만정신론은 이론적 정합성을 갖추었다 하더라도 식민지 조선의 현실과 결합되기는 힘든 것이었다. "낭만이란 것도 그것을 가능하게 할 일정한 물질적 조건과의 구체적 관련 하에서만 의미가 있는 것"[25]이라는 점을 고려할 때, 임화의 낭만정신론은 당시 조선의 현실에서 매우 공허한 것이 아닐 수 없었다. 이 시기 그의 시가 주관성 내지 관념성에 침윤된 것은 그의 낭만정신론과 현실의 괴리가 야기한 결과였다.

┌ 식민지 청년의 실천과 기억투쟁의 역사성

앞서 언급한 것처럼 낭만정신론과 관련하여 쓰인 카프 해산기 임화의 시들은 객관 현실을 추상화했을 뿐만 아니라 주체의 열정과 의지를 주관적 차원에서 과장되게 발현함으로써 주관주의적·감상주의적 편향을 드러냈다. 그것은 진보적 문학의 위기와 변혁적 전망의 상실에 직면한 임화의 악전고투의 산물이었다. 그러나 그것은 개인의 자기 수호의 차원에서는 유의미했을지 모르지만, 당대 현실에 대한 문학적 대응으로선 미흡하기 짝이 없는 것이었다. 임화 자신도 이내 그것이 지닌 주관주의적 편향을 깨닫고 반성하게 된다. 1930년대 후반의 평론 몇 편을 통해 그의 자기반성을 구체적으로 확인할 수 있다.

우선 임화는 「진보적 시가의 작금」에서 카프 해산기에 쓴 시들은 "희망이 적은 암흑과 고민의 낭만적 시가"였으며, 특히 「암흑의 정신」에 대해서는 "소시민성의 폭로이며 그 무력함의 제시"였다고 지적한다.[26] 그는 이 시가 암흑의 시대에 자신이 해야 할 바를 실천하지 못하는 무력감의 발로였고, 아울러 그런 무력감이 정세의 악화에도 불구하고 역사를 전진시키기 위한 실천적 노력이 행해지고 있다는 사실을 보지 못하게 했다고 분석한다. 카프 해산기의 낭만주의 시에 대한 반성을 통해 그가 도달한 결론은 "풍자시"와 "감정시"인데, 그가 자신의 향후 진로로 선택한 것은 후자이다. 그에

25_ 김명인, 「1930년대 중후반 임화 시의 양상과 성격」, 148면.

26_ 임화, 「진보적 시가의 작금-프로시의 걸어온 길」, 『풍림』, 1937. 1, 16면; 『임화전집4』, 739-740면.

따르면, 감정시는 "시야를 넓히어 현실의 대해 도처에서 제재를 발견하여 시화하고, 그것을 새로이 전진하고 있는 계급의 생생한 감정에서 노래하는 웅대한 서사시의 리얼리즘이고, 암흑한 제야에 위대한 도정에서 넘어지는 비극의 한 웅대한 낭만적 비가, 또 모든 곤란 가운데서도 오히려 굳건히 전진하는 히로이즘, 그리고 그 가운데서 느끼는 높은 감정"[27]을 형상화한 시이다. 즉 그가 말하는 감정시란 현실적 제재, 프롤레타리아 계급의 감정, 서사시, 낭만적 비가, 영웅주의 등을 특징으로 하는 시를 통칭하는 용어이다. 그것은 카프 해산기의 낭만주의시의 주관화, 내성화의 문제점을 극복하기 위한 모색의 소산이다.

임화의 자기비판은 「사실주의의 재인식」에서도 발견된다. 이 글에서 그는 「낭만적 정신의 현실적 구조」가 킬포친과 와시리엡스키의 낭만주의론에 기초하여 프로문학의 공식주의와 당시 문학의 관조주의를 극복하고자 한 모색이었으며, 시의 리얼리티를 시대적 "로맨티카"에서 찾으려 한 것이었다고 회상한다. 그러면서 자신의 오류는 "시적 '리얼리티'를 현실적 구조 그곳에서 찾는 대신 정신을 가지고 현실을 규정하려는 역도逆倒된 방법"[28]에 있었다고 시인한다. 시의 이러한 주관주의적 경향은 소설에서의 '파행적 리얼리즘'과 함께 사회주의 리얼리즘에서의 일탈이며, 경향문학의 소시민성에의 굴복으로 설명된다. 그렇다면 낭만주의는 부정되어야 할 것인가? 임화는 그것을 단호히 거부한다. 그에게 낭만주의는 사회주의 리얼리즘의 한 속성 내지 계기이자 객관 현실과 주체가 실천적으로 교섭하는 가운데 일어나는 "파토스"이기 때문이다. 문제는 그것을 잘못 적용한 데 있지, 그 자체에 내재된 것은 아니라는 것이다. 따라서 낭만주의의 주관주의적 편향을 극복할 대안은 철저히 객관적 현실 위에 기초하여 현실을 반영하고 주체성을

27_ 임화, 「진보적 시가의 작금」, 『임화전집4』, 741-742면.

28_ 임화, 「사실주의의 재인식-새로운 문학적 탐구에 기하여」, 『동아일보』, 1937. 10. 8-10. 14(10. 12); 『임화전집3』, 78면.

표현하는 길이다. 그것은 "객관적 인식에서 비롯하여 실천에 있어 자기를 증명하고 다시 객관적 현실 그것을 개변해 가는 주체화의 대규모적 방법을 완성"[29]하는 것이다. 또한 그는 「주체의 재건과 문학의 세계」에서는 "여하한 악천후에도 위협되지 않는 확고한 자기 주체를 재건"[30]하는 것을 대안으로 명시한다. 그것은 사상 내지 세계관을 의식적 차원에서 수용하는 것을 넘어 혈육화함으로써 자기를 재건하는 일이다. 물론 이 '세계관의 혈육화'는 저절로 주어지는 것이 아니라 실천을 통해 획득되는 것이다. 이때 실천이란 곧 리얼리즘적 실천을 말한다. 그는 리얼리즘의 일탈된 형태로서 관조주의와 주관주의를 지적한 바 있는데, 이것들이 바로 주체 붕괴의 소산이기 때문이다. 그에 따르면, "전자가 만일 암담한 현실의 강사强射로 다른 것을 볼 시력을 잃었다면, 후자는 암연한 색조에 안구가 착색되어 온 세계가 암흑 일색으로밖에는 안 보이는 것"[31]이다. 임화는 작가가 리얼리즘적 실천을 통해 사상을 혈육화함으로써 확고한 주체를 재건하자고 제안한 것이다.

임화는 카프 해산기 현실에 대응하기 위한 이론적·창작적 모색이었던 낭만주의 이론과 시에 대해 자기비판을 감행함과 동시에 새로운 시적 방향의 모색으로 나아가게 된다. 임화가 선택한 길은 실천을 통해 부단히 현실과 교섭하는 것이다. 그가 보기에 "미완의 주체에 있어서 현실은 항상 그릇된 의식은 패배하며 옳은 의식은 살아, 차차로 현실을 지배할 완전한 의식-(적합하는 의식만이 현실을 지배한다-필연=자유)을 형성해 가는 시련의 장소"[32]이기 때문이다. 그에게 현실은 주체의 자기구성과 실천이 이루어지는 장으로서 중요한 의미를 지닌다. 또한 그는 과거, 현재, 미래를 두루 아우르는 역사적

29_ 임화, 「사실주의의 재인식」, 『동아일보』, 1937. 10. 14; 『임화전집3』, 84면.

30_ 임화, 「주체의 재건과 문학의 세계-현존작가와 문학의 새로운 진로」, 『동아일보』, 1937. 11. 11-11. 16(11. 12); 『임화전집3』, 50면.

31_ 임화, 같은 글, 1937. 11. 14; 『임화전집3』, 58-59면.

32_ 임화, 「현대문학의 정신적 기축-주체의 재건과 현실의 의의」, 『조선일보』, 1938. 3. 23-3. 27(3. 27); 『임화전집3』, 102면.

감각을 회복하고자 했다. 그 방법은 역사의 전망을 관념적으로 선취하는 것이 아니라 현실의 구체적 전개과정에 대한 천착을 통해 획득하는 것이다. 비록 현재는 암흑과 운무 속에서 한치 앞을 내다볼 수 없는 상황이지만, 역사란 인류의 자기해방을 향해 변화 발전하는 것이고 과거의 역사가 그것을 실증적으로 증명한다는 사실의 확인이야말로 임화가 당대 현실을 버틸 수 있도록 해 주는 새로운 동력이었다. 따라서 실제 역사는 당대 현실에서 희망의 근거를 발견할 수 없었던 임화가 자기반성의 과정을 거쳐 도달한 지점이었다. 역사에 대한 그러한 관심의 문학적 산물이 「현해탄」 연작이다. 이 「현해탄」 연작에 이르러 단지 자연의 형상을 통해 암시되던 전망은 식민지 청년들의 역사적 실천을 통해 표현된다. 그에 따라 전망은 선취된 관념으로부터 연역되는 것이 아니라 구체적 현실로부터 귀납되는 양상으로 변모한다. 임화는 「현해탄」 연작을 통해 "전망 없는 현실을 이길 역사적 근거를 마련하고자 했던 것"[33]이다. 또한 과거, 현재, 미래의 시간적 연속성을 통해 자기정체성을 회복하고 확고한 주체를 재건하려 했던 것이다. 「현해탄」 연작의 창작에는 이처럼 낭만정신론과 그에 입각한 낭만주의 시에 대한 임화의 자기반성이 내적 원인으로 작용하였다. 사실 이는 "낭만의 정신을 가지고 우리는 자유로 과거의 역사적 주제를 현대와 미래로 살리고, 모든 대상을 자유로 풍자하며 비극을 인내로 고치며, 괴로움을 명랑한 의지로, 영원한 생명력을 주면서 우리들의 '꿈'을 풍부한 자재성自在性으로 윤색한다"[34]라는 낭만정신론의 요체가 비로소 시에서 구현된 것이라 할 수 있다.

임화는 1936년 초반 『삼천리』의 설문에 대한 응답에서 향후 창작계획으로 "하나는 개화조선으로 금일의 조선에 이르는 오륙십 년간의 '현해탄'상을 왕래한 청년을 한 개 시집으로 하고 싶고 '이민'을 취급한 약 삼만 행의 서사시를 쓰고 싶"[35]다는 포부를 밝힌 바 있다. 기록에 따르면, 임화는 이

33_ 김명인, 「1930년대 중후반 임화 시의 양상과 성격」, 163면.
34_ 임화, 「위대한 낭만적 정신」, 『동아일보』, 1936. 1. 4; 『임화전집3』, 42면.

설문에 응하기 전부터 이민을 소재로 한 서사시 『이민열차』를 집필하고 있었다고 한다.[36] 그러나 현재로서 이 같은 단편적인 기록을 제외하고는 이 서사시에 관한 기록은 더 이상 찾을 수 없다. 따라서 그가 이 서사시를 완성했는지에 대해서는 알 길이 없다. 다만 분명한 사실은 그가 이 서사시를 출간하지 못했다는 것이다. 그 대신 그는 「차중」, 「야행차 속」 등 북만주 이민열차를 탄 식민지 민중의 참상과 그것을 지켜보는 시적 주체의 슬픔과 분노와 연민을 표현한 몇 편의 서정시를 발표했다. 그것은 1930년대 후반기 민족이 처한 전형적인 상황 가운데 하나였다. 이 시들은 당대 현실에 직핍하고자 했던 임화의 리얼리즘 정신의 소산이다. 이처럼 임화는 서사시 집필에 대한 희망은 이루지 못했지만, 전자의 포부는 어느 정도 실천하였다. 시집 『현해탄』에 수록된 시들 가운데 현해탄을 모티프로 한 16편[37]의 작품이 그것이다. 그의 창작계획에서 알 수 있듯이 「현해탄」 연작은 임화의 분명한 목적의식 하에서 기획된 것이다. 바로 이 점에서 「현해탄」 연작은 카프 해산기의 낭만주의 시에 대한 임화의 반성과 새로운 모색의 산물이라 할 수 있다.

> 바다! 뿐만 아니라 자연이란 우리의 상상보다 훨씬 장엄하고 웅장하다. …(중략)… 지난 보름께 그렇게 아름답고 잔잔하던 바다, 꿈속 같던 바다가 이렇게 몹시 노할 수가 있는가?
>
> 나는 바다가 참말 좋아졌다. 바다는 그의 아름다운 '로맨티시즘'과 더불어 웅대한 '히로이즘'을 가지고 있다.

35_ 임화, 「금년에 하고 싶은 문학적 활동기」, 『삼천리』, 1936. 2, 225면.

36_ 「학예왕래」, 『매일신보』, 1935. 9. 11. 이 글의 전문은 다음과 같다. "임화 씨 마산부 신정(新町) 73의 3에 전거(轉居). 장편서사시 『이민열차』 집필 중."

37_ 임화는 『현해탄』 후서에서 「현해탄」 연작의 시집 수록 경위를 다음과 같이 밝히고 있다. "현해탄이란 제(題) 아래 근대 조선의 역사적 생활과 인연 깊은 그 바다를 중심으로 한 생각, 느낌 등을 약 이삼십 편 되는 작품으로 써서 한 책을 만들어볼까 하였다. …(중략)… 그러나 재능의 부족과 생각의 미숙 등 외의 여러 가지 곤란에 부닥쳐 끝까지 써나갈 용기와 자신을 다 잃어버렸다. 그래 할 수 없이 그 전에 한 권에 모았던 가운데서 얼마를 빼고 새로 쓴 작품과 어울러서 이 한 책이 된 셈이다." 임화, 「후서」, 『현해탄』, 2면. 「현해탄」 연작 16편은 이런 과정을 거쳐 시집에 수록되었다.

그러나 마파람을 거슬러서 남쪽으로 날려는 갈매기는 날갯짓만 하고 자꾸 뒤로 불려간다.

그러나 갈매기는 또 얼마큼 앞으로 난다. 밀려갔다 앞으로 왔다. 이러는 새 그러다 점점 멀리 남쪽으로 가는 모양이다.

알 수 없는 노여움에 미쳐 날뛰는 물결과 바람 그러나 이것을 거슬러 제 방향을 갈매기는 날고 있다.

물결, 비바람, 갈매기.

누구가 더 위대할까…….[38]

그렇다면 임화는 어떻게 「현해탄」 연작의 중심 이미지인 '현해탄'과 '식민지 청년'의 형상을 창안해 낼 수 있었던 것일까? 거기에는 임화의 마산체험이 결정적인 계기로 작용한 듯하다. 인용문은 『신동아』 1936년 8월호 특집인 '작가의 생활기록' 가운데 한 편으로서 임화가 마산으로 내려간 직후인 1935년 8월에서 9월에 걸쳐 쓴 일기의 일부이다. 이 글에서 그는 꿈속같이 잔잔하던 바다가 어느새 격동하는 것을 보면서 자연의 웅장함에 새삼 경탄하고 있다. 그는 그 같은 바다를 로맨티시즘과 히로이즘을 지닌 존재로 보고 있다. 낭만주의와 영웅주의는 「현해탄」 연작에서 바다와 청년의 위대성을 표현할 때 동원되는 시어인데, 그 단초가 이 글에서 나타나고 있다. 또 한편으로 그는 노호하는 물결과 거대한 비바람을 거슬러 남쪽으로 날아가는 갈매기를 보며 놀라워하고 있다. 여기서 물결과 비바람은 갈매기가 처한 조건이자 남쪽으로 날아가려는 갈매기를 괴롭히는 시련이다. 갈매기는 연약하기 짝이 없는 존재이지만 그러한 시련과 조건 속에서도 비행을 멈추지 않고 그것에 저항하며 자신의 길을 가고 있다. 그는 물결과 비바람 대 갈매기의 대결을 보면서 누가 더 위대한가 하고 반문한다. 물결과 비바람 속에

38_ 임화, 「합포에서」, 『신동아』, 1936. 8, 156면.

서 악전고투하는 갈매기의 이미지는 당시의 임화와 그의 카프 동료들을 연상케 한다. 아마도 임화 역시 물결과 비바람과 갈매기가 연출하는 풍경에 자신과 동료들이 처한 현실을 대입해 보았을 것으로 짐작된다. 그는 위에서 인용한 부분 바로 다음에 옥중에 있는 동료의 편지를 받고 쓴 일기의 일부인 "A는 옥중에서 최근 몸이 대단 나쁘다 한다./ A는 나의 동료, ××의 오래인 작가다./ 그의 운명은 아마 이 나라 진보적 문학의 운명을 그대로 알으키는 것 같다./ 참을 수 없는 마음 아픈 일이다"[39]라는 구절과 9월 어느 날 밤 바다낚시를 함께 한 벗에 대해 쓴 일기의 일부인 "낚시줄을 걷어매는 E의 심중을 나는 생각할수록 괴롭다./ 그는 불치의 병으로 누운 지 사 년. 아직 사 년의 형을 받은 채 집행정지중이다"[40]라는 구절을 덧붙이고 있다. 이 무렵 내내 임화는 요양 생활 속에서도 동료들의 고통스러운 처지와 그로부터 야기되는 심적 고뇌와 죄책감에 시달리고 있었다. 그런 점에서 이 두 구절은 이 시기 임화의 내면을 솔직히 드러낸 것으로 보인다. 임화에게 이들은 지금은 비록 비참한 처지에 놓였지만 청년의 열정과 이상으로써 고귀하고 숭고한 임무를 수행하던 위대한 존재들이었다. 마산 시절 바다 체험과 시련을 겪고 있는 동료들에 대한 생각이 아마도 임화로 하여금 '현해탄'의 높은 파도에 굴하지 않고 '고향'을 위한 역사적 실천에 나섰던 '청년들'을 회상케 했고, 그러한 기억들이 「현해탄」 연작의 주요 이미지인 '현해탄'과 '식민지 청년'을 만들어 내는 데 기여했을 것으로 보인다.

「현해탄」 연작에서 세계는 시적 주체에게 적대적이고 위협적이지만 희망의 실현이 가능한 곳으로 형상화되어 있다. 그 이유는 시적 주체가 주어진 세계에 굴복하는 것이 아니라 고난과 시련을 극복하고 꿈을 실현하려는 실천적 인물이기 때문이다. 그 같은 형상화가 철저히 현실적 경험에 근거하고 있기 때문에 「현해탄」 연작은 카프 해산기 시에 비해 구체성을 확보하고

39_ 임화, 「합포에서」, 157면. '××'는 아마도 '카프'가 아닐까 한다.

40_ 임화, 같은 글, 158면.

있다. 즉 「현해탄」 연작의 세계는 여전히 낭만성으로 가득 차 있기는 하지만, 카프 해산기의 낭만주의 시와는 달리 '식민지 청년'이란 명확한 정체성을 지닌 인물과 '현해탄'을 매개로 한 일본과 조선이라는 역사적 시공간을 배경으로 하여 구성되어 있다. 따라서 「현해탄」 연작은 식민지 조선 청년들이 '고향'을 밝힐 별이 되기 위해 사명감을 안고 현해탄을 건너가 일본 유학을 하고, 다시 돌아오는 모험과 귀환의 역사적 여행기이다. 그런 점에서 「현해탄」 연작 전체는 식민지 청년들의 역사적 실천을 총체적으로 형상화한 한 편의 영웅서사시적 성격을 지닌다.[41] 「현해탄」 연작의 각 작품들을 청년의 출향, 일본체험, 귀향 등의 경험유형에 따라 재구성이 가능한 것은 그 때문이다. 임화는 '청년'으로 표상되는 새로운 집단주체의 형상을 통해 식민지 현실의 극복을 위한 실천의 경험을 되살려 내고, 그것이 단순히 과거의 추억이 아니라 여전히 현재진행형임을 분명히 함으로써 역사의 전망을 견지하려 한 것이다.

바다는 잘 육착한 몸을 뒤척인다.
해협 밑 잠자리는 꽤 거친 모양이다.

맑게 갠 새파란 하늘
높다란 해가 어느새 한낮의 커브를 꺾는다.
물새가 멀리 날아가는 곳,
부산 부두는 벌써 아득한 고향의 포구인가!

그의 발 밑,
하늘보다도 푸른 바다,

41_ 김명인, 「1930년대 중후반 임화 시의 양상과 성격」, 163면 참고.

태양이 기름처럼 풀려,
뱃전을 치고 뒤로 흘러가니,
옷깃이 머리칼처럼 바람에 흩날린다.

아마 그는
일본열도의 긴 그림자를 바라보는 게다.
흰 얼굴에는 분명히
가슴의 '로맨티시즘'이 물결치고 있다.

예술, 학문, 움직일 수 없는 진리…………
그의 꿈꾸는 사상이 높다랗게 굽이치는 동경,
모든 것을 배워 모든 것을 익혀,
다시 이 바다 물결 위에 올랐을 때,
나는 슬픈 고향의 한 밤,
홰보다도 밝게 타는 별이 되리라.
청년의 가슴은 바다보다 더 설레었다.
–「해협의 로맨티시즘」 부분[42]

「현해탄」 연작 가운데 시적 주체가 관부연락선을 타고 일본을 향해 가고 있는 상황을 다룬 작품은 총 여섯 편인데, 「해협의 로맨티시즘」은 그 가운데 청년의 이상과 열정과 의지가 가장 강렬하게 발현되고 있는 작품이다. 작품 초반부에 등장하는 바다는 매우 역동적이고 희망찬 이미지로 묘사되고 있다. 그것은 그 바다 위를 헤쳐 가는 청년의 "가슴의 '로맨티시즘'" 때문이다. 즉 청년의 가슴이 낭만적 열정으로 넘쳐나고 있으니, 그가 바라보는

42_ 임화, 「현해탄」, 『중앙』, 1936. 3; 「해협의 로맨티시즘」, 『현해탄』; 『임화전집1』, 151–152면.

바다 역시 낙관적 이미지로 나타나는 것이다. 청년의 가슴을 그토록 들뜨게 만든 것은 서구의 근대적인 학문과 사상과 예술을 배우고 익혀 "슬픈 고향의 한 밤"을 밝히는 "별"이 되겠다는 사명감 때문이다. '새것'을 배운다는 열정과 이상은 곧 "고향의/ 어둔 현실"[43]이 추동한 것이다. 그랬기에 이 "흰 얼굴"의 창백한 청년은 개인의 영달을 위함이 아니라 "고향"으로 표상되는 식민지 조선을 위해 현해탄 뱃길에 오른 것이다. 그는 그것이 식민지 청년들의 "운명"이라고까지 인식한다. 청년들이 현해탄 뱃길에 오른 것은 피할 수 없는 것이며, 그것은 시대 현실이 추동한 것이라는 점에서 역사적 필연이다. 그가 운명이란 단어를 쓴 것은 그런 맥락에서 이해할 수 있다. 이와 아울러 살펴보아야 할 작품이 재도일을 모티프로 한 「밤 갑판 위」[44]이다. 이 시에서 시적 주체는 희망과 열정을 낙관적으로 표출하기보다는 "청년의 길"이 얼마나 가혹한 고난의 가시밭길인지를 토로하고 있으며, 그럼에도 "우리는 스스로 명령에 순종하는 청년"임을 되새기면서 의지를 불태우는 모습을 보여 준다. 이 시는 「해협의 로맨티시즘」과 여러 모로 비교될 만하다. 「해협의 로맨티시즘」의 시간적 배경이 '한낮'인 반면, 이 시의 그것은 '깊은 밤'이다. 또한 전자에서는 청년 주체가 설렘으로 들뜬 상태여서 바다가 희망으로 가득 찬 이미지로 형상화되어 있다면, 후자에서 바다는 새 한 마리 없고 검은 하늘이 뒤덮은 황량하고 음산한 이미지로 그려져 있다. 따라서 막연히 희망과 열정에 들떠 있는 청년의 모습은 이 작품에서 찾을 수 없다. 하지만 그는 "청년의 길"이 자기에게 주어진 운명이라고 믿기에 다시 뱃길에 오른 것이다. 이상에서 살펴본 바와 같이 「현해탄」 연작 가운데 도일 내지 재도일을 모티프로 한 작품들은 '고향'의 현실을 변혁하기 위해 출향하는 청년들의 실천의 여정을 낙관적·의지적으로 형상화하고 있다.

43_ 임화, 「어린 태양이 말하되」, 『동아일보』, 1937. 6. 23; 『임화전집1』, 168면.

44_ 임화, 「밤 갑판 위」, 『현해탄』; 『임화전집1』, 155-156면.

아기야, 네 젊은 어머니의 눈물 속엔,
무엇이 들어 있는 줄 아느냐?
한 방울 눈물 속엔
일찍이 네가 알고 보지 못한 모든 것이 들어 있다.

이 속엔 그이들이 자라난 요람의 옛 노래가 들어 있다.
이 속엔 그이들이 뜯던 봄나물과 꽃의 맑은 향기가 들어 있다.
이 속엔 그이들이 꿈꾸던 청춘의 공상이 들어 있다.
이 속엔 그이들이 갈아붙인 땅의 흙내가 들어 있다.
이 속엔 그이들이 어루만지던 푸른 보리밭이 있다.
이 속엔 그이들이 안아보던 누런 볏단이 있다.
이 속엔 그이들이 걸어가던 촌 눈길이 있다.
이 속엔 그이들이 나무를 베던 산의 그윽한 냄새가 있다.
이 속엔 그이들이 죽이던 도야지의 비명이 있다.
이 속엔 그이들이 듣던 외방 욕설이 있다.
이 속엔 그이들이 받았던 집행표지가 있다.
이 속엔 그이들이 작별한 멀리 간 동기의 추억이 있다.
이 속엔 그이들이 떠나온 고향의 매운 정경이 있다.
이 속엔 그이들이 이따금 생각했던 다툼의 뜨거운 불길도 있다.

–「눈물의 해협」 부분**45**

「현해탄」 연작 가운데 도일 모티프의 시편들에서 청년은 현해탄 뱃길에서 식민지 민중의 현실을 발견한다. 슬픈 고향의 밤을 밝히려는 사명감을 안고 뱃길에 오른 그들이고 보면, '고향 사람들'인 식민지 민중의 참상에 무

45_ 임화, 「눈물의 해협」, 『현해탄』; 「너는 아직 어리고」, 『회상시집』; 『임화전집1』, 181면.

관심할 수 없었을 것이다. 그는 "살림의 물결, 가난의 바람은,/ 현해바다보다도 거세고 매웠"[46]기에 고향을 떠나 낯선 땅으로 가고 있는 동포들의 비참한 처지를 목격한다. 특히 인용한 「눈물의 해협」에서 청년은 그들의 과거와 현재와 미래를 모두 개괄하고 있다. 그들은 어째서 자신들이 태어난 요람과 자라난 산야를 버릴 수밖에 없었는가? 그것은 "그이들이 듣던 외방 욕설"과 "그이들이 받았던 집행표지"라는 시구가 간명하게 말해 주듯 더 이상 고향에서 살 수 없는 상태에 처했기 때문이다. 그래서 그들은 한밤중 파도 높은 현해탄을 불안에 떨며 건너고 있는 것이다. 시적 주체는 그들이 그 험한 바다를 무사히 건너간다 하더라도 "이내 새 운명이 까마귀처럼 소리칠" 것이라고 짐작한다. 하지만 그럼에도 불구하고 두려운 해협의 밤을 건널 수밖에 없는 것이야말로 그들을 사로잡고 있는 "현해탄이란 바다의 이상한 운명"임도 분명히 깨닫고 있다. 그렇기 때문에 현해탄은 '청년의 해협'이자 '눈물의 해협'인 것이다. 도일의 과정에서 목격하게 되는 민족의 참상은 민족 현실의 본질적 국면을 형상화한 것이면서 또 한편으로는 식민지 청년의 사명감을 한층 북돋우는 역할을 하고 있다.

「현해탄」 연작에서 민족적 사명감에 불타는 청년이 "일본열도 저 위"의 "큰 별"[47]을 찾아 현해탄을 건너간 후 무엇을 배우고 어떤 활동을 했는지는 자세히 알기 어렵다. 「현해탄」 연작에서 청년의 일본 체험을 다룬 작품은 「향수」와 「행복은 어디 있었느냐」 단 두 편에 불과하기 때문이다. 게다가 그 두 작품에서도 청년의 일본 체험은 구체화되어 있지 않고 다만 암시적으로만 처리되어 있을 뿐이다. 「향수」[48]는 신록의 오월 풍경과 시적 주체의 향수, 그리고 그의 현재 상황이 간결하게 이미지화되어 있는 작품이다. 그는 현재 고향을 떠나 낯선 땅에서 오월을 맞고 있는데, "두 손을 벌려,/ 호랑나

46_ 임화, 「다시 인젠 천공에 성좌가 있을 필요가 없다」, 『현해탄』; 『임화전집1』, 175면.

47_ 임화, 「해상에서」, 『현해탄』; 『임화전집1』, 158면.

48_ 임화, 「향수」, 『현해탄』; 『임화전집1』, 161-162면.

비를 쫓던/ 또랑 가의 꿈"을 "어항 속에/ 붕어처럼" 또렷이 기억하고 있다. 그런데 "아아! 나는/ 오월의/ 푸른 하늘을 보며,/ 허위대듯/ 잊기 어려운/ 나비를 쫓고 있다"라는 마지막 연을 통해 짐작건대, 그가 낯선 땅에서 하는 일이란 바로 그와 같은 '꿈'의 추구와 관련된다. 또한 「행복은 어디 있었느냐」에서 청년은 그러한 일이 자신을 집도 없고 쫓기는 신세로 만들었지만 "곤란한 앞을 향하야 뻗어나가는"[49] 것만이 청년의 행복임을 깨닫고 있다. 이렇게 본다면 식민지 조국을 위한 청년의 꿈은 일제의 지배체제에 대립되는 것임을 알 수 있다.

이 새 문화의 촘촘한 그물 밑에
나는 전선줄을 끊고 철롯길에 누웠던
옛날 어른들의 슬픈 미신을 추억한다.

비록 늙은 어버이들의 아픈 신음이나,
벗들의 괴로운 숨소리는,
두려운 침묵 속에 잠잠하여,
희망이란 큰 수부首府에 닿는 길이
경부철로처럼 곱다 안 할지라도,
아! 벗들아, 나의 눈은
그대들이 별처럼 흩어져 있는,
남북 몇 곳 위에 불똥처럼 발가니 달고 있다.

산맥과 강과 평원과 구릉이여!
내일 나의 조그만 운명이 결정될

49_ 임화, 「행복은 어디 있었느냐?」, 『현해탄』; 『임화전집1』, 203면.

어느 한 곳을 짚는 가는 손길이,
떨리며 가리키는 것이 무엇인지,
너는 아느냐?

이름도 없는 일 청년이 바야흐로
어떤 도시 위에 자기의 이름자를 붙여,
불멸한 기념을 삼으려는,
엄청난 생각을 품고 바다를 건너던,
어느 해 여름밤을
너는 축복지 않으려느냐?
–「지도」 부분[50]

「현해탄」 연작에서 마지막으로 살펴볼 작품은 귀향을 모티프로 한 작품들이다. 인용한 시에서 청년의 "고치지 못할 운명" 앞에 놓인 것은 "한 가닥 길뿐"이고, 그에겐 "반도의 새 지도"가 있다. 여기서 지도란 반도를 새롭게 만들 계획을 말하고, 그것은 새로운 문화, 즉 근대문화의 실현과 연관된다. 그는 그 지도를 들여다보며 앞 세대들의 슬픈 추억과 반도인들의 괴로운 현실과 자신의 막중한 임무를 생각한다. 그러나 그의 이러한 낙관적 희망은 고향의 현실을 대면했을 때 무거운 사명감으로 전환된다. 희망을 안고 건너갔다가 지쳐서 돌아온 청년의 눈에 조선은 홍수가 휩쓸고 간 "황무지"[51]로 보이기 때문이다. 그런 이유에서 떠날 때 희망차게 들리던 뱃고동 소리가

50_ 임화, 「지도」, 『동아일보』, 1937. 11. 3; 『임화전집1』, 165–166면.

51_ 임화, 「홍수 뒤」, 『조선일보』, 1937. 6. 24; 『임화전집1』, 147면. 「현해탄」 연작 가운데 식민지 청년들의 귀향을 다룬 작품들에서 청년들의 고향 인식은 주로 "황무지"의 이미지로 나타난다. 「홍수 뒤」 외에 「황무지」에서도 고향은 "메마른 들 헐벗은 산"이라는 황무지로 나타난다. 유종호는 임화 시에 나타난 '황무지'의 이미지는 염상섭의 『만세전』의 '공동묘지', 김동인의 「붉은 산」의 '붉은 산'과 더불어 일제하의 우리 문학이 남겨놓은 기억할 만한 식민지 조국의 자기 정의요 심상이라고 평가한다. 유종호, 『다시 읽는 한국시인』, 60면.

이제는 구슬픈 매장의 노래로 들린다. 그는 그와 같은 고향의 차디찬 현실 속에서 자신에게 부과되는 무거운 임무를 감지하면서 "하나 밖에는 아무것도 허락되지 않은 준엄한 길"[52]이 곧 자신의 운명임을 재확인한다.

오오! 어느 날
먼먼 앞의 어느 날,
우리들의 괴로운 역사와 더불어
그대들의 불행한 생애와 숨은 이름이
커다랗게 기록될 것을 나는 안다.
1890년대의
1920년대의
1930년대의
1940년대의
19××년대의
....
모든 것이 과거로 돌아간
폐허의 거칠고 큰 비석 위
새벽 별이 그대들의 이름을 비칠 때,
현해탄의 물결은
우리들이 어려서
고기떼를 쫓던 실내처럼
그대들의 일생을
아름다운 전설 가운데 속삭이리라.

52_ 임화, 「고향을 지나며」, 『현해탄』; 『임화전집1』, 172면.

그러나 우리는 아직도
이 바다 높은 물결 위에 있다.
–「현해탄」 부분[53]

「현해탄」 연작은 임화의 체험이 반영된 것이고, 그런 만큼 임화 편에서 볼 때 회상의 성격이 짙다. 이런 특성을 잘 보여 주는 작품이 「현해탄」이다. 지금까지 살펴본 「현해탄」 연작의 세계가 시적 주체의 체험과 정서를 현재형으로 서술하는 방식을 취하고 있는 반면, 이 작품들은 온전히 과거 회상의 형식으로 구성되어 있다. 이 시에서 바다는 거센 물결로 굽이치고 있다. 시적 주체가 회상하는 청년들은 그런 파도에 대한 두려움보다는 그것에 맞서고자 하는 용기로 충만한 존재들이다. 그래서 그는 평안이나 행복을 구하여 바다를 건너간 이들[54]은 "우리 청년"이 아니라고 주장한다. 거기엔 "희망을 안고 건너가,/ 결의를 가지고 돌아"온 청년만이 포함된다. 그리고 그들은 어제도, 오늘도, 또한 내일도 끊임없이 그 바다를 건너가고 건너온다. 그렇기 때문에 시적 주체에게 현해탄은 영원히 "청년들의 해협"으로 인식된다. 이 시에서 이채로운 점은 첫 연이 "이 바다 물결은/ 예부터 높다"라는 표현으로 부침이 심했던 조선과 일본의 역사적 관계를 표현한다면, 마지막 연은 "그러나 우리는 아직도/ 이 바다 높은 물결 위에 있다"라는 표현을 통해 불편하고 조화롭지 못한 문제적인 관계가 여전히 지속되고 있음을 암시한다는 것이다. 요컨대 현해탄의 거센 물결의 과거와 현재를 간명하게 시의 서두와 말미에 제시함으로써 양국 간의 굴곡 많은 역사적 관계를 상기시키고 있다. 또한 시적 주체는 '현해탄'에 얽힌 식민지 조선 청년들의 과거와 현재와 미래 모

53_ 임화, 「현해탄」; 『임화전집1』, 191-192면.

54_ 「월하의 대화」에 등장하는 남녀가 그들일 것이다. 그들은 부산행 관부연락선을 타고 귀선하던 중 동반 자살한다. 그들이 자살한 이유는 명확치 않다. 아마도 그들의 사랑이 전근대적인 윤리와 충돌하는 것이었고, 그래서 자살한 듯 보인다. 인정받지 못할 관계 때문에 절망한 지식인 남녀가 갑판에 남긴 구두 한 쌍과 삼등선실의 고단한 남도 사투리가 묘한 대조를 이루고 있다.

두를 조감하면서 현해탄의 역사적 의미와 근대 조선 민중의 현실, 그리고 식민지 청년들의 운명을 장엄하고도 엄숙한 어조로 진술하고 있다. 임화는 『현해탄』 발간 무렵 한 수필에서 "한 세대가 나이 먹어 청춘을 후회하면, 또 한 세대가 그 희망과 정열을 물려받는다. 우리 청년들이 반도의 낡은 꿈과 전설에서 깨어난 뒤 이삼십 년 운명은 맵게도 이 사슬을 자주 되풀이하였다"[55]라며 청춘의 이상과 열정은 끊임없이 지속될 것이라고 쓴 바 있다. 여기서 말하는 청년이 곧 「현해탄」의 청년을 의미한다고 볼 수 있다.

지금까지 살펴보았듯이 「현해탄」 연작의 세계는 바다의 장대한 풍경과 청년의 웅혼한 열정이 뒤엉켜 휘몰아치는 역동적 이미지로 가득 차 있다. '현해탄'은 식민지 조선의 근대가 지닌 특수성을, '청년'은 그러한 조건 속에서 서구적 근대성의 지향과 극복이란 이중의 과제를 떠안았던 근대 지식인들을 상징한다. 따라서 「현해탄」 연작에는 식민지 조선의 근대성과 그것을 온몸으로 돌파하고자 한 근대 지식인들의 열정과 고뇌가 고스란히 표현되어 있다. 그런 점에서 「현해탄」 연작의 '청년'은 한국의 근대사의 특수성 속에서 탄생한 것이며, 임화는 이 새로운 주체의 형상을 통해 한국 근대사의 전개과정 속에서 항상 시대의 전위에 나섰던 청년들의 이미지를 선구적으로 보여 주었다고 평가할 수 있다.

그런데 임화가 「현해탄」 연작을 통해 그의 청년 시대와 식민지 조선 청년들의 역사를 복원함은 '행복했던 옛날'을 그리워함으로써 '불행한 지금'에 대한 심리적 위안을 얻으려는 "회고적 감상주의"[56]의 소산이 아니다. 오히려 그것은 현재의 부정적 세계에 대응함과 아울러 전망의 현실적 근거를 확보함으로써 희망을 고수하기 위한 전략의 일환이다. 그 이유는 우선 「현해탄」에서 알 수 있듯이 청년들은 단지 과거에만 국한된 존재가 아니라 현재

55_ 임화, 「빙설 녹을 때」, 『조광』, 1938. 3, 132면.

56_ 김명인은 「현해탄」 연작을 "현재적 역동성을 가지지 못한 회고적 감상주의"라고 규정한다. 김명인, 「1930년대 중후반 임화 시의 양상과 성격」, 163면.

와 미래에도 부지런히 민족의 운명을 개척해 나가는 실천적 인물로 형상화 되어 있다는 점에서 찾을 수 있다. 임화는 「현해탄」 연작에서 과거, 현재, 미래로 이어지는 역사의 흐름 속에서 청년들의 실천은 끊임없이 지속될 것이라고 함으로써 암흑의 시대를 견딜 내적 동력을 만들어냈고, 그 힘을 식민지 청년들과 공유하고자 했던 것이다. 다음으로는 「현해탄」 연작의 질료가 되는 현실의 시간과 작품 속에 구현된 상상의 시간이 서로 어긋난다는 점에서도 확인된다. 「현해탄」 연작이 반영하는 청년들의 실천은 실제로는 과거의 것이다. 그러나 작품 속에서 그것은 회고가 아니라 실시간적 보고의 진술 방식에 의해 형상화된다. 이처럼 「현해탄」 연작에서 활용된 '과거의 현재화'는 과거가 단지 과거에 그치는 것이 아니라 여전히 현재성을 가진 것임을 표명하기 위함이다. 그런 점에서 「현해탄」 연작은 우연의 소산이 아니라 시적 전략의 차원에서 구상된 것이라 할 수 있다. 「현해탄」을 제외한 연작 전체가 철저히 그러한 시간 구성방식을 따르고 있기 때문이다. 따라서 「현해탄」 연작은 일제의 역사 지우기, 즉 식민지 청년들의 '영웅적 역사'에 대한 강요된 망각에 맞서는 '기억투쟁'이란 의미를 지닌다.[57] 일제의 입장에서 볼 때, 식민지 청년들의 혁명적 실천이 현재에 소환됨으로써 현재적 삶에 영향을 미치는 것은 분명 위험한 것일 수 있다. 임화는 식민지 조선 청년들의 역사를 시를 통해 분명히 기록해 둠으로써 그들의 실천이 역사의 무덤에 매장되지 않고 영원히 현재형으로 존재하도록 되살려 냈다. 이로써 개화

57_ 카프 해산기 무렵 임화는 「조선적 비평의 정신」(『조선중앙일보』, 1935. 6. 25–6. 29.)에서 프로문학의 역사적 의의를 부정하는 비카프적 내지 반카프적 문학인들에 대항해 그것은 조선의 현실적 특수성에서 나온 필연적인 것이었다고 주장한다. 또한 「역사적 반성에의 요망」(『조선중앙일보』, 1935. 7. 5–7. 16.)에서는 프로문학의 침체와 복고주의 및 예술지상주의의 범람이라는 조선문학의 당대적 위기상황 타개와 향후 진로 모색을 위한 역사적 반성으로서 문학사 연구가 필요함을 역설한다. 그의 신문학사 서술은 이러한 문제의식에서 도출된 것이다. 비록 일제의 탄압으로 퇴조했고 이제는 망각되고 있지만, 프로문학은 결코 일시적 유행이 아니라 역사적 정당성과 필연성을 지닌다는 임화의 주장이 신문학사 서술에 스며들어 있기 때문이다. 실제로 그는 1935년에 발표한 「조선 신문학사론 서설」(『조선중앙일보』, 1935. 10. 9–11. 13.)의 '전언'에서 이 글이 신경향파 문학에 대한 부당한 평가를 비판하는 데서 시작된 것이라며 글의 목적을 명시적으로 밝힌다. 이런 입장이 1940년대 초반까지 이어지는 신문학사 서술과정에서 지속적으로 견지되었음은 물론이다. 그런 점에서 그의 신문학사 서술 역시 기억투쟁의 의미를 지닌다.

기 이래 오십여 년 동안의 식민지 조선 청년의 역사는 임화의 「현해탄」 연작을 통해 비로소 역사적으로 기록된 것이다. 이것이 「현해탄」 연작의 진정한 창작동기이며, 그런 의미에서 「현해탄」 연작은 문학사적 의의를 넘어 정신사적·운동사적 의의를 지닌다.[58]

┌ 분열된 주체와 충돌하는 파토스들

임화가 약 2년 반 동안의 마산 생활을 접고 상경한 때가 1938년 초였다.[59] 주지하듯이 상경한 후 그는 다시 활발하게 문학활동을 전개하는 한편, 10월 무렵에는 광산 재벌인 최남주의 출자로 학예사를 운영하게 된다.[60] 이 무렵 이미 조선사상범보호관찰령이 실시되고 있었다. 사회주의 운동 전력이 있던 그로서는 사상범보호관찰소에 가입해야만 했고, 일상적 감시와 통

58_ 한 잡지에 실린 『현해탄』 광고에는 다음과 같은 문구가 수록되어 있다. "조선신시사를 총결산하는 현대조선문학 최고의 기념비!!!", "초판이 발행된 지 불과 수삭에 벌써 절판이 가까웠다. 조선문학사에서만 아니라 조선청년의 정신사상 거탑인 이 시집의 초판을 지금에 구득해 두지 않는다면 뒷날 길이 한이 되리라." 『청색지』, 1938. 8, 29면. 『현해탄』이 조선문학 최고의 기념비라는 주장은 광고의 특성상 불가피하게 동원되는 과잉수사라는 차원에서 이해하면 될 것이다. 흥미로운 것은 이미 이때부터 이 시집의 정신사적 의의에 대한 언급이 나타난다는 점이다.

59_ 김윤식은 임화가 상경하여 본격적인 문학활동을 시작한 것이 1937년 9월 중순경이고, 10월에는 경성시 사상보호관찰소에 가입하게 된다고 한다. 김윤식, 『임화 연구』, 517면. 김재용 역시 임화가 1935년 8월에 마산으로 내려갔다가 1937년 9월에 상경한다고 설명한다. 김재용, 『민족문학운동의 역사와 이론』, 153면. 그러나 『삼천리문학』 1938년 1월호에 실린 「작가단편자서전」에서 "이곳서 처자 데리고 병을 다스리며 하는 일 없이 세월 보냅니다. 마음으로는 여러 가지 자기반생의 사업(?)을 공상하고 있습니다. 심심하면 바다에 나가 고기를 낚는 게 가장 큰 즐거움입니다"라고 말한 점, 1938년 2월에 발행된 『현해탄』에 임화의 주소가 "경남 마산부 상남동"으로 되어 있는 점 등을 고려할 때, 임화의 상경은 1938년 2월 이후로 보아야 하지 않을까 한다.

60_ 최남주가 어떤 연유에서 출판사에 출자를 했는지, 임화가 어떻게 출판사 경영에 관여하게 되었는지, 그리고 최남주와 임화의 만남이 어떻게 이루어졌는지 등에 대해서는 알려진 바가 없다. 다만 당시 실시된 사상범보호관찰령과 연관해 볼 때, 어느 정도 짐작은 가능할 것이다. 당시 일제 당국은 요관찰자의 재범 방지를 위한 방법의 하나로 그들에게 직업을 알선하는 데에 총력을 기울였다. 사상범의 재범 확률이 높은 것은 그들이 공산주의를 청산하지 못한 탓도 있지만 한편으로는 생활이 불안정한 데 원인이 있다고 판단했기 때문이다. 따라서 일제는 취업을 통한 생활의 안정이 사상범의 재범 방지 및 전향에 가장 유효한 방법이라고 믿고 있었다. 임화의 출판업으로의 진출은 일제의 그 같은 사상범 정책에 의한 것으로 볼 수도 있을 것이다. 그러므로 최남주의 출자나 임화의 출판업 진출, 두 사람의 관계 형성은 보호관찰소 당국의 의도에 의해 이루어졌을 가능성이 있다. 보호관찰 정책과 사상범의 직업 알선의 관련성에 대해서는 이종모, 「실시된 사상보호관찰령」, 『조광』, 1937. 6, 61-63면 참조.

제하에 놓일 수밖에 없었다. 또한 유럽 전역의 전운과 아울러 중일전쟁의 발발로 시대는 전시체제로 전환되고 있었다. 전쟁 승리와 그것을 위한 총동원이 절체절명의 지상과제로 선전되기 시작했다. 이러한 정세하에서 문학인들이 전시동원에서 제외될 리 없었다. 다음의 인용문이 이를 간명하고도 정확하게 말해 주고 있다.

> 이제 동아의 천지는 미증유의 대전환기에 들어 있다. 태양과 같은, 일시동인一視同仁의 황국정신은 동아 대륙에서 긴-밤을 몰아내는 찬란한 아침에 있다. 문필로 직분을 삼는 자, 우물 안 같은 서재의 천정만 쳐다보고서야 어찌 민중의 이목된 위치를 유지할 것인가. 모름지기 필봉을 무기삼아 시국에 동원하는 열의가 없언 안 될 것이다.[61]

『문장』 창간호에 권두언으로 실린 이 글이야말로 1930년대 말기의 전시체제에 연동되는 문학인의 전시동원에 대한 대원칙을 제시한 것으로 보아도 무방할 것이다. 이 글이 간명하게 보여 주듯 문학인의 전시동원 논리는, 동아시아는 이제 찬란한 새 아침을 맞이하고 있다는 것, 전시하의 국민은 전쟁승리를 위해 최선을 다해야 한다는 것, 그렇기 때문에 문학인들도 서재를 박차고 나와 시국에 적극 부응하는 열의를 보여야 한다는 것이다. 당대 대부분의 문학인들처럼 임화는 전시체제 아래에서 무엇을 하며 어떻게 살아야 할 것인가 하는 존재론적 물음에 봉착하게 된다. 1930년대 말기 임화의 시들은 그러한 물음에 대한 절망적 답변이다. 앞서 살펴보았듯이 임화는 카프 해산을 전후하여 '낭만정신론'에서 '주체재건론'으로 이어지는 비평적 모색을 통해 자신을 재건하고, 「현해탄」 연작을 통해 새로운 시적 주체를 구성했다. 그것은 일제의 탄압과 운동의 패배, 죽음의 위기 속에서 무너져

61_「시국과 문필인」, 『문장』, 1939. 2, 1면.

가는 자신을 다시 일으켜 세움으로써 역사의 풍랑을 능동적으로 헤쳐 가려는 치열한 모색의 결과물이었다. 그러나 1930년대 말기 현실은 임화의 그러한 개인적 노력을 무색하게 할 정도로 위압적이었다. 이 무렵에 그가 쓴 몇 편의 시는 그러한 현실에 대한 고통스러운 반응이다.

1930년대 후반 임화는 현실적 악조건으로 인해 시에서 절망과 회한을 토로한다. 즉 그는 스스로를 "벌레"[62]나 "주유侏儒"[63]라고 부르며, 고통스런 자기 확인을 통해 무기력한 자신의 처지를 표현한다. 그와 아울러 그는 「새 옷을 갈아입으며」에서 "행복이란 꾀꼬리 울음이냐?"라고 반문한다. 그에게 행복은 언제나 저만치서 손짓하지만 한 번도 잡힌 적이 없기 때문이다. 청년 임화에게 행복이란 무엇이었던가? 「행복은 어디 있었느냐?」에서 그는 그것을 "곤란한 앞"을 향해 달려가는 것이라고 했다. 그래서 언젠가 손에 잡힐 희망에 대한 낙관으로 '고난의 행군'을 인내할 수 있었다. 그 때문에 그는 미래에 대한 이상과 희망을 품고 험난한 파도를 헤쳐 가는 청년의 열정을 '행복'이라 불렀다. 그런데 이 시에선 더 이상 행복이란 존재하지 않는다는 절망감과 회한을 토로한다. "자유에의 갈망"을 느끼는 마음을 "철없는 어린애"와 같다고 느끼는 내면에는 절망감과 회한 외에 다른 것이 끼어들 틈이 없어 보인다.

행복이란 꾀꼬리 울음이냐?
푸른 숲에서나, 누런 들에서나,
한번 손에 잡히지 않았고,
아………………
태양 아래 자유가 있다 하나,
땅 위엔 행복이 있지 않았다.
새 옷을 갈아입으며,

62_ 임화, 「버러지」, 『신동아』, 1935. 12; 「벌레」, 『현해탄』; 『임화전집1』, 130-131면.
63_ 임화, 「주유의 노래」, 『조광』, 1937. 5; 『임화전집1』, 140면.

들창 너머로 불현듯
자유에의 갈망을 느끼려는
나의 마음아!
너는 한낱 철없는 어린애가 아니냐?
　–「새 옷을 갈아입으며」 부분[64]

임화의 이 같은 절망적 자기확인은 청년의 열정으로 요약되는 낭만주의 시와 「현해탄」 연작을 창작하는 과정에서도 지속적으로 그를 괴롭히던 내부의 적이었다. 낭만주의 시와 「현해탄」 연작은 당대 현실에 대한 시적 응전의 차원에서 이루어진 전략적 모색의 대응물이었지만, 기실 그의 내면은 눈보라 치는 캄캄한 밤으로 표상되는 당대 현실에 대한 공포 속에서 끊임없이 "밤길을 걷는 마음"[65] 바로 그것이었다. 따라서 서로 이질적이고 모순적이기까지 한 두 경향의 시편들이 공존하는 것은 이런 맥락에서 이해할 수 있다. 하지만 전체적으로 볼 때 열정과 의지를 고수함으로써 전망을 견지하는 양상이 더 지배적이었다. 그 결과인 시집 『현해탄』은 그와 같은 절망감과 회의를 돌파하려는 의지의 산물이다. 따라서 『현해탄』의 발간 무렵까지는 그의 시에서 역사의 전망이 유지되고 있었다.

그러나 그 후의 작품들에선 주관성의 힘으로 세계의 폭력성에 맞서는 시적 주체는 더 이상 등장하지 않는다. 1930년대 말기의 작품들은 대부분 시적 주체의 무기력과 절망적 인식으로 넘쳐 난다. 따라서 주체의 행위 양상은 절망적 몸부림이다. 그런데 특징적인 것인 시적 주체의 절망감이 전면화된 작품만 있는 것이 아니라 환희를 표출한 작품이 공존하고 있다는 점이다. 1930년대 말기 임화의 실제적 조건을 고려할 때, 이는 매우 이채롭다. 물론 이 경우를 두고 절망감과 회의의 극복이라 말할 수는 없을 것이다. 오

64_ 임화, 「새 옷을 갈아입으며」, 『동아일보』, 1937. 10. 24; 『임화전집1』, 198-199면.
65_ 임화, 「밤길」, 『조광』, 1937. 6; 『임화전집1』, 213면.

히려 이러한 정서적 반응은 절망감의 전도된 형태 혹은 절망감의 역설적 발현으로 보아야 할 것이다. 1930년대 말기 임화 시에서 '절망감'과 '환희'의 모순된 정서가 동시에 드러나는 것은 시적 주체 구성의 일관성을 상실했기 때문이다. 이처럼 양극적 정서가 충돌하고 있다는 점에서 이 시기 임화 시에 나타난 주체를 '분열된 주체'로 명명할 수 있을 것이다.

「바다의 찬가」는 시대와 임화의 갈등이 폭풍우 치는 바다의 이미지와 시적 주체의 격정적 어조를 통해 표현된 작품이다. 이 시의 세계는 '날뛰는 바다'와 '조용한 달밤'과 같이 이질적 속성을 가진 것들이 서로 대립하는 곳이다. 그런데 시적 주체는 전자를 후자보다 가치론적 우위에 놓는다. 여기서 날뜀은 장함이란 의미를 부여받으면서 찬가의 대상이 되고, 반면 조용함은 "무덤길에 선/ 노인들", "푸른 비석" 등 사멸하는 혹은 사멸한 것들과 동질적 의미계열체를 형성하고 있다. 따라서 이 시는 날뛰는 장한 것, 즉 바다에 대한 찬가이다. 날뛴다는 것은 살아 있음의 증표이자 생명력의 표현이다. 시적 주체는 그와 같은 생명의 약동을 폭풍우 치는 바다에서 발견하고, 환호에 찬 음성으로 바다를 찬미한다. 그런데 시인이 생명의 약동을 노래함은 흔한 일이어서 그 자체는 별반 새롭지 않다. 문제는 왜 생명의 약동인가에 있을 것이다. 바로 여기에 이 시의 창작 의도이자 1930년대 말기 임화의 시 정신이 도달한 마지막 극점이 관련되어 있다.

시인의 입에
마이크 대신
재갈이 물려질 때,
노래하는 열정이
침묵 가운데
최후를 의탁할 때,
바다야!

너는 몸부림치는
육체의 곡조를
반주해라.
–「바다의 찬가」 부분[66]

인용 부분은 이 시의 마지막 두 연이다. 날뛰는 것, 즉 폭풍우 치는 바다에 대한 찬가라는 시의 내용에 걸맞게 어조는 매우 격정적이며, 그에 따라 시의 형식도 급박한 호흡으로 전개된다. 부르고 싶은 노래를 부르지 못하는 상황에 놓여 있는 시인은 분명 불행하다. 더구나 침묵이 외부의 힘에 의해 강제된 것일 때, 그 비극성은 더욱 짙어질 수밖에 없다. 실제로 이런 상황이 전시체제하에 놓인 시인들의 실존적 조건이었다. 일제의 전시체제는 임화로 하여금 더 이상 해방의 기획과 열정을 노래할 수 없도록 만들었다. 그러할 때, 시인 임화의 선택은 폭풍우 치는 바다와 같은 격렬한 몸부림이다. 그에겐 격렬한 몸부림이 마이크를 빼앗기고 재갈마저 물린 시인이 노래 부를 수 있는 마지막 방법인 것이다. 그래서 시적 주체의 노래는 '몸부림치는 육체'의 노래이다. 그러나 그것은 입을 통해 불리지 못한다는 점에서 엄밀히 말해 노래라고 할 수 없다. 오히려 그것은 노래할 수단을, 그래서 노래를 빼앗긴 자의 절망감의 역설적 표현이다. 그런 의미에서 「밤의 찬가」에서 "용약勇躍하는 마음"으로 "장대한/ 밤의 찬가"[67]를 노래하는 희열에 들뜬 시적 주체의 모습 역시 시인 임화와 모순된다. 오히려 "별도 없고/ 바람도 죽은/ 어둔 밤/ 육체의 운명이/ 강아지처럼/ 물속에 잠기는/ 불행한 밤"[68]이라는 두려운 인식이 임화의 내면에 부합한다고 볼 수 있다. 「통곡」에서 그는 자신

66_ 임화, 「바다의 찬가」, 『조선일보』, 1937. 6. 23; 『임화전집1』, 205면.
67_ 임화, 「밤의 찬가」, 『찬가』, 백양당, 1947. 2; 『임화전집1』, 237-238면. 말미에 '1939'라고 창작시기를 밝혀 놓았다.
68_ 임화, 「별들이 합창하는 밤」, 『비판』, 1938. 6; 『임화전집1』, 229-230면.

을 "이미 타버려/ 꺼진/ 가슴속"에서 "우러나오는/ 제 소리를/ 감추지 못하는/ 큰 소리로/ 우는 시인"[69]이라고 고백하고 있기 때문이다. 따라서 이 시기의 몇몇 작품에 나타난 환희에 찬 시적 주체의 형상은 오로지 정신의 힘으로 객관 세계에 대적하려 했던 이 시기 임화의 의식 구조를 잘 보여 준다.

정신의 힘에 대한 신뢰는 사실 벼랑 끝으로 내몰린 극한적 조건의 반증이기도 하다. 이런 사유는 특히 임화가 존재론적 위기상황에 처한 1930년대 말기에 증폭된다. 인간은 자신의 실존적 조건이 비루하고 초라하다고 느끼면 느낄수록 정신의 힘으로 그런 상황을 극복하려 하기도 한다. 다시 말해 객관적 조건의 열악함을 주관적 의지로 극복하려 하기도 한다. 1930년대 말기 임화의 실존적 조건은 광포한 적과의 싸움에서 패배한 채 황폐화된 육신을 안고 일상의 폐허에서 허우적거리는 상황이었다. 질식할 것 같은 일상의 고통은 그의 내면에 그런 열악한 존재 조건을 단숨에 뛰어넘는 영웅들에 대한 형언할 수 없는 그리움을 꽃피우게 했다. 그는 그러한 존재들에 자신을 투사하고 그들에 동일시됨으로써 상처 입은 내면성을 치유하고자 했다. 이 무렵 그가 "수삼종의 나폴레옹전"[70]을 읽고 "헤겔을 심복"[71]하게 되는 것은 바로 이와 같은 이유에서이다. 그에겐 그들이야말로 노예가 아니라 주인으로서 적극적으로 역사를 개진해 나갔던 전형적 인물로 보였기 때문이다.

> 나폴레옹은 우리와 근사한 조건 아래서 우리와 너무나 엄청나게 뛰어난 데 나는 그의 정신에 정복하기를 은근히 기다리고 있다.
>
> …(중략)…
>
> 백마를 타고 시중의 세계를 초월하는 사람은 영웅이다.
>
> 그러나 사상을 통하여 세계의 초상이 된 사람, 예하면 헤-겔 같은 사람은

69_ 임화, 「통곡」, 『현대조선문학전집2-시가집』, 조선일보출판부, 1938. 4; 『임화전집1』, 231-234면.
70_ 임화, 「잡록」, 『청색지』, 1939. 5, 41면.
71_ 임화, 「어떤 청년의 참회」, 24면.

또한 위대한 정신이 아닌가?

운명이란 언제나 스스로 적을 골라내는 열기 있는 사람의 생애를 형용하는 말이다. 적을 골라낸다는 것은 적과 나 사이에 있는 많은 개재물을 초월함을 의미한다.

우리는 적과 만나기 전에 대개는 이 중간의 개재물과의 마찰에서 정력을 탕진한다. 그러므로 우리에게는 운명이란 것이 없다. 그저 생애나 있을 따름이다.

운명은 역사적인 것이다. 생애는 자연적인 것이다.

역사적으로 사는 사람(혹은 민족)만이 운명적이다. 운명을 갖는다는 것은 대大하든 소小하든 영웅적이다.

헥토르로부터 나폴레옹에 이르도록 모든 희랍인은 운명인이었다.

생애인에 그친다는 것은 식물적 존재, 동물적 존재 바꿔 말하면 그 사람의 평생의 시간은 역사적이 아니고 자연적이었다는 것이다.[72]

임화가 나폴레옹과 헤겔을 영웅으로 찬미하면서 추앙하는 이유가 이 글에 선명하게 드러난다. 즉 그들이 영웅인 것은 물리력으로 혹은 정신력으로 시중의 세계를 초월했기 때문이다. 이 "시중의 세계" 혹은 "속물의 세계"는 "적과 나 사이에 있는 많은 개재물"로도 표현되고 있는데, 평범한 사람들이 사는 일상의 세계를 의미한다. 임화에게 영웅은 이 개재물인 일상의 세계를 초월하여 스스로의 의지로 적을 선택하고 그것과 싸울 줄 아는 자이다. 그 영웅의 생이 "운명"이고, 그런 점에서 그는 "운명인"이다. 또한 임화는 운명은 역사적인 것이어서 영웅만이 역사적인 존재가 될 수 있으며, 적과의 싸움판에 나설 수 있는 존재인 영웅만이 패배나 승리를 체험할 수 있음을 역설한다. 영웅은 적과의 싸움에서 자신이 파멸에 처하더라도 두려워하지 않

72_ 임화, 「잡록」, 42-43면.

는다. 영웅은 파멸할 때에도 주인이며, "굴욕을 느끼는 인간만이 또한 보복을 아는 인간"[73]이기 때문이다. 반면 임화는 적과 대면하기도 전에 일상의 세계에 포획되어 쓰러지는 자의 생은 단지 "생애"에 불과하며, 그것은 그저 식물이나 동물의 그것과 같다고 단호히 말한다. 그런 존재는 싸우기도 전에 스스로 자멸하므로 승리나 패배를 경험할 수 없다. 노예에겐 승리도 패배도 아닌 제3의 길, 즉 굴종만이 있기 때문이다. 임화가 표 나게 전향선언을 하지도 않았을뿐더러 문학인의 전시동원에 소극적이었기 때문에 그의 인신의 자유는 예비검속, 보호관찰과 같은 항상적 위협 속에 시달리지 않을 수 없었다. 사실 그는 이미 카프 해산기부터 일제에 의한 일상적 감시와 통제 체계 속에서 관리당하고 있었다. 그리고 관리대상이라는 존재조건은 일제 말기 내내 임화의 삶을 제약하는 덫이었다. 그런 상황에서 도출된 것이 주체의 적극성을 절대화한 사유체계로서 영웅주의이다. 그는 육체는 비록 노예가 되었으나 정신만큼은 주인으로 살고자 한 것이다. 그것은 그만큼 그의 실존적 조건이 절박했음을 말해 주는 것이기도 하다. 이로써 볼 때, 임화는 나폴레옹과 헤겔을 찬미하고 그들에 동일시됨으로써 자신의 현재적 조건인 '생애인' 즉 범인凡人을 초월하는 '운명인' 곧 영웅이 되고자 했다. 그런 의식의 시적 현현이 「바다의 찬가」나 「밤의 찬가」, 「한잔 포도주를」과 같은 작품이다.

> 자고 새면
> 이변을 꿈꾸면서
> 나는 어느 날이나
> 무사하기를 바랐다
> 행복되려는 마음이

73_ 임화, 「주유의 변」, 『사해공론』, 1936. 5, 81면.

나를 여러 차례
죽음에서 구해준 은혜를
잊지 않지만
행복도 즐거움도
무사한 그날그날 가운데
찾아지지 아니할 때
나의 생활은
꽃 진 장미넝쿨이었다

푸른 잎을 즐기기엔
나의 나이가 너무 어리고
마른 가지를 사랑키엔
더구나 마음이 앳되어

그만 인젠
살려고 무사하려던 생각이
믿기 어려워 한이 되어
몸과 마음이 상할
자리를 비워주는 운명이
애인처럼 그립다
　–「자고 새면」 전문[74]

주관적 의지가 아무리 강하다 하더라도 객관적 조건을 극복하는 것은 쉬운 일이 아니다. 1930년대 말기 임화의 시는 오히려 주관적 의지가 객관적

74_ 임화, 「실제(失題)」, 『문장』, 1939. 2; 「자고 새면」, 『찬가』; 『임화전집1』, 242-243면.

조건에 패배하는 양상을 더 많이 보여 준다. 그 대표작이 「자고 새면」이다. 이 시는 희망과 열정의 불꽃이 사그라지고 난 이후의 허무에 대한 노래이다. 따라서 이 시는 전시체제하에서 시인으로서 존립의 위기에 봉착한 임화의 내면을 솔직하게 드러내는 작품이다. 그런 이유에서 이 시에서는 시인 임화와 시적 주체 사이의 거리가 소멸되어 있다. "벗이여 나는 이즈음 자꾸만 하나의 운명이란 것을 생각고 있다"라는 부제가 붙어 있는 이 작품에서 시적 주체는 "푸른 잎"과 "마른 가지" 사이에서 둘 중 어느 쪽에도 마음을 줄 수 없음에서 오는 고뇌를 표출한다. 그리고 다만 무사하기만을 바라는 소시민적 욕망에 포획된 자신을 발견하고, 그에 대한 놀람과 분노와 슬픔을 토로한다. 결국 그것이 한이 되었고, 몸도 마음도 무화해 버리는 운명에 몸을 맡김으로써 소여의 존재 조건을 벗어나려는 갈망을 표출하고 있다. 그러한 존재 무화의 충동은 「한여름 밤」에서는 "최후의 순간/ 자기의 노래를 위하여/ 잉크 대신/ 피를 선택한/ 어떤 시인"[75]에 대한 찬미로 발현된다. 압도적 위력을 가진 일제는 현실에서 승리를 거듭해 가고 있었고, 일제 규율권력의 감시와 통제는 일상생활의 세세한 영역에까지 침투해 들어오고 있었다. 한 개인이 정신의 힘만으로 그러한 현실에 맞서는 것은 불가항력이었고, 정신의 저항은 이미 예정된 파국을 향해 치닫고 있었다. 그래서 시적 주체는 세계의 위력에 압도당한 채 내적 분열을 겪는 양상으로 나타나는 것이다.

변혁운동이 끝장났다고 해서 거기에 복무했던 자의 삶도 함께 종말을 맞이하는 것은 아니다. 변혁운동이 지속되건 퇴조하건 간에 어쨌든 삶은 계속될 수밖에 없다. 문제는 변혁운동과는 무관한 상황에 내동댕이쳐진 전직 운동가는 어떻게 살아가야 하는가에 있을 것이다. 그런 문제에 부딪치는 순간 그의 앞에는 '현실'이 아니라 '일상'의 세계가 이녕처럼 아스라이 펼쳐진다. 그것이 이녕과 같다는 것은 임화 스스로도 말했듯이 "어느 사람을 물론

75_ 임화, 「한여름 밤의 꿈」, 『조선문학』, 1939. 3; 「한여름 밤」, 『찬가』; 『임화전집1』, 226면.

하고 뛰어 넘을 수 없"[76]기 때문이다. 일제 말기 임화의 삶은 거대한 위력을 지닌 일제 지배권력에 맞서는 투쟁이 아니라 일상의 쇄사와 씨름하며 허우적거리는 비루하기 짝이 없는 것이었다.

> 그 뒤 카프는 해산되고, 경향문학은 퇴조하고, 그는 병들어 수년간 시골 가 누웠다가 결혼하고, 아이 낳고, 파스칼과 몽테뉴를 읽고, 헤겔을 심복하고, 고전을 읽고, 역사의 흥미를 갖고, 새로운 심정으로 문학을 다시 시작하여 한 책의 시집과 이삼 권의 졸렬한 저서를 만들고, 지금엔 주로 비평과 시를 써서 근근이 미염米塩의 자資를 구하여 살아가는 동안에 어느덧 남자의 나이 삼십삼이 되었다니 어찌 가탄한 반생이 아니리오. 청춘이 모름지기 회한 때문에 있다는 것은 고인古人의 이름이나, 인젠 벌써 전반생을 무료히 보낸 그가 오늘날엔 선량한 시민으로 과거를 돌아봄은 선재라 할 수 있거니와, 그가 이후의 희망을(그는 꽤 큰 문학적 허영을 가진 모양입니다.) 달성해 나갈 자산을 청춘 때 장만하지 못했으니 어찌 후일을 기하리오.
>
> 아마도 많은 세인과 같이 그의 희망도 신발과 더불어 이 세상에 남긴 채 끝나지 아니할까 합니다. 그를 위하여 자못 섭섭한 일이나 때가 이미 늦었으니 나 역亦 그를 위하여 이 위에 더 무엇을 말하리오. 애재라.[77]

「어떤 청년의 참회」는 '나의 문학 10년기'라는 특집에 실린 글 가운데 한 편이다. 이 특집에는 임화와 더불어 유진오, 박태원, 이기영, 채만식, 이효석, 한설야, 이무영, 김기림, 이태준 등 당대 문단을 대표할 만한 문학인들의 회고문이 실려 있다. 임화가 이 글을 쓸 당시의 나이는 서른 세 살이었다. 그럼에도 불구하고 마치 인생의 황혼기에 접어든 노인과 같은 태도로 지나온 삶을 회고하고 있다. 게다가 그의 글은 분량 면에서 다른 이들 것의 두

76_ 임화, 「일상성」, 『매일신보』, 1940. 9. 20.
77_ 임화, 「어떤 청년의 참회」, 24-25면.

배에 달한다. 다른 이들보다 회고할 기억이 많다는 것은 그만큼 회한이 깊기 때문일 것이다. 인용문은 이 글의 결말부분인데, 여기서 그는 그동안 이루어 놓은 것이 별로 없고, 앞으로도 자신의 희망이 실현될 가능성이 없을 것 같다고 고백하면서 스스로에 대한 한탄과 연민을 토로한다.[78] 속절없이 흘러가 버린 청춘에 대한 회한과 자기연민, 미래에 대한 허무가 글 말미의 요지인 셈이다. 인용문에서도 나타나듯이 일제 말기 임화의 삶은 경향문학의 퇴조와 맞물리는 일상생활로의 편입, 출판업과 글쓰기를 통한 생계유지로 요약할 수 있다. 실제로 그는 이 시기에 출판사 경영과 아울러 초인적인 의지로 비평, 문학사, 산문 등을 써 나갔는데, 1938년부터 1940년까지 3년간 그가 쓴 글은 130여 편에 달한다. 이처럼 희망도, 기쁨도 상실한 채 출판업과 글쓰기로 근근이 생계비米塩の資를 벌어 생을 이어 가기, 그것이 전직 카프 서기장 임화의 일제 말기 모습이었다.

1930년대 중·후반 임화의 시는 "이념과 조직을 무장해제당한 혁명적 시인이 오직 낭만주의적 생의지만을 무기삼아 압도적인 적과 치른 치명적인 투쟁의 기록"[79]이다. 1930년대 중·후반 임화의 시적 실천은 낭만주의에 입각하여 마르크스주의적 역사 전망을 자연에 투사하거나 식민지 청년들의 실천을 복원함으로써 그들에게 역사적 불멸성을 부여하는 것이었다. 그것은 육체는 비록 적의 노예가 되었지만 정신만은 주체성을 지키면서 당대 현실을 버텨 내고자 한 임화의 내적 고투의 산물이다. 어쩔 수 없이 체제가 규율하는 틀 속에서 순응하면서 살아가지만 내면만은 결코 노예로 살지 않겠다는 임화의 의식의 일단을 이 시기의 시들에서 읽을 수 있다. 그러나 한 개

78_ 따라서 글 제목에 있는 '참회'는 무엇 하나 이루어 놓은 것 없이 현재에 이르렀다는 '반성'과 '회한'의 의미가 내포된 개념이다. 이명찬은 이 글을 두고 "1940년이라는 시기에 자신의 젊은 날을 되돌아보고 있는 글의 제목으로 참회를 운운하고 있다는 것은 파시즘 앞에 항복해 버린 자의 자기 정리 욕구가 반영된 결과"라고 했는데, 이렇게까지 볼 수 있을까 싶다. 이명찬, 「네거리를 고향으로 둔 시인의 운명」, 『민족문학사연구』 18집, 민족문학사학회, 2001, 248면.

79_ 김명인, 「1930년대 중후반 임화 시의 양상과 성격」, 165면.

인의 정신력만으로 이루어지는 고투란 사실 압도적인 위력으로 육박해 들어오는 파시즘의 파고 앞에서 무력하기 짝이 없는 것이었다. 일제강점기에 쓴 마지막 시 몇 편에서 시적 주체는 웅혼한 정신과 육체의 몸부림을 격정적 어조로 분출하고 있다. 낭만성 짙은 이 '밤의 찬가'는 1930년대 말기의 현실과 임화의 실제적 조건이란 맥락 속에서 읽었을 때, 일종의 분열증적인 특성을 보인다. 그 시들이 절망의 무의식적 발현으로 읽히는 것은 그런 때문이다.

1939년, 그는 완전히 패배한다. 사실 주체의 열정과 의지를 무기로 막대한 이데올로기적·물리적 힘을 지닌 적에 맞서려는 임화의 시적 전략은 처음부터 패배가 예고된 것이었는지도 모른다. 카프 해산기의 낭만주의 시와 1930년대 후반기의 「현해탄」 연작, 일제 말기 시로 이어지는 과정은 일제강점기 현실에 대한 그의 응전과 패배의 도정이었다. 그리고 패배한 그의 앞에는 두 가지 길이 놓여 있었다. 하나는 승리한 적의 노예가 되어 적을 찬미하는 노래를 부르는 것이고, 다른 하나는 스스로 자신의 입에 '재갈'을 물림으로써 적을 위한 노래를 부르지 않는 것이다. 그가 선택한 것은 후자였다. 그는 절필함으로써 시인으로서는 완전히 침묵한다. 임화는 "시는 성정의 명확성을 은폐할 수가 없음이 제 타고난 운명"[80]이라고 말한 바 있다. 즉 소설은 허구를 매개로 작가와 현실이 간접적으로 관계를 맺는 반면, 시는 그것이 불가능하므로 시인의 내면을 숨길 수 없다는 것이다. 이는 물론 자기고백성이란 시 장르의 성격에 대한 언급이다. 그런데 시는 단순한 자기고백이 아니라 "언제나 현실에 대한 시인의 발언이요, 현실에 대하여 시인이 품고 있는 생각의 증명證明한 표백"[81]이며, "항상 현실을 대상으로 하여 자기를 이야기하는"[82] 장르라는 것이 임화의 관점이다. 그의 말과 같이 시가 현실을

80_ 임화, 「속문학의 대두와 예술문학의 비극」, 『동아일보』, 1938. 11. 17-11. 27(11. 17); 「통속소설론」, 『문학의 논리』; 『임화전집3』, 308면.

81_ 임화, 「저회하는 시 정신」, 『동아일보』, 1938. 12. 23-12. 25(12. 23).

대상으로 한 자기표현이라면, 일제 말기 전시체제에서 내면을 드러내는 일은 고통과 공포일 수 있다. 특히 그 내면이 전시체제에 비판적인 입장을 취하고 있을 때는 더욱 그러할 것이다. 따라서 임화로서는 문학인의 전시동원체제가 강화되어 가는 현실 속에서 절필 외에는 별다른 선택이 없었을 것으로 보인다. 그런 의미에서 임화의 시적 절필은 시인으로서의 자기보존을 위한 책략이자 저항의 마지막 방법이었다고 할 수 있다.

82_ 임화, 「저회하는 시 정신」, 『동아일보』, 1938. 12. 24.

제4장

인민주체 구성과 근대적 민족국가 건설

┏ 인민연합체 결성과 인민국가 수립 투쟁

일제 말기는 제2차 세계대전이라는 세계사적 격변, 중일전쟁과 태평양 전쟁에 연동된 일제의 전시체제라는 광기의 국가 시스템이 맞물리며 전개되었다. 그런 소용돌이 속에 놓여 있는 사람치고 일제가 패망할 것이라거나 조선이 일제로부터 해방될 것이라고 자신 있게 예견할 수 있는 사람은 거의 없었다고 본다. 해방의 예견이 가능하기 위해서는 당대의 국내외 정세를 총체적으로 읽는 안목과 감각이 필요했는데, 국내에 거주하던 지식인들 가운데 그런 안목과 감각을 가진 사람은 별로 없었다고 생각되기 때문이다. 그것은 일제에 의한 사회적 통제와 이데올로기 조작이 그만큼 철저했다는 것을 증명한다. 그런 상황에서 '황군'의 승승장구라는 왜곡보도는 진실로 전파되었다. 설령 일제의 선전을 사실 그대로 믿지 않거나 비공식적인 통로를 통해 사태를 어느 정도 감지한 사람이라 할지라도 자신 있게 그것을 발설하기는 어려웠을 것이다.

그런데 예견하지 못한 상태에서 갑작스럽게 실현된 해방은 그만큼 사람들에게 인식과 정서의 착종현상을 불러일으켰다. 해방은 단지 감격스럽다거나 기쁘다는 등의 몇 마디 말로 설명될 수 없는, 그 모든 것이 뒤엉킨 것이었다. 물론 그렇다고 사람들이 격정에 들떠 거리를 질주하기만 한 것은 아니었다. 무엇보다 일제가 물러간 상황에서 새로이 법적·정치적·경제적·문화적 체계를 만듦으로써 새 국가를 건설해야만 했기 때문이다. 그것은 해방기를 맞이한 민족 구성원 앞에 놓인 지상과제였다. 그러므로 해방의 환희와 민족의 진로에 대한 고민, 이 두 가지가 표리를 이루며 공존하고 있는 상황이 해방 직후의 조선이 처한 현실이라 할 수 있다.[1] 8·15 해방과 한국전쟁으로 이어지는 짧은, 그러나 다변적인 시대는 임화에게 기쁨과 분노, 희망과 절망을 동시적으로 안겨 준 그야말로 격동 그 자체였다. 그 속에서 임화는 한반도에서 '인민'이 주인이 되는 근대적 민족국가 건설을 염원했다. 그의 정치적·문학적 활동은 모두 이 과제에 수렴된다. 그가 이 과제를 해결하기 위한 실천에서 이탈한 적은 단 한 번도 없었다. 해방 직후에서 한국전쟁 종전 무렵에 이르는 임화 시의 세 번째 단계는 그의 이러한 정치적 과제와 결부된 문학적 실천이라는 의미를 지닌다. 해방 이후 그의 시는 새로운 정세 속에서 새롭게 등장한 적에 맞선 주체의 재정립이란 과제에 직면하면서 다시금 변모의 양상을 보인다.

해방 직후 임화는 정치적·문학적 인간으로서 새 국가 건설에 복무함을 자기 삶의 유일한 진로로 설정하게 된다. 물론 이러한 존재론적 선택은 임화에 국한된 것이 아니라 해방을 맞은 대부분의 문학인들 앞에 제기된 문제였다. 그리고 많은 문학인들이 새 국가 건설을 위한 실천의 길에 동참했다. 그러나 임화만큼 이러한 문제를 기민하게 실천으로 전화시키거나 집단적 차원에서 실천할 방도를 선도적으로 고민한 문학인은 흔치 않다. 그런데 민족모순이 해소된 이후 민족의 미래를 건설하는 실천에 앞장서기 위해서는

1_ 이주형, 「해방 직후 소설에 나타난 민족현실의 인식」, 『한국근대소설연구』, 창비, 1995, 316면.

민족적 윤리의 차원에서 정당성과 순결성을 확보해야만 했다. 여기서 민족적 자기반성의 필요성이 제기된다. 비록 정도의 차이는 있겠지만, 일제 말기를 국내에서 보낸 사람치고 해방 이후에 윤리적 정당성과 순결성을 자신 있게 주장할 사람은 드물었기 때문이다. 임화는 일제 말기를 어떻게 보냈던가? 그는 일제에 대항하는 운동의 패퇴를 경험한 후 파시즘의 승리와 서구적 근대성의 몰락, 전시체제로 표상되는 국가주의의 광기 등을 목격했다. 그러한 임화의 내면은 두려움과 절망과 허무와 불안이 뒤엉킨 매우 복잡 미묘한 것이었다. 그런 광기의 시대에 그는 다만 무사하기만을 바랐다. 다만 무사하기만을 바라는 삶이 전시체제의 동원 시스템에서 자유로울 수 없는 것은 당연했다. 비록 자발적인 것은 아니었다 할지라도 사상보국연맹, 조선문인보국회 등에 가입하여 국책에 부응했고, 고려영화사 촉탁으로서 전시영화 대본을 교열했으며, 조선영화문화연구소에서 조선영화연감과 조선영화발달사를 집필했다. 또한 총력연맹 문화부장이었던 야나베와 총동원체제하에서 문화의 직역봉공 방도를 놓고 대담[2]했으며, 문예동원의 필요성과 방법을 논의하는 좌담회[3]에 참석하여 국책에 대한 문학인의 자발적 협력을 위한 계기를 마련할 필요성을 주장하기도 했다. 임화로서는 명백히 친일적이지도 않았지만 그렇다고 떳떳하지도 못한 과거를 솔직히 드러내고 반성하는 과정이 필요했다. 그래야만 향후의 정치적 실천에서 윤리적 정당성을 확보할 수 있고, 나아가 자기반성의 원칙과 방식을 제시함으로써 문인들을 규합하여 새 국가 건설을 위한 실천에 나설 수 있기 때문이다. 따라서 해방

2_「총력연맹 문화부장 야나베 에이사부로(矢鍋永三郎) · 임화 대담」, 『조광』, 1941. 3. 이 대담은 1941년 1월 15일 총력연맹 사무실에서 행해졌다. 서두에는 이 대담의 취지를 다음과 같이 밝혀 놓고 있다. "내지에는 익찬회, 조선에는 총력운동, 이 운동의 각 항 중에서도 문화의 전 영역에 걸쳐 이것을 채배(采配)하는 것은 문화부이다. 문화부의 사명과 책임은 행정 관청의 그것과 같이 소극적 취체에 그치는 것이 아니고 한 걸음 나아가서 문화전반에 걸쳐 이것을 적극적으로 지휘조장하는 데 있다. 그러므로 우리의 관심은 특히 이 문화부의 동향에 끌리고 있다."

3_「文藝動員を 語る」, 『국민문학』, 1942. 1. 1941년 9월 29일 반도호텔에서 열린 이 좌담회에는 경성일보 편집국장과 학예부장, 녹기연맹 주간, 총독부 보안과장과 도서과장, 총력연맹 문화부장, 방송국 간부 등 당대의 거물급 인사들이 대거 참석하였다. 조선인으로는 임화를 비롯해 백철이 매일신보 학예부장 자격으로, 최재서가 인문사를 대표하여 참석하였다.

직후 임화에게 자기반성은 새로운 실천으로 나아가기 위해 반드시 치러야 할 자기정화의 통과제의였다. 물론 자기반성은 임화뿐만 아니라 해방 직후 여러 차례 논의되었던 문제였다.[4] 그러나 임화는 이미 해방 직후 첫 작품인 「9월 12일」을 통해 자기반성의 자세를 보여 주었으며, 그해 말 소위 '봉황각 좌담회'라 불리는 '문학자의 자기비판' 좌담회에서 양심의 측면에서 자기반성의 원칙과 방법을 제시함으로써 다른 참석자들에 비해 훨씬 심도 깊은 견해를 제시하였다. 그런 의미에서 임화의 자기반성은 해방 직후 이루어진 여러 자기반성 가운데 단연 돋보인다.

어데선가
외로이 죽은
나의 누이의 얼굴
찬 옥방에 숨 지운
그리운 동무의 모습
모두 다 살아오는 날
그 밑에 전사하리라
노래 부르던 깃발
자꾸만 바라보며

자랑도 재물도 없는
두 아이와
가난한 아내여

4_ 대표적인 논의로는 다음을 들 수 있다. 김영석, 「작가의 자기비판」, 『중앙신문』, 1945. 11. 21–11. 22; 좌담, 「문학자의 자기비판」, 『중성』, 1946. 2; 한효, 「문학자의 자기비판」, 『우리문학』, 1946. 2; 권환, 「간단없는 자기비판」, 『신문예』, 1946. 7; 김영건, 「앞으로 나갈 길을 조심하라」, 『신문예』; 홍효민, 「양심적인 생활」, 『신문예』; 이원조, 「자기비판은 문학창조의 원천」, 『신문예』; 윤곤강, 「진실의 추구」, 『신문예』.

가을비 차가운

길가에

노래처럼

죽는 생애의

마지막을 그리워

눈물짓는

한 사람을 위하여

원컨대 용기이어라.

–「9월 12일」 일부[5]

이 시는 1945년 9월 12일 서울에서 개최된 '조선인민공화국 수립과 조선공산당 재건을 경축하는 시가행진'에 참가한 임화의 실제 체험을 바탕으로 쓰인 작품이다. 그런 만큼 시적 주체는 임화에 매우 근접해 있다. 즉 이 시는 임화 자신의 내면이 매개 없이 곧바로 표현되어 있는 자기반성적 고백으로 읽어도 무방하다. 해방 직후에 쓰인 대부분의 시들이 해방의 감격을 흥분된 어조와 직정적 언어로 분출한 반면, 이 시는 차분하고 담담한 어조와 반성적인 태도로 해방을 맞이하는 복잡한 심경을 읊조리고 있다. 따라서 이 시는 해방 직후의 시가 흔히 범하기 쉬웠던 감정의 과잉과 수사의 천편일률성 등의 문제점에서 벗어나 있다. 그 이유는 시적 주체가 대상과 일정한 거리를 유지한 데에 있다. 주체와 대상 간의 거리 확보가 이 시를 해방 직후의 다른 시들과 구별되게 해 주는 결정적 차이이며, 주체의 자기반성적 태도를 가능하게 한 시적 장치이다.

경축행사에 참여한 시적 주체는 기쁨과 희망으로 들끓는 군중과 함께

5_ 임화, 「9월 12일」, 『찬가』; 『임화전집1』, 247–248면.

있으면서도 전혀 그들에 동화되지 못하고 있다. 오히려 그는 그들로부터 일정한 거리에 떨어져서 "위대한 수령"의 연설과 군중의 함성, 펄럭이는 깃발, 천지를 울리는 노래 등이 뒤엉킨 역동적 장면을 다만 관찰자적 시선으로 바라보고만 있다. 그가 환호하는 군중 속으로 쉽사리 뛰어들지 못하는 것은 "부끄러운/ 나의 생애의 쓰라린 기억"이란 시구에서 알 수 있듯이 결코 당당할 수 없는 과거의 기억과 사랑하는 사람들을 잃고 홀로 살아남은 현재를 생각하면서 떠오른 부끄러움과 슬픔 때문이다. 이 부끄러움과 슬픔은 종로 거리를 가득 메운 군중들의 환희와 극명한 대비를 이루면서 그를 눈물짓게 한다. 그가 살아남은 자의 부끄러움과 슬픔을 극복하기 위해 선택한 길은 새 역사 창조의 표상인 깃발과 함께 죽음을 불사한 투쟁을 전개함으로써 앞서 간 이의 염원을 계승하는 것이다. 그러기 위해서 그는 "용기"가 간절히 필요했다. 그런 점에서 "노래처럼/ 죽는 생애"를 위해 "원컨대 용기이어라"라는 나직한 읊조림은 진실한 자기반성의 산물이자 역사를 향한 새로운 기투의 다짐이다.

일제 말기에 대한 임화의 자기반성은 '문학자의 자기비판' 좌담회에서 또 한 번 이루어진다. 1945년 12월 말경에 개최된 이 좌담회의 논제는 일제 말기의 작품 창작상황과 향후 창작계획, 일제 말기 일본어 창작활동에 대한 평가, 해방을 맞은 문학인들의 자기반성의 원칙과 방법 등 세 가지였다. 그런데 이 좌담회에서 특히 중요하게 논의된 사항은 좌담회 제목에서 알 수 있듯이 문학인의 자기반성 문제였다. 이는 좌우파를 두루 아우르는 문학인 결집과 조직적 실천을 통한 민족문학 건설이란 과제를 해결하려 했던 문학가동맹 지도부로서는 반드시 짚고 넘어가야 할 문제였다. 실상 이 좌담회는 자기반성의 원칙과 태도를 만천하에 공표함으로써 문학인들이 자기반성 과정을 거친 후 민족문학 건설의 깃발 아래 모일 수 있도록 하기 위해 마련되었다고 해도 과언이 아니다. 이에 대해서는 대부분의 참석자가 자신의 견해를 피력한다.[6] 이원조는 '민족의 향상'을 위해, 한설야는 '진실한 갱생'을 위해, 김사량은 '신문화 재건이라는 새로운 출발'을 위해 자기비판의 필요성을 각각 주장했다. 또한 김남천은 자기비판의 성실성을 촉구했으며, 한효는 과거를 합리화하려는 경향을 비판하면서 조선인 가운데 일제에 협력적인 태도를 취하지 않은 사람은 없으니 준열한 자기비판은 결코 불명예스러운 일이 아님을 역설했다. 임화는 앞서 발언한 참석자들의 견해를 종합하면서 자신의 견해를 심도 깊게 피력한다. 그런 만큼 그의 발언은 다른 참석자들에 비해 훨씬 설득력이 있다. 임화의 견해 뒤에 "(일동 동감입니다)"라는 지문을 표기해 놓은 것을 보면, 임화의 견해가 참석자들에게 가장 커다란 공감을 불러일으켰음을 알 수 있다.

> 자기비판이란 것은 우리가 생각던 것보다 더 깊고 근본적인 문제일 것 같습니다. 새로운 조선문학의 정신적 출발점의 하나로써 자기비판의 문제는 제기되어야 한다고 생각합니다. 그런데 자기비판의 근거를 어디 두어야 하겠느냐 할 때, 나는 이렇게 생각합니다. 물론 그럴 리도 없고 사실 그렇지도 않았지만 이것은 단순히 예를 들어 말하는 것인데, 가령 이번 태평양전쟁에 만일 일본이 지지 않고 승리를 한다, 이렇게 생각해 볼 순간에 우리는 무엇을 생각했고 어떻게 살아가려고 생각했느냐고. 나는 이것이 자기비판의 근원이 되어야 한다고 생각합니다. 이때 만일 '내'가 일개의 초부草夫로 평생을 두메에 묻혀 끝막자는 것이 한 줄기 양심이 있었다면, 이 순간에 '내' 마음 속 어느 한 귀퉁이에 강잉히 숨어있는 생명욕이 승리한 일본과 타협하고 싶지는 않았던가? 이것은 '내' 스스로도 느끼기 두려웠던 것이기 때문에 물론 입 밖에 내어 말로나 글로나 행동으로 표시되었을 리 만무할 것이고 남이 알 리도 없을 것이나 그러나 '나'만은 이것을 덮어두고 넘어갈 수 없는 이것이 자기비판의 양심이 아닌가 하고 생각합니다. 이럼에도 불구하고 이 결정적인 한 점을 덮어

6_ 좌담, 「문학자의 자기비판」, 『중성』, 1946. 2; 『인민예술』, 1946. 10; 김윤식 편, 『한국 현대 현실주의 비평 선집』, 나남, 1989, 64-68면.

둔 자기비판이란 하나의 허위상 가식이라고 생각합니다. 그러기에 우리가 모두 겸허하게 이 아무도 모르는 마음속의 '비밀'을 솔직히 터놓는 것으로 자기비판의 출발점을 삼아야 한다고 생각합니다. 그리고 자기비판에 겸허가 왜 필요한가 하면 남도 나쁘고 나도 나쁘고 이게 아니라 남은 다아 나보다 착하고 훌륭한 것 같은데 나만이 가장 나쁘다고 감히 긍정할 수 있어야만 비로소 자기를 비판할 수 있기 때문입니다. 이것이 양심의 용기라고 생각습니다.[7]

인용문에 나타나듯이 임화는 일제 말기의 내면 고백하기와 양심이라는 윤리적 잣대로 그것을 가늠하기가 '자기비판'의 핵심임을 논파하고 있다. 즉 일본이 승리할 경우 "일개 초부로 평생을 두메에 묻혀" 생을 끝낼 것인가 아니면 "승리한 일본과 타협"할 것인가 하는 내면의 갈등을 솔직히 밝히고, 겸허하게 반성하는 "양심의 용기"를 발휘하는 것이 올바른 자기비판의 방식이라는 것이다. 임화가 일제 말기의 문학인들의 내적 갈등을 '은둔'과 '타협'의 도식으로 논의한 것은 물론 가정법이다. 그러나 일찍부터 적극적으로 전시체제에 협력했던 일부를 제외한 대부분의 문학인들은 '은둔'과 '타협'의 내적 갈등에 시달리지 않을 수 없었다. 임화 역시 이 문제에서 자유로울 수 없었을 것이다. 따라서 이는 임화가 몇 번이나 가정이라고 전제한 후 언급하고 있지만, 사실은 임화 자신을 괴롭혔던 내면의 갈등을 은연중에 고백한 것으로 볼 수 있다. 세상이 자신과 맞지 않다고 판단할 때, 인간은 누구나 자연 속으로의 은둔을 꿈꾸기 마련이다. 그것은 동양적 전통에서 낯설지 않다. 지식인들이 정치적 이유로 탈속의 삶을 선택한 사례는 중세의 정치사에서 너무 흔해서 진부하기까지 하다. 일제 말기 대다수 문학인들 역시 그 원인이 개인적 차원에 있든, 아니면 민족적 차원에 있든 간에 당대 현실과 불화했다. 그들은 전시체제에 적극 부응하여 친일의 길을 걷기엔 양심의 가책

7_ 좌담, 「문학자의 자기비판」, 68면.

에 시달렸고, 그렇다고 일제에 적극적으로 맞서는 반일의 길을 걷기엔 너무도 무력한 자신을 발견할 수밖에 없었다. 적극적으로 맞설 수도, 그렇다고 적극적으로 복종할 수도 없는 딜레마 속에서 그들은 적당한 저항과 적당한 순응의 자세로 일제 말기를 버티게 된다. 언론을 통해 알려지는 전황은 '황군'의 연승과 결사항전의 다짐뿐이었다. 그리고 그것은 1945년 8월 14일까지 지속되었다. 일본은 계속 승리를 하고 있고 마침내 태평양전쟁에서 승리하여 세계의 판도가 독일, 이탈리아, 일본의 3강 체제로 재편될 경우, 그때 '나'는 어떻게 살아야 하는가 하는 물음은 당대 대부분의 문학인들에겐 피할 수 없는 운명적인 물음이었다. 그런 상황에서 그들은 임화의 말과 같이 은둔에의 욕망과 타협에의 욕망에 시달렸을 것임에 틀림없다. 임화는 바로 그런 각자의 마음속에 내밀하게 숨겨져 있던 생각을 솔직히 고백할 것을 주문하고 있다. 그리고 그것을 양심에 비추어 겸허히 반성할 때, "새로운 조선문학의 정신적 출발점"에 설 수 있다고 주장한다. 자기반성의 원칙과 태도에 대한 임화의 이 같은 천명은 새로운 실천에 나서려는 문학인들에게 민족문학 건설의 깃발 아래 동참할 길을 마련해 주었다는 의미를 지닌다.

임화는 이상과 같은 두 차례의 자기반성 과정을 거치면서 문학적 삶과 정치적 삶의 일원성을 다시 회복하고 한 점의 회의나 흔들림 없이 문학적·정치적 활동을 전개해 나간다. 특징적인 것은 임화의 자기반성과 정치적·문학적 실천이 거의 동시적으로 이루어진다는 점이다. 흔히 반성과 실천은 단계적으로 이루어지기 마련임을 고려할 때, 이러한 동시성은 그만큼 해방기 현실이 급박하고 혼란했다는 것을 말해 준다. 해방기를 맞이한 임화에겐 차분히 과거를 반성하고 앞으로의 실천을 모색할 여유가 많지 않았다. 조선문화건설본부에서 조선문학가동맹에 이르는 문화단체 결성, 민족문학론의 이념과 방향 정립, 민주주의 민족전선 간부로서의 정치적 활동 등 그에겐 해야 할 과제들이 숨 가쁘게 제시되고 있었기 때문이다. 이처럼 그는 반성과 실천을 동시적으로 수행하면서 다시 카프 시절과 같이 뚜렷한 자기정체성을 획득할 수 있게 된다. 이를 일컬어 두 번째 주체 재건이라 부를 수 있을 것이다. 이 두 번째 주체 재건은 시에서 '인민'으로 표상되는 집단적 형상의 구성으로 현현된다. 해방기 임화의 시는 이와 같은 인민연합체를 전면에 내세워 근대적 민족국가 건설의 염원과 그것의 실현을 위한 투쟁을 노래한다.

해방기 임화의 문학적 실천 가운데 특기할 만한 것이 노랫말 창작이다. 그는 1945년 12월에 개최된 '조선청년단체총동맹' 결성대회에 부치는 「헌시」에서 "이미/ 살길은 명백하고/ 우리는 단지/ 죽는 법을 배워/ 돌아가면 그만이다"[8]라고 속도감 있는 화법과 단호한 어조로 삶과 죽음의 길에 대해 말한 바 있다. 그가 말하는 '명백한 살길'이란 곧 새 국가 건설을 위한 실천을 말하며, '죽는 법'은 그런 과정에서 닥칠지도 모를 죽음을 명예롭게 맞이하는 것을 의미한다. 임화는 이같이 '사는 법'과 '죽는 법'을 노랫말로 만들어 전파함으로써 대중들의 의식을 각성시키고 실천에 동참시키고자 했다. 그런 점에서 「9월 12일」의 "노래처럼/ 죽는 생애"라는 시구에 등장하는 '노래'는 이처럼 목숨을 건 새 국가 건설 투쟁을 주제로 하는 해방기의 노래를 의미한다고 할 수 있다. 임화가 해방기에 지은 노랫말 가운데 지금까지 알려진 작품들은 「해방전사의 노래」, 「국군행진곡」, 「인민의 소리」, 「예명의 노래」, 「민청가」, 「전평의 노래」, 「인민항쟁가」, 「민애청가」, 「남조선 형제를 잊지 말아라」 등이다. 임화는 이 노랫말들을 통해 새롭게 건설될 조선은 "모든 권력이 인민에게로"[9] 돌아가는 "인민의 나라"[10]가 되어야 하며, 그것을 위해 "한 목숨 바치자"[11]라고 노래했다. 이런 노랫말의 내용은 대체로 해방기에 두루 논의되었던 정치적 담론을 쉽고 간결하게 요약한 것이다. 이 중에서 곡이 붙여진 노랫말들은 널리 가창되었으며, 따라서 대중적인 흡인력이 매우 컸다.

8_ 임화, 「헌시」, 『조선인민보』, 『건설』, 1946. 1. 19; 『임화전집1』, 254면.

9_ 임화, 「인민의 소리」, 『예술신보』, 1946. 1; 『임화전집1』, 523-524면.

10_ 임화, 「해방전사의 노래」, 『문화전선』, 1945. 11. 15; 『임화전집1』, 519-520면.

11_ 임화, 「민애청가」, 『노력인민』, 1947. 7. 5; 『임화전집1』, 527면.

해방기에 임화가 창작한 노랫말 가운데 가장 문제적인 작품이 1946년 10월 항쟁을 소재로 한 「인민항쟁가」이다. 김윤식은 「인민항쟁가」를 임화의 "최대의 걸작"[12]이라고 평가한 바 있다. 또한 월남한 『민주청년』 전 문예부장 이철주는 "「인민항쟁가」처럼 불린 노래도 없거니와 「인민항쟁가」처럼 사람들의 심금을 울린 노래도 없으리라. 북한 평론가들은 「인민항쟁가」가 비록 가사로 씌어졌으나 임화의 불멸의 작품이라고 평했고 이를 작곡한 김순남은 함께 북한의 찬란한 각광을 받았던 것이다"[13]라고 이 노래를 추억한 바 있다. 어째서 이 작품이 최대의 걸작 내지 불멸의 작품인가? 그 이유는 이 작품이야말로 임화가 평생에 걸쳐 추구했던 문학과 정치의 일치가 완벽하게 구현되어 있다는 데 있을 것이다. 즉 이 노랫말은 '우리'와 '적'의 분명한 구분, '붉은 깃발'로 표상되는 사회주의 이념의 선명한 제시, 그것을 위한 결사항전의 다짐이 간결한 형식과 절제된 언어의 의장을 걸침으로써 정서적 호소력과 선동성을 두루 갖추고 있다. 게다가 이 작품은 당대 최고의 작곡가였던 김순남에 의해 만들어진 4분의 4박자와 4분의 2박자의 빠르고 경쾌한 리듬, 넓은 편폭의 음역과 다채롭고도 격정적인 멜로디에 얹혀 널리 가창되었다. 「인민항쟁가」가 임화 자신은 물론 해방기의 걸작이라 말할 수 있는 근거가 여기에 있다.

원수와 더불어 싸워서 죽은
우리의 죽음을 슬퍼말아라
깃발을 덮어다오 붉은 깃발을
그 밑에 전사를 맹세한 깃발
–「인민항쟁가」 1절[14]

12_ 김윤식, 『임화연구』, 221면.
13_ 이철주, 『북의 예술인』, 계몽사, 1966, 24면.
14_ 임화, 「인민항쟁가」, 『임화전집1』, 525면.

이 작품에서 주체인 '우리'는 인민항쟁에 나섰다 죽은자이다. 그는 결사항전의 의지로 싸움에 나섰으며 비록 죽음에 이르러도 슬퍼하거나 후회하지 않는다. 오히려 '붉은 깃발'이 상징하는 이념에 대한 선명한 의지를 노래하고 있다. 여기서는 발화의 주체도 인민이며 대상도 인민이다. 즉 모두가 말하는 자이자 듣는 자이다. 그들은 노래를 매개로 혼연일체가 된다. 그렇기 때문에 그 속엔 한 점의 회의나 두려움이 끼어들 여지가 없다. 노래는 민중투쟁의 현장에서 개인의 내면을 용기와 의지로 충만케 하고, 그 같은 용기와 의지의 공유를 통해 조직의 결속을 강화하며, 그렇게 생성된 힘의 집단적 분출을 가능케 하는 전투적 기능을 한다. 그것이 투쟁가가 지닌 본연의 기능이다. 그러므로 해방기 현실에서 투쟁가의 작사는 임화에겐 소홀히 할 수 없는 중대한 예술적 실천이었다. 그런 점에서 10월 인민항쟁 이전에 창작된 임화의 작품들은 「인민항쟁가」에 이르기 위한 도정이었으며, 그 이후 작품들은 그것의 변주에 지나지 않는다고 해도 과언이 아니다.

한편 임화는 노랫말 창작과 아울러 자신의 본령인 시를 통해서도 해방기의 현실과 새 국가 건설의 희망을 형상화한다. 그러나 그의 시에서 해방의 감격과 새 국가 건설의 낙관적 희망은 오래가지 못한다. 해방이 된 지 불과 반년 만에 이미 정국은 걷잡을 수 없는 소용돌이에 휘말리고 있었고, 1946년 1월 18일과 19일에 일어난 우익에 의한 좌익단체 습격과 경찰의 학병동맹본부 습격이 말해 주듯 미군정의 방관과 묵인, 지원하에 이루어진 '백색테러'와 탄압으로 인해 변혁세력들은 갈수록 설 자리를 잃어 가고 있었기 때문이다. 1946년 초부터 공산당 불법화와 공산당원 검거로 인해 월북하게 되는 1947년 가을까지 발표된 임화의 시는 해방정국의 혼란과 좌우대립의 갈등의 격화와 맞물리면서 점차 격렬한 어조와 선명한 대립적 구조, 주체의 결사적 자세 등이 뚜렷이 부각되는 양상으로 전개된다. 그에 따라 그의 시는 점차 '적에 대한 분노'로 단순화되어 간다.

「3월 1일이 온다」는 좌우 갈등이 고조되어 가는 해방정국의 위기상황 속에서 3월 1일을 맞이하는 임화의 심경을 잘 드러내고 있다. 시적 주체는 36년 전 일제의 부당한 통치에 맞서 조선 독립을 외쳤던 3월 1일을 해방기에 처음 맞이하고 있음에도 기쁨이나 감격에 들떠 있지 않다. "불행한/ 동포의/ 머리 위에/ 자유 대신/ '남조선/ 민주의원'의 깃발"[15]이 드리워져 있기 때문이다. 여기서 "'남조선민주의원'의 깃발"은 "민중의 깃발"[16]과 대립하는, 외세에 대한 굴종의 깃발이자 민족에 대한 압제의 깃발이라는 의미를 지닌다. 이 시는 그런 현실 상황 속에서 3월 1일을 맞이하는 주체의 위기의식을 차가운 바람이 날리는 티끌 때문에 눈을 뜰 수 없는 상황으로 표현하고 있다.

우리들의 어버이가 미어진 잔등에 짐짝과 더불어
우리를 업고 고향을 떠날 때
너희들은 어디에 있었느냐
우리들의 어린 것이 낯선 도시에 와서
호올로 눈물지으며 외로이 잠자던 공장에서
너희들은 어떻게 살았느냐
우리들의 동무가 주림과 박해에 못 이겨
성난 이리처럼 싸움에 일어났을 때
너희들은 무엇을 하였느냐

너희들은 국외에서 싸우지 않고 승리를 기다리었고
너희들은 우리의 교만한 주인으로 행복하였고
너희들은 능히 일본군경의 양우良友이었다

15_ 임화, 「3월 1일이 온다」, 『자유신문』, 1946. 2. 25; 『임화전집1』, 258면.
16_ 임화, 「길」, 『자유신문』, 1945. 11. 12; 『임화전집1』, 250면.

아아 모처럼 돌아오려는 자유를 찾아 깃발을 날리는 메이데이
오늘에 또다시 이빨을 갈며 달려드는 너희는 대체 어느 나라 사람이냐

꾀꼬리 우는 시냇가에 발을 잠그고 해마다 조국에 향그런 5월 1일이 오면
휘파람 불며 불행한 동포의 지나간 이야기를
사랑하는 우리 어린 것들에게 들려줄 메이데이를 위하여
대한大韓의 병든 가축을 치는
너희들의 운명을 파멸로 인도해야겠다

아아 나의 눈은 핏발이 서서 감을 수가 없다.
–「나의 눈은 핏발이 서서 감을 수가 없다」 부분[17]

「3월 1일이 온다」와 함께 살펴볼 작품이 「나의 눈은 핏발이 서서 감을 수가 없다」이다. 전자가 3월 1일을 맞이하는 임화의 현실인식을 주로 보여준다면, 후자는 5월 1일을 맞이하여 갈수록 문제적으로 전개되어 가는 현실에 대한 분노가 표현되어 있다. 또한 전자에서 시적 주체는 눈을 뜰 수 없다는 표현으로 당대 현실의 불합리함을 표현한 반면, 이 시에서 시적 주체는 공교롭게도 바로 그런 현실 때문에 눈을 감을 수 없다고 말한다. 그는 "눈이 부시게 푸른 나뭇잎 사이로/ 이따금 구름이 흘러가는 풀밭 위/ 행복한 짐승처럼" 누워 있는데도 불구하고 쉽사리 잠들 수 없다. 그것은 당대 현실에 대한 분노 때문인데, 시에서 주체의 분노는 '핏발 선 눈'으로 표현되고 있다. 인민인 '나(우리)' 대 민족반역자인 '너희'의 선명한 대립구도로 전개되고 있는 이 시에서 시적 주체는 해방 이후 처음으로 메이데이를 맞아 불행했던 민족의 과거를 회상하면서 그런 과거가 또 다시 되풀이되려고 하는 상황을

17_ 임화, 「나의 눈은 핏발이 서서 감을 수가 없다」, 『현대일보』, 1946. 5. 1; 『임화전집1』, 260-261면.

직시한다. 그에게는 민족 수난기에 반민족적 삶을 살았던 민족반역자들이 해방된 조선에서 오히려 민족의 자유를 앗아 가려 하고 있는 것으로 보인다. 따라서 그는 "너희들의 운명을 파멸로 인도"하기 전에는 핏발 선 눈을 감을 수 없다는 것이다.

살인의 자유와
약탈의 신성이
주야로 방송되는
남부조선
더러운 하늘에
무슨 깃발이
날리고 있느냐

동포여
일제히
깃발을 내리자
　－「깃발을 내리자」 부분[18]

「깃발을 내리자」는 현실의 부정적 실상에 대한 분노와 그런 현실에 대한 '동포'의 일치된 행동에 대한 촉구인 "동포여/ 일제히/ 깃발을 내리자"가 세 번 반복되어 만들어진 작품이다. 여기서 부정적 현실이란 혁명가에 대한 경찰의 탄압과 매판자본의 인민 착취 기도이며, 나아가 살인과 약탈이 자행되는 상황이다. 시적 주체가 말하는 '깃발'이란 미군정과 경찰, 매판자본에 의해 구성된 반민중적이고 반민족적인 지배세력의 깃발이다. 따라서 "깃발

18_ 임화, 「깃발을 내리자」, 『현대일보』, 1946. 5. 20; 『임화전집1』, 265면.

을 내리자"란 선동에는 반민족세력의 깃발을 내리자는 표면적 의미 외에도 '인민의 깃발을 올리자'라는 의미가 내포되어 있다. 이런 선동적 어조는 싸워야 할 '적'이 분명해지고, 적의 힘이 강화되어 가는 것과 비례하여 더욱 강화되어 간다. 임화의 시는 1946년 가을 무렵이 되면 현실에 대한 비판과 투쟁의 선동에서 한 단계 나아가 인민들의 직접적 투쟁을 형상화하고, 그것을 고무 독려하는 데까지 나아간다. '9월 총파업'이나 '10월 항쟁'이란 대중적 투쟁이 실체적으로 가시화되었기 때문이다. 가령 「우리들의 전구」[19]에서 '적'은 침략자와 매국노인데, 구체적으로는 미군정과 우익세력들이다. 이들의 반민족행위는 새 국가 건설을 위한 인민들의 실천과 대조적으로 제시된다. 이제 남은 것은 "죽음이냐 그렇지 않으면 싸움이냐"라는 선택뿐인 것으로 나타난다.

해방기 임화 시는 사적 차원에서 생성되고 발현되는 개인적 서정이 아니라 공적 차원에서 조직되고 공유되는 집단적 서정의 성격을 강하게 지닌다. 해방 직후 임화는 「현하의 정세와 문화운동의 당면 임무」[20]에서 일제 잔재 청산, 민족의 완전 해방, 국가의 자주독립 등 코민테른 제6회 대회의 강령인 12월 테제에서 제시한 식민지 운동의 기본과제인 '부르주아 민주주의 혁명'이 아직도 미해결인 상태에 있다고 지적하고, 바로 그것이 해방기의 당면한 정치적 과제임을 분명히 한다. 또한 그는 이미 능력을 상실한 부르주아지를 대신해 노동자 계급을 중심으로 한 광범위한 민중의 통일전선이 그러한 과제를 수행할 수 있다고 보았다. 따라서 정치운동의 일익인 문화운동 역시 문화의 차원에서 부르주아 민주주의 혁명을 수행해야 하며, 문화혁명을 담당할 주체도 "가장 혁명적 계급인 노동자 계급을 위시한 농민과 중간층의 진보적 시민으로 형성된 통일전선", 즉 노동자 계급을 중심으로 한 '인민'이어야 한다는 것이다. 여기엔 친일파와 민족반역자를 제외한 광범

19_ 임화, 「우리들의 전구(戰區)」, 『찬가』, 백양당, 1947. 2; 『임화전집1』, 272-274면.

20_ 임화, 「현하의 정세와 문화운동의 당면 임무」, 『문화전선』, 1945. 11. 15; 『임화전집5』, 355-369면.

위한 계급 계층이 망라된다. 이 지점에서 임화는 노동자 계급 당파성을 주장하는 입장과 분명히 갈라선다. 다른 글에서 그는 "만일에 노동자 계급이 지금 단계를 프롤레타리아 혁명의 시기라고 규정한다면 민족전선의 실현은 불가능하고 격렬한 계급투쟁을 예상하지 않으면 안 될 것"[21]이라고 그 이유를 명시한다. 요컨대 노동자계급 당파성을 과도하게 주장한다면 통일전선은 와해될 것이고, 그처럼 분열된 세력으로는 현실의 적에 맞서는 싸움에서 승리할 수 없다는 것이다. 임화가 정치투쟁과 문화투쟁의 주체세력으로 '인민'을 규정한 것은 이런 배경에서였다. 따라서 '인민'은 해방기 임화 시에서 새로운 국가와 문화를 건설할 주체로서 수용된다. 임화 시에서 집단주체가 등장했던 것은 노동자계급 해방이라는 공적인 희망의 실현에 자신을 투신했던 카프 시절의 단편서사시에서였다. 또한 그 이후엔 역사의 전망을 망실하지 않기 위한 기억투쟁의 일환으로서 식민지 '청년'들을 내세운 「현해탄」 연작에서였다. 이처럼 임화 시에서 집단주체는 성취해야 할 공적인 과제와 그것을 실천할 집단의 굳은 의지가 결합될 때 시에 어김없이 등장했었다. 따라서 그러한 집단주체의 형상이 해방기 시에 다시 등장한 것은 당연한 것인지도 모른다. 바로 인민이 주인이 되는 새 국가의 건설이란 민족적 과제가 제시되었고, 그것을 실천할 민족구성원들의 연합체인 '인민'이 실재로서 존재했기 때문이다. 그러므로 해방기 임화의 시는 '인민' 즉 "헐벗고 굶주리며 살아가고 있는 우리들"의 입을 통해 "노동자와 농민과 월급쟁이와 삯일꾼의 자유와 행복을 실현하는 이념"을 노래한 것이다.[22] 그것은 그의 해방기 민족문학론의 시적 구현이다.

21_ 임화, 「민주주의 민족전선」, 『인민평론』, 1946. 3; 『임화전집5』, 396면.

22_ 임화, 「민족문학의 이념과 문학운동의 사상적 통일을 위하여」, 『문학』, 1947. 4; 『임화전집5』, 459면.

┌ 전쟁영웅의 이상화와 통일국가를 향한 열정

임화가 검거를 피해 월북한 때는 1947년 11월 무렵이었다. 그런데 임화는 월북 후 평양으로 가지 않고 해주에 머물면서 먼저 월북한 남로당 지도부와 함께 남한에 남아 싸우고 있는 남로당원들을 지도하고 남로당과 북로당을 연결하는 매개 역할을 했으며, 다른 한편으로는 양남수란 필명으로 남로당 관련 출판물에 시를 발표한 것으로 알려져 있다.[23] 전자가 남로당의 정치 전략에 따른 결정이었다면, 후자는 전자에 연결된 문학 활동이었다. 그가 시를 발표한 출판물인 『노력자』는 남로당 기관지인 『노력인민』이 미군정의 탄압으로 발간이 어려워진 상황에서 그 역할을 대신 수행할 목적으로 만들어졌다. 임화는 이 신문에 양남수란 필명으로 시를 발표한 것이다.[24]

임화가 해주 시절에 쓴 작품 가운데 지금까지 확인된 것은 「눈이 나린다」, 「그 고향이여! 한층 아름다워라」, 「형제」, 「기적 울리는 죽령 고개에」, 「대숲 어득히 흔들리는 거기」, 「노력하자 투쟁하자 5·1절이다」 등 여섯 편[25]이다. 이 가운데 「대숲 어득히 흔들리는 거기」에서 「기적 울리는 죽령 고개에」에 이르는 네 편의 작품들은 「영웅전」이란 제목 하에 쓰인 연작시[26]로서

23_ 현수, 『적치 6년의 북한문단』, 국민사상지도원, 1952; 보고사, 1999, 4장 참고.

24_ 김재용에 따르면, 이 신문은 발행소가 서울 종로로 되어 있지만 실제로는 해주에서 인쇄하여 서울로 내려보낸 것이라고 한다. 그렇게 한 것은 미군정의 대대적 탄압에도 불구하고 서울에서의 지하투쟁이 계속 전개되고 있음을 선전하고자 한 의도 때문이다. 김재용은 임화가 양남수란 필명을 쓰게 된 이유를 자신의 월북을 모르는 사람들에겐 그 사실을 감추기 위함이며, 아는 사람들에겐 자신의 체류지와 신문 발행소의 불일치라는 어색함을 드러내지 않기 위함이라고 설명하고 있다. 『노력자』의 발간 사정과 양남수라는 필명 사용의 배경에 대해서는 김재용, 「임화와 양남수」, 104-105면을 참고할 것.

25_ 임화, 「눈이 나린다」, 『노동신문』, 1950. 1. 12; 「그 고향이여! 한층 아름다워라」, 민병균 외, 『한 깃발 아래에서』, 문화전선사, 1950. 3; 「형제」, 같은 책; 「기적 울리는 죽령 고개에」, 같은 책; 「대숲 어득히 흔들리는 거기」, 『노동신문』, 1950. 3. 21; 「노력하자 투쟁하자 5·1절이다」, 『노동신문』, 1950. 5. 2. 이 중에서 「눈이 나린다」와 「대숲 어득히 흔들리는 거기」는 『노력자』에 발표되었다가 『노동신문』에 재발표된다. 이런 독특한 발표경로는 당시 남로당과 북로당의 새로운 관계정립이라는 정치적 상황 변화에서 비롯된 것이다. 이에 대해서는 김재용, 같은 글, 105-107면을 참고할 것.

26_ 김재용은 임화가 1949년 중반 이후 시 창작을 재개하면서 남한에서 싸우고 있는 사람들을 다룬 「영웅전」 연작을 구상하고 기회가 있을 때마다 발표하였으며, 「영웅전」이란 제목은 연작 전체의 이름이므로 각 시의 부제로 개별 시의 제목을 삼는다고 말한다. 김재용, 같은 글, 109면. 그러니까 이 시들의 제목은 원래는 부제인 셈이다. 본 연구에서는 「영웅전」 연작의 각 작품에 대한 언급의 편의를 위해 김재용의 방식을 따르도록 하겠다.

남한의 인민유격대를 '영웅'으로 미화하고 그들의 '영웅적 투쟁'을 형상화하고 있다. 특히 「형제」, 「그 고향이여 한층 아름다워라」, 「기적 울리는 죽령 고개에」는 종합시집 『한 깃발 아래에서』에 수록되었는데, 『문학예술』에 실린 이 시집의 광고[27]에는 "조선민주주의 인민공화국의 한 깃발 아래 조국통일 민주주의 전선을 받들고 영용하게 투쟁하는 남북 전체 조선인민들의 애국적 면모"를 담고 있으며, "제1부에서 조선 인민군의 무력을, 제2부에는 남반부 빨치산을 노래 부른 시들"을 수록했다고 소개되어 있다. 그러니까 임화의 작품은 김조규, 안용만, 최석두 등의 작품과 함께 남한의 인민유격대를 노래한 2부에 편성되어 있다. 이처럼 해주 시절 임화의 시는 시적 주체의 형상의 측면에서 해방기 시와 약간의 차이를 보인다. 해방기 시에서 시적 주체는 '인민 전체'의 형상에 가까웠다면, 이 시기의 시에는 그 가운데 전위적인 인물, 즉 '인민의 영웅'의 형상으로 나타난다.

살아서 만날
어느 날도 기약키 어려운
이 밤을 어떻게 잠들어 새울 것이냐

동무여

이렇게 형제처럼 나란히 누워
진정 아름다운 우리나라의
첫 여름 밤이 깊어 가면

망국 선거장에 화약을 지를 5월 10일

27_ 『문학예술』, 1950. 3.

조국의 자유를 위하여 죽어도 좋은
아침이 온다
아아 우리 오직 단 하나를 염원하여
붉은 피 뿌릴 조국의 땅이여
잘 있으라 그 위에 영원한 조국의 하늘이여

동무여

창을 열자
이렇게 황홀한 청춘의
마지막 밤을 어떻게 잠들어 새울 것이냐

–「형제」 전문[28]

「형제」는 인민유격대원을 시적 주체로 설정하여 5·10 남한 단독선거에 반대하는 무장투쟁을 앞둔 심정을 서술하고 있다. 시적 담론구조는 수신자를 설정한 대화 형식을 따르고 있지만 한편으로는 자기고백적 성격도 동시에 지닌다. 그런 이유에서 이 시는 전의를 동료들과 집단적으로 공유하는 것뿐만 아니라 시적 주체 자기 내부에서 가일층 타오르게 하는 데에 초점이 맞춰져 있다. 시적 주체는 투쟁을 앞둔 날 "조국의 자유를 위하여 죽어도 좋은/ 아침"을 기다리며 밤을 지새우고 있다. 그는 대의를 위한 결사항전을 앞두고 있기 때문에 죽음을 눈앞에 둔 자가 가질 법한 두려움이나 공포를 느끼지 않는다. 오히려 그의 가슴은 내일의 '거사'에 대한 기대감과 죽음을 초월한 자의 초연함으로 충만해 있다. 시적 주체의 그러한 정서는 "진정 아름다운 우리나라의/ 첫 여름 밤"과 "황홀한 청춘"이란 표현과 어울리면서 시 전체를

28_ 임화, 「형제」, 『임화전집1』, 283면.

낭만적 분위기로 짙게 채색하고 있다. 이 시와 짝을 이루는 작품이 「기적 울리는 죽령 고개에」[29]이다. 이 시는 「형제」와는 달리 5·10 단독선거 반대 투쟁을 전개하다 붙잡혀 처형장으로 끌려가고 있는 빨치산의 심정을 노래하고 있다. 이 시에서 시적 주체는 차를 타고 소백산 어느 골짜기로 끌려가고 있는 상황이다. 그런 상황에서 그는 "지난 몇 주일"의 "죽음의 위협"과 "육체의 고통", "삶에의 유혹"이란 극한적 체험을 떠올린다. 구체적으로 그것은 "동무들의 가쁜 숨결/ 어둠 속에 떨어지는 흰 눈송이/ 다시 들려오는 무거운 신음"으로 감각화된다. 그러나 그는 그러한 위기상황 속에서도 "마음의 굳은 결심"을 포기하지 않았다. 그 때문에 그는 처형장으로 끌려가고 있다. 시에는 그런 시적 주체의 피 끓는 분노와 결사의 다짐이 전면화되어 있다. 아울러 숱한 동료들이 '복수'를 위해 몰려올 것이라는 확신을 표명하고 있다.

「대숲 어득히 흔들리는 거기」[30]는 「영웅전」 연작을 대표할 만한 작품이다. 임화는 이 시에 "1949년 11월 9일 전라남도 장흥군 유치면 전투에서 전사한 호남전구 서남부유격대 총사령 최현 동무를 위하여"라는 또 하나의 긴 부제를 붙여 놓았는데, 이것이 이 시를 창작한 동기라는 점을 쉽게 알아차릴 수 있다. 그러므로 이 시는 호남전구 서남부유격대 총사령 최현의 영웅적 면모와 그에 대한 찬양이 주요 내용을 이룬다. 즉 시적 주체의 담론은 호남지방의 자연풍광 묘사, 최현의 농민적 외모와 그를 따라 싸우던 전투 회상, 비록 육체는 죽었지만 영혼은 살아남아 빨치산과 함께 불멸할 것이란 찬미의 순서로 전개된다. 고양된 어조와 굳건한 신념에 근거한 이 찬가는 "영웅화의 웅장함"[31]을 구현함으로써 「영웅전」 연작의 특성을 전형적으로 보여 준다 하겠다.

29_ 임화, 「기적 울리는 죽령 고개에」, 『임화전집1』, 284-286면.

30_ 임화, 「대숲 어득히 흔들리는 거기」, 『임화전집1』, 290-294면. 전집에는 시 제목이 「대숲 어득히 흔들리는 거기에」로 잘못 표기되어 있다.

31_ 김재용, 「임화와 양남수」, 112면.

남한에서 빨치산 투쟁은 단정반대운동을 기점으로 확산되었으며, 그것의 형상화는 1948년 이후 북한문학의 한 과제로 제시되었다.[32] 그렇다면 임화의 「영웅전」 연작은 빨치산 투쟁의 형상화라는 당대 북한문학의 일반적 경향에 따라 창작된 것으로 보인다. 그러나 다른 한편으로 「영웅전」 연작은 해주라는 공간적 제약 속에서 임화가 모색해 낸 것이라고 할 수 있다. 월북 후 임화가 시 창작을 재개한 것은 약 2년이 지난 1949년 말경이었다. 월북 후 2년 동안 그가 시를 쓰지 못했던 이유는 두 가지로 추정해 볼 수 있다. 우선 정치적 상황이 급박하게 전개되었기 때문이라 생각된다. 남한 정세의 급박함과 남로당의 위기상황 속에서 임화는 차분하게 시를 쓸 마음의 여유를 갖지 못했을 것으로 보인다. 또 한편으로는 그가 머물던 해주의 공간적 제약성이 현장감 있는 투쟁시 창작을 어렵게 했기 때문일 것이다. 당시 해주는 서울이나 평양과는 달리 역사의 격동에서 한 걸음 비켜서 있는 곳이었다. 그렇기 때문에 남로당 동지들이나 인민유격대원들의 투쟁과 직접적인 관계를 맺기 힘들었다. 따라서 해주는 투쟁적 소재를 제공해 주기엔 미급한 공간이었다. 임화는 자신이 비록 검거를 피해 쫓겨 온 상황이었지만 해주라는 공간에서 할 수 있는 실천을 모색해야만 했고, 남쪽에서 싸우고 있는 이들이 투쟁을 지속하도록 힘을 북돋워 주어야만 했다. 하지만 그가 처한 상황이 현실의 구체적 형상화를 통해 남한 민중들을 선전선동하고 인민유격대를 고무하는 것을 어렵게 했다. 그런 상황에서 선택된 것이 모범이 될 만한 '인민의 영웅'을 주인공으로 한 「영웅전」 연작의 창작이었다. 따라서 「영웅전」 연작은 임화가 해주라는 고립된 조건 속에서 행한 실천적 모색의 일환으로 보아야 할 것이다.[33] 그런 점에서 「영웅전」 연작이 지닌 낭만성과 경직성은 구체적인 투쟁 현장에 밀착될 수 없었던 임화의 실제적 조건에서 도

32_ 신형기 · 오성호, 『북한문학사』, 평민사, 2000, 124면.

33_ 김재용은 「영웅전」 연작의 창작배경으로 이남에 대한 임화의 '부채의식과 집착'을 들고 있다. 김재용, 「해주 시절의 임화와 영웅시편의 문제」, 『실천문학』 57호, 2000. 봄, 190면.

출된 불가피한 한계라고 할 수 있다.

주지하다시피 당시 북한은 '국토완정'을 목표로 한 이른바 '조국통일전쟁'을 준비하고 있었고, 박헌영의 정세판단에 의거하여 한국전쟁을 개시한다. 그에 따라 임화는 다른 작가 예술인들과 마찬가지로 의무적으로 종군하여 전선문학 작품을 창작하였다. 그 가운데 대표적인 것이 싸우고 있는 군인들을 영웅화한 작품이다. 한국전쟁 발발 직후 임화가 쓴 시가 「전선에로! 전선에로! 인민의용군은 나아간다」[34]인데, 이 시는 한국전쟁 발발 초기 신속히 전쟁을 끝내기 위한 목적으로 소집된 인민의용군을 시적 주체로 설정하여 그들의 위용을 형상화하고 있다. 시적 주체는 인민군대가 수도 서울을 점령하고 인민유격대가 패주하는 적을 무찌르고 있는 상황에서 적을 "완전히 소탕 박멸"하기 위하여 전선으로 나아감을 열정적 어조로 천명하고 있다. 이 시에서 인민의용군은 자기 위상에 대한 자긍심과 자기 임무에 대한 사명감으로 불타는 존재로 형상화되어 있다. 그렇게 볼 때, 이 시는 해주 시절의 「영웅전」 연작과 동일한 맥락에서 창작된 것이라 할 수 있다. 이 시에서도 시적 주체인 인민의용군이 인민의 영웅적 전형으로 제시되어 있기 때문이다.

문화전선사에서 간행한 전선문고 가운데 두 번째로 발간된 『너 어느 곳에 있느냐』[35]는 임화가 한국전쟁에 종군한 후 1950년 7월부터 1951년 3월 무렵까지 쓴 시 8편이 수록되어 있는 시집이다. 북한에서는 이미 해방 직후부터 '민주건설'의 영웅을 그리는 것이 창작의 주요 원칙이었는데, 이 시기엔 "외적을 물리치는 데 몸 바치는 영웅들"[36]의 형상화가 창작의 지침이 되

34_ 임화, 「전선에로! 전선에로! 인민의용군은 나아간다」, 『해방일보』, 1950. 7. 8; 『임화전집1』, 303-306면. 김재용은 이 시가 "매우 급하게 쓰여졌고 또한 창작된 이후에 신문사에서도 급하게 실었기 때문에 연 구분은 물론이고 행 구분도 제대로 되어 있지 않다"라고 지적한다. 김재용, 「한국전쟁과 임화」, 370면. 그러나 『해방일보』에 실린 원텍스트를 자세히 살펴보면, 이 시는 분명 9연으로 연 구분이 되어 있으며, 의미단위를 기준으로 행 구분도 되어 있음을 알 수 있다. 물론 연이나 행의 구분이 제대로 되어 있지 않은 부분이 일부 있는 것은 사실이다. 그러나 이는 제한된 지면에 긴 시를 게재하는 과정에서 불가피하게 발생한 편집상의 문제이지 창작상의 문제는 아니라고 본다.

35_ 임화, 『너 어느 곳에 있느냐』, 문화전선사, 1951. 5.

36_ 신형기 · 오성호, 『북한문학사』, 132면.

었다. 임화 역시 이러한 상황에서 예외적이지 않았다. 이 시집에 수록된 시들에서도 영웅적 인물의 투쟁적 형상이 작품의 중심을 이루고 있기 때문이다. 그러나 그의 시는 전쟁영웅을 형상화한 여타의 북한시와 비교해 볼 때, 인물이나 상황 형상화의 핍진성, 독자의 정서를 고양시키는 리듬의 격렬함, 형상을 매개로 한 주제의 간접화 등의 측면에서 뚜렷한 차이를 보인다.

시집에 수록된 작품 가운데 「서울」, 「한 번도 본 일 없는 고향땅에」, 「밝으면 아직도 뜨거운 모래밭 건너」는 1950년 여름에 쓰인 작품들로서, 이 시들에는 전쟁 발발 초기의 우세한 전세와 승리에 대한 낙관적 전망이 참전한 군인들의 집단적 목소리를 통해 표현되고 있다. 「서울」은 서울 점령에 대한 기쁨과 싸우다 스러져 간 동지들에 대한 기억을, 그리고 서울은 "영구히/ 우리 조국의 움직이지 않는/ 수도"[37]임을 고조된 어조로 노래한다. 이 시에서 임화는 "서울 거리는/ 나의 고향"이라는 표현처럼 사적인 감정을 드러내기도 하지만 대체로 "우리 인민"이라는 집단주체에 의해 담론을 전개함으로써 자신의 개인적 소회가 표현될 여지를 가급적 배제하고 집단적 서정에 입각하여 서울 점령의 감격을 피력하고 있다.

감히 어떤 원수가 우리 앞에 맞설 것이며
어떠한 산과 물이 우리의 전진을 막을 것이냐
모밀꽃 바람에 향그럽고
지붕마다 흰 박이 달처럼 둥그런
우리의 그리운 고향을 위하여
새벽바람 옷깃에 스며드는
추풍령 마루 위와

37_ 임화, 「서울」, 『너 어느 곳에 있느냐』; 『임화전집1』, 309면. 북한에서는 1948년 8월 15일 총선거에 의해 조선 최고인민회의가 수립되었고, 거기서 조선민주주의인민공화국 헌법이 제정된다. 당시 제정된 북한 헌법 제9장 '국장 국기 및 수부' 제103조는 "조선 민주주의 인민공화국의 수부는 서울시다."라고 분명히 못 박고 있다. 『해방일보』, 1950. 7. 3. 그리고 무엇보다 임화에게 서울은 처음부터 그리고 마지막까지 고향이자 수도였다.

이루 헤일 수 없이 숱한 골짝과
들판에 피 흘려 쓰러진 무고한 형제들을 위하여
재와 흙더미로 돌아간
우리들의 피와 땀 노력으로 이루어진
수많은 도시와 마을들을 위하여

……(중략)……

앞으로 앞으로
낙동강을 건너 왜관을 지나
나아가자 동무들아 다만 앞으로
앞으로 대구 그 다음엔 부산
또 그 다음엔 원수들이 처박힐
현해탄의 물결 높고 험한 바다
그 위에 떠오르는 찬란한 아침 태양과 더불어
우리의 영광스런 깃발을 휘날리기 위하여
전우들아! 전진이다 진격이다
–「밟으면 아직도 뜨거운 모래밭 건너」 부분[38]

한편 「밟으면 아직도 뜨거운 모래밭 건너」의 시간적 배경은 인민군들이 낙동강 북부전선에서 정복할 고지를 바라보며 진격명령을 기다리는 밤이다. 시적 주체는 그들 가운데 한 명이며, 그의 목소리는 자주 '우리'로 전이되는 주체 확장현상을 보인다. 그는 싸우기 직전의 긴장감과 승리에 대한 낙관, 결사항전의 의지, 진격명령이 떨어짐과 동시에 전투를 개시하는 상황

38_ 임화, 「전진이다! 진격이다!」, 『노동신문』, 1950. 9. 6; 「밟으면 아직도 뜨거운 모래밭 건너」, 『너 어느 곳에 있느냐』; 『임화전집1』, 317-318면.

등을 현재진행형의 보고적 화법으로 전달하고 있다. 이처럼 이 시의 주체는 관찰자 내지 전달자가 아니라 현장에서 직접 싸우고 있는 '용사들'이며, 과거의 전투에 대한 회상이 아니라 바로 현재 벌어지고 있는 전투 상황을 실시간으로 전달하고 있다. 그 점에서 이 시는 전쟁시가 보여 줄 수 있는 현장성을 생생하게 구현하고 있다고 하겠다.

파죽지세로 몰아치던 인민군의 전세는 낙동강 전선에서 교착상태에 빠지게 되었고, 미군의 참전으로 전세는 역전되기에 이른다. 1950년 말에서 1951년 초 사이에 창작된 「너 어느 곳에 있느냐」, 「한 전호 속에서」, 「평양」, 「바람이여 전하라」, 「흰 눈을 붉게 물들인 나의 피 위에」는 미군의 참전과 인민군의 후퇴, 중공군의 지원 등으로 이어지는 전쟁 후반부의 혼란 속에서 창작된 것들로, 전쟁 초기 작품들에 비해 비장하고 단호한 어조로 불퇴전의 신념을 노래하고 있다. 「한 전호 속에서」는 인민군과 중공군 병사 간의 동지적 연대감과 승리에 대한 낙관을, 「평양」은 1950년 12월 인민군의 평양 수복과 연관된 작품으로서 폐허가 된 평양을 둘러보며 승리를 안고 돌아오리란 다짐을 표현하고 있다. 그리고 「흰 눈을 붉게 물들인 나의 피 위에」는 '1950년 12월 25일 황해도 신계부근 602고지 전투에서 적 화점을 몸으로 막아 전사한 김창권 동무를 위하여'란 긴 부제가 붙어 있는 작품으로서 시적 주체인 '김창권'의 입을 빌려 돌격대가 되어 고지를 점령하는 과정과 그 속에서의 용기를 비장한 어조로 표현하고 있다.

이 가운데 가장 주목을 끄는 작품이 「너 어느 곳에 있느냐」이다. 전선시는 대개 적에 대한 분노와 불퇴전의 다짐, 승리에 대한 낙관 등을 주제로 한 공적 담론의 형식을 취하기 마련이다. 이런 특징은 물론 임화의 전선시에도 나타난다. 그런데 이 시는 이런 유형적이고 공식적인 형식에서 일정하게 벗어나 있다. 딸에 대한 임화의 애끓는 부정이 그 속에 스며들어 있기 때문이다. 임화는 급박한 전황 속에서 딸과 인사조차 제대로 나누지 못하고 각기 다른 전선으로 떠날 수밖에 없었다. 그리고 다시 전선의 퇴각으로 인해 한만 국경인 자강도 산골에까지 이르게 된다. 이 시는 그러한 임화의 절박한 상황과 수천 리 남쪽에 떨어져 생사조차 알 수 없는 딸에 대한 그리움이 반영된 작품이다. 해방 이후 임화 시에서 사적인 체험과 정서가 의식적으로 배제되었던 사실에 비추어 볼 때, 이는 매우 이례적인 사건이라 아니할 수 없다. 그런데 바로 이 때문에 이 시는 다른 어떤 전선시보다 강한 정서적 울림을 만들어 내는데, 그것이 이 시로 하여금 대중적 인기[39]를 획득할 수 있게 한 비결이다.

아직도
이마를 가려
귀밑머리를 땋기
수줍어 얼굴을 붉히던
너는 지금 이
바람 찬 눈보라 속에
무엇을 생각하여
어느 곳에 있느냐

머리가 절반 흰
아버지를 생각하여
바람 부는 산정에 있느냐

39_ 이철주는 북한에서 『너 어느 곳에 있느냐』가 일으킨 대중적 반향을 다음과 같이 기록해 놓고 있다. "이 시집은 「너 어느 곳에 있느냐」를 비롯하여 십여 편의 주옥같은 시로 엮어져 후퇴로부터 되돌아온 북한 청년학생, 군인들에게 더없이 애송되던 작품이었다./ 빛을 잃은 땅굴 속에서 끼니를 굶어가며 노동의 고통을 잊기 위해 어느 누가 조용히/ "너 어느 곳에 있느냐……"/ 이렇게 외면서 임화의 시를 낭송하노라면, 사람들은 눈물을 머금고 먼 남쪽 하늘로 간 사람과 전선으로 끌려간 육친을 그리며 잠시 일손을 멈추는 것이었다." 이철주, 『북의 예술인』, 16-17면. 회고록은 저자 자신의 입장에서 서술되는 것이어서 거기엔 저자의 주관성이 개입될 수밖에 없다. 이 책 역시 저자의 반공주의적 입장 탓에 모든 기록을 진실이라 믿기 어렵다. 그러나 임화 시집의 대중적 반향에 대한 언급은 이데올로기적 조작이나 왜곡이 이루어질 특별한 이유가 없으므로 비교적 객관적인 서술로 보인다.

가슴이 종이처럼 얇아
항상 마음 아프던
엄마를 생각하여
해 저무는 들길에 섰느냐
그렇지 않으면
아침마다 손길 잡고 문을 나서던
너의 어린 동생과
모란꽃이 향그럽던
우리 고향집과
이야기 소리 귀에 쟁쟁한
그리운 동무들을 생각하여
어느 먼 곳 하늘을 바라보고 있느냐

사랑하는 나의 아이야
–「너 어느 곳에 있느냐」 부분[40]

「너 어느 곳에 있느냐」는 임화 자신의 가족사라는 개인적 측면과 한국전쟁이라는 사회적 측면이 절묘하게 결합된 작품이다. 인용한 부분은 이 시의 도입부이다. 인용 부분이 개인적 측면에 관련된다면, 바로 다음에 이어지는 부분은 사회적 측면에 관련된다. 시는 도입부를 자식에 대한 그리움이라는, 사적이나 보편적인 감정으로 시작함으로써 정서적 환기력을 발생시킨다. 그 후 전쟁 상황과 적에 대한 분노로 정서를 고양시키고 불퇴전의 다짐과 각오로 절정에 이른다. 마지막으로 다시 한 번 도입부의 내용을 반복함으로써 그리움을 더욱 심화시키고 있다. 당시 대부분의 전선시는 시인 자

40_ 임화, 「너 어느 곳에 있느냐」, 『임화전집1』, 323-324면.

신의 삶의 내력과 직접적인 연관을 맺지 못함으로써 추상성과 도식성을 면치 못하고 있었다. 『너 어느 곳에 있느냐』에 수록된 시들 역시 이런 문제점에서 자유로울 수 없었다. 그에 비해 이 시는 리얼리티 자체가 뿜어내는 감동을 담고 있다. 그 리얼리티의 정체란 부성애이다. 그런 점에서 본다면, 전쟁 승리에 대한 낙관과 다짐은 적어도 이 시에서만큼은 부차적이다. 당시 자식을 전선에 보낸 숱한 부모들과 가족을 고향에 둔 채 죽음이 상존하는 전쟁터에 나선 청년들의 실재함은 가족애 내지 향수를 노래한 작품의 보편적 전파력을 보장해 주기 마련이다. 게다가 시인의 직접적 체험에서 우러나오는 진실성이야말로 시에 대한 보편적 공감을 불러일으키는 결정적 원인이다. 따라서 이 작품은 임화 자신의 가족사가 반영된 것이어서 정서적 울림이 더욱 강렬하고 절실하다. 특히 일정한 사건적 진술 뒤에 "사랑하는 나의 아이야"라고 한 연으로 처리된 표현의 반복 구조는 딸에 대한 그리움을 더욱 심화, 강조하는 역할을 하고 있다. 이 시가 당시 북한의 후방 인민들이나 전선의 인민군들에게 두루 사랑을 받았던 까닭은 이처럼 특수성과 보편성의 결합에 있었던 것으로 판단된다. 거기에 전쟁이란 조건 속에서 승리에의 의지와 불퇴전의 다짐이 추가됨으로써 이 시는 한국전쟁기 북한에서 발표된 어느 시보다 탁월한 시적 수준을 보여 준다고 평가할 수 있다.

한편 「바람이여 전하라」는 「너 어느 곳에 있느냐」와 대칭관계에 있는 작품이다. 「너 어느 곳에 있느냐」가 전선에 가 있는 자식을 그리워하는 작품이라면, 이 시는 전선에 나가 있는 자식이 고향과 어머니를 그리워하는 작품이다. 이 시에서 시적 주체는 이른 봄바람을 맞으며 폐허가 되었을 고향과 가족을 잃고 상심에 빠져 있을 어머니를 그리워하고 있다. 그러한 그리움은 시에서는 바람이 "우리의 마음"을 고향의 어머니에게 전해 주기를 기원하는 형식으로 표현되고 있다. 요컨대 이 시는 고향과 어머니에 대한 그리움, 승리에 대한 확신과 무사한 귀환에 대한 희망을 노래하고 있다. 이 작품 역시 당시 군인들 대부분이 고향과 가족을 그리워하였고 그들의 염원이 전쟁 승리와 무사 귀환이었을 것임을 고려해 본다면, 그 같은 보편적인 정서를 노래했기 때문에 특히 인민군 내에서 널리 애송되었을 것으로 생각된다.

지금까지 알려진 바에 따르면, 『너 어느 곳에 있느냐』 이후 임화의 시는 소련과의 국제적 연대를 주제로 하여 쓴 「모스크바」, 전투기를 불사의 새에 비유한 「인민의 날개」, 인민유격대의 투쟁을 다룬 「기지로 돌아가거든」, 김일성의 40세 생일을 기념하여 쓴 「40년」 등 네 편[41]이다. 이 가운데 주목할 만한 작품은 「기지로 돌아가거든」이다. 이 시는 말미에 "「인민의 날개」에서"라고 적혀 있다. 이로 보아 임화는 「인민의 날개」라는 제목 하에 연작시를 쓰고 있었고, 그중 한 편이 이 작품인 듯하다. 이 시에서 시적 주체는 '우리'로 표상되는 인민유격대이며, 이 집단주체는 "조국의 매"로 표현되는 북한의 전투기에게 기지로 귀환하면 남쪽의 참상과 입산투쟁을 하고 있는 인민유격대의 위용을 전해 줄 것을 부탁하고 있다. 그런데 이 시는 장렬히 싸우다 전사한 인민유격대 영웅들을 나열하고 그들의 이름과 맹세와 용맹을 잊지 말아 주기를 특별히 강조하고 있다. 이 시를 쓸 무렵에는 이미 정전회담이 진행되고 있었다. 이런 상황에서 이남에 고립된 채 싸움을 계속하고 있는 인민유격대는 더 이상 그 가치를 인정받을 수 없는 처지에 놓이게 된다. 그러나 임화에게 그들은 해주 시절부터 한국전쟁기 내내 중요한 존재들이었다. 그로선 그들의 역사적 정당성을 주장할 필요가 있었다. 따라서 이 시는 인민유격대가 결코 무의미한 존재가 아닐뿐더러 "결코 고립된 것이 아니라 북과 일치단결된 명령체계 속에서 있음을 보여주려고 노력한 시"[42]라고 할 수 있다. 그러나 전쟁이 교착상태에 빠지고 점점 분단체제가 고착화되어 가면서 통일국가 건설이라는 임화의 꿈은 요원해진다. 그에 따라 전쟁에 나선 인민군이나 인민유격대의 위용을 노래하는 작품의 창작은 점차 힘

41_ 임화, 「모스크바」, 『젊은 투사의 깃발』, 청년생활사, 1951. 6; 「인민의 날개」, 『청년문예서클자료집』, 1952; 「기지로 돌아가거든」, 『노동신문』, 1952. 2. 7; 「40년」, 『문학예술』, 1952. 4.

42_ 김재용, 「한국전쟁과 임화」, 389면.

들어지게 되었을 것이다. 아마 1952년 무렵 그는 시 창작을 중단했을 것으로 판단된다.

> 림화 씨는 자기 시집 『너 어느 곳에 있느냐』 가운데 수록한 「평양」에서 수도에 대한 인민의 사랑을, 「서울」에서는 그러한 사랑으로 말미암아 다시 얻어진 수도의 해방을 각각 깊은 감개로 노래하였으며, 「한 번도 본 일 없는 고향 땅에」 등 많은 시에서 전선 용사들의 북받치는 애국심을 힘차게 노래하였을 뿐 아니라 「흰 눈을 붉게 물들인 나의 피 위에」에서 조선의 마트로쏘브라는 영광스러운 이름으로서 인민의 가슴속에 이미 전설적 인물로 고착된 김창권 영웅의 아름다운 최후를 읊었다.[43]

> 림화는 '시인'으로 과거 일제 시대에 근로 인민들 속에 류포시킨 악독한 비관주의와 패배주의를 해방된 북반부에서 사실주의의 거짓 탈을 쓰고 은연히 류포시켰다. 림화는 특히 전쟁 시기 그것도 조선 인민에게 있어서 가장 곤난을 조성한 일시적 후퇴 시기를 틈타서 우리 인민들에게 전쟁의 참화에 락담하며 전쟁의 시달림에 싫증을 느끼고 전쟁을 더 계속할 의욕을 버리도록 고무하기 위하여 가장 비관적 감정과 절망의 목소리로 전쟁 현실을 노래하였다. 이 자는 「너 어느 곳에 있느냐」에서 또는 김창권 영웅을 노래한 「흰 눈을 붉게 물들인 나의 피 위에」 혹은 「바람이여 전하라」 등 시에서 전쟁 현실을 비관적으로 노래하면서 비통한 심정과 애달픈 심뇌, 영탄과 한숨, 전쟁에 시달린 늙은 부모들의 흰 머리와 슬픈 얼굴을 인민들에게 느끼게 하였으며 그것으로써 싸우는 인민들이 되도록 깊은 한숨과 함께 손에 쥔 무기를 땅바닥에 놓을 것을 어리석게도 기대하였다.[44]

43_ 엄호석, 「작가들의 사업과 정열」, 『문학예술』, 1951. 7, 77면.

44_ 엄호석, 「조국 해방 전쟁 시기의 우리 문학」, 안함광 외, 『해방후 10년간의 조선문학』, 조선작가동맹출판사, 1955, 198면.

한국전쟁기 임화 시에 대한 당대 북한 평단의 평가는 극적인 변화를 보여 준다. 평가는 주로 시집 『너 어느 곳에 있느냐』를 중심으로 이루어졌는데, 전황의 전개와 북한 내 남로당의 위상 변화와 밀접한 관련이 있다. 시집이 발간된 1951년은 주로 우호적이고 긍정적인 평가가 내려진다. 그러나 휴전 논의가 오가는 등 전쟁이 거의 막바지에 다다른 1953년 초반 무렵부터 비판적인 평가가 제출된다. 그 실상을 엄호석의 평론 두 편을 통해 살펴볼 수 있다.[45] 첫 번째 인용문은 시집 발간 직후 임화의 전선시에 대한 평가이다. 평가의 요지는 전사의 영웅성과 승리에 대한 신념을 잘 노래했다는 것이다. 아마 이 당시까지만 해도 그의 시집에 대해서는 이와 같은 평가가 지배적이었을 것이다. 반면 두 번째 인용문은 임화 시의 일부분을 들어 그가 패배주의를 선전하고 후방 인민의 투쟁을 왜곡했다고 비판하고 있다. 그런데 엄호석은 인용한 시구의 의미를 시 전체의 맥락 속에서 분석하지 않고 있어서 작품을 일정하게 왜곡한 후 비판하고 있다. 따라서 임화에 대한 그의 비판은 문학적 차원의 '평가'라기보다는 남로당 숙청에 따른 정치적 '단죄'라고 할 수 있다. 임화와 그의 문학에 대한 냉혹한 평가는 전후에 발간된 북한문학사인 『조선문학통사』에서 되풀이되며[46], 지금까지도 북한문학사에서 임화와 그의 문학에 대한 평가는 이 틀에서 벗어나지 않고 있다.

45_ 엄호석의 글을 선택한 것은 임화의 전선시에 대한 그의 양극적 평가를 통해 북한문단 내에서 임화 시에 대한 평가가 어떻게 극단적으로 변화하는지를 보여 주기 위함이다. 그 밖에 임화의 전선시에 대한 평가로 안함광의 「싸우는 조선의 시문학이 제기하는 주요한 몇 가지 특징」(『문학예술』, 1951. 9.)과 한효의 「자연주의를 반대하는 투쟁에 있어서의 조선문학」(『문학예술』, 1953. 3.)도 읽어 볼 만하다. 전자가 긍정적인 반면, 후자는 매우 비판적이다. 이 두 편의 글 역시 전쟁 중과 전쟁 후라는 당대 현실상황을 고려하면서 읽어야 이해할 수 있다.

46_ 이 책에 수록된 임화 비판은 다음과 같다. "림화는 그의 시 「너 어느 곳에 있느냐」, 「바람이여 전하라」 등에서 '종잇장처럼 얇아진' 가슴을 조이며 애처러이 전선에 간 자식을 생각하는 어머니와 아버지의 형상을 그림으로써 영웅적 투쟁에 궐기한 우리 후방 인민들을 모욕하고 그들에게 패배주의적 감정과 투항주의 사상을 설교하였으며 또 「흰눈을 붉게 물들인 나의 피 위에」에서는 우리의 마뜨로쏘브인 한 전투영웅의 애국주의를 파렴치하게 왜곡하면서 영웅의 어머니를 아무도 돌보는 사람이 없는 외로운 존재로서 절망적으로 왜곡하여 형상하였다." 사회과학원 문학연구소 편, 『조선문학통사』, 사회과학출판사, 1959; 인동, 1988, 248면.

제5장

임화 문학의 근대성과 문학사적 위상

┌ 서구적 근대성 지향과 극복의 중층성

근대(화) 곧 자본주의(화), 혹은 근대(화) 곧 서구(화)라는 등식은 지금까지도 상당히 보편적으로 통용되고 있는 근대에 대한 인식틀이다. 그것이 성립 가능하고 또 위력적인 것은 실제로 근대가 서구를 중심으로 하여 자본주의와 긴밀하게 결합된 채 전개되어 왔기 때문이다. 지난 몇 세기에 걸쳐 전개된 근대는 자본주의적 근대 기획이 몇 차례의 심각한 위기상황에 처하면서도 그것을 차례로 극복하며 전일적 지배구조를 구축해 온 과정이었다. 그러나 한편으로는 그것에 저항하는 비자본주의적 내지 반자본주의적 근대 기획이 역사적으로 분명히 존재했고, 존재하고 있다는 것도 사실이다. 그런 점에서 근대는 자본주의라는 단일한 성격으로 환원되지 않는 무수한 기획들이 충돌하는 각축장이다.[1] 게다가 서구의 근대화 기획이 자신을 정당화하기 위해 비서구 사회를 '문명화'되어야 할 '비정상' 내지 '야만'으로 낙인찍었

1_ 하정일, 「20세기 한국문학과 근대성」, 『20세기 한국문학과 근대성의 변증법』, 소명출판, 2000, 168-169면.

고, 그럼으로써 비서구 사회의 식민지화를 내재적 계기로 하고 있었다는 점[2]을 상기할 때, 서구 제국주의 국가의 특수성을 보편성으로 대체하고 그것을 근대성으로 일반화하는 보편주의 이데올로기에는 선뜻 동의하기 어렵다. 그것은 서구적 경험에 의거한 몇 가지 한정된 지표로 근대성을 모델화하고, 그러한 모델을 비서구 사회의 준거점으로 위치 짓는 오류를 범하고 있기 때문이다.[3] 따라서 근대를 식민지 내지 반식민지 상태로 경험하면서 서구적 근대성에 대한 매혹과 거부라는 착종된 대응 과정에서 형성된 식민지적 형태의 근대성에 대해 간과할 수 없다. 특히 근대 조선의 경우 서구 제국주의에 의한 식민지화가 아니라 가짜 서구인 일본에 의한 식민지화, 즉 일종의 '내부 식민지화'를 겪으면서 이중으로 굴절된 서구적 근대성을 경험했다. 그런 사실들을 고려할 때, 근대는 자본주의 기획과 비자본주의 내지 반자본주의 기획, 제국주의적 근대성과 식민지적 근대성 등 서로 이질적이고 대립적인 것들이 복합적이고 역동적으로 결합된 역사적 국면으로 보아야 할 것이다.

식민지 근대라는 역사적 조건에 처해 있었던 임화는 일제에 의한 식민지화와 자본주의적 근대화가 중첩된 당대 현실을 지속적으로 탐구했다. 또한 그 같은 현실의 극복을 위한 문학적 방법을 모색하고, 그것을 실천과 결부시키고자 노력했다. 해방 이후에도 탈식민 직후의 조선적 현실에 기초한 근대성의 실현을 모색하였다. 해방 이후 그의 문학 역시 이러한 모색의 산물이었다. 이처럼 임화의 삶과 문학은 자본주의적 근대 기획에 맞선 대안적 근대 기획의 실천이었으며, 식민지 상태의 지양과 주체적 근대화를 실현하려는 고투였다. 그런데 이러한 새로운 기획은 서구의 근대화 기획이 이룩한 성취를 일정 부분 지향하면서 동시에 그것을 극복하고자 하는 중층적 성격

2_ 조형근, 「역사 구부리기: 근대성에 대한 계보학적 탐색」, 서울사회과학연구소, 『근대성의 경계를 찾아서』, 새길, 1997, 34면.

3_ 조형근, 같은 글, 33면.

을 지니고 있다. 다시 말해 임화는 서구적 근대성의 지향과 극복을 변증법적으로 사고하고, 그것을 문학을 통해 추구하였다. 20세기 한국문학사가 "근대성의 쟁취와 근대의 철폐라는 이중의 과제를 해결하려는 고투의 역사"[4]였다고 할 때, 임화는 한국문학의 근대성이 지닌 이 같은 중층성을 대표한다고 할 수 있다. 그리고 임화의 시는 서구적 근대성 지향과 극복이라는 그의 문학의 특성을 잘 보여 준다.

임화의 첫 평론인 「근대문학상에 나타난 연애」는 세익스피어 극과 입센극에 나타난 연애의 차이를 논한 글인데, 근대문예의 특성이 고백적 내지 자의식적이라는 것이 글의 요지이다. 주목되는 점은 임화의 근대관의 편린이 이 글에서 발견된다는 사실이다. 그는 이 글에서 "19세기 이래의 과학문명의 위대한 진보는 물질을 정복하고 시간을 정복하고 공간을 정복하여 인간활동이 모든 방면에 개방 확대"[5]되었다고 말하면서 서구적 근대성의 긍정적 측면을 피력하고 있다. 서구적 근대성에 대한 임화의 매료는 서구 근대예술에 대한 매료와 긴밀히 연관된다. 1920년대 초·중반 무렵 임화가 서양화와 근대극, 그리고 영화 등 서구의 근대예술에 열광한 사실이 그것을 증명한다. 그런데 임화가 등단기 무렵에 심취한 상징주의, 다다이즘, 표현주의, 미래주의 등의 예술사조들은 서구적 근대성의 산물이지만, 한편으로는 그것에 대한 부정과 거부라는 미학적 성격을 지닌다. 그중에서 그가 습작기였던 열대여섯 살 무렵에 특히 영향을 받은 것이 19세기 말의 상징주의였다. 그러나 임화의 상징주의 시는 보들레르나 말라르메의 시와 같은 반부르주아적 정치성은 보이지 않는다. 오히려 그것은 상징주의 시가 지닌 스타일만을 흉내 낸 모작에 불과한 것이었다. 이처럼 서구적 근대성에 대한 매료와 그것에 비판적인 예술에 대한 매료가 임화의 내부에서 공존하고 있다

4_ 최원식, 「한국 문학의 근대성을 다시 생각한다」, 민족문학사연구소 편, 『민족문학과 근대성』, 문학과지성사, 1995, 64면.

5_ 임화, 「근대문학상에 나타난 연애」, 『매일신보』, 1926. 1. 1.

는 것은 이채롭다. 그 이유는 그가 그것들을 신흥예술, 즉 봉건적 예술과는 분명히 구분되는 근대적 예술로 인식했던 데 있다고 본다. 이 무렵 임화의 의식구조는 이처럼 무차별적 서구편향성을 보이는 것이 특징이다.

서구적 근대성과 반근대적 예술에 대한 임화의 동시적 지향은 그리 오래가지 않는다. 서구 아방가르드 예술을 감상하고 학습하는 가운데 그것이 지닌 강렬한 반근대성을 이내 알아차렸기 때문이다. 임화가 어느 정도 자기 정체성을 획득하게 되는 단계에 이르러 쓴 것이 다다이즘 시이다. 다다이즘은 부르주아적 가치와 질서에 대한 거부를 포함하고 있다. 짧은 습작기를 거친 이후의 임화 시는 이처럼 서구적 근대성에 대해 대립적 태도를 취하던 아방가르드 예술로부터 지대한 영향을 받게 된다. 그런데 임화의 다다이즘 시는 "부르주아 근대성에 대한 철저한 거부 및 소멸적 열정"[6]으로 요약되는 미적 근대성을 보임과 아울러 자본주의 극복 의식을 드러내고 있다. 가령 그의 다다이즘 시의 대표작인 「지구와 '박테리아'」, 「탱크의 출발」, 「담—1927」은 전 세계 프롤레타리아 계급의 발생과 성장, 투쟁을 통해 부르주아 지배체제의 해체와 자본주의 근대의 극복을 파괴적이고 급진적인 형식으로 표현하고 있다. 이처럼 임화는 문학 입문 초기에 서구의 온갖 근대적 예술과 사상을 추구의 대상으로 인식하고 받아들이게 되나 점차 서구적 근대성에 대해 부정과 저항의 성격을 띠는 아방가르드 예술에 자신을 투신하게 된다. 임화의 마르크스주의 수용은 그의 다다이즘 시에 반근대적 급진성을 부여하는 촉매가 되었다.

임화가 투신한 프로문학은 자본주의 근대의 극복을 목표로 한 운동적 성격을 띠고 있었던 만큼 자본주의 근대의 극복 문제는 카프 시기 임화 단편서사시의 주제로 부각된다. 또한 프로문학운동 조직이었던 카프는 식민지 조선이라는 현실에서 전개되었던 만큼 임화의 단편서사시는 계급모순의 해소

6_ 유성호, 「한국 근대시의 근대성과 모더니즘」, 한국문학연구학회 편, 『한국문학 연구의 새로운 가능성』, 국학자료원, 2001, 141면.

를 통해 궁극적으로 민족모순의 극복을 지향했다는 의미를 내포하고 있다. 즉 임화는 단편서사시를 통해 식민지 자본주의에 대한 조선 노동자들의 투쟁을 형상화하고, 나아가 식민지 상태의 극복을 열망한 것이다. 그 가운데 「우리 오빠와 화로」나 「우산 받은 요코하마의 부두」, 「양말 속의 편지」 등은 임화 단편서사시의 대표작이자 근대 리얼리즘 시사에서 기념비적 작품이라 할 만하다. 식민지 근대의 극복이라는 주제가 조선 민중의 현실과 조선 노동자의 자기해방 투쟁을 통해 사실적으로 형상화되어 있기 때문이다. 또한 그는 「우산 받은 요코하마의 부두」에서는 제국주의 국가와 식민지의 노동자들의 국제적 연대에 의한 식민지 근대성의 극복을 형상화하기도 했다.

한편 「현해탄」 연작은 임화 시 가운데 서구적 근대성에 대한 지향이 가장 잘 드러난다. 그것은 '현해탄'이라는 공간이 지닌 역사적 의미의 다층성에서 발생한다. 역사적으로 현해탄은 일제에게는 조선 침략의 길이자 수탈의 길이었고, 식민지 민중에게는 삶의 터전을 빼앗긴 채 생존을 위해 건너가던 고통의 길이었다. 또한 식민지 청년들에게는 조선의 근대화와 제국주의 일본으로부터 식민지 민중의 해방을 위해 서구의 근대적 학문과 예술, 사상을 배우러 가는 길이었으며, 그러한 자신의 소명을 실천하기 위해 되돌아오는 길이었다. 「현해탄」 연작의 시적 주체가 식민지 청년인 만큼 이 연작에서 현해탄의 의미는 그와 밀접히 관련된다. 개항 이래 조선의 수많은 청년들을 일본유학으로 나아가게 했던 결정적 동기는 서구적 근대화의 열정이었다. 특히 개화기 지식청년들은 서구적 근대성의 옥시덴탈리즘적 전유를 통해 서구적 근대화를 이룩함으로써 자주와 독립이라는 국가적 이상을 실현하고자 하였다. 편차는 있지만 대체로 일제강점기의 저항적 지식인들은 이러한 의식구조에서 자유로울 수 없었다. 그리고 그들은 주로 식민 모국이자 가짜 서구인 일본을 통해 서구적 근대성을 체험할 수밖에 없었다. 「현해탄」 연작은 바로 이러한 지식인들의 역사적 체험의 시적 기록이다. 그래서 시에 등장하는 청년들은 일본을 매개로 한 서구적 근대성에 대한 지향의 열정으로 충만한 식민지 조선 근대주의자의 전형이라 할 만하다. 「현해탄」 연작 가운데 도일을 모티프로 한 작품들에서 청년들은 일본열도를 향해 가면서 청년의 열정과 희망을 "오오, 해협의 낭만주의여!"[7]라고 표현한다. 그것은 곧 서구적 근대성을 향한 낭만적 동경이다. 그들의 의식에는 적의 심장부에 가서 적의 힘을 배워 그 힘으로 고향을 밝히고, 적과 싸워 승리한다는 양가적 논리 혹은 이중의 기획이 내재되어 있다.

「상륙」[8]은 「현해탄」 연작에 나타나는 청년들의 양가적 의식지향을 가장 잘 보여 주는 작품이다. 「현해탄」 연작 가운데 귀향을 모티프로 한 시에서 고향은 대개 황무지로 이미지화되는데, 유독 이 시에서는 근대화된 도시의 이미지로 나타난다. 유학길에서 돌아온 시적 주체는 전차와 자동차가 혁신되고, 양옥과 공장이 즐비한 부산항의 풍경을 보고 경이로워한다. 그는 그 속에서 이전과는 달리 "외방 말"이 넘쳐 나고 "새로운 맵시"로 단장한 고향을 느낀다. 그렇다고 그가 낯선 문물로 단장한 고향을 거부하는 것은 아니다. 무엇보다 그는 이전의 고향보다 현재의 고향을 훨씬 긍정적으로 인식한다. 그에겐 낡은 것과 새로운 것에 대한 가치론적 위계화의식이 내재되어 있다. 그렇기 때문에 그는 비록 전통적인 문화와 풍습이 흔적도 없이 사라지고 "늘비한 굴뚝이 토하는 연기와 그을음에,/ 흰 모래밭과 맑은 하늘이/ 기름걸레처럼 더러워진다 해도,// 아아, 나는 새 시대의 맥박이 높이 뛰는 이 하늘 아래 살고 싶다"라고 고백한다. 그래서 그는 근대적 산업과 기술의 발달을 토대로 하는 서구적 근대문명의 풍경을 "신세기의 화려한 축제"라고 부르면서 "대양의 파도만이 새 시대가 걸어가는/ 장엄한 발자취에 행진곡을 맞추리라"라고 단언한다. 이때 대양의 파도란 서구적 근대화의 물결을 의미한다. 그의 의식과 정서는 그 새 시대의 행진곡과 보조를 같이하고자 한다. 「현해탄」 연작에서 '별'은 희망의 상징으로 표상되는데, 이 시에서

7_ 임화, 「해협의 로맨티시즘」, 『임화전집1』, 154면.
8_ 임화, 「상륙」, 『임화전집1』, 184–187면.

'별'이 시커먼 연기가 솟구치는 공장 굴뚝 위 하늘에 빛난다고 표현한 것은 그런 맥락에서이다. 그런데 서구의 예술과 학문, 사상을 배워 슬픈 고향의 한 밤을 밝히는 별이 되겠다는 이 식민지 청년의 눈은 고향 부두의 근대적 풍경이 일제에 의해 이식된 식민지 근대화의 산물이라는 것을 섬세하게 분별해 내지 못하고 있다. 즉 그는 일본을 통한 조선의 근대화가 지닌 제국주의적 속성에까지 주목하지 못하고 있다. 특히 이 시에 나타난 '항구'는 서구 근대문물의 유입 창구이자 서구적 근대성과 동양적 봉건성이 충돌하면서 만들어 내는 식민지 근대성의 상징적 공간인데, 시에서는 '항구'에 대한 그 같은 총체적 인식이 드러나지 않는다. 그것은 그만큼 그가 서구의 근대성에 매료당한 상태에 있다는 것을 증명한다.

「현해탄」 연작이 제국주의 일본에 대한 저항의식을 도처에서 우회적으로 드러내고 있음에도, 이처럼 서구적 근대성에 대한 강렬한 지향의식을 표출하고 있는 것은 식민지 현실의 극복에 대한 이 시기 임화의 입장이 어떠했는지를 잘 보여 준다. 20세기 초기 마르크스주의자들은 제국주의가 후진 지역의 생산력을 발전시킬 것이고, 특히 근대적인 산업을 촉진시킬 것이라고 확신했다.[9] 발전된 생산력과 생산관계의 모순이 혁명적 변화를 야기할 수 있을 것으로 믿었기 때문이다. 이런 입장은 1928년 코민테른 제6차 대회에서 채택된 「식민지 및 반식민지에 있어서의 혁명운동에 관하여」에서 제국주의가 사실은 식민지의 산업발전을 지체시킨다는 주장이 제기되면서 공식적으로 부정되기에 이른다. 그런데 「상륙」에 나타나는 청년의 인식은 제국주의와 식민지의 관계에 대한 마르크스주의자들의 초기 입장과 유사함을 알 수 있다.

임화는 「개설신문학사」에서 동양의 근대화가 이식적 성격을 지니게 된 것을 두고 "정규의 사회사적 제 계단을 통과했음에도 불구하고 이른바 아시

9_ B. Warren, 「코민테른과 제국주의론」, 畑田重夫 외, 배동문 편역, 『마르크스주의와 민족문제』, 한울, 1986, 197-200면.

아적 정체성 때문에 자주적 근대화의 조건이 미숙한 동양 제국의 필연한 운명"[10]으로 설명한다. 즉 아시아적 정체성이 고대사회, 봉건사회의 순수한 성숙과 발전을 저해하고, 역사 과정 자체의 발전 속도를 지지부진하게 만들었으며, 결국 동양이 서구처럼 자주적으로 근대사회를 형성하는 것을 저해했다는 것이다. 임화의 이러한 설명은 물론 서구적 근대성의 이식을 긍정적으로 추인하기 위함이 아니라 사실 자체에 대한 분석으로 보아야 할 것이다. 그 이유는 그가 조선 사회가 미숙하고 불충분하나마 근대적 생산양식의 맹아를 지니고 있었고, 중국 근대화의 영향과 서구 제국과의 직접적 접촉과 일본의 영향을 통한 근대화라는 세 가지 단계를 거치는 등 봉건체제 자체의 성숙과 대외 관계로부터 오는 자극이 변증법적으로 결합됨으로써 자주적 근대화의 길을 걸었다고 분명히 인식한다는 데에서 찾을 수 있다.[11] 그러나 자주적인 근대국가의 건설이라는 목표는 주체의 미성숙과 준비 부족, 서구 자본주의의 때 이른 동점과 일제에 의한 식민지화로 실패하고 만다는 것이 그의 분석이다. 즉 임화는 서구 자본주의의 동점이 조선의 이식적 근대화에 최종 심급으로 작용했고, 조선사회의 오랜 정체는 이식의 토대가 되었으며, 일제에 의한 식민화가 그에 결정적 작용을 했다고 본 것이다.[12] 비슷한 시기에 쓴 「농촌과 문화」[13]에서 임화는 동양의 산업적 특징을 농업으로 규정하고, 이는 동양의 생산력 발전이 낮은 증거라고 지적한다. 그 이유는 동양의 광대한 지역이 서구 열강의 식민지, 반식민지 상태에 있기 때문이라는 것이다. 따라서 동양이 서양과 같이 고도의 생산력을 갖추기 위해서는 공업화가 필수적이라고 보았다. 이 공업화가 문화적으로 낙후한 동양을 서양의 수준으로까지 끌어올릴 것이라는 것이 임화의 대안이었다.

10_ 임화, 「개설신문학사」, 『조선일보』, 1939. 9. 2-10. 31(9. 15); 『임화전집2』, 26면.

11_ 임화, 같은 글, 1939. 9. 26; 『임화전집2』, 43면.

12_ 하정일, 「임화의 현재성」, 283면.

13_ 임화, 「농촌과 문화」, 『조광』, 1941. 4; 『임화전집5』, 319-330면.

이 시기 임화의 글에 내재되어 있는 이러한 생산력주의와 단계적 역사 발전론은 근대주의의 틀에 포섭된 마르크스주의의 문제적 측면이다. 우선 「상륙」에 나타난 근대적 산업화에 대한 낭만적 예찬은 생산력의 발전을 자본주의 극복과 사회주의 실현이라는 도식에 기계적으로 대입한 데 따른 결과라고 할 수 있다. 한편 역사에 대한 임화의 관점은 "낡은 것과 새로운 것의 불 닿는 말썽"[14]과 긍정적 의미자질을 내포한 새로운 것의 궁극적 승리로 요약할 수 있다. 그런데 임화의 역사관은 직선적 시간관을 요체로 하는 목적론적 역사관인 헤겔의 역사철학으로부터 강한 영향을 받고 있다. 낭만정신론을 개진하던 무렵 그는 낭만주의에 찬의贊意를 보내는 이유로 '존재하는 것은 무엇이고 합리적이며 합리적인 것은 모두가 존재한다'라는 헤겔의 명제를 인용하고 있다. 그가 낭만주의를 적극적으로 옹호한 것은 문학이 소여의 현실을 거부하고 가능한 미래를 실현하려고 노력해야 함에도 불구하고 당대 문학이 현실을 포복하면서 주어진 것을 긍정하기 때문이다. 낭만주의에 대한 옹호로 선택한 것이 "가능성으로서 예상된 것이 존재자로서 형성되므로 역사과정은 변증법적으로 갱신된다"[15]라는 논리이다. 이러한 역사관은 1930년대 중·후반 임화 시에서 자연의 이미지를 통해 간접화되어 표현되었고, 신념의 차원으로 치환됨으로써 임화를 지탱하게 해 준 정신적 힘으로 작용한다. 이는 일제 지배의 강화라는 암울한 현실이 영원하지 않을 것이라는 믿음을 임화에게 심어 주었다. 또한 「현해탄」 연작에서는 '새 시대'의 도래의 열망으로 표현되기도 했다. 이로써 볼 때, 1930년대 후반기에 임화는 서구적 근대성을 조선이 새로운 역사단계로 이행하기 위한 필연적 계기로 인식했음을 알 수 있다. 이는 프로문학 운동의 실패에서 얻은 것으로서 서구적 근대성의 완성 없이도 곧바로 새로운 역사단계로 이행할 수 있다는 카프 시기의 입장에 대한 반성의 의미를 담고 있다.

14_ 임화, 「세월」, 『임화전집1』, 87면.
15_ 임화, 「위대한 낭만적 정신」, 『임화전집3』, 31면.

서구적 근대성의 완성 문제는 1930년대 후반기 임화 문학의 화두였다. 카프 해산 이후 임화는 물질적 토대가 충분히 성숙되지 않은 상태에서 전개될 수밖에 없었던 프로문학에 대한 자기반성을 거쳐 근대문학, 즉 서구 시민문학의 완성이란 문제와 씨름하게 된다. 1930년대 후반기에 그가 제출한 리얼리즘론이 19세기의 고전적 리얼리즘 소설을 모델로 하고 있었다는 것은 주지의 사실이다. 그의 이러한 문제의식을 '문학적 형상의 유일한 수단인 언어'[16]와 연관해서도 살펴볼 수 있다. 그는 카프 해산 이전에 이미 민족어에 의한 민족의 현실을 형상화하는 "진실한 의미의 민족문학의 건설"을 역설하며, "한 번도 문학예술 위에 자기의 완미한 자태를 표현해 보지 못한 고향의 제 현실, 그 언어를 모든 역경 가운데 방치되게 한 후진국 조선에 있어 이것은 지극히 타당한 것이어야 한다"라는 당위를 피력한 바 있다.[17] 그는 카프 해산 이후에도 「언어의 마술성」[18]에서 근대란 시민계급에 의한 민족국가의 확립과 민족어의 통일, 즉 표준어 확립과 방언 소멸에 의해 이루어진다고 설명한다. 민족국가 수립과 표준어 확립이 서구적 근대성의 한 조건이라는 것은 주지의 사실이다. 주목할 점은 서구적 근대성의 조건을 조선의 역사적 특수성에 대입함으로써 산출된 임화의 사유들이다. 그는 갑오경장 이후 조선어에 의한 기록, 출판, 창작 등을 조선인의 새로운 생활적 조건에 따른 결과로 보고, 신문학 초창기의 작가들이 조선어를 통한 창작에 고심했으나 과거의 방언이 잔존하고 통일어가 확립되지 못한 것은 "생활상 이유"에 있다고 생각했다. 그렇기 때문에 1920년대 작가들은 시민문학을 수립하지 못했고, "조선어의 완미한 문학적인 개화"는 결국 그 다음 세대의 문학, 즉 프로문학이 떠안아야 했다고 보았다. 그가 생각하기에 그것은 여전히 미해결의 과제이며 추구해야 할 가치이다. 그에 의하면, 그 이유는 "현대

16_ 임화, 「언어와 문학」, 『문학창조』, 1934. 6; 『임화전집4』, 460면.

17_ 임화, 같은 글, 『임화전집4』, 468면.

18_ 임화, 「언어의 마술성」, 『비판』, 1936. 3; 『임화전집3』, 449-468면.

문학이 자기의 관찰하고 느끼고 생각하는 바를 정확히 표현할 통일된 언어와 그 언어와 일치하는 글자 문필을 가지고 있지 못하다"[19]라는 데 있다. 따라서 통일어 즉 표준어의 미확립은 문학창조의 가장 큰 '곤란'으로 인식되며, 그것의 확립은 시민문학 곧 근대문학 수립의 토대 마련이라는 함의를 지닌다. 임화의 이러한 표준어 중심주의적 언어관은 방언이 가진 풍부한 문학적 가능성, 즉 표준어 체제가 담아내지 못하는 구체적이고도 생생한 삶의 체험을 방언을 통해 지각하고 표현해 낼 가능성 자체를 간과한 것이라고 볼 수 있다.[20] 그것은 그가 이 무렵 근대성의 한 조건으로서 민족어, 즉 표준어의 확립을 통한 시민문학의 완성 문제에 얼마나 깊이 몰두하고 있었던가를 보여 주는 증거이다.

이처럼 임화는 1930년대 후반기에 「현해탄」 연작과 비평에서 서구적 근대성에 대한 지향의식을 두드러지게 드러내고 있지만, 오로지 그러한 의식에 편향된 것은 아니었다. 「현해탄」 연작에 국한해 본다면, 식민지 청년들이 단지 신문화의 건설과 근대적 산업화만을 꿈꾸는 편향된 의식을 가졌던 것은 아니다. 텍스트 상에 명시적으로 드러나지는 않지만 청년들은 대개 비밀스런 임무를 지닌 존재로 나타난다. 예컨대 귀향을 모티프로 한 작품들에서 청년은 비밀스런 임무를 띠고 "지정받은 어느 곳"으로 가서 그러한 임무를 수행하는 존재로 형상화되며, 그가 가는 길은 험난하고도 고통스러운, 그러나 피할 수 없는 운명처럼 "하나밖에는 아무것도 허락되지 않은 준엄한 길"로 표현된다.[21] 이처럼 「현해탄」 연작에서 식민지 청년의 소명과 임무와 실천은 구체적으로 표현되어 있지는 않다. 그러나 그것은 구체적으로 밝힐 수 없는 비밀스러운 것이라는 바로 그 이유 때문에 명백히 반체제적 성격을

19_ 임화, 「조선어와 위기하의 조선문학」, 『조선중앙일보』, 1936. 3. 8-3. 24(3. 20); 『임화전집4』, 597면.

20_ 김신정, 「정치적 행동으로서의 시와 시의 형식」, 문학과사상연구회, 『임화문학의 재인식』, 소명출판, 2004, 194-195면.

21_ 임화, 「고향을 지나며」, 『임화전집1』, 172면.

지닌다. 「현해탄」 연작은 직접적으로는 임화의 실제 경험이 투영된 것이며, 좀 더 확장해서 본다면 사회주의 운동에 복무했던 이들의 경험이 반영된 것이다. 따라서 임화의 개인사와 당대적 맥락 속에서 읽었을 때, 「현해탄」 연작에 나타나는 식민지 청년의 임무와 실천은 사회주의 운동을 가리킨다는 것을 쉽게 유추할 수 있다. 그런 점에서 「현해탄」 연작의 청년들은 서구적 근대성에 대한 지향 의식뿐만 아니라 그에 대한 극복 의식과 다른 근대성에 대한 지향 의식도 아울러 지니고 있다고 보아야 할 것이다.

1930년대 후반기의 임화가 고민했던 근대성의 완성이란 문제는 해방기에 이르러 근대적 민족문화 건설이라는 과제의 도출로 이어진다. 그것은 일제에 의해 저지당했던 서구적 근대성의 추구를 의미한다. 그는 문화와 예술의 분야에서 "철저적인 민주적 개혁을 토대로 한 근대적 문화예술, 서구적 의미의 진정한 민족문화와 예술을 건설"[22]하는 것을 해방기의 목표로 제시한다. 이는 물론 '8월 테제'로 알려진 박헌영의 「현정세와 우리의 임무」에서 제시된 부르주아 민주주의 혁명론과 동일한 맥락에서 나온 것이다. 이 같은 문화적·예술적 차원에서의 서구적 근대성 완성은 사회적 차원에서의 근대성 추구와 동떨어진 것이 아니다. 그의 해방기 시가 인민의 투쟁에 의한 근대 민족국가 수립이란 주제에 집중되기 때문이다. 또한 한국전쟁기의 전선시는 전쟁 승리를 통한 통일국가 수립이란 주제를 모티프로 하고 있는데, 이 역시 해방기 시의 연장선에서 이해할 수 있을 것이다. 그러나 해방 이후의 문학에 나타난 근대성 지향은 서구적 근대성에 대한 맹목적 추구라고 볼 수는 없다. 그에게 민족국가와 민족문화 건설의 주체 세력이 서구의 시민계급과는 달리 노동자 계급을 중심으로 한 '인민'이었고, 근대성 추구의 이면에는 일국적 형태이기는 하나 사회주의적 전망[23]이 분명히 내재되어 있

22_ 임화, 「조선에 있어 예술적 발전의 새로운 가능성에 관하여」, 『문학』, 1946. 7; 『임화전집5』, 445면.

23_ 그러나 역사적으로 볼 때, 일국 사회주의가 서구적 근대성의 극복으로 나아간 경우는 없었다. 소비에트와 동구권 사회주의 체제의 붕괴 이후 최원식은 "일국 사회주의 모델에 입각한 근대 이후 지향은 진정한 의미의 근대의 철

었기 때문이다. 해방 이후 임화의 시는 바로 이러한 '인민'을 중심으로 한 대안적 근대 건설 투쟁을 형상화한 것이다.

┌ 리얼리즘 시의 모색과 자기갱신

임화는 특정한 역사적 조건 속에서 일정한 모색과정을 거친 후 하나의 시 형식을 완성하고, 변화된 역사적 조건 속에서 다시 새로운 형식을 모색 수립하는 과정을 평생에 걸쳐 지속했다. 그래서 임화의 시는 형식적 측면에서 볼 때, 각 시기별로 뚜렷한 변화의 양상을 보인다. 임화 시의 전개과정 속에서 결절점으로 도드라지는 것이 단편서사시, 「현해탄」 연작, 「찬가」 연작[24] 형식이다. 시 형식의 이러한 변화는 시 내용의 변화, 궁극적으로는 임화 시의 질료인 현실의 변화에 그 원인이 있다. 임화는 매 시기 변화된 현실에 대한 시적 대응방법을 모색할 때마다 새로운 시 형식의 개발에 몰두했기 때문이다. 이러한 특징은 경향시인들의 시 가운데, 특히 임화의 작품에서 두드러지게 나타나는 면모이다. 임화 시의 내용과 형식의 이 같은 관계는 양자의 관계에 대한 임화의 관점과 밀접히 연관되어 있다. 임화는 문학의 형식이 내용과 "불가분리의 관계"를 지니지만, "형식적인 것이란 그 내용에 의하여 각각 결과되는 물건"이라고 보았다.[25] 그 이유는 "의미하는 대상 없이 언어는 없는 것"이며, "언어란 항상 의미하는 대상 그것의 반영이며 인간

폐가 아니라 근대의 연장 또는 또 다른 방식의 근대 따라잡기에 지나지 않았다"라고 지적한 바 있다. 레닌이 자본주의의 성숙과정을 거치지 않고도 곧바로 사회주의 체제로 이행할 수 있음을 확신한 것은 러시아혁명의 경험 때문이다. 레닌주의 혁명 전략은 그로부터 도출된 것이다. 그러나 레닌주의가 스탈린에 의해 일국 사회주의로 전화되면서 "프롤레타리아 독재는 프롤레타리아트에 대한 독재로, 국제주의는 슬라브 민족주의로" 변질되었다. 최원식, 「한국문학의 근대성을 다시 생각한다」, 33면.

24_ '「찬가」 연작'이란 임화의 1930년대 말기 시 가운데 「바다의 찬가」, 「사랑의 찬가」, 「밤의 찬가」 등의 작품을 일컫는 용어이다. 후술하겠지만 이 시들에서 나타나는 짧은 시행, 역동적인 리듬, 격렬한 어조, 고양된 정서 등은 이 시기 임화 시에서 흔히 발견되는 특징이며, 이는 해방기 시에서도 나타난다.

25_ 임화, 「언어의 현실성」, 『임화전집3』, 470–471면.

은 이것 없이 사유할 수는 없는 것"이기 때문이다.[26] 이처럼 형식이 내용과 불가분의 관계에 있으면서도 내용의 산물이라고 한다면, 내용의 변화가 형식의 변화를 추동하는 것은 필연이다. 그런 의미에서 단편서사시, 「현해탄」 연작, 「찬가」 연작의 형식은 당대 현실을 반영하고 부정적 타자와의 투쟁을 형상화하기 위한 임화의 리얼리즘적 모색과 자기갱신의 산물이라 할 수 있다. 그 사이에 놓인 작품들은 그러한 형식을 완성하기 위한 모색기적 성격을 보인다. 따라서 새로운 시 형식의 개발은 우연의 산물이 아니라 임화의 의식적 노력에 따른 결과이다.

임화 시의 이러한 변화는 그것이 지닌 미학적 성격을 규명해 볼 필요성을 제기한다. 역사적·사회적 과제의 문학적 수행에 대한 논의는 자칫하면 문학의 미학적 독자성에 대한 해명은 소홀히 한 채 텍스트를 소박 반영론적 방법으로 해석하거나 시대의식의 메가폰으로 읽는 인식론주의에 빠질 수도 있다.[27] 그러므로 인식론주의적 오류를 범하지 않으면서 임화 시를 논의하기 위해서는 미학적 차원의 고찰이 동시적으로 이루어져야 할 것이다. 그럼으로써 임화 시의 문학사적 의미를 좀 더 심도 있게 규명해 낼 수 있을 것이다. 따라서 본 연구는 상기한 세 가지 시 형식을 중심으로 하여 임화 시의 미적 근대성[28]을 해명해 보고자 한다. 여기에서는 형상화된 현실과 시적 주체의 양상에 대한 고찰이 함께 이루어질 것이다.

단편서사시는 작품에 서사가 뚜렷이 나타나고 있음에도 불구하고 서구문학적 의미의 서사시와 일치되지 않는다. '단편서사시'라는 명칭을 최초로

26_ 임화, 「언어의 현실성」, 『임화전집3』, 472-473면. 여기서 임화는 언어를 "형식적인 것 가운데 가장 외적인" 것으로 규정하고 있다.

27_ 김명인, 「근대성과 미적 근대성」, 『불을 찾아서』, 소명출판, 2000, 236면.

28_ 김명인은 리얼리즘을 '역사철학적 근대성'과 연관 지으면서, 그것이 "현존하는 자본주의적 근대성을 해명하고 극복하는 미학적 고투의 하나"인 한 보들레르적 의미에서의 미적 근대성의 이념과 결코 대립적인 것이 아니라고 본다. 그는 미적 근대성에 대한 두 가지 편향, 즉 미적 근대성을 미적 자율성의 신화로 고정시키거나 미학적 실험 의식 정도로 받아들이는 입장, 물신화된 모더니즘이나 포스트모더니즘의 합리화 논리로 간주하고 그 역사적 의의를 수용하지 않으려는 입장 모두를 비판한다. 김명인, 같은 글, 238-246면.

부여한 김기진이 굳이 '단편'이라는 한정적 용어를 추가하여 「우리 오빠와 화로」에 장르적 명칭을 부여한 것은 그런 때문이었다. 기존 연구자들은 「우리 오빠와 화로」를 비롯해, 이러한 형식을 따르는 일련의 프로시들을 묶어 '단편서사시'라고 규정하면서 하나의 장르 개념으로 논의해 왔다. 이는 비평적 개념이 시간이 지나면서 문학사적 개념으로, 그리고 이론적 개념으로 변화된 한 사례일 것이다.[29] 단편서사시의 장르적 성격에 대한 기존논의는 대체로 서정시와 서사시의 중간 형태로 보는 입장과 서정시의 한 변이형으로 보는 입장으로 구분된다. 예컨대 김윤식은 단편서사시를 "서정시와 장편서사시의 중간 형태"[30]라고 보며, 정효구는 "서정양식과 서사양식이 혼합된 장르"[31]로 규정한다. 반면 김재홍은 단편서사시를 "이야기를 담은 서정시"[32]라고 부르고, 유성호는 "서사성을 강화한 서정시의 양식적 확장"[33]이라 보며, 유종호는 "좁은 서정시의 세계에서 사회 현실에 기초한 서사 충동을 추구"[34]한 것이라고 규정한다. 그런데 전자는 헤겔의 『미학』에 정리되어 있는 시 장르론을 준거로 한 절충론적인 분석의 성격이 강하다. 본 연구의 입장은 후자 쪽이다.

초기 프로시인들은 전통적인 서정시 형식을 활용하여 당대 노동자계급의 현실을 형상화했다. 그러나 전통적인 서정시 형식은 삶의 구체성을 담기에는 한계가 있었다. 물론 그렇다고 해서 그러한 형식을 활용한 프로시가

29_ 특정한 사건과 시적 주체의 정서가 결합된 이러한 형식의 작품은 카프가 해산된 이후에도 줄기차게 창작됨으로써 한국 근현대시의 한 흐름을 형성해 왔다. 여기서 문제가 되는 점은 이러한 시까지 단편서사시라 부를 수 있을까 하는 것이다. 연구자들에 따라서는 단편서사시뿐만 아니라 그 이후에 창작된 그와 유사한 형식의 작품들을 일컬어 좀 더 일반화된 개념인 '서술시' 혹은 '이야기시'로 부르기도 한다.(두 개념 모두 'narrative poem'의 번역어라는 점에서 함의는 같다.) 본 연구 역시 사건과 정서가 결합된 이러한 형식의 시를 일반적으로는 '이야기시(narrative poem)'로, 1920-30년대 프로시 가운데 그러한 특성을 보이는 작품들에 한해서는 개념의 문학사적 비중을 고려하여 '단편서사시'로 부를 수 있을 것이라 본다.

30_ 김윤식, 『임화연구』, 130면.

31_ 정효구, 「임화의 단편서사시에 나타난 방법적 특성의 고찰」, 21면.

32_ 김재홍, 「낭만파 프로시인, 임화」, 144-145면.

33_ 유성호, 「비극적 근대시인의 시적 경로」, 169면.

34_ 유종호, 『다시 읽는 한국시인』, 32면.

현실을 전혀 형상화할 수 없었던 것은 아니다. 다만 그것이 지닌 형식적 특징, 즉 고양된 내면의 표현을 기본 골격으로 한다는 특징 때문에 현실의 풍부한 형상화는 제약될 수밖에 없었다. 프로시가 주체의 자기표현이란 담론 방식을 주로 취하게 될 때, 시적 형상화는 주체의 의식과 정서의 차원, 즉 현실에 대한 비판과 분노, 극복 의지와 염원의 표출에 치중될 수밖에 없다. 이는 단편서사시와 함께 프로시를 구성하는 주요 양식이었던 소위 '아지프로시'가 현실에 대한 즉자적 분노나 마르크스주의적 세계관의 직설적 표출에만 치중함으로써 추상적이고 관념적인 차원에 머물렀던 점을 보아도 잘 알 수 있다.

임화가 다다이즘 시에서 아지프로시가 아니라 단편서사시로 나아간 것은 리얼리즘적 형상화 방법의 모색에 따른 결과이다. 시에 현실을 수용하는 경우 "관념을 직접 노출하지 않고 예술성을 확보하기 위해서"[35]는 주제를 간접화하는 매개가 필요하게 되는데, 임화가 선택한 길이 서사의 표면화였다. 시적 주체의 서정이 특정한 사건을 매개로 하여 표현될 때, 시는 단순한 서정시의 방법을 초월하게 된다. 김기진이 '사건'과 '정서'의 결합이라고 정확하게 묘파한 바와 같이 단편서사시는 이러한 창작원리에 의해 만들어졌다. 다시 말해 단편서사시는 전통적인 서정시와는 달리 주제가 시적 주체의 내면 고백이 아니라 외부 사건의 매개를 통해 구현된다. 계급의식의 직설적 표출이 아니라 사건을 매개로 한 간접화가 임화가 고안해 낸 프로시의 새로운 형상화 방법인 셈이다. 단편서사시의 이 같은 형식적 특징으로 인해 시에서 서사는 전경화된다. 물론 서사의 구현 방식은 소설과 다르다. 단편서사시는 '단편'이라는 시의 형식적 제약 탓에 사건을 풍부하게 서술할 수 없다는 점, 투쟁의식 고취라는 목적을 달성하기 위해 불가피하게 선동적 효과를 발휘할 수 있는 상황을 선택해야 한다는 점 때문에 노동자 가족들의 시

35_ 최두석, 「임화의 시세계」, 162면.

련이나 고통에 대한 풍부한 형상화보다는 파업투쟁, 노동자의 수감이나 죽음 등의 극한적 상황에 관련된 사건의 개괄적 제시와 그 속에서도 꺾이지 않는 투쟁의지의 표현에 집중된다. 이것이 단편서사시가 서사를 구현하는 방식이다. 그런 의미에서 단편서사시는 서정시를 기본 골격으로 하되 시 자체에 내포되어 있는 서사성[36]이 전면적으로 발현된 서정시의 내적 갈래로 규정할 수 있다. 이러한 단편서사시는 다다이즘 시의 한계를 극복하고 프로시의 새로운 형식을 창출하려는 임화의 고투가 낳은 문학사적 성과이다.

잘 알려져 있듯이 단편서사시는 시인과 별개의 시적 주체를 설정하고 그를 통해 담론을 전개하는 '배역시'[37]이다. 그렇기 때문에 단편서사시에서는 다양한 시적 주체의 설정이 가능하다. 임화의 「우리 오빠와 화로」 이후 배역주체를 설정한 시 창작은 프로시인들 사이에서 일반적 경향으로 확산된다. 그러나 임화 시의 주체만큼 개성적이고 구체적인 형상을 갖춘 배역주체는 별로 보이지 않는다. 또한 단편서사시의 담론은 노동자 계급 내의 친밀한 인간관계 속에서 이루어지는 편지나 대화의 형식이다. 가령 「젊은 순라의 편지」, 「우리 오빠와 화로」, 「양말 속의 편지」 등은 뚜렷하게 편지 형식을 취하고 있고, 나머지 작품들은 대체로 대화 형식을 취하고 있다. 편지

36_ 1990년대 초반 '시와 리얼리즘' 논쟁의 주요 쟁점 중 하나가 시와 서사의 관계 문제였다. 당시 논쟁에서는 시가 리얼리즘을 성취하기 위해서는 이야기를 가져야 한다는 입장과, 이야기의 유무로 리얼리즘의 문제를 논의해서는 안 된다는 입장이 팽팽히 맞섰다. 당시 도정일은 이 문제와 관련하여 여러 번 음미해 볼 만한 견해를 제시한 바 있다. 도정일은 문학이 삶을 질료로 하고 인간의 총체적 서사의 한 부분이라 할 때, 문학의 한 범주인 시가 서사와 동떨어진 것이 아니라 그 자체가 이미 서사의 일종이라고 주장하였다. 따라서 서사는 시의 하위갈래와 그 각각의 장르적 특성과 무관하게 시의 한 구성 부분으로 시 속에 '본래적으로' 내재되어 있다는 것이다. 도정일, 「에로스의 독법과 포용의 시학」, 『시인은 숲으로 가지 못한다』, 민음사, 1994 참고. 유종호 역시 도정일과 유사한 견해를 제시한 바 있다. 유종호는 임화의 단편서사시를 담시와 같은 비교적 '짤막한 이야기시'로 규정하면서 "이야기가 단순히 문학 양식이나 형태에 그치지 않고 근본적으로는 인식론적 범주이며 학문 이론조차도 이야기의 형태 속에서 전개되게 마련이라는 주장까지 가지 않더라도 얘기는 도처에 잠복해 있다. 소박한 서정 단시에도 얘기가 있고 얘기 도출이 가능한 계기가 잠재해 있으며 갈등 있는 곳에 얘기는 있게 마련"이라고 지적하고 있다. 유종호, 『다시 읽는 한국시인』, 36면.

37_ '배역시'는 카이저의 개념이며, 임화의 단편서사시와 배역시의 연관성에 대해 처음으로 언급한 것은 김윤식이다. 배역시 개념에 대해서는 볼프강 카이저, 김윤섭 역, 『언어예술작품론』, 대방출판사, 1982, 296-297면을 참고할 것. 또한 단편서사시의 배역시적 성격에 대한 김윤식의 언급에 대해서는 김윤식, 「1910년대 시와 그 인식」, 김용직 외, 『한국현대시사연구』, 일지사, 1983, 32면을 참고할 것.

의 구술 형태를 대화로, 대화의 서술 형태를 편지로 볼 수 있다면, 이 둘은 표현 매체가 다를 뿐 의사소통 방식이라는 점에서 동일한 성격을 지닌다고 할 수 있다. 그런 특징 때문에 임화가 이 두 가지 문체를 번갈아 사용함에 무리가 없었을 것이다. 한편 단편서사시 가운데 「네거리의 순이」, 「우리 오빠와 화로」, 「어머니」, 「오늘밤 아버지는 퍼렁이불을 덮고」는 가족 사이에 이루어지는 담론 형태를, 「봄이 오는구나」, 「병감에서 죽은 녀석」, 「양말 속의 편지」는 동료 사이에 이루어지는 담론 형태를 취한다. 단편서사시는 이처럼 다양한 배역주체 구성과 담론관계 설정에 따라 서사의 폭넓은 변주를 꾀할 수 있었다.

단편서사시는 노동자계급의 삶과 투쟁의 서사라는 점에서 감상자인 노동자 계급에게 대중적 호소력을 발휘할 가능성을 자체에 이미 내포하고 있었다. 공통의 시공간과 사건을 공유하는 발신자와 수신자가 설정되고, 그들의 친밀한 관계 속에서 송수신되는 담론의 내용은 곧 카프가 감상자로 전제한 노동자 계급의 이야기이다. 작중인물들은 특정한 개성을 지닌 개별자이지만 노동자 계급의 삶의 공간에서 만날 수 있는 존재라는 점에서 감상자는 그들 중 어느 한 인물에 자신을 투사하여 시를 감상할 수 있다. 예컨대 「우리 오빠와 화로」를 감상할 경우 그는 누이동생에 자신을 기투함으로써 남은 자로서의 투쟁의지를 북돋울 수 있었을 것이며, 반대로 오빠에 자신을 기투함으로써 그 나름대로의 투쟁의지를 고양시킬 수 있었을 것이다. 그리고 「양말 속의 편지」는 노동자 계급에게 일상적이고 보편적인 '사건'인 파업을 소재로 하고 있어서 노동자들의 보편적 공감을 이끌어 낼 수 있었다. 이처럼 노동자 계급이 단편서사시를 감상할 경우 실제 노동자와 작품 속의 노동자 사이에 의식적·정서적 동일화가 일어난다는 점은 매우 중요하다. 임화의 단편서사시는 경향시가 날것의 관념이나 정치적 구호의 생경한 외침과는 다른 방식으로도 선전선동의 목적을 충분히 달성할 수 있다는 것을 보여 주었기 때문이다. 게다가 이런 방식의 선전선동이 훨씬 더 자연스럽게 독자의 의식과 정서를 사로잡음으로써 방법적 측면에서의 탁월함을 보여 주었다고 본다. 김남천과 송영은 각각 「임화에 관하여」[38]와 「수원행」[39]에서 임화의 시에 열광하는 청중들의 반응을 전한 바 있다. 그러한 열광적 반응은 임화 시의 서사가 바로 노동자 계급 자신의 이야기이고, 그런 만큼 등장인물과의 동일시를 통한 감상이 가능했기 때문이다. 여기에다 구어체의 성격이 짙은 담론 방식은 청중을 전제로 한 낭독에 적합하므로 파업투쟁이나 집회 현장에서의 집단적 감상을 가능케 했을 것이다.

앞서 살펴보았듯이 임화는 카프 해산기 무렵에 단편서사시 창작을 중단하게 된다. 카프의 해산과 육신의 병이 그로 하여금 변혁운동의 전선과 노동자 계급의 현실로부터 멀어지도록 했기 때문이다. 전선과 현장에 밀착되어 있지 못한 시인이 노동자의 현실을 형상화할 수 없는 것은 당연하다. 따라서 단편서사시가 이룩한 시적 성취인 노동자 계급의 삶과 투쟁의 형상화는 더 이상 불가능해진다. 임화는 그러한 상황에서 좌초되느냐, 아니면 돌파구를 찾느냐 하는 기로에 놓이게 된다. 그는 이러한 위기 국면 속에서 다시 확고한 주체를 정립하고 현실에 대응하기 위해 새로운 시적 모색을 감행한다. 그 일차적 산물이 낭만정신론과 연관된 「암흑의 정신」, 「세월」, 「주리라 네 탐내는 모든 것을」이다. 그러나 이 시들은 주관주의적 편향에 함몰되는 문제점을 노정하게 된다.

그와 같은 모색기적 혼란을 극복한 결과가 「현해탄」 연작이다. 단편서사시와 비교했을 때, 「현해탄」 연작은 시적 주체가 형상화되는 현실 속의 인물이 아니라 그로부터 일정한 거리를 두고 있는 관찰자적 특성을 보인다. 그런데 그러한 시적 주체의 설정이 노동자 계급의 현실에 국한되어 있던 단편서사시에 비해 민족 현실의 여러 국면들의 포착을 가능케 함으로써 시적 형상화의 폭을 넓힐 수 있게 했다. 「홍수 뒤」, 「황무지」, 「고향을 지나며」 등

38_ 김남천, 「임화에 관하여」, 『조선일보』, 1933. 7. 22-7. 25(7. 23).
39_ 송영, 「수원행」, 『조선지광』, 1929. 6, 95면.

「현해탄」 연작에서 농민의 현실이 집중적으로 형상화되는 것은 그런 맥락에서 이해할 수 있다. 그런데 농민의 현실, 특히 농민의 이민화는 1930년대의 보편적인 현실이었다. 임화는 1930년대 중반기부터 이와 같은 이민의 현실에 지대한 관심을 가지고 있었다. 그는 영춘의 소회를 피력한 「춘래불사춘」에서 만주 이민 사이에 유행하는 민요, 즉 가난 때문에 팔려서 시집가는 어린 소녀의 비참한 처지를 내용으로 하는 노래를 소개한 후 "이맘때면 살림 떠 업고 북만으로 가는 '이민'떼를 싫도록 본 내다. 보따리 위에 바가지를 들고 업혀가는 어린아이들의 얼굴을 또 볼 터인가?/ 차라리 나는 이불속에 누웠는 게다. 참말 어쩔 수 없는 마음이다"[40]라며 그들의 참담한 처지에 안타까움을 토로하였다. 그가 이민을 소재로 한 삼만 행의 서사시를 집필할 계획을 세울 수 있었던 것은 이처럼 그가 당대 현실에 직핍했기 때문이다. 그것은 현실의 본질적 국면을 형상화하고자 한 리얼리즘적 모색의 소산이다. 비록 그 계획이 빛을 보지는 못했지만, 이민의 현실은 「현해탄」 연작에 어느 정도 반영된다. 「해협의 로맨티시즘」, 「밤 갑판 위」, 「다시 인젠 천공에 성좌가 있을 필요가 없다」, 「눈물의 해협」 등의 작품에는 식민지 청년에 의해 목격된 이민의 현실이 형상화되어 있다. 임화는 조선과 일본을 오가는 식민지 청년을 시적 주체로 설정하고, 그를 통해 농민의 이민화라는 당대 민족 현실의 전형적 국면을 형상화하였다.

「현해탄」 연작의 형식적 특징은 우선 거의 모든 시가 장형이라는 점이다. 물론 장형화는 단편서사시의 특징이기도 하다. 시인이 단지 시적 주체의 서정을 표출하는 데 치중하는 것이 아니라 그러한 서정을 야기한 상황을 형상화하는 경우, 서사가 텍스트의 전면에 부각된다는 것은 앞서 살펴본 바와 같다. 그와 같은 서사의 전면화가 단편서사시의 장형화를 야기한 원인이다. 임화는 「현해탄」 연작을 통해 식민지 청년의 여행과 그 여행의 와중에서

40_ 임화, 「춘래불사춘」, 『조광』, 1937. 4, 35면.

목격한 식민지 민중의 현실을 형상화하였다. 따라서 「현해탄」 연작의 장형화 역시 단편서사시의 경우와 마찬가지로 서사의 표면화에 그 원인이 있다. 한편 「현해탄」 연작은 길고 유장한 호흡, 장황하고 서술적인 문체, 영탄적인 어조 등이 특징이다. 이러한 특징은 시란 언어의 절제와 조탁이어야 한다는 입장에서 볼 때 비판의 대상이 된다. 그러나 「현해탄」 연작은 애초부터 언어의 절제나 조탁과는 거리가 멀다. 시적 주체로 설정한 식민지 청년을 통해 당대 현실에 대한 고통스러운 인식과 그러한 현실의 개혁을 위한 실천 의지, 그리고 개혁된 미래상에 대한 동경을 열정적으로 표현하는 것이 주목적이었기 때문이다. 「현해탄」 연작의 문체나 어조의 특징은 바로 거기에서 연원한다. 따라서 임화 시는 묵독이 아니라 낭독을 통해 읽어야 그 본래적 특성이 살아난다. 일찍이 김윤식은 "시집 『현해탄』 속에 담긴 시적 내부공간의 가능성, 서사시적 공간, 특히 시와 가락 즉 '시가'의 전통을 유일하게 개척한 시인으로서의 그의 면목은 한국시가 계승해야 될 귀중한 한쪽 기둥인 것으로 판단된다"[41]라며 「현해탄」 연작의 형식적 특징에 주목한 바 있다. 이는 앞 시기의 시, 특히 카프 해산기에 쓰인 낭만주의시가 지닌 특징의 연장이다. 따라서 「현해탄」 연작은 시형의 장형화, 서술적 문체, 영탄적 어조 등 앞 시기 시의 특징을 유지하면서도 그것을 종합적으로 보여 주고 있다.

해방 이후 임화 시의 형식적 특징은 시행의 현저한 단형화이다. 이는 단편서사시에서부터 「현해탄」 연작에 이르는 일제강점기의 주요 작품들이 대체로 한 행의 길이가 긴 편이라는 점과 사뭇 대조적이다. 그런데 이러한 형식은 1930년대 후반기에 이미 모색된 것으로, 그는 시집 『현해탄』의 마지막에 수록된 「바다의 찬가」를 통해 이를 선보인 바 있다. 임화는 『현해탄』 후서에서 "맨 끝에 실린 「바다의 찬가」는 이로부터 내가 작품을 쓰는 새 영역의 출발점으로써 특히 넣었다"[42]라고 밝히고 있다. 이 작품은 간결한 시행

41_ 김윤식, 「임화연구」, 『한국근대문예비평사연구』, 542면.
42_ 임화, 「후서」, 『임화전집1』, 534면.

과 급박한 호흡, 속도감 있는 리듬, 격렬한 감정을 특징으로 하고 있어서 시집에 실린 여타의 작품들과는 형식적 측면에서 차이를 보인다. 물론 시행의 단형화는 「현해탄」 연작 가운데서도 보이는데, 가령 「어린 태양이 말하되」 같은 작품이 그러하다. 또한 「바다의 찬가」와 비슷한 시기에 쓰인 몇몇 작품들, 예컨대 「밤길」과 같은 작품에도 그 같은 특징이 나타나기도 한다. 그러나 이런 형식은 『현해탄』 발간 이후에 쓴 작품들인 「사랑의 찬가」, 「통곡」, 「별들이 합창하는 밤」, 「차중」, 「한여름 밤」, 「밤의 찬가」 등에서 특히 두드러지게 활용되고 있다. 시 형식의 이 같은 변화는 절망적 상황에 대한 치열한 대결의식[43]이나 고통과 비애를 격렬한 어조로 표출하기 위해 선택된 것이다. 임화는 아마도 「바다의 찬가」를 필두로 시 형식상의 변모를 감행하고자 한 듯하다. 그런 의미에서 「찬가」 연작의 형식 역시 일제 말기 현실에 새로운 방식으로 대응하고자 한 임화의 리얼리즘적 모색과 자기갱신의 결과라고 할 수 있다. 그러나 임화는 1930년대 말기 절필하면서 더 이상 이러한 형식을 시험해 보지 못했다. 이 같은 형식적 특징이 전면적으로 발현된 것이 해방기의 '선전선동시'이며, 그러한 특징은 한국전쟁기의 '전선시'에까지 이어진다.

시행의 단형화는 시적 주체의 격렬한 정서와 결합됨으로써 급속한 리듬감을 조성하고, 그를 통해 독자나 청중의 정서를 순간적으로 고양시키는 데에 효과적이다. 임화는 짧은 시행과 빠른 리듬을 통해 해방기의 반민족적이고도 반민중적 현실에 대한 분노를 간결명료하게 표출하는 한편, 독자나 청중의 전투적 정서를 일순간 증폭시킴으로써 그들을 투쟁의 현장에 나서게끔 하는 선전선동의 목적을 달성하고자 했다. 예를 들어 「깃발을 내리자」는 한 어절 내지 두 어절이 한 행으로 이루어져 있다. 거기에 권력과 자본의 반

43_ 최두석은 「현해탄」 연작에서 「바다의 찬가」로 시 형식이 변모하는 내적인 이유를 다음과 같이 지적하고 있다. "절박한 상황 속에서 비관에 함몰되지 않고 주체를 바로 세우는 문제와 관련될 것이다. 즉 아무리 험악한 상황에서도 기꺼이 몸부림친다는 것, 행동을 해야 한다는 것인데 그러한 단호함은 급박하면서도 단속적인 율격과 호응하는 것이다." 최두석, 「임화의 시세계」, 179면.

민족적·반민중적 행태에 대한 분노 어린 선전과 그러한 적들에 대항해 투쟁하자는 단호한 선동이 결합되어 있다. 이처럼 이 시는 해방기의 부정적인 현실상과 그에 대한 투쟁의지를 간결한 행과 연의 배치, 속도감 있는 리듬, 격렬한 정서와 선동적인 어조 등을 통해 표현하고 있다. 그런 점에서 이 시는 임화의 선전선동시의 대표작일 뿐만 아니라 한국 시문학사에서 선전선동시의 면모를 전형적으로 보여 주는 작품이라 평가할 수 있다.[44] 임화는 한국전쟁기에도 이러한 형식적 특징을 적극 활용하여 전투상황의 긴박감과 현장감을 효과적으로 전달하고자 했다.

마지막으로 임화 시의 리얼리즘적 성격과 연관하여 시적 주체에 대해 언급하기로 한다. 일제강점기에서 한국전쟁기에 이르는 기간 동안 임화 시에 나타난 시적 주체 가운데 중요한 세 가지 유형은 모두 집단적 성격을 지닌다. 이런 현상은 진영적 관점으로 현실을 파악하는 임화의 인식틀에 기원을 두고 있다. 프로문학에 입문하던 무렵 그는 "유산계급의 문학은 그 중심을 개인주의 사상에다 두었었으나, 무산계급의 신흥문학은 그 근저를 집합주의적 정신 위에다 두었다"[45]라고 주장했다. 그리고 이런 주장을 제기한 직후에 발표한 「초상」에서부터 '우리'라는 집단주체가 등장한다. 이 '우리'야말로 임화 시 전체에 걸쳐 가장 많이 등장하며, 노동자 계급과 식민지 청년과 인민이라는 집단을 표상하는 대명사이다. 시인이 리얼리즘의 세계관과 창작방법에 입각하여 현실의 대립적 본질을 포착하고, 나아가 부정적 대립자에 대한 투쟁을 형상화하는 데에는 개인주체보다 집단주체가 훨씬 더 효과적이다. 개인주체는 대립적 세계상을 포착하고 형상화하는 데에는 무

44_ 신경림은 "권력과 돈과 언론의 유착을 단 세 대목으로 간결하게 뽑아 비판하고, 쉿된 반복으로 공격한 이 시(「깃발을 내리자」-인용자)는 우리 시문학사에서 가장 빼어난 선전선동시의 하나"이며, "임화의 선전선동시가 가진 그 단순성, 짧은 호흡에 담겨 있는 엄청난 폭발력, 금속처럼 날카로운 그 전투성은 이 부문에 있어서는 그 뒤 아무도 그를 뛰어넘지 못했다고 해도 지나치지 않을 것"이라고 고평한다. 신경림, 「임화—역사의 격랑 속에 침몰한 혁명시인」, 『시인을 찾아서』, 우리교육, 1998, 131-133면.

45_ 임화, 「무산계급 문화의 장래와 문예작가의 행정」, 『조선일보』, 1926. 12. 28; 『임화전집4』, 24면.

리가 없으나 주체와 타자의 투쟁을 효과적으로 형상화하는 데에는 한계가 있을 수밖에 없다. '나/너' 혹은 '나/너희'의 대립구도로 설정된 작품은 대체로 상대방에 대한 주체의 주관적 감정이나 관념의 표백에 그치기 쉬워서 대립적 투쟁의 양상이 제대로 형상화되기 어렵다. 반면 집단주체의 설정과 '우리/너희'의 집단적 대립구도는 주로 계급적·민중적 선에 의해 세계를 분명히 분할함으로써 투쟁의 형상화를 용이하게 한다. 독자의 측면에서 볼 때도 독자로 하여금 그러한 집단주체에 동일화되도록 하는 효과를 발휘한다. 그의 시에 나타나는 주체의 집단성은 이런 차원에서 모색된 것으로 볼 수 있다.

그런데 임화 시의 세 시기에 나타나는 시적 주체는 집단의 성격을 지니지만, 자세히 살펴보면 시 속에서 그들은 주로 그 집단의 전위적 인물들, 즉 이상화된 인물들임을 알 수 있다. 단편서사시의 시적 주체는 노동자계급의 전위인 전투적 노동자들이며, 「현해탄」 연작의 식민지 청년 역시 현해탄 뱃길에 오른 숱한 청년들 가운데 '슬픈 고향의 한 밤'을 밝히려는 소명감을 품은 영웅적 인물들이다. 그리고 해방기에서 한국전쟁기까지의 시 가운데 주요 작품들의 시적 주체는 인민의 영웅으로 표상된 인민유격대나 인민군 등 '적'과 맞서서 불퇴전의 결사항전을 벌이는 전쟁영웅들이다. 따라서 임화의 시에서 임화의 의도에 따라 구성된 세 가지 형상의 주체는 모두 한 집단의 전위들이다. 이처럼 그가 시적 주체로 특정 집단의 전위적 인물들을 설정한 것은 그들이 주체와 타자의 대립적 투쟁과 주체의 자기해방을 가장 잘 형상화할 수 있고, 그런 이상적 인물의 형상화를 통해 대중을 효과적으로 선전선동할 수 있다고 판단했기 때문이다.[46] 임화는 그들을 통해 현실의 주

46_ 전위와 대중에 대한 이분법적 사고는 데카르트적 의미의 근대적 주체 개념을 확장한 것으로 볼 수도 있다. 이진경, 『맑스주의와 근대성』, 59면 참고. 그리고 전위와 대중의 관계가 지배와 피지배의 관계로 변질되는 것은 스탈린 시대 이래 사회주의권에서 두루 목격되기도 했다. 그러나 전위와 대중의 관계는 모든 변혁운동에서 불가피한 것이다. 문제는 전위가 지배권력화되는 데 있을 것인데, 마르크스가 「포이에르바하에 관한 테제」에서 지적했듯이 혁명적 실천 과정 속에서 '교육자 자신도 교육받는' 총체적 계몽이 이루어질 때, 그러한 문제점은 극복될 수 있을 것이

요 문제를 제기하고 대중을 의식화함으로써 그들로 하여금 현실 투쟁에 나서도록 선전선동한 것이다.

다. 임화에게 전위-대중 의식은 카프 가입 초기부터 나타난다. 그는 「무산계급 문화의 장래와 문예작가의 행정」에서 예술가는 시대를 정확히 반영하는 동시에 "민중의 전도를 암시하는 숨은 지도자"가 되어야 하며, "무산계급문화의 장래를 위한 준비뿐만 아니라 사회개혁의 과도기인 현대에서 가장 중요한 임무는 민중을 움직이는 데 있는 것"이라고 보았다. 이 같은 전위-대중의 이분법은 임화의 문학 전체에 적용된다. 시적 주체가 전위적 인물인 것은 이런 측면에서 이해할 수 있다. 그러나 임화가 대중을 단지 피계몽집단으로 대상화하여 인식한 증거는 보이지 않는다. 그런 점에서 임화가 전위와 대중의 관계를 기계적으로 이해했거나 경직되게 사고했다고 보기는 어렵다.

제6장

임화 문학과 식민지 근대

일제강점기 프로문학과 해방기 민족문학은 그동안 여러 가지 내외적 요인으로 인해 근대문학 연구의 관심권 밖에 머물러 있었다. 그렇다고 프로문학과 민족문학의 현재성이 소멸한 것은 아니다. 프로문학과 민족문학이 씨름했던 '근대'와 '자본'이 여전히 움직일 수 없는 현실이기 때문이다. 그래서 프로문학과 민족문학은 지금의 한국문학이 현실의 제 문제를 고민하는 데 여전히 유효한 참조점을 제공해 준다. 임화는 프로문학과 민족문학 연구에서 핵심적 대상이다. 문학과 정치의 일치를 추구하면서 자본주의적 근대와 대결한 근대문학사의 대표적인 문학인이기 때문이다.

임화는 상징주의시에서부터 전선시에 이르기까지 폭넓은 시 세계를 보여 준다. 임화 시가 이처럼 다양한 변모과정을 보임에도 불구하고 각 작품들이 긴밀한 내적 연관성을 지니는 것은 주체와 타자의 변증법이란 구성원리에 의해 창작되었기 때문이다. 즉 타자와의 구획 짓기를 통한 주체의 자기구성, 타자에 대한 자기구성된 주체의 투쟁이 임화 시에 지속적으로 관철되는 내적 원리라고 할 수 있다. 마르크스는 인간을 환경의 산물이자 개조자로 정의했다. 임화의 삶은 인간의 자유와 해방을 가로막는 지배체제의 주체화 메커니즘에 따른 순응적·타율적 주체가 됨을 거부하고 스스로를 저항적·자율적 주체로 구성하는 지난한 과정이었다. 그의 시에 나타나는 시적 주체의 주요 형상인 '노동자', '청년', '인민'은 이러한 임화의 모습과 닮아 있다. 그런 의미에서 임화나 임화 시의 주체는 마르크스의 주체 개념과 일치한다.

본 연구는 마르크스의 주체 개념을 전유하여 임화가 거쳐 간 특정한 역사적 조건들이 임화를 어떻게 형성 및 제약했고, 임화는 그러한 근대적 주체 생산 메커니즘 속에서 어떻게 스스로를 반근대적 주체로 구성했는지를 살펴보았다. 아울러 반근대적 주체로서 임화의 저항적 실천인 시가 어떤 양상으로 형상화되는지를 시적 주체를 중심으로 하여 고찰해 보았다. 시적 주체 구성을 기준으로 할 때, 임화 시는 세 시기로 구분된다. 전기시는 시적 주체의 정체성 확립 과정으로, 중기시는 시적 주체의 위기와 재구성 그리고 분열의 과정으로, 후기시는 새로운 시적 주체의 구성과 변모 과정으로 특징화할 수 있다.

임화의 등단작들은 음수율을 엄격히 지키고 있고, 풍경의 소박한 재현에 머물거나 주체의 과잉된 감정을 무분별하게 분출하고 있다. 이는 습작기 시의 전형적인 특징이다. 그런데 이 시들에서 시적 주체는 부정과 동경이라는 의식구조를 드러낸다. 그는 끊임없이 소여의 세계를 벗어나 다른 세계를 지향한다. 한편 임화는 서구 아방가르드 예술에 경도됨으로써 감상적이고 관념적인 상징주의 시에서 반항적이고 파괴적인 다다이즘 시로 나아간다. 임화의 다다이즘 시는 기성질서에 대한 부정과 혁명을 통한 새로운 세계의 건설이라는 특징을 보인다. 이런 급격한 변화는 카프 가입과 계급예술을 접하면서 겪게 된 임화의 인식론적 비약에서 비롯된 것이다. 임화는 학습과 논쟁을 통해 계급예술론을 체득하고 자신을 프로문학인으로 정립하는 한편, 다다이즘 시 형식을 적극 차용하여 미학적 전위성과 정치적 전위성의 결합을 시도한다. 그러나 그의 다다이즘 시의 주체는 아직 정체성을 명확히 확립하지 못하고 있다. 이런 와중에 임화는 프로문학의 대중화 요구에 부응하여 새로운 시 형식의 모색으로 나아간다. 그 산물이 단편서사시이다. 단편서사시의 장점은 노동자 계급이 생활공간과 생산현장에서 체험하는 사건을 시에 부각시킨 데 있다. 그 때문에 시는 구체적 시공간성을 획득하게 되고, 이전에는 찾아보기 힘들었던 뚜렷한 정체성을 지닌 시적 주체가 등장한다. 이 작품들에서 시적 주체는 모두 노동자 계급에 속하는 인물이고 프롤레타리아 계급의식을 획득했거나 획득해 가는 노동자이다. 그런 의미에서 임화는 한국 근대시사에서 배역시의 가능성을 식민지 조선의 현실에 목적의식적으로 접목했다고 할 수 있다. 한국 근대시는 임화의 단편서사시에 이르러서야 비로소 노동자 계급의 자기해방의 염원과 투쟁을 그들의 목소리로 노래할 수 있게 된다. 이처럼 임화의 전기시는 감상적이고 애상적인 시적 주체가 관념적 부정성과 지향성을 표명하는 데에서 점차 명확한 계급성을 지닌 시적 주체가 현실적 부정성과 지향성을 발현하는 방향으로 변화한다. 그런 의미에서 임화의 전기시는 자기동일성 확보를 위한 여정이었다고 할 수 있다.

임화는 카프 해산기에도 여전히 이전의 희망을 고수하려 했다. 그런데 이 시기 임화의 희망은 현실에서 귀납되는 것이 아니라 마르크스주의적 역사 전망이라는 선취된 관념에서 연역된다. 시에서 그것은 시간의 흐름이나 계절의 순환이라는 자연 법칙에 투사되어 표현된다. 이는 주관성을 절대화함으로써 세계의 부정성에 맞서려는 낭만주의적 전략이며, 카프 해산기의 위기 국면을 돌파하려 한 임화의 고투의 소산이다. 이 무렵의 시들은 임화가 제창한 낭만정신론의 창작적 현현인데, 그가 말하는 낭만정신이란 역사주의적 입장에서 현실과 이상의 모순을 조화시키는 실천을 가능케 하는 창조적 몽상이다. 그런데 낭만정신론과 관련하여 쓰인 카프 해산기 시는 객관 현실을 추상화했을 뿐만 아니라 주체의 열정과 의지를 과장되게 발현함으로써 주관주의적·감상주의적 편향을 드러냈다. 그에 대한 반성의 결과 임화가 도출한 대안이 실천을 통해 부단히 현실과 교섭하고, 역사의 전망을 현실의 구체적 전개과정 속에서 획득하는 것이다. 그 시적 모색의 결과가 「현해탄」 연작이다. 「현해탄」 연작에 이르러 전망은 식민지 청년의 역사적 실천을 통해 표현된다. 「현해탄」 연작에서 세계는 시적 주체에게 적대적이고 위협적이지만 희망의 실현이 가능한 곳이다. 그 이유는 시적 주체가 주어진 세계에 굴복하는 것이 아니라 고난과 시련을 극복하고 꿈을 실현하려는 실천적 인물이기 때문이다. 따라서 「현해탄」 연작은 식민지 조선 청년들이 고향을 밝힐 별이 되기 위해 사명감을 안고 현해탄을 건너가 일본 유학을 하고, 다시 돌아오는 모험과 귀환의 역사적 여행기이다. 한편 1930년대 말기 현실은 전시체제로 전환되고 있었고, 문학인의 전시동원이 강제되고 있었다. 당대 대부분의 문학인들처럼 임화는 전시체제 아래에서 무엇을 하며 어떻게 살아야 할 것인가 하는 존재론적 물음에 봉착한다. 이 시기의 시는 그런 물음에 대한 절망적 답변이다. 이 작품들에서 시적 주체는 무기력과 절망감에 빠져 있기 때문이다. 일제 말기 전시체제는 임화로 하여금 더 이상 해방의 기획과 열정을 노래할 수 없도록 했다. 1939년, 그는 시인으로서 완전히 패배했고, 완전히 침묵한다. 임화의 중기시는 이처럼 부정적 세계에 맞선 시적 주체의 자기재건과 세계의 폭압성으로 인한 붕괴의 과정을 보여 준다.

해방을 맞이한 임화는 한반도에서 '인민'이 주인이 되는 근대적 민족국가 건설을 염원했다. 그의 정치적·문학적 활동은 모두 이 과제에 수렴된다. 해방을 맞은 민족의 미래를 건설하는 실천에 앞장서기 위해서는 민족적 윤리의 차원에서 정당성과 순결성을 확보해야 했다. 여기에 자기반성의 필요성이 제기되었다. 임화는 시와 좌담의 형식을 통해 두 차례의 자기반성 과정을 거치면서 문학적 삶과 정치적 삶의 일원성을 다시 회복한다. 이 두 번째 주체 재건은 시에서 인민으로 표상되는 집단주체의 구성으로 현현된다. 해방기 임화의 시는 이 같은 인민주체를 전면에 내세워 근대적 민족국가 건설의 염원과 그것의 실현을 위한 투쟁을 형상화한다. 해방기 임화의 문학적 실천 가운데 특기할 만한 것이 노랫말 창작이다. 그는 노랫말을 통해 인민이 주인인 인민의 나라를 건설하기 위해 목숨을 바치자고 선동했다. 그와 아울러 그는 시를 통해서도 해방기의 현실과 새 국가 건설의 희망을 형상화한다. 그런데 임화의 시는 해방정국의 혼란과 좌우대립의 격화와 맞물리면서 점차 격렬한 어조와 선명한 대립적 구조, 주체의 결사적 자세 등이 뚜렷이 부각되는 양상으로 전개된다. 그 후 좌파세력에 대한 탄압이 심화되자 임화는 검거를 피해 월북하여 해주에 머물게 된다. 그가 해주 시절 쓴 시는 주로 이남에서 싸우고 있는 인민유격대를 영웅으로 미화하면서 그들의 투쟁을 형상화한 「영웅전」 연작이다. 임화의 「영웅전」 연작은 빨치산 투쟁의 형상화라는 당대 북한문학의 일반적 경향에 따라 창작된 것이지만, 다른 한편으로는 임화가 해주라는 공간적 제약 속에서 모색해 낸 것이기도 하다. 임화는 한국전쟁 개시에 따라 의무적으로 종군하여 전선문학 작품을 창작한다. 임화의 전선시의 시적 주체는 관찰자 내지 전달자가 아니라 현장에서 직접 싸우고 있는 용사들이며, 과거의 전투에 대한 회상이 아니라 바로 현재 벌어지고 있는 전투상황을 실시간으로 전달하고 있다. 임화는 이들을 통해 통일국가를 향한 열정과 이상을 노래했다. 이상에서 살펴본 바와 같이 임화의 후기시는 시적 주체의 재건과 변모의 과정을 보여 준다.

근대는 자본주의 기획과 비자본주의 내지 반자본주의 기획, 제국주의 근대성과 식민지 근대성 등 서로 이질적이고 대립적인 것들이 복합적이고 역동적으로 결합된 역사적 국면이다. 임화의 삶과 문학은 자본주의적 근대 기획에 맞선 대안적 근대 기획의 실천이었으며, 식민지 상태를 지양하고 주체적 근대화를 실현하려는 고투였다. 이러한 새로운 기획은 서구의 근대화 기획이 이룩한 성취를 일정 부분 지향하면서 그것을 극복하고자 하는 중층적 성격을 지니고 있다. 등단기에 임화는 서구적 근대성과 그에 대해 부정적인 서구 아방가르드 예술에 매료된다. 아방가르드 예술도 서구적 근대성의 한 범주로 인식했기 때문이다. 몇 편의 상징주의 시를 습작한 후 그는 다다이즘 시를 통해 부르주아 지배체제의 해체와 자본주의 근대 극복이란 주제를 파괴적이고 급진적인 형식으로 표현한다. 카프 가입 이후에는 단편서사시를 통해 식민지 조선 노동자의 자기해방 투쟁을 형상화함으로써 식민지 자본주의의 극복을 염원한다. 한편「현해탄」연작에 나타나는 식민지 청년들은 서구적 근대성에 대한 낭만적 동경을 드러낸다. 그들은 일본을 통해 서구적 근대성을 경험하고 그것을 식민지 조선에 실현하려 한다. 그러나 다른 한편으로 청년들은 식민지 자본주의의 극복, 나아가 서구적 근대와는 다른 새로운 근대의 실현을 지향한다. 해방기에 임화는 근대적 민족국가 수립 투쟁을, 한국전쟁기에는 전쟁 승리를 통해 통일된 민족국가 수립의 열정을 형상화한다. 그러나 해방기와 한국전쟁기 시에는 서구적 근대성의 지향의식만 드러나는 것은 아니다. 이 시들에서 그는 시민 계급이 아니라 노동자 계급을 중심으로 한 인민을 근대 민족국가 수립의 주체로 형상화하고, 일국적 형태이긴 하나 사회주의적 전망을 드러내고 있기 때문이다.

임화 시는 형식적인 측면에서 볼 때, 각 시기별로 뚜렷한 변화의 양상을 보인다. 그 대표적인 것이 단편서사시,「현해탄」연작,「찬가」연작의 형식이다. 이러한 형식은 당대 현실을 반영하고 부정적 타자에 대한 투쟁을 형상화하기 위한 임화의 리얼리즘적 모색과 자기갱신의 산물이다.

단편서사시는 전통적인 서정시와는 달리 주제가 시적 주체의 내면 고백이 아니라 외부 사건의 매개를 통해 구현된다. 아지프로시와 같이 계급의식을 직설적으로 표출하는 것이 아니라 사건을 매개로 한 전언의 간접화가 임화가 고안해 낸 프로시의 새로운 형상화 방법이다. 그러므로 단편서사시는 서정시를 기본 골격으로 하되 시 자체에 내포되어 있는 서사성이 전면적으로 발현된 서정시의 내적 갈래이다. 또한 단편서사시는 배역시적 성격을 지니고 있고, 노동자 계급 내의 친밀한 인간관계 속에서 이루어지는 편지나 대화 형식이라는 담론적 특징을 지닌다. 따라서 다양한 배역 구성과 담론 관계 설정에 따라 서사의 폭넓은 변주를 꾀할 수 있었다.

카프 해산 무렵 노동자 계급으로부터 동떨어져 있었던 임화는 더 이상 단편서사시를 쓸 수 없게 된다. 임화가 그러한 위기상황을 극복하고 창작한 것이 「현해탄」 연작이다. 임화는 「현해탄」 연작에서 식민지 청년의 형상을 창조함으로써 노동자 계급의 현실보다 더 폭넓은, 민족 전체의 현실을 형상화할 수 있게 된다. 특히 그는 이민으로 전락한 농민의 현실을 「현해탄」 연작에서 형상화하였다. 이는 당대 현실의 본질적 국면을 형상화하려 한 리얼리즘적 모색의 소산이다. 「현해탄」 연작의 형식적 특징은 시형의 장형화이다. 이는 시적 주체의 서정뿐만 아니라 그러한 서정을 야기한 상황을 구체적으로 형상화할 경우 발생하는 필연적인 현상으로, 단편서사시에서부터 이어져 온 특징이다. 또한 「현해탄」 연작의 특징은 길고 유장한 호흡, 장황하고 서술적인 문체, 영탄적인 어조 등이다. 이는 임화가 시적 주체로 설정한 식민지 청년을 통해 당대 현실에 대한 인식과 현실 극복의지, 개혁된 미래상에 대한 동경을 열정적으로 표현하려 했기 때문이다. 이것 역시 앞 시기에서부터 이어져 온 특징이다.

해방 이후 임화 시의 형식적 특징은 시행의 현저한 단형화이다. 이는 일제 말기 임화가 개발한 시형인데, 이러한 시형은 해방 이후 그의 시의 주요한 형식이 된다. 임화는 이처럼 짧은 시행과 속도감 있는 문체를 통해 해방기 현실의 모순에 대한 분노를 간결 명료하게 표출하고 독자들에게 전투적 정서를 불러일으키고자 했다. 또한 한국전쟁기 시에서는 전투상황의 긴박감과 현장감을 전달하는 데 효과적으로 활용하였다.

임화 시에 나타난 시적 주체 가운데 중요한 세 가지 유형, 즉 노동자 계급, 식민지 청년, 인민은 모두 집단적 성격을 지닌다. 그 이유는 개인주체보다 집단주체가 계급적 내지 민족적 대립과 투쟁을 형상화하는 데 더 용이하다고 그가 판단했기 때문이다. 그런데 자세히 분석해 보면, 임화 시의 주체는 주로 그 집단의 전위적이고 이상화된 인물로 나타난다. 그것은 적과의 투쟁의 형상화와 대중의 선전선동에 그러한 형상이 더 효과적이라는 판단에서 비롯되었다.

제2부

임화 문학의 심층-맥락적 독해

제 7 장

식민지 근대와 아방가르드

-1920년대 다다이즘의 경우

┌ 식민지 근대와 신흥예술의 등장

근대 유럽인들은 세계와 인간의 운명을 결정하는 존재로 믿었던 신을 추방하고 그 자리에 인간을 올려놓음으로써 인간의 능력을 절대화했다. 또한 경험적 지식의 축적을 통해 세계를 인식, 지배할 수 있고, 나아가 세계를 더 나은 방향으로 변화시킬 수 있다는 믿음 체계를 발전시켰다. 이것이 주체, 계몽, 진보 등의 개념으로 요약되는 이른바 '근대성의 기획'이다. 데카르트에 의해 정립된 근대 인식론이 '주체/객체'의 이분법에 기초하고 있다는 것은 이미 두루 아는 사실이다. 그에 의하면, 주체의 정체성 확립은 자신과 변별되는 대상을 타자로 규정함으로써 가능해진다. 근대 유럽인들은 이 같은 이원론적 인식틀을 바탕으로 '서양/동양=우월/저급=문명/미개'의 등식을 만들어 냄으로써 자신의 정체성을 확립했다. 궁극적으로 이러한 이원론은 사회진화론과 더불어 제3세계에 대한 유럽 강대국들의 정치적·경제적 침략을 정당화하는 논리적 근거가 되었다.

19세기 말부터 20세기 초까지 한국의 근대화 구상은 자본주의의 성립과 봉건제도의 개혁, 민족국가 수립이라는 서구적 근대화 모델에 의거한 것이었다. 애국계몽기에 각종 학회를 중심으로 집결한 지식인들의 기본적인 문제의식이 '서구 부강의 원인은 무엇인가'라는 것이었다는 사실이 그것을 말해 준다.[1] 그들은 서구의 학문과 사상을 배우고 연구하여 그에 버금가는 국가를 만드는 것을 목표로 삼았다. 그러나 이러한 노력이 한국 그 자신이 모델로 삼았던 열강들, 특히 일본에 의해 좌절되었음은 역사가 증명해 주고 있다. 즉 이 시기 한국의 근대란 정치, 경제, 문화 등을 비롯하여 사회 각 방면에 걸친 자생적 근대화 노력이 타율적인 힘에 의해 거세당하고 바로 그 강대한 타자(주체)에 의해 계획, 진행된 것이었다. 이러한 과정은 대부분의 제3세계 국가가 공통적으로 경험했던 바이다. 이를 두고 '식민지 근대'라 부를 수 있을 것이다. 이 같은 식민지 근대는 제국주의 국가에 의해 자국의 이익을 극대화하는 방식으로 진행되기 마련이므로, 식민지 입장에서 그 폐해는 이루 헤아릴 수 없을 만큼 심각했다.

식민지 근대화는 문화의 제 방면에도 광범위하고 급격하게 진행되었다. 그렇기 때문에 비판적·주체적인 수용과정을 거칠 여유를 주지도 않은 채 당대 지식인들의 정신을 압도했다. 그리고 그것은 그들로 하여금 서양 콤플렉스에 사로잡히게 하는 한편, 자국의 문화적 전통을 근본부터 부정하게 하는 계기로 작용했다. 그들은 '신문화' 담당층으로서 비교적 이른 나이에 일본에서 유학을 했거나 그 자장 속에 놓여 있었다. 그리고 일찍부터 서양문화를 받아들인 일본과 대조되는 조선을 암흑으로 인식했으며, 그 연장선상에서 곧잘 환멸과 절망을 토로했다. 근대 지식인들의 자기모멸감 혹은 서양 콤플렉스는 어서 빨리 서구문화를 받아들여 조선의 문화를 그에 대등한 수준으로 끌어올려야 한다는 조갈증으로 이어졌다. 서양문명국을 본받아 옛것을 파괴하고 새것을 건설하자는 제안[2], 현대생활에 맞지 않는 동양문화를

1_ 장성만, 「개항기의 한국 사회와 근대성의 형성」, 김성기 편, 『모더니티란 무엇인가』, 민음사, 1994, 277면 참고.
2_ 전영택, 「구습의 파괴와 신도덕의 건설」, 『학지광』, 1917. 7.

버리고 서양문화를 받아들여 신문화를 수립해야 한다는 주장[3], 새 문학은 서양문학의 영향으로 형성된다는 논리[4]는 애국계몽기의 반봉건 서구지향적 근대화를 목표로 한 신문화, 신문학 건설의 열망이 1920년을 전후하여 더욱 구체적이고 노골적으로 분출되었음을 잘 보여 준다. 그들은 조선의 전통적 예술과는 다른, 외래의 새롭고 낯선 예술을 '신흥예술'로 부르면서 적극적인 수용 자세를 취했다. 박영희와 김기진의 다음과 같은 진단이 이러한 사정을 잘 말해 준다.

> 근래 더욱이 조선문학이라는 것은 일반을 표준으로 삼고 말하면 그 수입하여 들이는 문학이 태평양이나 대서양을 넘어 오는 것이 아니라 어떤 것을 물론하고 현해탄을 넘어 오는 연락선이 싣고서 오는 것이 사실이다. …(중략)… 그러므로 문학상 사상변동도 우리가 우리 개성에서 심각한 진리를 얻기 전에 말도 못하는 아이에게 외국어를 들려주는 것과 같이 여러 가지 일본의 사상변동이 마음 앓는 조선에 영향되는 것이 다투지 못할 사실이다.[5]

> 이제에 이르러서 나는 또다시 지금의 조선문예계의 착종된 현상을 들어 슬퍼할 만한 한 개의 사실을 지적하고자 한다. 지금 문예계의 조류를 수입하기에 바쁜 모방으로 시종하는 조선 사람임을 깨닫게 될 때 누구나 암연히 탄식하지 아니할 사람이 있으랴. 모든 '이즘'과 온갖 '파派'를 들여다 놓고 물덤벙 술덤벙으로 여기저기에 손을 대어보고 저작咀嚼도 다하지 못하고는 식상하는 현상이다.[6]

3_ 북여동곡, 「동서의 문화를 비판하여 우리의 문화운동을 논함」, 『개벽』, 1922. 11.
4_ 한새생원, 「새 문학과 옛 문학의 비교」, 『반도시론』, 1917. 4.
5_ 박영희, 「자연주의에서 신이상주의에 기울어지려는 조선문학의 최근 경향」, 『개벽』, 1924. 2, 94-95면.
6_ 김기진, 「본질에 관하여」, 『매일신보』, 1924. 11. 23.

인간의 삶과 관련된 어떠한 요소든 한 사회, 국가 내에만 국한되어 존재하지는 않는다. 예컨대 특정한 예술은 그것의 발생, 전개, 소멸의 토대가 되는 특정한 역사적 맥락을 지니고 있다. 이러한 특정한 시공간에서 발생한 예술은 앞서거니 뒤서거니 하면서 공시적으로, 통시적으로 다른 시공간에 영향을 주고받으며 복합적 양상으로 전개된다. 이것이 예술사의 일반 법칙이다. 따라서 서구의 것이 근대 초기 한국에 전파되었다는 사실 자체는 그다지 문제될 것이 없다. 문제는 그것이 어떠한 배경에서 전파되었으며, 어떠한 이들에 의해 왜, 그리고 어떻게 수용되었는가 하는 점일 것이다. 박영희와 김기진은 바로 이러한 문제에 주목한 것이다. 그들은 서구예술을 수용하기에 급급한 당대의 문화풍토를 날카롭게 비판했는데, 특히 문화 수용의 몰주체적 태도를 문제 삼고 있음을 인용문에서 확인할 수 있다.

흔히들 한국 근대문학은 짧고 격렬한 이행기를 거쳐 1920년대 초반 무렵부터 비로소 본격적으로 전개되기 시작했다고 말한다. 박영희나 김기진과 같은 비평가들의 비판에도 불구하고, 이 시기에 서구에서 몇 백 년에 걸쳐 완만하게 진행된 각종 예술사조들이 일시에, 물밀듯이 일본을 통해 들어온 것은 주지하는 바이다. 그 숱한 조류들 중에서 문학과 비교적 밀접한 관련을 가지면서도 짧은 기간에 강렬한 충격을 준 것이 바로 다다이즘이다. 그러므로 1920년대 다다이즘 문학에 대한 고찰은 그 자체의 문학사적 의미와 함께 식민지 현실과 서구 모더니즘(아방가르드)의 결합이라는 독특한 문화현상이 지니는 의미, 나아가 아방가르드 예술의 저항적 가능성과 그 한계를 따져 볼 수 있게 한다는 점에서 의미가 있다. 따라서 이 글에서는 다다이즘을 중심으로 하여 1920년대 한국 아방가르드 문학이 식민지 근대와 어떻게 충돌하여 어떤 파문을 생성해 냈는지를 살펴보고자 한다.

┌ 아방가르드 수용을 둘러싼 대립

서구 근대예술에 대한 관심은 1910년대 후기부터 조금씩 일기 시작했고, 1920년대에 이르러 사실주의, 자연주의, 상징주의 등의 서구 근대 문예사조와 제1차 세계대전 전후에 대두된 표현주의, 다다이즘, 입체주의, 미래주의 등의 아방가르드 예술에 대한 본격적인 소개와 수용으로 이어진다. 김유방은 「현대예술의 대안對岸에서」에서 진실한 예술의 실체에 도달하려면 "완전한 자유의 적나赤裸의 자아"[7]로 돌아가야 한다고 전제한 후, 그러한 자아의 감정을 자유롭게 발현하는 것이 현대예술의 조건임을 주장한다. 여기서 현대예술이란 후기인상파, 입체파, 미래파 예술을 일컫는다. 그는 「우연한 도정에서」에서도 범속한 사람의 눈에는 기형적이고 백치의 장난같이 보이는 후기인상파, 입체파, 미래파의 작품이야말로 "영원한 생명을 가진 진실한 예술적 작품"[8]이라고 옹호한다. 한편 현철은 「독일의 예술운동과 표현주의」에서 제1차 세계대전 이후 독일에서 일어난 표현주의 운동을 소개한다. 그에 의하면, 회화에서 인상파의 반대로 출현한 것이 표현파다. 즉 자연에 대한 인상을 객관적으로 표현하는 것이 인상주의라면, 자연에 대한 인상을 배척하고 작가의 자아 혹은 이상을 표현하는 것이 표현주의이다. 이 표현주의는 외부세계로부터의 해방을 주요 목표로 한다. 결론적으로 그는 독일 표현주의에 기대어 예술의 의의를 "객관에 끌리지 아니한 주관의 충분하고 자유스러운 적극적 표현"[9]이라고 규정한다. 임노월도 「최근의 예술운동」[10]에서 자연의 인상을 똑같이 재현하는 예술은 타락한 예술이며, 예술가의 주관에 의해 자연을 변형하여 자아를 표현하는 예술이 진정한 예술이라고 주장한다.

7_ 김유방, 「현대예술의 대안(對岸)에서-회화에 표현된 '포스트임프레셔니즘'과 '큐비즘'」, 『창조』, 1921. 1, 19면.

8_ 김유방, 「우연한 도정에서」, 『개벽』, 1921. 2, 125면.

9_ 현철, 「독일의 예술운동과 표현주의」, 『개벽』, 1921. 9, 117면.

10_ 임노월, 「최근의 예술운동-표현파와 악마파」, 『개벽』, 1922. 10.

이들의 글을 통해 표현주의, 입체주의, 미래주의 등의 아방가르드 예술이 식민지 조선에 '원산지'와 시간적 거리를 두지 않고 거의 동시대적으로 수용되고 있었음을 알 수 있다. 물론 이는 일본이 매개 역할을 했기 때문에 가능한 것이다. 그러나 그보다 더 근원적인 이유는 이 경향들의 본질, 즉 억압적이고 경직된 세계에 대한 자아의 해방이라는 사상적 원리가 당대 식민지 조선의 일부 예술가들에게 공감을 불러일으켰기 때문이라 볼 수 있다. 3·1운동이 실패함에 따라 사회 전반적으로 패배주의적 분위기가 팽배했고, 일제는 문화정치를 표방하면서 표면적으로는 유화적인 정책을 시행하면서도 실제로는 무단정치기보다 더욱 강압적인 정책으로 일관하고 있었다. 민족해방의 열망과 현실개혁의 의지는 일제에 의한 운동세력 분열정책에 따라 구심을 잃고 약화되어 갔다. 이러한 상황에서 그들은 정치적 억압과 경제적 착취, 사회적 혼란이라는 외부 상황에 서구의 아방가르드 예술로 맞섬으로써 예술을 통한 현실 부정을 시도한 것이다. 물론 여기에는 첨단 유행을 좇던 당시의 풍조 역시 한 원인으로 작용했을 것임은 충분히 짐작할 수 있다.

일반적으로 다다이즘이란 제1차 세계대전 무렵 취리히에서 탄생하여 뉴욕, 파리, 베를린 등으로 전파된 '반예술적' 예술사조를 일컫는다. 여타의 아방가르드 예술과 마찬가지로 다다이즘도 이성에 기초한 근대적 질서와 체계를 거부함으로써 서구적 근대성에 반발했다. 다다이스트들은 제1차 세계대전과 그로 인한 문명의 위기가 서구적 근대성으로 인해 유발되었다고 간주했기 때문이다. 따라서 다다이스트들은 기존 질서에 대한 극단적 부정과 개인의 절대적 자유를 옹호했으며, 기존의 언어체계에 대한 파괴적 글쓰기를 감행했다. 식민지 조선에도 다다이즘은 봉건성과 식민지 근대성이 중층적으로 연관된 사회에 대한 해방의 비상구로서 수용되었으며, 그 가능성을 둘러싼 대립이 촉발되었다.

먼저 고한용의 글부터 살펴보도록 하자. 고한용의 「다다이즘」은 다다이즘을 본격적으로 소개한 최초의 글이다. 이 글에서 그는 다다이즘을 기존의 종교, 철학, 예술 등에 대한 부정과 자아의 본능의 해탈로 이해한다. 그리고 다다이스트가 제3자는 알아들을 수 없는 '다다 사투리'를 사용하는 것은 다다이즘이 지닌 극단적인 "반전통적 태도"와 "자기의 말하려는 바를 그저 단적으로 표현하기만 하면 그만"이라는 생각 때문이라고 주장한다.[11] 또한 「우옴피쿠리아」에서는 다다이즘을 "현실을 긍정하여 가지고 생이란 것을 유쾌히 향락하자는 것"[12]이라고 규정한다. 그러나 그가 다다이즘이 현실을 긍정하고 생을 향락한다고 말한 것은 역설적인 표현이다. 오히려 다다이즘은 현실을 부정하고 생을 탕진한다. 다다이즘은 부르주아적 질서체계에 대한 거부이며, 부르주아적 삶의 방식에 대한 조롱이기 때문이다. 그러므로 그가 말하는 긍정과 향락은 기존의 일체를 초월한 세계에 대한 긍정이며 향락이란 의미로 해석해야 할 것이다. 그런 의미에서 "다다이스트의 발광"은 부정적인 현실 세계에서 초월적 세계에 대한 격렬한 동경의 발로라고 할 수 있다.

고한용의 글은 선언적이면서도 이질적인 문장들이 무질서하게 뒤엉켜 있어 의미 파악이 용이하지 않다. 그런 점에서 그는 다다이즘적 글쓰기에 충실했다고 할 수 있다. 하지만 그의 글은 난해한 만큼이나 매우 추상적이고 관념적인 차원에서 전개되고 있다. 따라서 선언이 지닌 강렬함에도 불구하고 현실 부정과 파괴의 논리도, 자아의 정신적 해방에 대한 주장도 그다지 공감대를 불러일으키지 못하고 있다. 이는 다다이즘에 대한 고한용의 열광이 어떤 심도 깊은 사상적 고민에서 나온 것이 아니며, 그런 이유에서 그의 다다이즘 선택도 현실에 대한 구체적인 대응 전략의 차원에서 이루어진 것이 아님을 짐작게 한다. 흥미로운 것은 고한용이 다다이즘을 선택한 동기가 개인사적 차원에 있음을 알 수 있는 부분이 두 편의 글에서 공통적으로 발견된다는 점이다. 그는 「다다이즘」에서 고민과 절망 가운데서 살아오던 자신에게 다다이즘은 매우 고마운 사상이라고 말하고 있으며, 「우옴피쿠리

11_ 고한용, 「다다이즘」, 『개벽』, 1924. 9, 2-3면.
12_ 고한용, 「우옴피쿠리아」, 『동아일보』, 1924. 12. 22.

아」에서는 인생고와 사회악을 체험하며 고민과 절망 속에서 지내던 중 다다의 해탈을 접했다고 밝히고 있다. 그런 의미에서 고한용은 개인을 고민과 절망에 빠뜨리는 사회의 모든 것을 부정하고 개인적인 해탈을 추구하는 사상으로 다다이즘을 이해했다고 할 수 있다. 따라서 그에게 다다이즘은 독서 체험을 통해 얻은 자기위안 그 이상으로 발전할 수 없었다. 그는 다다이즘을 옹호하는 몇 편의 글을 발표한 후 동화, 동요, 대중가요 창작에 열중하면서 점차 다다이즘에서 멀어져갔다.[13] 그의 다다이즘 수용은 문화적 유행에 대한 일시적 열광에 불과했던 것이다.

고한용이 다분히 감상적이고 심정적인 차원에서 다다이즘을 수용한 반면, 방원룡은 다다이즘 발생의 원인을 비교적 객관적으로 논증한 후 그것을 토대로 다다이즘의 가치를 주장한다. 그는 「세계의 절망」[14]에서 "예술은 인류생활의 반영이다"라는 명제를 전제로 삼아 다다이즘 옹호론을 전개한다. 그는 당대를 공포, 전율, 오뇌, 절망이 인류를 짓누르는 악몽과 암흑의 시대로 정의한다. 그러한 전제에 입각해서 보면, 혼란의 시대에는 예술 역시 혼란의 와중에서 부유할 수밖에 없다. 따라서 혼돈의 시대에는 혼돈을 모체로 한 예술이 생겨나기 마련인데, 미래주의, 입체주의, 표현주의, 다다이즘이 그 구체적인 예라는 것이 그의 설명이다. 그러나 그는 앞선 세 유파와 다다이즘을 분명히 구별하고 있다. 네 가지 모두 세계에 대한 절망에서 출발하고 있으나, 앞의 세 경향이 이상과 활력을 지니고 있지만 다다이즘은 절망밖에는 없다는 것이다. 다다이즘에 대한 이러한 이해는 물론 타당하다. 다다이즘은 일체를 부정한다는 명제를 강령처럼 내세우고 있기 때문이다. 이 글에서는 그 일체가 "기존한 감정, 관념, 이를 기초로 한 모든 제도와 형식, 언어"라는 다소 모호하고 일반적인 차원에서 설명되고 있는데, 이를 부정한

13_ 조은희, 「한국 현대시에 나타난 다다이즘 · 초현실주의 수용양상에 관한 연구」, 서울대학교 석사논문, 1987, 24면 참고.

14_ 방원룡, 「세계의 절망–나의 본 다다이즘」, 『조선일보』, 1924. 11. 1.

후 남는 것은 "자아"이다. 방원룡은 이 자아의 자유로운 자기표현을 다다이즘의 유일한 목적으로 보고 있다. 따라서 그가 보기에 다다이스트들의 기괴한 언어와 광기 어린 퍼포먼스는 하나도 이상할 것이 없다. 그러한 것들은 다다이즘이 지닌 반전통주의적 입장과 자아의 자유로운 자기표현이라는 원리가 결합된 결과이기 때문이다.[15] 결론적으로 방원룡은 당대를 과도기, 즉 절망과 환멸의 시대이자 동시에 새로운 사상과 예술을 산출할 시대로 보고 있다. 그래서 다다이즘을 과도기의 병적 사상으로 인식하면서도 '파괴와 부정의 정신'에 가치를 부여함으로써 그것을 새로운 예술의 건설을 위한 토대로 설정한다. 한편 무위산봉 고사리도 「'다다'? '다다'!」[16]에서 다다이즘 시가 재래의 언어 감각과 개념을 피하기 위해 단어나 문자의 재배열, 대소 구분 등을 통해 순실한 표현을 한다며 다다이즘을 옹호한다.

다다이즘이 그 어떤 수사를 동원하여 자신의 정당성을 주장한다 하더라도, 그것이 극단적인 개인주의를 내포하고 있음을 부인할 수는 없다. 1920년을 전후한 시대는 세계적으로나 식민지 조선적으로나 격변과 혼돈의 와중에 있었다. 그리고 누구나 그러한 혼돈의 세계를 부정적으로 인식할 수밖에 없었을 것이다. 따라서 문제는 세계에 대한 부정 다음의 행보에 있다. 다다이즘이 선택한 것이 자아이고 보면, 그렇지 않은 입장으로부터 비판이 쏟아질 것이란 점은 쉽게 예상할 수 있다. 그 입장이란 세계에 대한 부정적 인식과 그 극복의 방법론, 그리고 부정성이 극복된 세계에 대한 비전 등을 갖춘 사유체계, 예컨대 마르크스주의를 말한다. 이 마르크스주의 역시 1920년

15_ 방원룡은 김화산이란 필명을 사용한 「설명에서 감각으로」(『조선일보』, 1925. 10. 23.)에서도 다다이즘을 세계의 일체를 부정하고 자아를 표현하는 예술이라는 견해를 되풀이한다. 이 글에서 그는 당대 조선문학의 주류적 경향이 부르주아예술인 자연주의인데, 새롭게 요구되는 신흥예술은 주관 강조의 예술이어야 한다고 주장한다. 그러면서 다다이즘이나 미래파 예술이 일면 병적인 경향이 있다 하더라도 주관을 강조한다는 점에서 충분히 신예술의 한 부분이 될 수 있다고 보았다.

16_ 무위산봉 고사리, 「다다? 다다!」, 『동아일보』, 1924. 11. 24. '무위산봉 고사리'가 누구인지 정확히 밝혀지지 않았다. 김억이라는 견해도 있고, 고한용이라는 견해도 있다. 그러나 이는 정확한 자료를 근거로 한 것이 아니어서 확실치 않다. 이에 대해서는 조은희, 「한국 현대시에 나타난 다다이즘·초현실주의 수용양상에 관한 연구」, 102-103면을 참고할 것.

대 전반기에 서구의 각종 예술, 사상, 학문 등과 함께 식민지 조선에 수용되었다. 마르크스주의 예술관에 따르면, 다다이즘이란 한갓 시대의 혼돈을 반영하는 퇴폐적 문화현상의 일종일 뿐이다. 이 시기에 일본을 통해 마르크스주의를 받아들였던 김기진, 박영희 등의 계급문학파가 다다이즘을 이러한 방식으로 이해하고 있었다. 김기진은 「반자본 비애국적인 전후의 불란서 문학」에서 제1차 세계대전 이후의 프랑스 문학을 소개하면서 다다이즘을 "도회지에서 일어난 기형적, 과도기적 현상"에 불과하며 "20세기의 새로운 세기의 고질痼疾에서 출발된 시파"라고 단언한다.[17] 또 「본질에 관하여」에서도 "현실을 회피하는 자", "프롤레타리안의 아리스토크라틱한 감정의 소산물", "세기말적 말초신경의 난사선亂射線의 범벅" 등의 표현을 구사하며 다다이즘을 신랄하게 비판한다.[18] 박영희 역시 김기진과 동일한 맥락에서 다다이즘을 일컬어 "예술상에는 그리 필요치는 않으나 다만 신경권태병의 반항적 운동으로 이름이 있다"[19]라는 정도로 그 가치를 폄하한다.

김기진과 박영희는 문학과 환경의 관계를 의식하면서 다다이즘 발생의 역사적 필연성에 대해서는 분명히 인정하고 있다. 그러나 그들은 다다이즘을 단지 세기말적 혼란 속에서 세상에 대한 환멸을 토로하는 퇴폐예술에 불과하다고 보았다.[20] 다다이즘에 대한 그들의 비판은 당시 계급문학파가 아방가르드 예술을 어떻게 인식하고 있었는지를 잘 보여 준다. 그들에게 무엇보다 시급한 과제는 환멸스러운 조선의 현실을 반영하는 '생활의 문학', 그런 현실을 개조할 '힘의 문학'이었다. 1920년대 전반기에는 계급문

17_ 김기진, 「반자본 비애국적인 전후의 불란서 문학」, 『개벽』, 1924. 2, 82면.

18_ 김기진, 「본질에 관하여」, 『매일신보』, 1924. 11. 23.

19_ 박영희, 「중요술어사전」, 『개벽』, 1924. 7, 23면.

20_ 다다이즘에 대한 비판은 소위 민족문학파로 분류되는 양주동에게서도 찾아볼 수 있다. 그는 「문예비평가의 태도, 기타」(『동아일보』, 1927. 2. 28–3. 4.)에서 다다이즘이 신식 유희문학에 속한다고 보고, 그것을 어떠한 이익도 없는 무용한 예술에 불과하다고 평가한다. 또한 「구주현대문예사상개관」(『동아일보』, 1929. 1. 1–1. 17.)에서는 다다이즘을 예술상의 허무주의이자 막연한 분위기 속의 극단적 파괴주의라고 정의한다. 다다이즘은 당시 대부분의 문학인들에게 환영받지 못했다.

학 집단인 염군사와 파스큘라가 조직되었고, 예술을 통한 사회개혁의 열망이 확산되고 있었다. 사회적·문화적 상황이 이러했으므로 "자살미학"[21]인 다다이즘은 계급문학파에게 단지 비판적 차원에서만 관심을 끌었을 뿐이며, 따라서 지배 질서에 대한 미적 저항이라는 방법론도 제대로 주목받지 못했다.

┌ 1920년대 다다이즘의 두 양상

유진 런은 모더니즘 예술의 특성을 '미적 자의식 또는 자기 반영성', '동시성, 병치 또는 몽타주', '패러독스, 모호성, 불확실성', '비인간화와 통합적인 개인의 주체 또는 개성의 붕괴' 등 네 가지로 지적한다.[22] 모더니즘이란 용어로 포괄할 수 있는 예술 경향이 이러한 네 가지 속성을 모두 가지고 있는 것은 아니다. 또한 특정한 예술 경향에서 고안된 기법은 다양한 변종들을 만들면서 복잡한 자기증식을 해 나간다. 다다이즘도 19세기 말에서 20세기 초에 이르는 기간 동안 유럽 전역에서 거의 동시다발적으로 발생한 아방가르드 예술의 여러 기법을 받아들였다. 따라서 다다이스트들이 사용하는 여러 기법은 사실 다다이즘에 고유한 것이라기보다는 표현주의, 미래주의, 입체주의 등에서 차용한 것들이다.

1917년 휴고 발, 트리스탄 차라 등이 중심이 된 다다 그룹은 음향시, 동시시同時詩, 우연시, 통계시 등 여러 가지 전위적 실험을 시도한 바 있다.[23] 그들은 언어의 의미를 거부하고 소리와 리듬의 느낌에만 의존하는 음향시를 썼다. 또 몇 사람이 모여 말하고 노래하며 휘파람을 부는 식으로 목소리

21_ 마테이 칼리니스쿠, 이영욱 외 역, 『모더니티의 다섯 얼굴』, 시각과언어, 1993, 126면.

22_ 유진 런, 김병익 역, 『마르크시즘과 모더니즘』, 문학과지성사, 1986, 46-50면.

23_ 박인기, 「한국현대시의 모더니즘 수용 연구」, 서울대학교 박사논문, 1987, 93면.

를 동시에 어우러지게 하는 동시시, 신문기사를 단어 단위로 잘라 부대에 넣고 마구 흔든 후 단어 조각들을 하나씩 꺼내어 배열하는 우연시, 글을 단어별로 분해했다가 다시 나열하여 하나의 단어군으로 만드는 통계시 등을 썼다. 다다이스트들은 이처럼 다양한 기법을 실험했는데, 그러한 실험은 모두 기존 사회와 언어의 질서에 대한 부정이라는 인식적 기반 위에서 이루어졌다.

다다이즘을 비롯한 아방가르드 예술은 서구적 근대성의 부정적 측면에 대한 유럽인들의 미적 반응이었다. 그렇기 때문에 사회적·역사적 조건이 전혀 다른 식민지 조선에서 제대로 뿌리를 내리기엔 애초부터 한계를 안고 있었다. 또한 다다이즘은 자신의 반예술적 경향으로 인해 대중적 확산을 스스로 제약했다. 실제로 1920년대 후반을 넘어서면서 다다이즘 시가 발표되었지만, 작품의 편수는 매우 적었다. 그래서 "외국의 다다는 시도 있고 소설도 있다는데 조선의 다다는 발광밖에는 없는 아빠다다"[24]라는 비난을 받기도 했다. 지금까지 밝혀진 다다이즘 작품 가운데 김화산, 박팔양, 임화의 작품을 중심으로 이 시기 다다이즘 문학의 실상을 파악해 보기로 한다.

김화산은 임화, 윤기정 등과 아나키즘 논쟁을 벌이는 와중에 「악마도-어떤 다다이스트의 일기 발췌」[25]를 발표한다. 이 작품은 발표지 목차에는 소설이라고 명시되어 있으나 소설이라고 하기엔 미흡한 점이 많다. 분량이 지나치게 적고, 주인공의 격정적인 정서가 미약하기 짝이 없는 서사를 압도하고 있으며, 형태론적으로 볼 때 행과 연이 구분되어 있기 때문이다. 이 작품의 내용은 다음과 같이 정리할 수 있다. 주인공 '나'는 친구 '김 군'의 애인 '경자'를 사랑한다. '나'는 번민의 밤을 보내던 중 '경자'에게 수차례 구애편지를 보낸다. 그러나 '경자'는 '나'에게 지구를 탈출하라는 답장과 함께 칼을 보낸다. 절망한 '나'는 자신을 "연애에 실패한 정신병자"라고 부르며 카페에

24_ 「문예잡기」, 『개벽』, 1925. 1, 84면.

25_ 김화산, 「악마도-어떤 다다이스트의 일기 발췌」, 『조선문단』, 1927. 2.

서 술을 마신 뒤 "방성대가放聲大歌"한다.[26] 작품 전개는 주로 짝사랑으로 번민하고 구애의 실패로 절망하는 주인공의 내면을 표출하는 데 초점이 맞춰져 있다. 그것을 위해 "절망·절망·절망·DADA·DADA·다-"와 같이 단어를 반복하거나, "표현파·The Jungle·Lombroso : Criminal man·착각자아론·치인痴人의 애愛·DADA—"처럼 여러 단어들을 결합시키거나, "(우주여 분쇄하라!!)"라는 구절을 확대하고 있다. 이 작품에서 보이는 다다이즘적 기법, 즉 단어의 반복이나 활자 크기의 변화, 언어적 몽타주는 의미의 전달을 가로막고 낯설게 함으로써 언어적 긴장감을 유발하는 효과를 발휘한다. 그러나 그런 혁신적 기법은 연애로 번민하는 청년의 내면 표출을 위해서만 사용되고 있기 때문에 다다이즘의 강렬한 반사회적 사회성이 드러날 여지는 전혀 없다. 비록 그가 「세계의 절망」에서 다다이즘에 대한 진전된 이해 수준을 보여 주었다 해도, 「악마도」에서는 반전통주의적인 미적 혁신을 현실부정의 정신과 결합시키지는 못한 것이다.

정치성이 결여될 경우, 다다이즘은 단지 문학적 기법으로만 살아남게 된다. 비슷한 시기에 쓰인 정지용의 초기 작품 「슬픈 인상화」와 「파충류동물」에서 그것을 확인할 수 있다.[27] 정지용은 이 시들에서 인쇄 기법을 활용하여 시각적 효과를 얻으려는 형태주의적 시도를 뚜렷이 드러낸다. 「슬픈 인상화」에서는 긴 해안선과 길게 늘어선 가로등을 "머——ㄴ"과 "전-등 전-등"으로, 항구에서 울려 오는 기적 소리를 "축항築港의 기적소리···기적소리···"로 표현한다. 또 「파충류동물」에서는 달리는 기차를 "···털크덕···털크덕···털크덕···털크덕···"으로 표현한다.

26_ 주인공의 비애감이 음주, 고성방가 등의 행위와 결합되어 격렬하게 표출되고 있는데, 여기에 정지용의 「카페 프란스」가 직간접적으로 인용되고 있다. 고한용은 "작품과 감정에까지 공산주의인 우리들"(「서울 왔던 다다이스트의 이야기」, 『개벽』, 1924. 10, 152면)이라거나 "다다이스트 간에는 사상과 감정에 공산주의이다"(「다다이즘」, 『개벽』, 1924. 9, 4면)라고 말한 바 있다. 김화산도 이렇게 생각하고 있었거나, 고한용의 글을 읽고 그에 공명했기 때문에 이와 같은 상호텍스트적 시쓰기가 가능했을 것으로 보인다.

27_ 두 편 모두 『학조』(1926. 6.)에 실려 있다.

정지용은 이 시들을 발표할 무렵 일본 도시샤대학東志社大學 영문학과에 재학 중이었다. 그런 점에서 그는 당시 일본에 유행하던 서구 모더니즘 문학에 대해 누구보다 잘 알고 있었을 것이다. 따라서 다다이스트는 아니었지만 최소한 다다이즘 기법의 차용 정도는 가능했을 것이고, 그 결과가 위의 두 작품이라 생각된다.

김화산이나 정지용이 다다이즘 기법을 활용하여 개인적 비애감을 표출하거나 외부세계에 대한 인상을 감각적으로 묘사하는 데 그친 반면, 박팔양은 실험적 기법을 세계에 대한 부정 의식과 파괴의 열망과 결합하는 데까지 나아간다. 박팔양은 김니콜라이라는 필명으로 「윤전기와 사층집」[28]에서 분주히 돌아가는 인쇄소를 몇 개의 장면으로 묘사하고, 거기에 상상적 장면을 추가하여 시적 상황을 설정한다. 윤전기는 한 시간에 십만 장을 찍어 내라는 구호에 맞추기 위해 쉴 새 없이 돌아간다. 기계가 빨리 작동하면 할수록 소음도 커진다. 그런 상황을 표현하기 위해 "음향!"이라는 단어를 세 번 반복하고, 활자가 점점 커지도록 배치하고 있다. 그런데 윤전기는 "과로와 더위"를 이기지 못해 죽어 버리고, 벽돌 4층집은 별안간 무너져 버린다. 그것을 지켜보는 시적 주체는 "무의미다! 무의미다!"라고 외치는데, 이 시어들은 활자크기가 다른 시어보다 두 배 정도 확대되어 있다. 활자크기의 확대로 주체의 전언을 강조하는 방법이 이 시에도 적용되고 있다. 여기서 무의미함의 대상은 "비행기, 피뢰계避雷計, ×광선, 문명병, 말초신경병" 등 근대문명의 산물들인데, 시적 주체는 그것의 무의함을 선언함으로써 파괴를 꿈꾼다. 그와 동시에 "××! ◇◇! ○○!", "PM. 7-8, PM. 8-9", "ABC, XYZ", "DADA, ROCOCO", "A-B=C≡D", "1-2-3-4" 등 무의미한 기호와 숫자를 나열하여 기존의 언어질서에 대한 거부의식을 드러내고 있다.

1920년대 다다이즘 문학의 실질적인 수혜자는 임화였다. 그는 「어떤 청

28_ 김니콜라이, 「윤전기와 사층집」, 『조선문단』, 1927. 1.

년의 참회」[29]에서 열대여섯 살 때 하이네와 이쿠타 슌게츠生田春月, 위고, 시마다 세이지로島田清次郎, 아리시마 다케오有島武郎, 다니자키 준이치로谷崎潤一郎, 고리키, 톨스토이, 투르게네프, 셰익스피어, 괴테, 이광수, 베를렌, 부세 등 동서양의 온갖 작가들의 작품을 편력했다고 회고했다. 또 열아홉 살 때에는 학업을 중단한 후 교과서를 팔아 당시 좌익적 색채를 띠던 일본 종합지 『개조』와 아나키스트인 크로포트킨의 책을 사기도 했고, 리카르도, 마르크스와 엥겔스의 사상, 아나키스트이자 다다이스트인 쓰지 준辻潤의 글과 그가 번역한 아나키스트 스티르너의 저서, 니체의 사상, 다다이스트 시인인 다카하시 신키치高橋新吉의 시집, 로망 롤랑의 『민중예술론』, 독일에서 다다이즘과 구성주의의 세례를 입고 귀국한 아나키즘적 마르크스주의자 무라야마 토모요시村山知義의 『금일의 예술과 명일의 예술』도 읽었다고 한다.[30] 임화로서는 이 모든 것들이 새롭고도 흥미로웠으며, 그것들이 지닌 저항적 속성이 청소년기의 반항적 심리상태에 조응하는 바 컸을 것이다. 그랬기에 다양한 예술과 사상을 어떠한 고민이나 자의식 없이 그토록 손쉽게 섭렵할 수 있었을 것이다.

임화의 초기시는 상징주의적 경향을 지닌 것들로서 습작기의 작품이 흔히 그러하듯 애상적 어조와 몽환적 분위기로 시적 주체의 사춘기적 감상과 비애를 두드러지게 나타내고 있다. 이러한 그의 시적 경향은 1927년에 접어들면서 변화한다. 즉 그의 시는 막연하나마 민족이 처한 현실을 인식하고 삶의 새로운 방향을 모색하는 시적 주체를 형상화하게 된다. 또한 시의 형식도 아방가르드적 색채가 점점 더 짙어지는 경향으로 변모해 간다. 1927년 초반에 발표한 「설雪」, 「혁토赫土」, 「초상肖像」, 「선시宣詩」, 「혼광昏光의 아들」, 「신

29_ 임화, 「어떤 청년의 참회」, 『문장』, 1940. 2.

30_ 남다른 조숙성을 지녔음을 인정한다 하더라도, 과연 그가 이 모든 예술과 사상을 제대로 읽고 이해했는지에 대해서는 의문이다. 따라서 임화의 독서체험에 대한 회고는 그가 당시 유행하던 서구의 온갖 예술과 사상을 동시적으로 잡식하고 있었다는 사실의 확인 차원에서만 의미가 있다.

조태양新造太陽」, 「말세末世」 등의 작품들이 이러한 경향을 띠고 있다.[31]

1927년은 임화에게 여러 모로 중요한 해였다. 이 해에 그는 계급문학과 관련된 평론을 발표하고, 김화산과 아나키즘 논쟁을 벌이면서 본격적으로 계급문학 운동에 몸담게 된다. 그 와중에 쓴 시가 「화가의 시」[32]이다. 이 시에서 임화는 그로테스크한 이미지의 파편들을 조합하여 시각적 충격 효과를 극대화한다. 이 시에서 화가인 시적 주체는 "목떨어진 노동자"의 피비린내 나는 파열된 유리창과 말라붙어 껍질만 남은 채 "은행소 벽돌담"에서 흐느적거리는 그의 "처와 자식들"을 그리고 있다. 이 장면은 근대 자본주의의 상징인 은행과 한 노동자 일가의 참상이 결합된 것으로 자본주의의 계급적 모순을 선명히 드러낸다. 또한 계절적 배경이 되는 봄은 긍정성, 즉 생명의 약동이라는 긍정적 의미자질을 벗어나 '춘궁'이라는 의미를 환기하면서 노동자 일가의 비참한 처지를 부각시킨다. 그런데 시적 주체는 자신이 "권태와 육취肉臭가 코를 찌르는 '아틀리에'"에 틀어박혀 "인간의 낡은 피"와 "다 삭은 뼈"로 그림을 그리고 있다고 여긴다. 여기서 아틀리에는 자폐적인 공간을, 낡은 피와 다 삭은 뼈는 시대착오적인 창작방법을 의미하고 있음을 문맥상 쉽게 알아차릴 수 있다. 시적 주체는 자신이 밀실에 처박혀 낡은 예술 방법으로 당대 사회의 부정적 현실을 그리고 있음을 깨닫고, 자기 자신에 대한 반역을 감행한다. 그래서 이후로는 "총과 마차"로 그림을 그리겠다고 선언한다. 총은 무기로서 싸움과, 마차는 교통수단으로서 거리 혹은 전진과 의미연관을 맺는다. 따라서 총과 마차로 그림을 그리겠다는 시적 주체의 선언은 계급투쟁을 위한 예술을 하겠다는 임화 자신의 결심이 투영된 것이라 하겠다.

31_ 임화, 「설(雪)」, 『조선일보』, 1927. 1. 2; 「혁토(赫土)」, 『조선일보』, 1927. 1. 2; 「초상(肖像)」, 『조선일보』, 1927. 1. 31; 「선시(宣詩)」, 『조선일보』, 1927. 1. 31; 「혼광(昏光)의 아들」, 『조선일보』, 1927. 3. 8; 「신조태양(新造太陽)」, 『조선일보』, 1927. 4. 8; 「말세(末世)」, 『조선일보』, 1927. 4. 29.

32_ 임화, 「화가의 시」, 『조선일보』, 1927. 5. 8.

아까——그 사무원이 페스트로 즉사하였다는 소식은 버-ㄹ써

관측소를 새어나가

——거리로

▶우주로 뚫고

——산야로

질주한다——확대된다

그러나 아직도 급사란 놈은 기旗에다 목을 걸고 귓짝 속에서 난무한다

비 ● 바람

쏴——

그것은 여지없이 급사를 사무실로 갖다 붙였다

페스트——그것은 위대한 것인 줄 급사는 알았다

…(중략)…

박테리아 박테리아

——그 힘은 위대하다

——그 힘은 위대하다

○

일 분 간에 한 마리씩 잡아 삼키니

십육억 분이면——시간 환산은 성가시다

=지구는 한寒이다

=지구는 한寒이다

박테리아는 지구를 포옹하고 홍소(哄笑)한다

크게——

크게——

(그 웃음은 흑색사변형의 배수로 증대한다)

-「지구와 '박테리아'」 부분[33]

「화가의 시」에 나타난 변혁의식이 좀 더 선명하게 표현된 작품이 「지구와 '박테리아'」이다. 임화는 이 시에서도 글자 크기의 확대와 ▶, ●, = 등의 부호 사용, 행과 연의 역동적 배치를 통해 시각적 효과를 노리고 있으며, 단어나 구문의 반복으로 의미를 강조하고 있다. 그런데 그는 거기에 그치지 않고 계급적 관점에서 세계를 파악하고, 프롤레타리아의 해방을 향한 역사의 진보를 확신하고 있다. 도수가 틀린 안경을 쓴 관측소원은 계기판을 잘못 읽어 저기압을 고기압으로 착각한다. 기상변화에 능동적으로 대처하지 못하는 사무원은 자멸하고, 그것을 바라보는 급사는 사무원을 조롱한다. 그리고 곧 비가 쏟아지고 페스트가 기하학적으로 불어나 지구를 뒤덮게 된다. 급사는 그것을 보며 박테리아의 위력을 실감한다. 여기서 페스트는 프롤레타리아를, 저기압은 프롤레타리아의 해방이라는 새로운 시대적 국면으로의 전환을 의미한다.[34] 그런 의미에서 이 시는 여타의 다다이즘 시와 뚜렷이 구별된다.

임화의 다다이즘 시들은 모두 마르크스주의와 결합됨으로써 강렬한 정치성을 발하고 있다. 임화 문학에서 시와 비평은 거의 동시적으로 전개된다. 예컨대 임화가 1930년대 후반기에 모색한 '낭만정신론'과 '주체재건론'은 그 무렵 그가 쓴 시와 엄밀한 대응관계를 이룬다. 이러한 노력은 다다이즘 시를 쓰던 초기 문학에서부터 나타난다. 그는 최초의 평론인 「근대문학상에 나타난 연애」[35]에서부터 서구 근대예술에 대한 관심을 적극적으로 표명했다. 또 「정신분석학을 기초로 한 계급문학의 비판」[36]에서는 삶의 불만이 무의식에 잠재되어 있다가 꿈이나 예술의 형태로 표출되며, 나아가 의식

33_ 임화, 「지구와 '박테리아'」, 『조선지광』, 1927. 8; 『임화전집1』, 41-42면.

34_ 대기가 저기압으로 바뀐 지구 위를 박테리아가 기하급수적으로 증식한다는 이러한 알레고리적 상황 설정은 「탱크의 출발(タンクの 出發)」(『プロレタリア藝術』, 1927. 10.)에도 보인다. 이 시의 내용은 전 세계 노동자들이 단결하여 인터내셔널이란 탱크를 만들어 지구 위를 "서서히 급속히" 진군한다는 것이다.

35_ 임화, 「근대문학상에 나타난 연애」, 『매일신보』, 1926. 1. 1.

36_ 임화, 「정신분석학을 기초로 한 계급문학의 비판」, 『조선일보』, 1926. 11. 22-11. 24.

으로까지 분출된다고 설명한다. 그리고 정신분석학에 대한 이 같은 이해를 바탕으로 무산계급의 투쟁과 계급문학의 정당성을 피력한다. 「무산계급 문화의 장래와 문예작가의 행정」[37]에서는 민중이 억압 속에서 소외감을 느끼고, 해고의 위협 속에서 이중 삼중의 착취를 당하는 현실에서 예술가는 시대의 정확한 영상을 예술로 표현하는 동시에 민중의 전도를 암시하는 숨은 지도자가 되어야 한다고 말한다. 그런 점에서 신흥예술운동은 프롤레타리아의 장래를 위하여 그 생존권의 확립을 요구하는 사회운동과 병행해야 한다고 역설한다. 이러할 때 무산계급의 신흥문학은 개인주의에 기반을 둔 유산계급 문학과 달리 그 근저를 "집합주의적 정신"에 두게 된다는 것이다. 1927년 무렵의 임화는 예술을 통한 무산계급 해방의 길에 서서히 동참하고 있었고, 그것을 실현하기 위한 구체적 방법론으로 다다이즘을 선택했음을 알 수 있다. 따라서 임화의 다다이즘 시는 미학적 전위성과 정치적 전위성의 결합 가능성을 보여준 사례로 평가할 수 있다.

┌ 아방가르드의 저항성

1920년대 식민지 조선의 지식인들은 일본을 통해 서구의 각종 사상과 학문, 예술을 받아들였다. 그들이 수용한 것 가운데는 표현주의, 미래주의, 입체주의, 구성주의, 다다이즘 등 서구 아방가르드 예술도 포함되어 있었다. 다다이즘을 제외하고는 거의 미술을 중심으로 생성된 이론이었고, 아방가르드 예술에 대한 당시 수용층의 몰이해와 무관심으로 본격적인 수용은 이루어지지 못했다. 다만 다다이즘에서만은 약간의 진전된 논의와 작품적 성과를 남겼다. 1920년대 전반기에는 주로 발생의 역사적 필연성과 가치 문

37_ 임화, 「무산계급 문화의 장래와 문예작가의 행정」, 『조선일보』, 1926. 12. 27-12. 28.

제를 둘러싼 비평적 논의가 있었고, 작품은 1927년에 가서야 빈약하나마 발표되기 시작했다. 고한용, 김화산 등은 다다이즘을 새로운 예술로 소개하고 그 가치를 적극 옹호했으나, 김기진이나 박영희 같은 계급문학론자들은 그것을 퇴폐예술로 규정하고 맹렬히 비판했다. 또 김화산, 박팔양, 임화가 다다이즘 작품을 발표했고, 정지용처럼 기법적 차원에서 시에 다다이즘을 적용하는 경우도 있었다.

1920년대 다다이즘 논의와 작품에는 공통적으로 부정과 해방의 정신이 나타난다. 그러나 부정의 대상, 해방의 내용과 방법 등은 서로 다르다. 그러한 차이는 다다이즘 수용 동기의 차이에서 발생한다. 대체로 그것은 개인적 만족과 운동적 요구라는 양극 사이에서 이루어졌다. 고한용과 김화산이 부정의 대상을 막연히 '기존의 것 일체'라고 한 반면, 박팔양과 임화는 '계급사회'라고 분명히 규정한다. 그리고 고한용과 김화산이 말하는 해방이란 부정적인 사회에 대한 개인적 해탈이지만, 박팔양과 임화에게 그것은 무산계급의 해방이다. 1920년대 다다이즘은 이처럼 두 가지 경향으로 뚜렷이 나누어진다.

김화산의 「악마도」와 임화의 「지구와 '박테리아'」는 동일한 기법을 활용한 다다이즘 작품이지만, 작가의 사상적 차이에 따라 확연히 구분된다. 이 같은 선명한 차이는 다다이즘, 나아가 아방가르드 예술의 가능성과 한계를 분명히 알게 해 준다. 아방가르드 예술이 다수의 고통받는 삶을 외면함으로써 현실에 대한 응전의 정신을 상실할 때, 그 정치한 이론과 현란한 형식 실험은 결국 지적 유희나 자폐적 독백으로 전락할 수밖에 없다. 반면 그것이 미적 혁신을 현실에 대한 천착과 해방의 정신에 결부시킬 때, 예술로서의 진정한 사회적 기능을 수행할 수 있게 된다. 1920년대 문학인들 가운데 임화가 다다이즘을 통해 미학적 저항성과 정치적 저항성의 결합을 시도함으로써 아방가르드 예술의 저항적 가능성을 보여 주었다.

그러나 1920년대의 다다이즘은 근대문학사에서 자기전개를 계속해 나가지 못했다. 우선 임화가 「담曇-1927」 이후 다다이즘 시나 다다이즘적 기법을 활용한 시를 전혀 쓰지 않고, 대신 「젊은 순라巡邏의 편지」를 시작으로 '단편서사시' 창작에 몰두했다. 여타의 다다이스트들도 다다이즘 비평이나 작품을 발표하지 않았다. 근대문학사에서 다다이즘은 1930년대의 이상과 삼사문학파를 통해 다시 등장했다. 1930년대 다다이즘의 양상과 성격, 그리고 그것과 1920년대 다다이즘의 관련성, 나아가 한국 근대문학에서 아방가르드 예술의 역사적 위상 등의 문제는 앞으로 고찰해야 할 과제이다.

제8장

일제 말기 전시체제와 임화의 「찬가」 연작

의문과 문제제기

1930년대 중·후반, 임화는 폐결핵의 악화와 계급문학운동의 패배라는 주객관적 위기 속에서도 카프 시대의 사상적·문학적 입장을 고수하면서 새로운 모색을 통해 변화된 시대에 대응하려 하였다. 낭만정신론과 리얼리즘론, 신문학사가 비평적·문학사적 차원에서 이루어진 노력의 소산이었다면, 「암흑의 정신」을 비롯한 몇 편의 "낭만적 시가"[1]와 「현해탄」 연작은 시적 차원에서 이루어진 고투의 산물이었다. 1930년대 중·후반의 경향문학적 모색이 임화 한 사람에 의해서만 이루어진 것은 물론 아니다. 김남천, 한설야, 안함광과 같이 포스트카프 시대를 주체적이고도 도전적으로 헤쳐 가려 애쓴 문학인들이 없지 않다. 그러나 임화의 문학적 성과들은 그로 하여금 평양과 경성과 마산을 전전케 했던 죽음의 공포, 신건설 사건에서 검거를 면한 데 대한 동료들의 의심과 비난, 문학운동 주체의 붕괴와 전향 사태에 따

1_ 임화, 「진보적 시가의 작금」, 『풍림』, 1937. 1; 『임화전집4』, 739면.

른 정신적 고통 등이 뒤엉킨 최악의 시련 속에서 이루어 낸 것이기에 단연 돋보일 수밖에 없다.

그 가운데 「현해탄」 연작은 식민지 청년 사회주의자들의 변혁적 실천이 역사적으로 정당하며, 그것이 결코 중단되지 않을 것이란 신념에 근거해 전망을 유지하려 한 임화의 시적 전략에 의해 탄생하였다.[2] 그런 의미에서 「현해탄」 연작은 임화와 식민지 청년들에게 기억투쟁이란 의미를 지니며, 민족문학이 1930년대 중반의 혼란을 어느 정도 극복하고 얻은 성과 가운데 하나이다. 그런데 임화는 『현해탄』 후서에서 시집 마지막에 수록된 작품인 「바다의 찬가」를 두고 "이로부터 내가 작품을 쓰는 새 영역의 출발점"[3]이라는 의미심장한 발언을 하였다. 실제로 그는 『현해탄』 출간 이후 더 이상 「현해탄」 연작을 쓰지 않는다. 대신 「바다의 찬가」와 제목과 형식이 유사한 「사랑의 찬가」, 「밤의 찬가」를 차례로 쓴다.[4] 그는 왜 이 같은 찬가 양식을 "새 영역의 출발점"으로 삼았을까? 그는 무엇을, 왜 찬미하였을까? 「찬가」 연작은 전시체제라는 당대적 조건에 비추어 볼 때 어떤 의미를 지니는 것일까? 이 글은 「찬가」 연작이 불러일으키는 이러한 의문에서 비롯되었다.

기존연구는 「바다의 찬가」를 시작으로 한 임화의 '새로운 출발'에 대해 상반된 두 가지 견해를 제시하였다. 첫 번째가 현실(파시즘)의 수락으로 보는 견해이다. 즉 「바다의 찬가」는 "천황제 군국파시즘의 찬란함에 대한 눈뜸"[5]

2_ 박정선, 「임화 시의 시적 주체 변모과정 연구」, 경북대학교 박사논문, 2006, 79-93면.

3_ 임화, 『현해탄』, 동광당, 1938, 후서 3면.

4_ 「바다의 찬가」는 『조선일보』(1937. 6. 23.)에 발표되었다가 『현해탄』(1938), 『찬가』(1947)에 수록된다. 「사랑의 찬가」는 『조광』(1938. 4.)에 발표되었으나 시집에 수록되지는 않는다. 「밤의 찬가」는 1939년에 쓰였으나 발표되지 못했던 작품으로 나중에 『찬가』에 수록된다. 이 글에서는 이 세 편을 '「찬가」 연작'이라 부르도록 하겠다. 임화는 이 세 편과 형식적 유사성을 보이는 「통곡」, 「별들이 합창하는 밤」, 「한여름 밤」 등의 작품들도 이 시기에 창작하였다. 이 시들은 『찬가』 2부에 수록되어 있다.

5_ 김윤식, 『임화 연구』, 문학사상사, 1989, 564면. 김명인 역시 「바다의 찬가」를 "전향의 포즈"로, 「밤의 찬가」를 "파시즘적 힘의 질서가 지배하는 새로운 세계를 수락"하는 것으로 해석한 바 있다. 김명인, 「1930년대 중후반 임화 시의 양상과 성격」, 『민족문학사연구』 5호, 민족문학사학회, 1994, 160면.

이며, 그 이후의 시는 "열정 이후의 운명론적 태도의 표명"[6]이라는 것이다. 「찬가」 연작이 쓰이던 당시 일본은 중일전쟁에서 승리하고 있었고, 동아신질서 이데올로기를 정책적으로 유포하고 있었다. 일본의 입장에서 당대는 국운융성의 시대, 그래서 현실에 대한 찬가를 불러야 하는 시대였다. 이런 점을 고려할 때, 「찬가」 연작은 계급문학운동의 패배로 전망을 상실한 임화가 당대 현실을 수락하거나 찬양한 증거로 읽을 수도 있다. 그런데 「찬가」 연작에서 찬미 대상인 '바다', '애인', '밤'을 파시즘으로 해석할 근거는 작품 어디서도 찾을 수 없다. 그렇다면 파시즘의 수락 여부는 임화의 비평과 산문, 행적에 대한 종합적 고찰을 통해 해명되어야 한다. 그러나 이 견해는 명확한 증거나 설득력 있는 논거에 의해서라기보다는 현실환원론적 분석에 의해 도출된 것이어서 재고의 여지가 있다. 두 번째가 현실(파시즘)에 대한 저항으로 보는 견해이다. 이 견해에 따르면 일제 말기 임화 시는 "파시즘에 대항하는 낭만적 화자의 비극적 형식"[7]이며, "정신의 힘으로 객관 세계에 대적"[8]하려는 의지의 표현이다. 이 견해는 임화의 시학이 굴곡과 변모를 거듭함에도 불구하고 대체로 저항적 일관성을 유지한다는 점에 근거를 두고 있으며, 「찬가」 연작을 일제강점기 임화의 저항시학이 도달한 마지막 지점이라고 보고 있다. 이 견해는 전자에 비해 「찬가」 연작의 본질을 정확히 간파하기는 했지만, 그것을 당대적 맥락과 연관하여 깊이 있게 논의하는 데까지 나아가지는 못했다.

이 글은 기존연구에 대한 이 같은 비판적 검토를 바탕으로 하여 「찬가」 연작의 창작배경, 작품의 구조화 원리, 문학사적 의미를 살펴봄으로써 1930년대 중·후반 임화 시의 성격에 대해 한 걸음 더 진전된 논의를 펼치는 것

6_ 신승엽 편, 『임화전집 I -시/현해탄』, 풀빛, 1988, 202면. 「통곡」이나 「자고 새면」처럼 절망의 파토스로 점철된 시의 경우에는 이렇게 볼 수 있다. 그러나 이 두 편으로 1930년대 중·후반 임화 시의 경향을 설명할 수는 없다. 그렇지 않은 작품이 더 많기 때문이다.

7_ 이경훈, 「밤의 시인 임화」, 『어떤 백년, 즐거운 신생』, 하늘연못, 1999, 47면.

8_ 박정선, 「임화 시의 시적 주체 변모과정 연구」, 98면.

을 목표로 한다. 우선 「찬가」 연작의 창작 배경을 전시체제와 관련하여 해명할 것이다. 임화 시는 항상 당대 현실과의 긴밀한 연관 속에서 창작되었다. 「바다의 찬가」가 발표된 시기는 중일전쟁이 발발(1937)하기 불과 보름 전이었고, 「사랑의 찬가」와 「바다의 찬가」는 중일전쟁이 한창이던 시기에 쓰였다. 전시체제가 어떠한 형태로든 「찬가」 연작의 창작에 영향을 미쳤을 것임은 분명해 보인다. 그렇기 때문에 전시체제기, 특히 중일전쟁기(1937-1941) 일본의 조선 지배정책과 이데올로기는 「찬가」 연작의 창작배경을 살피기 위해 반드시 고려해야 할 사항이다. 다음으로 「찬가」 연작은 시적 주체의 이중적 파토스와 그것을 통어하는 논리적 사유가 결합된 독특한 구조를 취한다. 따라서 정서와 의식을 중심으로 각각의 특성과 그것의 결합양상을 살펴봄으로써 「찬가」 연작의 구조적 특성을 밝힐 것이다. 마지막으로 「찬가」 연작의 문학사적 의미를 파시즘에 대한 시적 저항의 의의와 한계를 논하면서 규명할 것이다.

┌ 전시체제의 도래와 비극적 세계관의 탄생

중일전쟁은 일본이 본격적인 전시체제로 전환하는 계기이자 일본의 조선 지배방식에 변화를 초래한 중대 사건이었다. 그렇기 때문에 「찬가」 연작을 해명하기 위해서는 중일전쟁 발발 전후 일본의 지배정책, 그중에서도 사상통제정책을 분석하고, 그에 대한 사회주의자들의 반응양태를 고찰해 볼 필요가 있다. 일본의 사상통제정책은 1930년대 초반까지는 치안유지법으로 대표되는 엄벌주의를 기조로 하면서 그 보완책으로 기소유보처분을 부분적으로 활용하는 것이었으나, 1930년대 중반부터는 기소유보처분을 포함한 전향유도책을 정책의 다른 한 축으로 적극 시행하는 양상으로 변한다.[9] 이는 탄압 일변도가 사상통제에 그다지 효과적이지 못하다는 판단에서 비롯되었다. 일본은 이미 1920년대 초부터 자국 사상범에 대한 기소유보 처분을 비공식적으로 실시하고 있었는데, 1930년대에 들어 이를 공식적으로 시행하기에 이른 것이다. 그에 따라 사상범의 '전향'[10]에 일정한 효과를 얻는다. 결정적으로 일본 파시스트들은 1933년 사노 마나부佐野學와 나베야마 사다치카鍋山貞親의 전향 성명에 뒤이은 사회주의자들의 대량 전향을 목격하면서 탄압과 회유를 적절히 융화하는 것이 사상통제에 효과적임을 확신한다. 따라서 회유를 핵심전술로 하는 전향정책은 이후 사상통제정책에 적극 반영되었다. 일본은 이러한 정책적 조치를 통해 사회주의자가 이전의 사상을 포기하고 국체(천황제)에 귀의하도록 유도함으로써 대륙 침략을 위한 국민적 통합을 이루고자 했다. 그리하여 중일전쟁기에 들어서면 천황제 이데올로기에 기초한 군부 파시즘 체제가 확고하게 수립된다.

일본의 사상통제정책과 그에 대한 사회주의자들의 반응은 조선에서는 다른 양상으로 전개되었다. 조선의 경우 사상통제정책에 기소유보처분이 도입된 것은 1933년에 이르러서였다. 그러나 기소유보처분은 유명무실했고, 엄벌주의가 여전히 사상통제의 주된 정책적 원리로 작용했다. 조선사상범보호관찰령(1936)의 시행은 이러한 상황을 변화시켰다. 보호와 선도를 통한 전향이 사상통제의 한 축으로서 뚜렷이 등장하게 된 것이다. 그러나 이때까지도 전향은 일본에서와는 달리 운동과 사상의 포기에 국한되어 있었다. 그런데 중일전쟁은 일본으로 하여금 조선의 식민지적 특수성에 대한 고려를 배제하게 했다. 당시 조선 총독 미나미 지로南次郎는 조선 지배 이데올로기로서 내선일체를 제시했는데, 이 이데올로기가 조선의 식민지적 특수

9_ 전상숙, 「전향, 사회주의자들의 현실적 선택」, 방기중 편, 『일제하 지식인의 파시즘체제 인식과 대응』, 혜안, 2005, 310-326면.

10_ 쓰루미 슌스케는 1930년대 이후의 전향을 "국가 권력 아래에서 일어난 사상의 변화"로 정의한다. 그에 따르면, 전향은 국가의 강제성("국가가 강제력을 사용한다는 것")과 개인의 자발성("개인 혹은 집단의 압력에 대해 스스로의 선택에 따라서 반응한다는 것")이 상호작용함으로써 발생한다. 이 글의 전향 개념은 그의 정의에 의거한 것이다. 쓰루미 슌스케, 최영호 역, 『전향』, 논형, 2005, 33면.

성을 무화하는 논리였다. 이에 따라 사상통제정책도 일본과 일원화되었다. 전향의 의미도 운동과 사상의 포기에서 한 걸음 나아가 천황제를 내면화함으로써 완전한 일본 민족이 되는 것으로 바뀌었다. 사상통제정책의 변화는 조선 사회주의자들의 반응양태에도 변화를 초래했다. 사실 탄압 위주의 사상통제정책은 조선에서도 근본적인 해결책이 되지 못했다. 탄압은 사회주의자들이 사상에 대한 신념과 운동에 대한 의지를 견고하게 하는 '시련'일 따름이었다. 그런데 회유를 통한 전향정책이 중일전쟁 직전부터 본격적으로 추진됨으로써 그들의 신념과 의지는 붕괴되기 시작했다. 게다가 중일전쟁에서 일본의 연승, 반파시즘 인민전선의 실패, 독소불가침조약 체결 등 국제 정세는 탄압과 더불어 그들의 신념과 의지를 꺾는 외적 요인으로 작용했다. 그리하여 중일전쟁기에 이르자 전향자는 큰 폭으로 늘어났다.

신건설 사건은 프로문인들 역시 이 같은 정세에서 자유로울 수 없었음을 잘 보여 준다. 신건설 사건은 최초 검거에서부터 복심 공판에 이르기까지 근 2년의 시간이 걸렸다.[11] 검거된 맹원들은 공산주의적 정치결사체를 결성하여 활동했다는 이유로 치안유지법에 의거하여 유죄판결을 받았으나, 전향서약을 했다는 사실을 근거로 집행유예를 언도받았다. 주목할 점은 그들이 전향서약을 했다는 판결문 내용이다. 짐작건대 그들의 서약 과정과 내용은 당시 사회주의자들의 경우와 비슷했을 것이다. 이때는 중일전쟁 전이었으므로 전향의 기준은 사상과 운동의 포기 여부였다. 카프가 강제 해체된 이후 새로운 문예운동조직은 나타나지 않았고, 그들이 새 조직을 결성하지도 않았다. 그들이 운동에 복귀할 조건 자체가 부재했다. 운동의 포기는 그렇게 '자연스럽게' 이루어졌다. 그런 측면에서 본다면, 그들은 전향한 것이 맞다. 그런데 운동의 포기와 달리 사상의 포기에 이르면 문제는 복잡해진

11_ 신건설 사건은 전주경찰서의 맹원 검거 및 조사(1934. 5-1935. 1.)를 시작으로, 전주 지방법원의 예심(1935. 1-1935. 6.) 및 1심 공판(1935. 10-1935. 12.)을 거쳐, 대구 복심법원의 복심 공판(1936. 2.)으로 마무리되었다. 신건설 사건의 경과, 예심 결정문과 1심 및 복심 판결문 전문, 결정문과 판결문에 대한 분석은 권영민, 『한국 계급문학 운동사』, 문예출판사, 1998, 292-338면에 수록되어 있다.

다. 전향서약만으로 그들이 사상을 포기했다고 단정하기 어렵기 때문이다.[12] 카프 해산 이후의 행적을 고려할 때, 박영희를 비롯한 일부는 마르크스주의를 포기한 것이 분명해 보인다. 그러나 대부분의 맹원들의 경우에는 사상의 포기가 선명하게 드러나지 않는다. 또한 중일전쟁 이후에 전향은 사상의 포기에 머물지 않고 새로운 사상으로서 천황제 파시즘을 선택하는 것이었는데, 그들 가운데 누구도 태평양전쟁 발발(1941) 전까지는 자발적으로 그것을 받아들였다고 하기 어렵다. 따라서 그들의 사상 전향은 위장전향 내지 준전향의 성격을 띤다고 보는 것이 옳다. 병세의 악화로 검거를 면했던 임화 역시 그들과 동일한 범주에 속한다. 카프 해산 직후 그는 당대 현실을 "두렵고 고단한 오늘날의 긴 밤"[13]으로 인식하면서도 여전히 이전의 열정과 신념을 유지하고 있었다. 그랬기에 "이상과 진리를 죽그릇과 바꾸어", "짓밟히고 걷어채이면서도, 웃으며 아첨할 것을 잊지 않는 비열한들"[14]을 준엄하게 꾸짖을 수조차 있었다. 임화의 이 같은 사상적 입장은 그의 시와 비평, 문학사를 통해 알 수 있듯이 전시체제기에 접어들어서도 소멸하지 않는다.

관건은 그것이 어떻게 유지, 발현되는가 하는 점인데, 바로 여기에서 저항의 방식 문제가 새로운 아포리아로 대두한다. 전시체제기 일본 파시즘에 대한 조선 지식인들의 저항 방식은 세 가지로 유형화할 수 있다. 첫 번째는 '지하투쟁'이다. 조선공산당이 와해되고 몇 차례의 재건운동이 실패한 이후에도 핵심분자들은 소규모 조직을 결성하고 지하투쟁의 방식으로 저항을 계속하고 있었다. 예컨대 경성콤그룹은 국내외 정세가 일본에게 갈수록 불리해질 것이라 판단하고 반파시즘 인민전선론에 기초하여 항일투쟁을 계속했

12_ 쓰루미 슌스케가 정의하듯이 전향은 국가의 강제성과 개인의 자발성이 결합되어야만 가능하다. 일제 말기의 경우 일본 파시즘의 지배가 치밀했든 느슨했든 간에 강제성은 피할 수 없는 기정사실이었다. 따라서 이 시기의 전향을 판별하는 결정적인 기준은 강제성이 아니라 자발성이다. 그런 점에서 전향서약뿐만 아니라 전향단체인 사상보국연맹에 가입하거나 전향자 동원 행사에 참석한 사실만으로 그들이 전향했다고 단정할 수도 없다. 이런 행위는 대부분 강제적으로 이루어진 것이었기 때문이다.

13_ 임화, 「나는 못 믿겠노라」, 『임화전집1』, 104면.

14_ 임화, 「가을바람」, 『임화전집1』, 128-129면.

다. 그런데 임화는 카프 시대에는 물론 카프 해산 이후에도 일상적 감시와 통제하에 놓여 있었기 때문에 비합법적 활동을 할 수 없었다. 게다가 신병과 가족의 존재는 운동의 의지를 좌절시켰다. 더욱이 카프 해산 직후의 마산행은 그를 조직선에서 이탈시켰고, 그 후 어떠한 조직도 그와 접촉하지 않았다. 이 방식은 임화에겐 전혀 불가능했다. 두 번째는 '자살'이다. 마산 시절 임화는 벗이자 동지였던 이상춘의 사망 소식을 접하고, 그의 죽음이 자연사(병사)가 아니라 "정신적 지주의 붕괴"[15]에 따른 자살이라고 확신했다. 즉 "고생하고, 굶고, 앓고 하는 모든 것이 '무엇 때문에'라는 지주가 없어질 때 항상 담백하고 용기 있는 인간은 죽는다"[16]라는 것이다. 만약 이상춘이 정신적 지주인 마르크스주의에 대한 신념과 변혁적 전망을 상실한 후 천황제 파시즘을 수용할 수 있었다면, 그는 자살 대신에 전향으로 나아갔을 것이다. 그의 죽음이 임화의 말처럼 자살이라면, 그것은 파시즘에 대한 저항 가운데 가장 극단적이고도 비극적인 저항일 것이다. 비록 1930년대 중·후반 내내 존재론적 위기와 극한의 정신적 고통을 겪었다 하더라도, 임화는 이 두려운 선택을 하지는 않았다. 최악의 시련 속에서도 '정신적 지주'를 잃지 않으려 했기 때문이다. 낭만정신론, 주체재건론, 리얼리즘론으로 이어지는 비평적 궤적만 살펴보더라도 그가 정신적 지주를 잃지 않기 위해 얼마나 애썼는지를 알 수 있다. 이 방식은 임화 스스로 거부했다. 세 번째가 '내재적 초월'인데, 임화가 선택한 것이 바로 이것이었다. 카프 해산을 겪고 난 이후에도 문학인 임화는 여전히 파시즘에 적대적인 입장에 서 있었다. 반면 생활인 임화는 파시즘을 인정하고 그 체제하에서 일상을 영위해 나갈 수밖에 없었다. 이전에는 일치되어 있던 삶과 문학이 카프 해산을 계기로 서서히 균열되기 시작했고, 전시체제로의 전환을 계기로 균열은 극복될 수 없을 정도로 심화되었다. 바로 이러한 존재조건에서 일제 말기 임화의 내면을 지배한 비극적 세계관이 탄생

15_ 임화, 「우수의 서」, 『동아일보』, 1938. 2. 13.
16_ 임화, 같은 글, 같은 일자.

하게 된다. 내재적 초월은 비극적 세계관의 행위 양식으로서 파시즘 체제하에서 이루어지는 자기수호의 한 방법이자 소극적인 저항의 일종이다.

골드만에 따르면, 비극적 세계관은 "인간의 삶, 타인과 우주와의 관계 등이 제기하는 모든 근원적인 문제에 '예'와 동시에 '아니오'라고 대답하는 것"[17]이다. 즉 비극적 세계관은 한 인간의 내면에서 소여의 세계에 대한 긍정과 부정, 수용과 거부라는 양가적 반응이 동시적으로 이루어지는 모순적 인식체계이다. 이 같은 비극적 세계관은 인간과 세계의 관계가 심각한 위기에 처했다는 것을 표시하는 징후이다.[18] 인간과 사회의 조화 내지 균형이 파괴된 시대에 인간은 지배권력 구조에 자발적으로 편입되거나 그것에 대항하는 변혁적 실천으로 나아간다. 전시체제에 처한 사회주의자의 경우 파시스트로 변신한 전향자 그룹이 전자에, 비전향적 지하투쟁 그룹이 후자에 해당될 것이다. 그런데 이 양자 사이에는 광범위하고 모호한 제3의 지대가 존재한다. 이상춘적 경향과 임화적 경향이 전시체제기의 제3의 유형을 대표한다. 이상춘은 세계로부터 완전한 초극, 즉 외재적 초월을 감행했다. 그러나 이 경우는 극히 드물었고, 실제로는 임화와 같이 외면적으로는 전시체제를 따르지만 내면적으로는 거부하는 내재적 초월의 지식인들이 훨씬 더 많았다. 전시체제기라는 폭력적 시대에 적극적인 편입도, 그렇다고 적극적인 저항도 할 수 없었던 지식인들의 모순적 상황이 비극적 세계관을 낳았고, 그것이 내재적 초월로 나타난 것이다.

임화는 「단장」에서 이렇게 읊조렸다. "희망을 갖는다는 것은 어려운 일이다/ 더욱이 옳은 희망을 실천한다는 것은....../ 그러나 희망을 버린다는 것은 일층 더 어려운 일이다./ 비록 죽음이 일체를 무덤 속에 파묻는 때라도......"[19] 이 잠언풍의 시에 나타난 임화의 내면은 마르크스주의적 전망의

17_ 루시앙 골드만, 송기형 · 정과리 역, 『숨은 신』, 연구사, 1986, 15면.

18_ 골드만, 같은 책, 57면.

19_ 임화, 「단장」, 『임화전집1』, 210면.

고수냐 혹은 포기냐 하는 딜레마이다. 일본 파시스트들에게 당대는 바야흐로 대아시아주의의 오랜 이상을 실현할 수 있는 가능성의 시대였다. 일본군이 중일전쟁에서 승승장구하고 있었기 때문이다. 그와 달리 임화에게 당대는 "생활에 대한 확신이 없고 명일에 대하여 우연을 기다리는 외엔 절망밖에 갖지 않은 시대"[20]였다. 이러한 인식은 체제로의 적극적인 편입도, 체제에 대한 적극적인 저항도, 그렇다고 자살을 통한 완전한 초극도 불가능한 자기 자신에 대한 비관적 확인의 결과이다. 전시체제기에 임화는 한 집안의 가장으로서 생활을 영위하기 위해 생계비를 벌어야 했다. 출판사 경영이 그에겐 호구지책이었다. 이러한 일들은 모두 체제 내부에서 이루어진다. 반면 그의 문학은 우회적인 방식을 취하긴 하지만 카프 해산 이후에도 비판적 인식과 변혁적 전망을 유지하고 있었다. 생활인 임화는 전시체제에 대해 수용적 태도를 보인 반면, 문학인 임화는 여전히 거부의 태도를 고수하고 있었던 것이다. 「찬가」 연작은 임화의 이 같은 비극적 상황 속에서 목적의식적으로 창작되었다.

┌ 디오니소스적 긍정과 위버멘쉬에 대한 동경

「찬가」 연작의 첫 번째 작품인 「바다의 찬가」에는 '폭풍우'와 '바다'가 지배적인 이미지로 표상되어 있다. 이 시에서 임화는 격렬하게 요동치는 바다 앞에 서 있다. 바다가 격동하는 것은 폭풍우라는 외적인 힘이 작용하기 때문이다. 폭풍우는 고요한 바다를 고통스럽게 하는 시련을 의미하며, 바다는 폭풍우와의 관계에서 단지 피동적인 존재일 뿐이다. 이것이 바다와 폭풍우의 일반적인 관계이다. 그런데 이 시에서 바다와 폭풍우의 그러한 관계는

20_ 임화, 「사상은 신념화, 방황하는 시대정신」, 『동아일보』, 1937. 12. 12-12. 15(12. 12); 「방황하는 시대정신-정축문단의 회고」, 『문학의 논리』; 『임화전집3』, 197면. 전집에는 '방황하는 문학정신'으로 제목이 잘못 표기되어 있다.

전도된 양상으로 나타난다. 즉 바다는 폭풍우에 의해 단지 피동적으로 움직이거나 고통에 몸부림치기만 하는 존재가 아니라, 오히려 그 고통의 몸부림을 통해 폭풍우에 맞서는 의지적인 존재, "장하게/ 날뛰는 것"으로 표현되어 있다. 이 날뛰는 바다야말로 임화가 "모든 곤란 가운데서도 오히려 굳건히 전진하는 히로이즘"[21]이라 불렀던 것의 전형적 형상이다. 그렇기 때문에 그는 도전적 의지로 일렁이는 거대한 바다에 대한 도취와 황홀의 상태에 빠져 있다.

'바다' 이미지는 임화가 마산 시절에 쓴 작품에서 처음으로 등장하기 시작했다. 임화가 결핵을 치료하기 위해 마산에 체류한 기간은 1935년 중반부터 1938년 초반까지였다. 이 시기에 임화는 바다를 모티프로 한 「현해탄」 연작을 집중적으로 창작했다. 이 무렵에 쓴 「합포에서」는 그가 어째서 그토록 바다에 매혹되었는지를 잘 보여 준다. 그는 이 글에서 잔잔하던 바다가 폭풍우로 인해 격렬히 요동치는 모습에서 무한한 경이를 느낀다. 그는 폭풍우에 분노의 몸부림으로 대항하는 바다를 "아름다운 '로맨티시즘'과 더불어 웅대한 '히로이즘'"[22]을 품은 존재로 인식한다. 이뿐만 아니라 그는 파도와 비바람을 거슬러 날아가는 갈매기 역시 위대한 존재로 인식한다. 그에게 바다와 갈매기는 주어진 시련을 회피하지 않고 정면으로 맞서서 그것을 극복하려는 존재들이기 때문이다. 이러한 경험과 인식이 「바다의 찬가」에 투영된 것이다.

시인의 입에
마이크 대신
재갈이 물려질 때,
노래하는 열정이

21_ 임화, 「진보적 시가의 작금」, 『임화전집4』, 742면.
22_ 임화, 「합포에서」, 『신동아』, 1936. 8, 156면.

침묵 가운데
최후를 의탁할 때,

바다야!
너는 몸부림치는
육체의 곡조를
반주해라.
—「바다의 찬가」 부분[23]

시의 후반부에 이르러 임화는 자신에게 주어진 극한적 고통을 가정하고, 바다와 자신을 동일화함으로써 고통을 초극하려 한다. 인용 부분에서 알 수 있듯이 그에게 주어진 고통이란 강요된 침묵이다. 침묵 이후에도 노래가 가능할 것인가? 전연 불가능하다. 노래는 입으로 부르는 것이며, 언어 없이는 불가능하다. 그러니 재갈이 물린 자는 노래를 부를 수 없다. 그것은 임화에게 시인으로서의 존립 근거를 뒤흔드는 극한적 위기상황이다. 그럼에도 불구하고 그는 육체의 몸부림으로 노래를 대신하겠다는 의지를 바다를 통해 간접적으로 제시하고 있다. 바다의 격랑에 맞춘 육체의 몸부림이 침묵을 강요당한 시인이 최후로 취할 수 있는 노래의 형식이라 생각했기 때문일 것이다. 임화는 이러한 의지를 격렬한 파토스를 통해 표현하고 있다.

한편 「밤의 찬가」 역시 「바다의 찬가」와 유사한 사유체계를 보여 준다. 「밤의 찬가」에서 세계는 '밤'이며, '밤'은 찬미의 대상으로 표상되어 있다. 임화는 미래로서의 아침과 낮을 거부하고 현재로서의 밤을 긍정한다. 1930년대 중·후반 임화 시에서 밤은 세계의 지배적 이미지로서 자아에게 고통과 절망을 불러일으키는 시공간이었다. 임화는 그것을 일제 말기 현실을 표

23_ 임화, 「바다의 찬가」, 『임화전집1』, 205면.

상하는 이미지로 시에 사용했다. 동시대 시인들의 시에 나타난 밤도 임화의 그것과 내포적 의미는 같다. 일제 말기 시에서 밤의 이미지는 시대의 알레고리로서 보편적으로 통용되었던 것이다. 「밤의 찬가」에서 밤의 이미지도 이런 맥락에서 쓰이고 있다. 이 시에서 밤은 낡은 것과 새로운 것이 갈등하는 "암흑의 세계"이다. 이 세계에서 임화는 "공포에/ 떨리는 손길"이라는 표현을 통해 밤에 대한 두려움을 드러낸다. 그런데도 그는 아침이나 낮보다는 밤의 세계에 존재하기를 열망하며, 아침이나 낮 대신에 밤을 노래하고자 한다. 그것은 그가 밤이 단지 부정적인 속성만을 지닌 것은 아니라고 인식하기 때문이다. 이 시에서 밤은 모든 것을 품는 "넓은 가슴"과 "대담한 의지"를 지닌 존재이기도 하다. 밤은 그러한 포용력과 의지로 공포를 물리치는 담대함을 보여 준다. 따라서 밤은 고통스러운 세계 그 자체를 의미하기도 하고, 그러한 공포를 초극하는 존재를 의미하기도 하는 중층적 이미지이다. 임화는 이 시에서 밤에 대한 긍정과 밤의 의지에 대한 찬미를 통해 고통을 야기하는 현존 세계를 긍정하고, 그 세계에서 가치 있는 것을 찾음으로써 고통을 초극하려 한다.

「언제나 지상은 아름답다」는 임화가 「찬가」 연작을 쓰게 된 계기를 직접적으로 밝힌 글이어서 주목을 요한다. 글 서두에서 임화는 문학을 고통의 기록이라고 규정한다. 삶이 고통이고 삶의 형상화가 문학이라는 상식에 기댈 때, 이는 지당한 말이다. 또한 그는 "오늘날의 담천曇天 아래서" 환희를 느낄 수 있는 사람은 없으므로 시인에게 환희보다 더 절실한 감정은 고통이라고 토로한다. 이 글이 중일전쟁기라는 고통의 시대에 쓰였고 임화가 그러한 시대적 상황에 적대적이었음을 고려한다면, 이러한 심경은 충분히 수긍할 만하다. 그보다 더 눈길을 끄는 것은 고통과 희망, 죽음과 생의지의 관계에 대한 그의 성찰이다. 그에 따르면, 삶은 "심연과 함정이 연달아 패 있는 두려운 구릉"이다. 그런데 삶이 이처럼 공포로 가득한 고통임에도 불구하고, 인간이 그것을 포기하지 않는 이유는 "고통이 끝나는 지평선에 대한 아름다운

'판타지'"를 가슴에 품고 있기 때문이다. 그러한 꿈을 상실할 때, 인간은 자멸의 절벽 아래로 떨어진다. 임화는 이상춘의 자살을 통해 희망을 상실한 인간의 최후를 목격한 바 있다. 그 자신도 폐결핵으로 인해 생사의 고비를 경험하였다. 그런데 그는 그 절체절명의 순간에 강렬히 솟구치는 "생의 의지"를 느끼게 된다. 그는 이러한 경험을 통해 "인간의 의지가 목적에 대한 희구의 미와 힘에 있다면 고통의 순간이야말로 미와 힘의 충일한 결정"이라는 인식에 이른다. 그에게 고통은 희망과 의지를 만들어 내는 토양인 셈이다. 그가 "고통의 화려한 순간을 우리는 사랑하지 않을 수 없을 것"이며, "고통에 대하여 찬가를 불러야 한다"라고 말한 것은 바로 이 때문이다.

> 모든 가운데서 생명의 고귀한 음향이 울려오고 있다.
>
> 살아 있다는 하나의 사실 속에 온갖 창조의 비밀이 들어있다.
>
> 그러므로 인생이란 세계의 행복과 환영에 대한 아름다운 생명들의 부절한 운동이었다.
>
> 이 운동의 진정한 표현이 한갓 암울한 세계였을 때 나는 그 속이야말로 모든 것이 만들어지는 세계란 것을 노래하고 싶다.
>
> …(중략)…
>
> 고통의 은화를 환희의 금화로 주조하고 싶다.
>
> 나에겐 이것만이 가공의 노래가 아니라 현실의 노래이며 진정한 생명과 희망과를 생각키 때문에 「찬가」 속에 지금 제 시행을 써 가고 있다.
>
> 지상은 언제나 아름다운 것이다.
>
> 다시 말하면 우리들엔 이 현대만이 긍정하고 찬미할 세계인 것이다.[24]

삶의 매순간 환희를 경험하는 인간은 현존의 고통을 겪지 않는다. 또한

24_ 임화, 「언제나 지상은 아름답다-고통의 은화를 환희의 금화로」, 『조선일보』, 1938. 3. 5.

그에겐 현재가 유일한 가치이다. 그의 의식 속에는 미래가 소거되어 있으며, 희망도 존재하지 않는다. 그에게도 미래와 희망이 있다면, 그것은 현재의 연장으로서의 미래와 희망일 뿐이다. 반면 현존 자체가 고통인 인간도 있다. 그 현존을 깊이 자각하는 인간은 고통의 현재가 극복되기를 바란다. 오로지 그런 인간만이 고통이 사라지는 미래를 진정으로 꿈꾼다. 그런 의미에서 "고통의 은화를 환희의 금화로 주조하고 싶다"라는 임화의 말은 고통의 현재를 환희의 미래로 바꾸고 싶다는 염원의 은유로 읽힌다. 그렇게 본다면, "언제나 지상은 아름답다"라는 명제는 이 글에서는 물론이고 이 시기 임화의 현실인식과도 모순된다. 사실 지상은 고통으로 가득한 곳이므로 가치론적으로 볼 때 추함의 범주에 속한다. 그럼에도 지상이 아름답다는 논리가 성립되는 이유는 그 고통 속에서만 희망의 꽃이 피기 때문이다. 다시 말해 고통의 현재는 희망의 미래가 꽃 피기 위한 유일한 조건이기 때문이다. 그 희망의 꽃은 인간이 천상이 아니라 지상에 살고 있기 때문에, 희망을 향해 부단히 운동을 전개하기 때문에 피어날 수 있다. 그러므로 이 명제는 당대 현실에 대한 저항의 아이러니이자 그것의 극복염원을 담은 방법적 긍정으로 해석할 수 있다. 그런 의미에서 이 글에서 임화가 말하는 '찬가'는 파시즘이라는 지상에 대한 찬가가 아니라 그것이 극복될 유일한 토대인 당대 현실에 대한 찬가이다. 또한 파시즘의 극복은 파시즘에 맞서 싸울 주체가 존재해야 가능하므로, 그것은 반파시즘 투쟁을 전개할 강고한 주체에 대한 찬가이다. 요컨대 임화에게 「찬가」 연작은 고통 속에서 부르는 희망의 노래이자 파시즘에 대한 투쟁의 찬가이다.

「찬가」 연작과 「언제나 지상은 아름답다」의 주제인 고통에 대한 긍정과 초극의지는 흥미롭게도 니체주의적 색채를 띠고 있다. 잘 알려져 있듯이 니체는 서구 형이상학과 기독교의 이원론적·목적론적 세계관은 삶에 대한 구토와 권태의 산물이며, 이데아와 천국에 대한 사유는 허위라고 비판했다. 그에게 '이 세계'의 바깥은 존재하지 않기 때문이다. 그렇다면 남는 것은 '이 세계'뿐인데, 바로 이 지점에서 니체의 디오니소스적 긍정dionysische bejahung과 운명애amor fati 개념이 싹트게 된다. 디오니소스적 긍정, 운명애란 아무리 소여의 세계가 고통스러운 것일지라도 인간은 이 세계를 벗어날 수 없기 때문에 이 세계와 이 세계에 던져진 자신을 긍정하고 사랑할 수밖에 없다는 것을 의미한다.[25] 그는 이러한 사유를 통해 고통스러운 생에 대한 긍정으로 나아갔다. 그의 논리대로라면, 그러한 긍정에서만이 고통과 자신의 현존을 초극할 의지가 생성된다. 그가 창조한 위버멘쉬übermensch는 힘에의 의지로써 지상의 고통과 자신의 현존을 초극하는 존재이다. 위버멘쉬는 피안의 세계를 거부하고 지상의 세계를 삶의 유일한 조건으로 받아들이면서 지상에서 삶의 의미를 찾는다.[26] 그렇기 때문에 부정적 세계인 지상을 가치의 유일한 생성지로 긍정한다. 니체의 관점에서 볼 때, 위버멘쉬는 지상의 인간이 지향해야 할 가장 이상적인 역할모델이다. 니체 철학의 핵심이라 할 수 있는 삶에 대한 긍정과 힘에의 의지가 천황제 파시즘 체제 속에서 살고 있던 식민지 지식인의 사유에 나타나고 있어 이채롭다.

그렇다면 「찬가」 연작과 「언제나 지상은 아름답다」에 나타난 이러한 사유는 니체 읽기의 산물인가? 아니면 실존적 자각의 결과인가? 임화의 글 가운데 니체에 대한 언급이 보이는 것은 별로 없다. 「르네상스와 신휴머니즘론」에서 그는 파시즘의 대두로 인한 세계적 위기 속에서 수다한 전대의 사상이 부흥했지만 어느 것도 근대문화의 위기를 구하지 못했다고 평가하고, "니체 헤겔 등의 부흥이 전대 철학의 관념론적 측면을 개악 강조하여 파쇼적 국민을 준비"[27]했다고 비판했다. 사실 이것만으로는 그가 니체를 얼마만

25_ 백승영은 디오니소스적 긍정을 세계와 인간에 대한 절대적 긍정으로 정의한다. 또한 그것을 허무주의 극복 후에 인간이 도달할 수 있는 긍정 양식 중에서 최고의 양식으로, 니체 철학이 부정과 해체의 철학이 아니라 긍정의 철학임을 입증하는 증거로 평가한다. 한마디로 디오니소스적 긍정은 니체 철학의 정수라는 것이다. 그와 아울러 그는 운명애를 디오니소스적 긍정의 최고의 표현으로 본다. 백승영, 『니체, 디오니소스적 긍정의 철학』, 책세상, 2005, 86-111면.

26_ 백승영, 같은 책, 232면.

27_ 임화, 「르네상스와 신휴머니즘론」, 『조선문학』, 1937. 5; 『임화전집3』, 120면.

큼 읽었는지 파악하기 어렵다. 하지만 니체 부흥의 파시즘적 성격을 지적한 이 부분을 통해 그가 본래적 니체와 파시즘에 이용된 니체의 차이를 알고 있었음은 분명해 보인다. 다시 말해 임화가 니체 철학의 핵심을 이해하고 있었다는 것을 알 수 있다. 한편 카프 해산 이후 임화는 자신이 이녕 같은 일상세계에 빠져 허우적거리는 초라한 존재로 전락했음을 고통스럽게 자각했다. 자신이 초라하다고 생각하면 할수록 그러한 세계에 대한 초극의지도 커져 갔다. 임화의 초극의지는 영웅적 인물들에 대한 형언할 수 없는 동경으로 발현되었다.[28] 그 인물은 헤겔에 의해 백마를 탄 세계정신이라 불린 나폴레옹[29]과 임화 자신에 의해 나폴레옹에 비견된 헤겔이었다. 임화는 그들이 모두 "운명인", 즉 시정의 세계를 초극한 위대한 인물이라 평가하고, 그들에게 무한한 찬사를 보냈다. 그리고 자신을 그들에 동일화함으로써 비루한 실존을 정신적으로 초극하고 상처 입은 내면을 치유하고자 했다. 이렇게 본다면, 임화의 니체적 사유는 니체 읽기와 실존적 자각이 결합되어 탄생한 것이라 할 수 있다.

┌ 주객변증법의 논리와 대립자들의 무한투쟁

임화가 「찬가」 연작을 창작한 것은 비루한 실존적 조건을 정신적으로 초극하기 위해서였지만, 다른 한편으로는 전시체제에 처한 경향시의 대응 전략을 모색하기 위해서이기도 했다. 「현해탄」 연작을 쓰고 있던 무렵 임화는 카프 해산 전후 경향시의 혼란상과 그것을 극복하고자 한 여러 시도를

28_ 임화, 「잡록」, 『청색지』, 1939. 5.

29_ 나폴레옹은 니체에게도 중요한 인물이었다. 니체는 나폴레옹에게서 자기보존적 삶에의 의지에만 머무는 것이 아니라 그것을 넘어서는 진정한 초월자, 즉 힘에의 의지를 체현한 자로서 위버멘쉬의 형상을 발견한 바 있다. 백승영, 『니체, 디오니소스적 긍정의 철학』, 324-325면 참고.

비판적으로 검토한 후, 새로운 길로서 '감정시'와 '풍자시' 두 가지를 제시했다. 이 가운데 그가 선택한 길은 전자였다. 그에 의하면 감정시는 "현실의 대해 도처에서 제재를 발견하여 시화하고, 그것을 새로이 전진하고 있는 계급의 생생한 감정에서 노래하는 웅대한 서사시의 리얼리즘", "암흑한 제야에 위대한 도정에서 넘어지는 비극의 한 웅대한 낭만적 비가", "모든 곤란 가운데서도 오히려 굳건히 전진하는 히로이즘, 그리고 그 가운데서 느끼는 높은 감정"을 내용으로 한다.[30] 여기서 서사시의 리얼리즘과 히로이즘은 식민지 청년을 시적 주체로 한 영웅적 모험담인 「현해탄」 연작을 말한다. 또한 낭만적 비가는 카프 해산 무렵 낭만정신론에 의거해 창작된 「세월」, 「암흑의 정신」과 같은 작품을 가리킨다. 그렇다면 「찬가」 연작은 감정시와 어떤 관계가 있는가? 앞서 살펴보았듯이 「찬가」 연작의 세계에는 고통에 대한 디오니소스적 긍정과 위버멘쉬적 초극의지가 발현되고 있다. 그와 아울러 「찬가」 연작에는 위버멘쉬적 주체가 대립자와 벌이는 무한투쟁이 형상화되어 있다. 이것이 「찬가」 연작의 세계를 구성하는 또 하나의 결정적 계기이자 감정시의 특성 가운데 하나인 히로이즘의 구현 양상이다. 그런 점에서 「찬가」 연작은 임화가 모색한 감정시의 다양한 길 가운데 하나였다.

「찬가」 연작은 찬미 대상인 바다, 애인, 밤에 대한 '도취와 황홀의 파토스'와 부정적 대상인 폭풍우, 적에 대한 '거부와 증오의 파토스'가 뒤엉킨 격렬한 정서를 내뿜고 있다. 이 같은 정서는 급박하고 격정적인 리듬을 야기하고, 그러한 리듬은 역으로 시의 정서를 증폭시킨다. 임화의 시적 개성은 내면에서 솟구치는 정서를 통제하지 않고 자유롭게 분출해 버림으로써 강렬한 정서적 호소력을 획득하는 데 있다. 이러한 특성이 「찬가」 연작에서는 파토스의 중층성으로 나타난다. 그러나 「찬가」 연작을 다만 파토스의 시로만 볼 수는 없다. 주객변증법이 시의 규제 원리로 작동하면서 무제약적이고

30_ 임화, 「진보적 시가의 작금」, 『임화전집4』, 741-742면.

충동적인 파토스를 강하게 견인하고 있기 때문이다. 주객변증법은 주체와 객체가 상호작용함으로써 서로를 변화시켜 가는 운동의 법칙이다. 주객변증법은 임화가 마르크스주의자로 변신한 이후 줄곧 그의 세계인식의 기본틀이자 문학을 지탱하는 받침돌 역할을 했다. 그것이 「찬가」 연작에서도 지배적 원리로 작동하고 있다.

주지하듯이 변증법의 기본원리는 대립물의 투쟁과 통일, 그리고 그것의 발전적 전개이다. 헤겔 변증법은 한마디로 절대정신의 자기실현 과정이라 할 수 있다. 이 관념변증법은 "본래적 통일성, 자기소외, 더 높은 통일 속에서의 화해로 이루어지는 3단 구조"[31]를 취한다. 이러한 변증법의 구조는 헤겔에서 마르크스, 그리고 마르크스주의로 이어지는 철학적 계보에서 일관되게 유지되고 있다. 마르크스와 엥겔스는 헤겔 철학을 비판하고 전복했지만 변증법의 형식적 구조는 계승하여 유물변증법을 정식화했다.[32] 유물변증법에 따르면, 모든 사물들은 대립적 혹은 통일적 관계를 맺는다. 즉 모든 사물들은 변증법적으로 연관되어 있다. 그러한 관계는 끊임없이 변화하며, 그에 따라 사물들 자체도 부단히 변화하는 운동적 성격을 지닌다. 그러므로 정태적이고 고정적으로 존재하는 실체란 없다. 여기서 중요한 것은 통일보다는 모순이다. 왜냐하면 현실의 본질은 통일이 아니라 모순이며, 모순은 사물들의 관계와 사물들 자체의 운동에 매개적 요인 내지 추진력으로 작용하기 때문이다. 그래서 레닌은 대립물의 투쟁과 통일의 법칙과 관련하여 "대립물들의 통일(일치, 통일성, 동일 작용)은 조건적이고 일시적이며 상대적인 반면에 상호배타적인 대립물들의 투쟁은 발전과 운동이 절대적인 것처럼

31_ 알렉스 캘리니코스, 정남영 역, 『현대철학의 두 가지 전통과 마르크스주의』, 갈무리, 1995, 96면.

32_ 엥겔스는 『자연변증법』에서 대립물의 상호침투의 법칙, 양질전화의 법칙, 부정의 부정의 법칙을 유물변증법의 근본원리로 규정했다. 프리드리히 엥겔스, 윤혁식 외 역, 『자연변증법』, 중원문화, 1989, 213-224면. 이 법칙 개념들은 헤겔로부터 연원한다. 헤겔은 이 세 가지를 변증법의 기본법칙으로 확립하여 『논리학』에서 논의한 바 있다. 마르크스와 엥겔스는 이 세 가지 법칙을 계승하면서도 헤겔 변증법에 내재된 관념론을 유물론으로 대체하였다. 그럼으로써 유물변증법은 관념변증법과 내용적으로 완전히 다른 성격을 지니게 되었다.

절대적이다"[33]라고 말했다. 이와 같은 대립물의 투쟁이 「찬가」 연작의 세계를 구성하고 있다.

미소와 더불어
내미는
부드런 손길을
미친개처럼
물어뜯는
현실 가운데서
뮤즈여
과연 그대는
적에 대한
미움 없이
그대의 애인을
온전히
사랑할 수가 있는가
–「사랑의 찬가」 부분[34]

「찬가」 연작에서 주객변증법의 논리가 잘 드러나는 작품이 「사랑의 찬가」인데, 이 시에는 특히 대립자들의 투쟁이 전면화되어 있다. 임화는 「사랑의 찬가」에서 인간에 대한 보편적 사랑이라는 종교적 교리를 거부한다. 현실은 교리의 가르침과는 달리 사랑의 손길에 증오의 물어뜯음으로 반응하는 세계이기 때문이다. 그래서 그의 사랑은 차별적이다. 그는 애인에 대

33_ V. I. Lenin, *Collected Works* vol. 38, Moscow : Progress Publishers, 1972, p. 360, 캘리니코스, 『현대철학의 두 가지 전통과 마르크스주의』, 118면에서 재인용.

34_ 임화, 「사랑의 찬가」, 『조광』, 1938. 4; 『임화전집1』, 214–215면.

한 온전한 사랑의 전제로서 적에 대한 증오의 불가피함을 토로한다. 임화에게 세계는 사랑과 증오의 대상으로 나누어지고, 사랑은 증오의 존재성으로 인해 진정으로 가치 있는 것이 된다. 그러므로 애인에 대한 사랑은 적에 대한 증오와 동일한 의미를 지닌다. 애인에 대한 '사랑의 찬가'는 곧 적에 대한 '증오의 찬가'인 것이다. 마르크스가 말했듯이 인간의 정체성은 사회적 조건과의 관계 속에서 결정된다. 적대적인 세계에 존재하는 인간은 적대적 존재들과 적대적 관계를 맺을 수밖에 없다. 적대적 관계는 인간에게 적에 대한 증오를 키우고, 적에 대한 증오는 주체의 정체성을 전투성으로 채색한다. 「사랑의 찬가」는 이러한 과정을 잘 보여 준다.

「사랑의 찬가」에 나타난 사랑과 증오의 변증법은 주객변증법의 변이형으로서 카프 해산 직후 발표된 임화의 비평이나 산문 도처에서 발견된다. 그는 「담천하의 시단 일 년」에서 "시인은 최대한으로 사랑하고 또한 미워할 줄을 알아야 한다"[35]라고 주장했고, 「사랑의 진리」에서는 "사랑을 위하여 바치는 정성은 사랑하는 것을 괴롭히는 원수를 위한 어찌할 수 없는 미움의 정성과 전혀 떼일 수 없었던 것"[36]이라고 함으로써 애인에 대한 사랑과 적에 대한 증오의 불가분성을 역설하고 있다. 이처럼 임화는 카프 해산 무렵부터 비평이나 산문을 통해 사랑과 증오의 변증법을 계속해서 되풀이하고 있다. 그것이 시로 형상화된 것이 「사랑의 찬가」인 것이다.

이미
쓰러져 가는 날과
이로부터
생탄하는 날과의
보이지 않는

35_ 임화, 「담천하의 시단 일 년」, 『임화전집3』, 510면.
36_ 임화, 「사랑의 진리」, 『조광』, 1937. 3, 184면.

그러나
불타는 갈등 속에
아
밤은 얼마나
아름다웁고
신비로우냐
–「밤의 찬가」 부분[37]

주각객변증법의 원리는 「밤의 찬가」에서도 관철되고 있다. 이 시에서 임화는 밤을 "쓰러져 가는 날"과 "생탄하는 날"의 투쟁이 벌어지는 세계로 인식한다. 그는 이러한 상황에서 사멸하는 것 대신에 생성하는 것, 낡은 것 대신에 새것을 지향한다. 또한 그는 아침이나 낮에 밤을 대립시키고, 전자보다는 후자를 노래하고자 한다. 임화는 이처럼 사멸보다는 생성을, 아침이나 낮보다 밤을 더 가치 있는 것으로 간주하고 그런 투쟁의 세계에 존재하기를 희망한다. 그래서 그는 자신을 밤의 찬가를 부르는 "밤의 시인"으로 명명한다.

이 시에서 임화는 왜 낡은 것이 아니라 새것을 지향하는 것일까? 낡은 것에 대한 극복과 새것에 대한 지향은 임화 문학에서 두루 발견되는 역사유물론의 발현이다. 임화는 「위대한 낭만적 정신」에서 이성과 현실의 변증법적 연관을 의미하는, '존재하는 것은 무엇이고 합리적이며 합리적인 것은 모두가 존재한다'라는 헤겔의 명제를 지지했다.[38] 그러나 그는 이성과 현실의 변증법적 전개가 자동적으로 이루어진다고 보지는 않았다. 또한 주객동일성을 회복하는 유일한 방법인 실천을 강조하고 있기도 하다. 그럼에도 불구하고 임화의 역사유물론이 스탈린주의로부터 영향을 받았음은 부인할 수

37_ 임화, 「밤의 찬가」, 『임화전집1』, 238면.
38_ 임화, 「위대한 낭만적 정신」, 『임화전집3』, 30면.

없는 사실이다. 캘리니코스는 스탈린주의가 진화주의와 주의주의가 결합된 것이며, 마르크스주의의 역사에서 심각한 오류의 하나라고 지적한다.[39] 식민지 사회주의자였던 임화로서는 당대를 휩쓸었던 이 같은 경향으로부터 자유로울 수 없었다. 그래서 임화는 목적이나 진보에 과도하게 집착하기도 했고, 「상륙」과 같은 시에서 드러나듯이 생산력주의의 입장에서 식민지적 근대화를 긍정하는 인식의 착종 현상을 보이기도 했다.[40] 아울러 낭만정신론에서는 인간과 세계의 변증법적 관계를 간과한 채 주체의 의지를 지나치게 강조하는 주관주의적 편향을 보이기도 했다. 이러한 문제를 내포하고 있기는 했지만, 어쨌든 임화는 큰 틀에서 낡은 것의 소멸과 새것의 탄생을 역사의 합법칙성으로 간주하는 역사유물론의 입장을 고수하고 있었다. 「밤의 찬가」는 그 증거의 하나라고 할 수 있을 것이다.

다음으로 이 시에서 임화는 왜 아침이나 낮이 아니라 밤을 지향하는 것일까? 앞서 언급했듯이 임화가 「찬가」 연작을 쓴 것은 고통스러운 현실을 정신적으로 초극하기 위해서였다. 그래서 그는 「언제나 지상은 아름답다」에서 현존의 삶을 부정하고 인간의 문제를 신의 손에 맡기는 종교의 교리를 신랄하게 비판하였다. 그는 니체와 마찬가지로 미래에 대한 종교적 비전을 허위로 규정하고 거부한 것이다. 라이히에 따르면, 계급사회에서 가부장적 종교들은 대중의 비참함을 신의 의지로 돌리고, 내세에 관한 멋진 말로 현재의 행복에 대한 대중의 요구를 연기시킴으로써 현상 유지를 바라는 권력층에 봉사한다.[41] 라이히는 그것의 성격을 신비주의로 규정하고, 이 신비주의에 파시즘을 포함시킨다. 일본 파시즘의 이데올로기적 근간은 태양신의 직계후손인 천황의 성스러운 다스림 아래 그의 신민들이 모두 현재의 고난

39_ 캘리니코스, 『현대철학의 두 가지 전통과 마르크스주의』, 114-126면. 스탈린주의에 대한 마르크스주의 내부의 비판으로서 아도르노와 알튀세르의 논의는 캘리니코스, 같은 책, 127-148면을 참고할 것.

40_ 허정, 「임화 시 연구」, 동아대학교 박사논문, 2008, 168-169면 참고.

41_ 빌헬름 라이히, 황선길 역, 『파시즘의 대중심리』, 그린비, 2006, 218면.

을 참고 이겨낸다면 마침내 팔굉일우의 찬란한 태양의 제국을 건설할 수 있다는 '환상'이다. 일제 말기의 내선일체론, 동아신질서론, 대동아공영권론이 모두 이러한 환상을 기초로 하여 만들어졌다. 라이히의 분석에 의거한다면, 일본 파시즘은 권위주의적이고, 가부장적이고, 금욕주의적이며, 비합리주의적이라는 점에서 신비주의에 속한다. 임화로서는 그러한 신비주의에 동의할 수 없었다. 또한 '히노마루'에 잘 나타나듯이 일본을 상징하는 아침, 태양을 찬미할 수 없었다. 그런 점에서 임화가 「밤의 찬가」에서 광명의 세계에 암흑의 세계를 대립시키고 화합과 조화보다는 분열과 투쟁을 지향하는 것은 일본 파시즘에 대한 우회적 저항으로 해석할 수 있다.

┌ 파시즘과 저항정신의 변증법

1930년대 중·후반, 임화는 전시체제의 강화와 계급문학운동의 패배를 경험하면서 세계는 인간의 의지대로 되지 않는다는 것, 현실은 자신이 생각했던 것보다 훨씬 더 막강하다는 것을 깨닫는다. 말하자면 그것은 세계의 재발견이었다. 그 앞에서 그는 좌절했고, 자신이 '벌레'[42]나 '어릿광대'[43]와 같은 보잘것없는 존재라는 생각 때문에 절망에 빠졌다. 그러한 절망은 파리 망명시절의 청년 마르크스가 여러 가지 계획의 실패 후 "의도 따위와는 상관없이 존재하고 어떤 해석을 하든지 그러한 것을 거부하면서 움직이고 있는 세계라는 오브젝트"[44]를 발견하면서 느꼈던 절망을 방불케 하는 것이었다. 임화가 겪은 이 같은 위기는 현실을 어떻게 돌파할 것인가 하는 고민을 낳았다. 이 고민은 임화로 하여금 다양한 문학적 모색을 하게 하는 동력으

42_ 임화, 「버러지」, 『신동아』, 1935. 12.
43_ 임화, 「주유(侏儒)의 노래」, 『조광』, 1937. 5.
44_ 가라타니 고진, 김경원 역, 『마르크스 그 가능성의 중심』, 이산, 1999, 83면.

로 작용했다. 그 산물 가운데 하나가 「찬가」 연작이었다. 그것은 임화의 비극적 세계관이 낳은 내재적 초월의 결과였다.

「찬가」 연작의 세계는 니체와 마르크스라는 이질적이고 대립적이기까지 한 존재들이 공존하고 있는 곳이다. 즉 「찬가」 연작에는 한편으로는 고통에 대한 디오니소스적 긍정과 생의 초극자인 위버멘쉬에 대한 동경이 발현되고 있고, 다른 한편으로는 주객변증법의 원리에 의거한 주체와 객체의 투쟁이 끝없이 전개되고 있다. 「찬가」 연작에는 이처럼 공존할 수 없는 것들이 동거하고 있는데, 그 둘을 매개하는 요소가 임화의 반파시즘 의식이다. 특정한 현실의 모순은 그 현실 속에서만 극복할 수 있다. 임화는 파시즘 체제를 일단 인정하고, 다른 곳이 아닌 바로 그 고통스러운 현실로부터 그것이 극복될 진정한 미래를 희망했다. 그는 그 주체로서 영웅적 인간, 즉 위버멘쉬의 형상을 창조했고, 위버멘쉬적 존재가 강대한 세계에 맞서서 변증법적 투쟁을 끝없이 전개하는 모습을 형상화했다.

「찬가」 연작의 세계는 실재계, 즉 일제 말기 전시체제라는 현실과 그에 대한 임화의 적대감이 투영되어 만들어졌다. 그 속에서 임화는 적대적인 대상에 맞서 싸우는 존재들을 적극적으로 찬미했다. 그것들은 파시즘에 맞서고자 했던 그의 의지가 만들어 낸 이상적인 존재들이다. 임화는 그것들과 자신을 동일화함으로써 적어도 관념계에서만큼은 의지적 존재가 되고자 했다. 이 가상의 세계에서 비로소 그는 적과 대등해질 수 있었고, 카프 시대의 시적 주체 감각을 회복할 수 있었다. 이처럼 임화는 「찬가」 연작을 매개로 이녕 같은 생활의 세계로부터 정신을 분리시키고, 그것을 한 차원 높은 세계로 고양시켰다. 그는 그렇게 함으로써 자신의 정신과 시가 현실에 부딪쳐 산산조각 나는 것을 막을 수 있었다. 그런 점에서 「찬가」 연작은 "현대에 대한 서정시의 비타협 정신"[45]을 잘 보여 준다. 「찬가」 연작은 파시즘 체제하

45_ 임화, 「시단의 신세대-교체되는 시대조류」, 『조선일보』, 1939. 8. 18-8. 26; 『임화전집3』, 397면.

에서 파시즘에 대한 시적 저항이 어떻게 가능한지를 보여 준 하나의 사례로 평가할 수 있다.

반면 「찬가」 연작은 현실의 관념적 초월로 인해 시와 현실의 긴장력 파괴라는 문제점을 안고 있다. 임화에게 내재적 초월은 자신을 지킬 수 있는 힘이었다. 그러나 그 때문에 현실의 임화와 시 속의 임화 사이의 괴리는 커져 갔고, 그에 비례하여 그의 시는 현실로부터 멀어져 갔다. 비록 당대 현실의 주된 문제인 이민을 다룬 「차중」이나 파시즘하의 정신적 위기를 솔직히 고백한 「자고 새면」을 쓰기도 했지만, 그것이 전시체제기 그의 시의 주된 경향이 되지는 못했다. 그가 할 수 있는 일은 관념의 세계를 끝까지 추구하는 것뿐이었다. 고통을 초극하는 위버멘쉬적 형상의 창조와 적에 대한 불퇴전의 투쟁은 모두 그의 관념 속에서만 이루어지는 것이었다. 그러나 주관적 의지에 의거한 관념적 투쟁이 실제 현실의 모순을 실제적으로 극복하지는 못한다. 때로 주관적 의지가 객관적 현실의 제약을 돌파하기도 하지만, 대부분의 경우 개별자의 주관적 의지는 결국 강고한 현실의 벽에 부딪혀 패배할 수밖에 없다. 「밤의 찬가」를 쓴 1939년, 그는 초극과 투쟁의 의지를 밀고 나갈 기력을 상실한다. 그의 시적 절필이 이러한 사정을 잘 말해 준다.

1939년, 시인 임화는 사라졌지만, 비평가 임화는 살아남아 파시즘에 대한 내재적 초월의 프로젝트를 계속 수행해 갔다. 그는 농민문학론과 생산문학론에서 식민주의에 포섭되는 일면을 보이면서도, 다른 한편으로는 식민주의의 허점들을 우회적인 방식으로 비판했다. 이는 "식민주의의 내부로부터 식민주의를 격파해가는 '내적 저항'의 좋은 사례"[46]로 평가할 수 있다. 그와 아울러 그는 몇 편의 글에서 전시체제와 파시즘에 대해 언급했지만, 어떠한 가치판단도 유보한 채 방관자적 태도로 일관했다.[47] 마루야마 마사오

46_ 하정일, 「일제 말기 임화의 생산문학론과 근대 극복론」, 『탈식민의 미학』, 소명출판, 2008, 354면. 파시즘에 대한 임화의 내적 저항의 논리에 대해서는 이 논문에 상세히 분석되어 있다.

47_ 다음의 글이 대표적이다. 임화, 「전체주의 문학론」, 『조선일보』, 1939. 2. 26–3. 2; 「19세기의 청산」, 『동아일보』, 1939. 5. 12–5. 14; 「시민문화의 종언」, 『매일신보』, 1940. 1. 6.

는 파쇼화 과정을 "이질적인 것의 배제를 통한 강제적 시멘트화의 과정"[48] 이라 설명한 바 있다. 그렇게 본다면 임화의 이 어중간한 태도는 파시즘의 강제적 동일화에 맞서서 스스로를 정신적으로 타자화하는 방식이라 볼 수 있다. 따라서 이것 역시 '내적 저항'의 범주에 속한다. 그는 하루하루 무사하기를 바라면서 다만 이 같은 방식으로 전시체제의 거친 풍랑을 아슬아슬하게 헤쳐 나갔다.

48_ 마루야마 마사오, 김석근 역, 『현대정치의 사상과 행동』, 한길사, 1997, 346면.

제9장

민족국가의 시쓰기와 탈식민의 수사학

—해방 후 임화 시에 대하여

┌ 임화 시의 현재성과 새로운 독법

2008년은 한국문학사에서 뜻 깊은 해 가운데 하나로 기록될 듯싶다. 근대시가 태동한 지 100주년이 되는 해이기 때문이다. 한국 근대시의 시작을 과연 최남선의 「해에게서 소년에게」(1908)로 볼 수 있는지에 대해서는 여전히 논란이 있지만, 한국문학 연구자들은 대체로 이 시를 근대시의 출발점으로 보는 데에 동의하는 것으로 보인다. 2008년이 지닌 또 다른 문학사적 의미는 바로 임화 탄생 100주년이라는 점이다. 어떤 측면에서는 이 점이 전자보다 더 특별하다고 할 수 있다. 그 이유는 시인으로서, 비평가로서, 문학사가로서, 문예운동가로서 임화가 이룩한 남다른 성취와 그로부터 결과한 그의 문학사적 위상의 고도에서 연원한다. 임화는 근대문학사에서 끊임없는 모색과 자기갱신을 통해 현실에 대한 문학적 응전의 가능성을 다채롭게 보여 주었다. '○○와 그의 시대'라는 문제틀로 문학사를 인식하는 방법이 있다. 이런 방법은 특정 문학인을 시대의 중심부에 놓고 나머지를 주변화하기 때문에 폭력적인 측면이 있다. 그러나 다른 한편으로는 해당 문학인의 작품

세계나 문학사의 전개를 새롭게 볼 수 있게 해 준다는 점에서 긍정적인 측면도 있다. 새로운 문제틀에 입각한 새롭게 보기는 지금까지 조명하지 못했던 근대문학사의 새로운 면모를 드러내는 데 기여하기 때문이다. 그런 점에서 임화가 문학사와 비평 분야에서 보여 준 치열하고 심도 깊은 사유, 단편서사시와 「현해탄」 연작 등으로 저항시학의 계보에 남긴 뚜렷한 족적을 고려할 때, 근대문학사를 '임화와 그의 시대'라는 프리즘으로 조감해 보는 것은 분명 의미 있는 일이 아닐 수 없다. 그만큼 근대문학사에서 임화가 차지하는 비중은 크다고 할 수 있다.

그런데 임화 문학은 (신)식민지 근대라는 특정한 시대적 국면에 대한 반응의 산물이긴 하지만, 그러한 국면과 현시대가 본질적 측면에서는 별반 다르지 않다는 점에서 오늘날에도 그 의의는 조금도 약화되지 않았다. 현시대는 시간적 상거와 표면적 차이에도 불구하고 임화의 시대와 본질적으로 동일한 범주에 속한다. 다시 말해 현시대는 분단체제의 극복, 사회적 양극화 해소, 신식민주의의 세계지배나 신자유주의 세계화에 대한 저항 등을 과제로 안고 있는데, 이러한 문제들은 임화가 자신의 시대와 대결하면서 치열하게 고민했던 민족적 · 계급적 문제들의 연장선상에 놓여 있다. 그런 점에서 임화 문학은 한국문학이 현실을 성찰하고 그와 대결하기 위해 늘 참조점으로 삼아야 할 풍요로운 토양이다. 그의 문학은 '역사적 유물'이 아니라 '살아 있는 전통'인 것이다. 특히 해방 후 임화 시가 뿜어 낸 전투적 서정은 한국현대시사에서 민족·민중시적 서정의 계보 가운데 신동엽, 김남주로 이어지는 혁명적 서정의 기원이다. 우리가 발 딛고 서 있는 지금의 세계사적 현실이 여전히 살육과 약탈이 자행되는 전쟁터와 다를 바 없음을 상기할 때, 임화 시의 전투적 서정은 오늘날에도 충분히 유효하다. 따라서 그것은 현실적 상상력의 회복을 지속적으로 요청받고 있는 지금의 한국시단에 자기반성을 위한 거울로 기능할 수 있을 것이다. 임화의 시를 계속해서 현시대에 소환하여 새롭게 읽어야 할 이유가 거기에 있다.

해방 후 임화 시와 관련된 연구논저는 이미 많이 산출되었다. 해방 후 임화는 다시금 문학과 정치를 일치시키려 노력했다. 그에게 시는 변혁운동의 '톱니바퀴와 나사'였다. 그는 시를 자신의 정치적 과제였던 자주적 민주주의 국가 건설과 밀접히 연관 지었다. 그렇기 때문에 해방 후 임화 시에 대한 논의도 주로 새 국가 건설의 시적 반영이란 점에 초점이 맞춰져 있다. 월북 후 작품의 경우 통일된 민족국가 건설을 주제로 하고 있기 때문에 그에 대한 분석도 해방기 작품에 대한 논의와 맥을 같이한다. 사실 해방 후 임화 시에 대해서는 이 밖에 다른 논의가 가능할까 싶기도 하다. 그렇다고 새로운 논의가 전혀 없었던 것은 아니다. 2000년 이후에 산출된 해방 후 임화 시 연구에서 새롭게 나타난 경향은 세 가지이다. 첫 번째가 월북 후의 임화 시를 발굴하고 그것을 그의 정치적 활동과 연관하여 해명하려는 연구[1]이다. 이 연구 성과 덕분에 그간 단편적으로만 알려져 온 월북 후 임화의 시적 궤적을 어느 정도는 전체적으로 재구성할 수 있게 되었다. 그러나 월북 후 임화의 문학과 삶은 아직 완전히 재구성되지 못하고 있다. 총체적인 임화 연구가 가능하기 위해서는 그의 월북 후 작품과 행적이 반드시 복원되어야 한다. 앞으로도 이 부분에 대한 연구가 지속되어야 한다. 이 연구성과들이 그러한 후속작업의 디딤돌이 될 것이다. 두 번째가 임화 시 전체를 대상으로 하여 내적 일관성을 규명하려는 연구[2]이다. 이 연구는 기존연구에서 소홀히 했던 월북 후의 작품까지 연구 대상으로 하여 임화 시 전체의 내적 일관성을 규명하였다. 따라서 임화 시를 총체적으로 바라볼 수 있게 해 준다. 세 번째가 새로운 방법론 특히 최근 새롭게 대두한 탈식민주의decolonialism를 통

1_ 김재용, 「한국전쟁과 임화」, 『작가연구』 10호, 2000. 12; 김재용, 『임화와 양남수」, 『한국근대문학연구』 3집, 한국근대문학회, 2001. 상반기; 오성호, 「임화의 월북 후 활동과 숙청」, 『현대문학의 연구』 21집, 한국문학연구학회, 2003.

2_ 유성호, 「비극적 근대시인의 시적 경로」, 문학과사상연구회, 『임화문학의 재인식』, 소명출판, 2004; 박정선, 「임화 시의 시적 주체 변모과정 연구」, 경북대학교 박사논문, 2006; 허정, 「임화 시 연구」, 동아대학교 박사논문, 2008.

해 임화 시를 새롭게 읽어 내려는 연구[3]이다. 그렇게 함으로써 이 연구는 임화 시의 새로운 면모를 드러내고 있다. 임화의 삶과 문학이 식민주의colonialism와의 대결의 형식이었던 만큼, 탈식민주의는 임화를 설명하는 새롭고도, 유효한 분석틀이 될 수 있을 것으로 본다. 이 경향은 해방 후 임화 시를 새롭게 조명해 보려는 시도에 시사하는 바가 크다.

이 장에서는 탈식민주의와 수사학을 분석틀로 하여 해방 후 임화 시에 대한 새로운 읽기를 시도해 보고자 한다. 우선 해방 후 임화의 시쓰기를 그의 탈식민decolonial[4] 실천과 연관하여 살펴보려 한다. 즉 임화의 탈식민의 사유가 비평 담론의 차원에서 어떻게 정리되고, 그러한 탈식민 담론이 그의 시쓰기 행위와 어떻게 연관되는지를 살펴볼 것이다. 이는 임화가 "근대문학사에서 식민주의 및 그 식민주의를 극복하고자 하는 문제의식(탈식민주의)을 가장 선명하게 보여주었던"[5] 문학가였으며, 해방기 임화의 담론적 실천과 운동적 실천이 모두 탈식민을 실현하는 데에 집중되었다는 사실로부터 연원한다. 다음으로 그의 시를 수사학의 측면에서 분석함으로써 탈식민 의식이 시에 어떤 양상으로 나타나는지를 밝혀 보고자 한다. 수사학이 단순히 수사법을 의미하는 데 그치는 것이 아니라 사상과 정서를 표현할뿐더러 그

3_ 이형권, 「현해탄 시편의 양가성 문제」, 『한국언어문학』 49집, 한국언어문학회, 2002; 오창은, 「'자생성'과 '종속성'의 경계, 그리고 지식의 '탈식민적 가능성'」, 문학과비평연구회, 『탈식민의 텍스트, 저항과 해방의 담론』, 이회문화사, 2003; 권성우, 「임화 시에 나타난 '탈식민성' 연구」, 『횡단과 경계』, 소명출판, 2008. 이 가운데 이형권의 논문은 「현해탄」 연작을 대상으로 하고 있고, 오창은의 논문은 일제강점기의 임화 문학을 대상으로 하고 있어서 이 글과 직접적 관련은 없다. 권성우의 논문은 탈식민주의를 방법적 토대로 하여 임화 시 전체를 개관한 것인데, 해방기 시를 다룬 부분이 이 글과 연관성이 높다.

4_ '탈식민(화, 주의)'은 현재 'postcolonial(ization, ism)' 혹은 'decolonial(ization, ism)'을 번역한 용어로 쓰이고 있다. 그런데 'post-'는 이후(after)와 초월(beyond)이라는 양가적 의미를 지닌 접두사여서 의미 해석상 혼동을 초래할 수 있다. 반면 'de-'는 분리(off)와 부정(bad)이라는 한정적 의미를 지닌 접두사이다. 본 연구에서 해방기 임화의 의식과 실천을 설명하는 용어로 선택한 탈식민(화, 주의)은 저항적·해방적 성격이 뚜렷한 decolonial(ization, ism)의 번역이다. 탈식민 개념을 변별적으로 사용하는 것은 국내 학자들 사이에서는 이미 보편화되어 있는 듯하다. 예컨대 이석호는 일찍이 두 개의 영어 용어를 분명히 구별하여 사용했다. 그에 따르면, postcolonial은 포스트라는 접두사가 지닌 양가적 의미 때문에 본뜻을 분명하게 표현하기 어려운 용어이지만, decolonial은 식민으로부터 벗어나기라는 명료한 문제의식을 드러낼 수 있는 용어이다. 이에 대해서는 빌 애쉬크로포트 외, 이석호 역, 『포스트콜로니얼 문학이론』, 민음사, 1996, 14면 참고.

5_ 권성우, 같은 글, 87면.

것들을 형성, 규제하는 언어적 원리라고 본다면, 수사학을 통해 시에 나타난 시인의 사상과 정서의 특질을 규명할 수 있을 것이다. 수사학을 또 다른 분석틀로 삼은 것은 이 때문이다.

┌ 제3의 근대 기획과 탈식민의 시쓰기

해방 직후 임화는 '인민'이 주체가 되는 부르주아 민주주의 혁명의 완수를 통한 민주주의 민족국가 건설을 희망했다. 임화의 이러한 희망은 박헌영의 혁명론에 근거를 두고 있다. 해방 직후 박헌영은 「현 정세와 우리의 임무」(8월 테제)[6]에서 해방된 조선의 과제를 민족의 완전독립과 토지문제의 혁명적 해결을 중심과업으로 하는 부르주아 민주주의 혁명으로 규정했다. 그리고 그 혁명을 수행할 주체는 노동계급을 중심으로 한 인민의 통일전선이라 주장했다. 그에 따르면, 조선의 시민계급은 식민 초기에 이미 혁명성을 상실했기 때문이다. 따라서 그는 통일전선적 주체에 의한 민주정부 수립과 민주주의 국가 건설을 혁명의 궁극 목표로 설정했다. 말하자면 이것은 자본주의적 근대도 아니고, 그렇다고 사회주의적 근대라고 할 수도 없는 새로운 길이었다. 그의 이러한 국가건설 구상은 분단 현실과 미소 대립이라는 세계사적 정세, 남한이라는 공간적 한계와 혁명주체세력의 미성숙이라는 여러 가지 주·객관적 악조건 속에서 그가 선택할 수 있는 거의 유일한 기획이었던 것으로 보인다.[7] 임화의 근대 기획이 박헌영의 그것과 일치함은 식민주의 극복과 민족국가 수립이라는 지상과제에 대한 여러 방안 가운데 박헌영

6_ 이 문건의 작성 배경과 과정, 정치적 위상에 대해서는 이정박헌영전집편집위원회 편, 『이정박헌영전집5』, 역사비평사, 2004, 51면에 수록된 해제를 참고할 것.

7_ 그러나 이것이 종착점은 아니었다. 박헌영은 이러한 근대 기획을 과도기적인 것으로 설정하고 있었다. 그 기획의 궁극적 도달점은 프롤레타리아 혁명을 통한 사회주의 체제의 완성이다. 이는 8월 테제의 마지막 부분에 명확히 서술되어 있다. 혁명의 최종단계에 대한 이 같은 설정은 소련을 모델로 한 것으로 보인다. 소련은 그러한 혁명을 실

의 것이 가장 현실성 있다고 그가 판단했기 때문으로 보인다. 임화의 해방기 담론들이 철저히 박헌영의 테제에 기초하여 전개된다는 사실이 그것을 말해 준다.

임화의 민족문화론(문화운동론)은 이 같은 제3의 근대기획이 문화 차원에 적용된 탈식민 담론이다. 「현하의 정세와 문화운동의 당면 임무」[8]는 해방 후 임화의 민족문화론을 잘 보여 주는 글이자 박헌영의 「현 정세와 우리의 임무」를 문화운동에 적용한 글이다.[9] 임화는 이 글에서 문화운동의 근본과제는 "문화상에서 부르주아 민주주의 혁명을 수행"하는 것이고, 그 주체는 "노동자계급을 위시한 농민과 중간층의 진보적 시민으로 형성된 통일전선"이라고 주장한다. 임화는 여러 글에서 이들을 '인민'으로 통칭하면서 민족문화 건설의 주체이자 그렇게 건설된 민족문화의 주인으로 규정했다. 이는 인민이 '정신의 탈식민화decolonizing the mind'를 실현하기를 바라는 열망의 표현이다. 임화는 이 같은 정신의 탈식민화를 가로막는 현실적 문제들을 지적하고, 이를 제거하는 것을 문화운동의 당면 임무로 제시한다. 그가 제시한 당면 임무는 일제잔재와 봉건잔재, 그리고 몰락기 시민문화의 청산이다. 여기서 일제잔재란 일제의 문화지배를 통해 이식된 것들을 말하는데, 이를 청산해야 한다는 주장은 곧 정치적 탈식민과 더불어 문화적 탈식민을 실천해야 한다는 것을 의미한다. 다음으로 임화는 일제의 문화지배의 발판이었던 봉건잔재가 해방기에 국수주의와 사대주의로 발현되고 있다고 비판한다. 봉건잔재(봉건주의)가 국수주의와 사대주의의 탈을 쓴 채 민족문화와 세계문

현한 유일한 나라였기 때문이다. 그런데 권성우가 지적했듯이, 당시 사회주의자들은 소련이 제국주의의 또 다른 얼굴이라는 것을 인식할 수 없었다. 이러한 한계는 개인의 인식적 제한성에서 기인했다고 할 수도 있지만, 근원적으로는 국제적 냉전체제와 국내적 이념대립이라는 문제적인 시대에서 유래했다고 보는 것이 옳다. 시대의 경직성과 견고함이 개인의 총체적 혜안을 완강히 결박하고 있었기 때문이다. 이에 대해서는 권성우, 「임화 시에 나타난 '탈식민성' 연구」, 106면 참고.

8_ 임화, 「현하의 정세와 문화운동의 당면 임무」, 『문화전선』, 1945. 11. 15.

9_ 박헌영의 「현 정세와 우리의 임무」와 임화의 「현하의 정세와 문화운동의 당면 임무」에 대한 비교 분석, 임화의 민족문화론이 해방기 문화운동의 기본노선으로 정립되는 과정에 대해서는 박정선, 「해방기 조선문학가동맹의 문화대중화 담론과 조직적 실천」, 『어문학』 93집, 한국어문학회, 2006, 436-441면을 참고할 것.

화의 교류를 방해할 수 있다고 판단했기 때문이다. 그는 진정한 민족문화란 세계문화와의 교류를 통해 건설된다고 본다. 그래서 다른 글에서도 "지방주의와 편협한 국수주의 대신에 세계적인 의미의 민족문화"를 건설해야 하며, 그런 문화는 "조금도 배외주의적이 아닐 뿐만 아니라 또 소호小毫의 국수주의적 자기도취와도 무관한 것"임을 분명해 한다.[10] 봉건잔재 청산과 관련된 이러한 발언은 임화의 민족문화론이 민족주의의 환원주의reductionism 내지 토착주의nativism와는 다른 지점에 서 있다는 것을 보여 주는 증거이다. 마지막으로 임화가 몰락기 시민문화를 청산해야 한다고 주장한 이유는 그것이 진보성과 건강성을 상실했기 때문이다. 그에게는 진보성과 건강성을 상실한 몰락기 시민문화가 민족문화 건설에 독소가 될 것으로 보였다. 임화가 제기한 당면 임무의 실현은 최종적으로 민주주의 민족문화 건설로 귀결된다. 이는 부르주아 민주주의 혁명의 도달점이 민주주의 민족국가 건설인 것과 짝을 이룬다.

임화의 민족문학론 역시 그의 탈식민 구상을 잘 보여 준다. 임화는 「조선민족문학건설의 기본과제에 관한 일반 보고」[11]에서 민주주의적 개혁과 근대국가 건설, 민족적 자각, 모국어로의 복귀 등을 민족문학 건설의 전제로 내세운다. 그러나 해방된 조선의 문학은 일제잔재와 봉건잔재로 인해 제약받고 있다고 분석하면서 이러한 장애물을 제거하고 민족문학을 건설함으로써 새 국가 건설에 이바지하자고 주장한다. 임화의 민족문학론은 「민족문학의 이념과 문학운동의 사상적 통일을 위하여」[12]에서 좀 더 체계화된다. 이 글에서 임화는 민족을 역사적이고 사회적인 관계의 집합체로 규정한다. 따라서 임화가 말하는 민족은 혈족과는 다른 개념이다. 그것은 민족 내부의 특권층을 제외한 노동자, 농민, 소시민 등의 인민전선적 집합체이다. 임화

10_ 임화, 「문화에 있어 봉건적 잔재와의 투쟁 임무」, 『신문예』, 1945. 12; 『임화전집5』, 383-385면.

11_ 임화, 「조선민족문학건설의 기본과제에 관한 일반 보고」, 조선문학가동맹서기국, 『건설기의 조선문학』, 1946. 6.

12_ 임화, 「민족문학의 이념과 문학운동의 사상적 통일을 위하여」, 『문학』, 1947. 4.

에게 민족은 곧 인민을 의미한다. 그런데 이 글에서 임화는 민족문학 주체로서 노동계급의 중심성을 뚜렷이 부각한다. 이는 좌우대립이 격화되는 당대의 급박한 정치적 상황, 해방 직후 민족문학론에 나타난 주체의 모호성에 대한 반성이 작용했기 때문이다. 그리고 그는 노동계급이 영도하는 인민전선을 강조한다. 노동계급은 "농민과 소시민들을 영도하여 자기의 나라로부터 제국주의를 구축하고 봉건유제를 일소할 뿐만 아니라, 다른 나라의 인민들과 더불어 부패하여 가는 자본주의를 극복하고 자기 민족과 인류 사회를 더 높은 계단으로 발전시킬 사명과 임무를 가진 계급"[13]이기 때문이다. 따라서 그는 노동계급이 중심이 되는 민족은 민족 내부는 물론이고 자민족과 타민족, 자국과 타국의 대립과 투쟁을 야기하지 않는다고 주장했다. 그는 이러한 융화와 연대를 민족과 민족문학의 이념으로 보았다. 즉 민족문학은 인민(민족)의 자유와 행복을 실현하는 데 이바지하는 문학이다. 또한 그것은 주체와 객체가 서로 평등하게 접합, 소통하면서 만들어 가는, 특수한 문학이면서 동시에 보편적인 문학이다. 민족문학의 주체, 민족문학과 세계문학의 관계에 대한 임화의 이 같은 논의는 민족 담론이 흔히 빠지는 본질주의 essentialism의 함정에서 비켜서 있다.[14]

> 처음으로 불러보는 조국의 이름, 처음으로 나라의 주인이 되자는 조선의 인민들, 밤낮 없이 들려오는 그들의 아우성과 발자국 소리, 스스로 적과 싸워서 피 흘리며 그들의 선두에서 걸어오는 영웅들의 모습, 모두가 시고 모두가 노래 아닌 것이 없지 않으냐? 새로운 시대는 온통 이 노래의 시대요, 시의 시

13_ 임화, 「민족문학의 이념과 문학운동의 사상적 통일을 위하여」, 『임화전집5』, 465-466면.

14_ 임화의 이러한 논의가 문제가 없는 것은 아니다. 민족문학과 세계문학의 관계에 대한 임화의 언급은 원칙론의 차원에 머물러 있다. 즉 임화는 여러 글에서 민족문학이 국수주의의 편협한 울타리를 넘어 세계와 소통하고 세계 인민에 기여하는 문학이 되어야 한다고 했지만, 그것이 어떻게 가능한지에 대해 언급하는 데까지 나아가지는 못했다. 민족문학과 세계문학의 관계에 대한 임화 논의의 문제점에 대해서는 신두원, 「계급문학, 민족문학, 세계문학-임화의 경우」, 『민족문학사연구』 21집, 민족문학사학회, 2002, 51-53면을 참고할 것.

대인 것이다. …(중략)… 그러므로 나는 탄 피부와 두터운 망막을 가진 시인, 정말 굳은 정신과 튼튼한 육체를 가진 시의 탄생을 기대하고 또 확신하고 있었던 것이다. 그리하여 그들과 어깨를 겨눌 제 나도 새 시대의 시인이 되리라 혼자 마음먹었던 것이다. 왜 그러냐 하면 이러한 길은 내 자신이 구원되는 길일 뿐 아니라 조선의 시가 구원되는 위대한 날이 시작되는 때문이다.[15]

해방 후 임화에게 시쓰기는 새로운 근대기획의 실현을 위한 문학적 실천이자 민족문학론의 창작적 구현이었다. 김상훈의 시집 『대열』 서문에서 임화는 해방의 벅찬 감격을 노래할 수 없었던 자신의 부끄럽고도 회한 어린 심정을 토로하고, 새 시대의 대열에 동참하려는 의지를 품는 과정을 설명하고 있다. 인용문은 임화의 이러한 심경 변화를 서술한 부분이다. 임화는 새 시대인 해방기가 조선시의 새 출발점이며, 조선시의 그 같은 길에 동참하는 것이 새 시대의 시인이 되는 길임을 확신하고 있다. 조선시의 이 새로운 길은 임화에게는 민주주의 민족국가 건설의 일익이 되는 길임은 자명했다. 문학과 정치의 일원론의 입장에 선다면, 시쓰기는 곧 정치적 실천이 되기 때문이다. 그런데 인용문에서 주목해야 할 또 한 가지는 그가 혁명적인 시인으로의 존재론적 도약을 자신의 '구원'과 연관 짓고 있다는 점이다. 그는 새 시대에 동참하는 것이 자신이 구원받는 길임을 고백하고 있다. 이 지점에서 그가 해방 직후 가장 먼저 쓴 작품인 「9월 12일」[16]이 자연스레 떠오른다. 임화는 해방의 감격과 과거에 대한 부끄러움을 담고 있는 이 시에서 다시는 "부끄러운 생애"를 살고 싶지 않다는 염원을 우회적으로 드러냈다. 그렇다면 남은 길은 단 하나, 당당하고 자랑스럽게 살다 죽는 것이다. 그는 그것을 위해 "용기"를 간절히 원했다. 그에게 용기는 새 시대에 동참할 수 있게 해 주고, 적에 맞서 불퇴전을 전개할 수 있게 해 주는 힘이었던 것이다. 그 용기가 추동

15_ 임화, 「서(序)」, 김상훈, 『대열』, 백우서림, 1947. 5.

16_ 임화, 「9월 12일-1945년, 또 다시 네거리에서」, 『찬가』, 백양당, 1947. 2, 9-13면.

하는 생이 어떤 것인지는 "노래"가 명징하게 보여 주었다. 그가 "그 밑에 전사하리라/ 노래 부르던 깃발"이나 "노래처럼/ 죽는 생애"라고 했을 때, 이 노래는 바로 〈적기가赤旗歌〉를 가리킨다. 이 노래는 4/4박자 단조 행진곡풍의 악곡과 "민중의 깃발 붉은 깃발은 전사의 시체를 싼다"로 시작하여 전사의 "혈조血潮는 깃발을 물들인다"라는 강렬한 표현을 거쳐 "비겁한 자"와의 확연한 갈라섬과 "붉은 깃발"을 지키겠다는 굳은 맹세로 끝맺는 가사가 결합되어 만들어졌다. 요컨대 이 노래는 전사의 숭고한 죽음, 붉은 기로 표상되는 혁명에 대한 절대적 믿음과 헌신의 의지가 힘차고도 비장한 악곡과 결합되어 있는 세계적인 혁명가요이다. 임화는 이 노래의 주인공처럼 되는 것이야말로 자신이 죄를 씻고 새로운 인간으로 부활하는 길임을 믿었다. 그는 『대열』 서문 말미에서 이러한 심정을 바탕으로 새로운 시는 "이빨을 갈고 달려드는 조선 인민의 원수들과의 유혈과 사死의 투쟁 가운데서" 자라고 있음을 확신했다. 자신의 시가 그 속에 있다고, 있어야 한다고 생각했음은 물론이다. 그런 점에서 임화의 시쓰기는 탈식민 저항 가운데 저항 주체의 목적성과 의식성이 명확한 가시적 형식을 취하는 '대안적 저항'[17]에 속한다.

해방 후 임화는 시쓰기를 탈식민 저항으로 간주했기 때문에 시쓰기에서 탈식민 주체의 구성과 그러한 주체의 투쟁에 대한 형상화에 역점을 두었다. 이경원은 "서구의 인식론적 폭력에 의해 타자화·주변화되었던 제3세계의 주체 구성이 탈식민주의의 지상과제"라고 보면서 "그 기획의 주체는 제3세계"여야 한다고 지적한다.[18] 모든 기획은 목적과 목표, 방법, 주체를 필요로 한다. 이 가운데 주체가 가장 중요한 요소이다. 주체가 없다면 기획 자체가 전혀 실현 불가능하기 때문이다. 제3세계 탈식민 운동도 사정은 같다. 그리

17_ 하정일은 탈식민 저항의 유형을 대안적 저항, 내적 저항, 혼종적 저항으로 구분한다. 한마디로 말해 대안적 저항은 반동일화형 저항이고, 내적 저항은 비동일화형 저항이며, 혼종적 저항은 혼종이 특정 맥락에 위치함으로써 발생하는 의미효과이다. 이에 대해서는 하정일, 「탈식민의 역학」, 『탈식민의 미학』, 소명출판, 2008, 32-36면을 참고할 것.

18_ 이경원, 「탈식민주의의 계보와 정체성」, 고부응 편, 『탈식민주의-이론과 쟁점』, 문학과지성사, 2003, 56면.

고 주체를 누구로 할 것인가 하는 문제는 해방된 조선의 과제이기도 했다. 앞서 살펴보았듯이 임화에게 해방된 조선의 주체는 인민이었고, 민족문학의 주체도 그러했다. 그래서 그의 앞에는 새 시대의 주체인 인민의 형상화가 무엇보다 중요한 과제로 부각되었다. 그는 해방기 조선문학의 당면 과제를 "새로운 인간의 발견이요, 거기에 따른 새로운 현실의 발견"이며, 이 과제를 해결하기 위한 방법은 "인민 가운데로" 가는 것이라 말했다.[19] 이러한 구상은 시에서 인민주체의 구성으로 현현되었다. 이 주체는 해방기 시에서는 노동계급을 중심으로 한 집단주체의 형상으로 나타나다가 월북 후 시에서는 인민유격대(빨치산)와 같은 이른바 '인민의 영웅'으로 변화해 갔다.[20] 이와 함께 임화는 주체의 투쟁을 형상화하는 데에도 노력을 집중했다. 강고한 주체의 투쟁을 형상화함으로써 시를 통한 선전선동적 효과를 극대화하고자 했기 때문이다. 임화 시에서 주체의 투쟁은 해방기 정세의 급변에 따라 점점 더 격화되는 양상을 보인다. 특히 10월 항쟁 이후에는 폭력투쟁의 형상화로 나아갔다. 임화는 「인민항쟁과 문학운동」[21]에서 10월 항쟁을 "조선인민의 모든 자유의 새로운 출발점"이라고 평가하면서 문학운동이 인민항쟁과 결합될 것을 주문했다. 그 방식은 "인민항쟁의 영웅들"을 형상화하고 그들에게 바치는 송가를 짓는 것이다. 10월 항쟁이 빨치산 무장투쟁으로 이어졌다는 사실을 고려할 때, 이는 임화의 시쓰기가 무장투쟁의 형상화로 나아갈 것을 예감케 한다. 실제로도 그는 1947년 11월 월북 후 해주에 머물면서 무장투쟁을 전개하는 빨치산을 영웅으로 찬미하는 「영웅전」 연작을 썼다. 이 연작시에서 임화는 신식민주의 미국과 그 섭정들인 친일-매판세력에 맞선 무장투쟁을 형상화하고, 그 주체들을 영웅으로 찬미했다. 폭력은 원칙적

19_ 임화, 「문학의 인민적 기초」, 『중앙신문』, 1945. 12. 8-12. 14(12. 11); 『임화전집5』, 375-376면.

20_ 해방 후 임화 시의 인민주체 구성과 그 양상의 변화에 대해서는 박정선, 「임화 시의 시적 주체 변모과정 연구」, 105-130면을 참고할 것.

21_ 임화, 「인민항쟁과 문학운동」, 『문학』, 1947. 2.

으로 옳지 않은 것이지만, 폭력이 정당화되는 경우는 그것이 자기수호를 위한 수단으로 쓰일 때이다. 파농 역시 폭력 자체를 정당화하지는 않았지만, 폭력을 식민주의로부터 해방을 이루기 위한 가장 중요한 수단으로 간주한 바 있다.[22] 그렇게 본다면 임화는 이 연작시를 통해 신식민주의를 극복하기 위한 자기해방적 폭력의 정당성을 역설한 셈이다.

임화의 탈식민 저항은 담론의 차원에 국한되지 않고 운동의 차원에까지 확대되었다. 운동의 차원의 탈식민 저항은 임화에게 시쓰기의 자원이자 시의 리얼리티를 보장하는 물적 토대였다. 세쿠 투레는 제2회 흑인 작가 및 예술가 대회(1959)의 연설에서 "아프리카 혁명에 동참하기 위해서는 혁명의 노래를 짓는 것만으로 충분치 않고 민중과 더불어 혁명을 만들어나가야 합니다. 민중과 더불어 혁명을 만들어나갈 때 혁명의 노래는 저절로 생겨날 것입니다."[23]라고 말했다. 투레의 이 발언은 예술과 혁명의 변증법적 통일을 강조한 것일 텐데, 해방기 임화에게서 그 실현을 확인할 수 있다. 임화는 조선문화건설중앙협의회(문건협, 1945. 8. 18.) 의장으로서, 조선문화단체총연맹(문련, 1946. 2. 24.) 부위원장으로서 해방기 내내 문화운동의 지도자 역할을 했다. 해방기 문화 및 문학운동 담론과 조직적 실천을 살펴보면, 임화가 기본노선이나 지침을 제시하고 각 방면에 소속된 작가·예술가들이 그것을 자기 영역에서 구체화하는 방식으로 전개된다는 것을 확인할 수 있다. 또한 그는 민주주의민족전선(민전, 1946. 2. 15.) 기획차장[24]으로서, 조선공산당-남조선노동당으로 이어지는 변혁세력의 핵심인사로 활동했다. 따라서 임화의 탈식민 저항은 담론적 실천과 운동적 실천의 변증법적 결합의 양상을 띤다. 이 둘은

22_ 프란츠 파농, 남경태 역, 『대지의 저주받은 사람들』, 그린비, 2004, 82면.

23_ 파농, 같은 책, 235면에서 재인용.

24_ 민전은 1946년 2월 26일 제1회 중앙상무위원회를 개최하여 사무국 부원을 인선했다. 이때 여러 문학인이 민전 사무국에 참여했다. 임화는 박문규와 더불어 기획차장으로 선임되어 활동했다. 또한 임화와 더불어 이태준(문화부장), 김태준(문화차장), 박치우(문화차장), 김오성(선전부장), 김기림(선전차장), 이원조(선전차장)도 사무국 일원으로 활동했다. 그들의 선택은 삶과 사상, 의식과 실천, 문학과 운동을 일치시키고자 한 자발적 결단에 따른 결과였다. 한국문학사의 장관 가운데 하나다.

하나가 다른 하나의 원인이자 결과로 작용하며 해방기 임화의 삶을 규정했다. 그래서 해방 후 임화의 탈식민 저항은 제3세계의 반식민 저항 운동과 마찬가지로 "담론적 실천인 동시에 물질적 실천"[25]의 성격을 띤다.

┌ 주체-객체의 이분법과 차이의 수사학

해방 후 임화 시는 주체-객체의 이분법을 기초로 하여 만들어졌다. 거의 모든 시들이 '우리/너희', '인민/원수', '동지/적'과 같은 주체-객체의 이항 대립 구조를 취한다. 그렇기 때문에 임화의 시에는 항상 전투적 긴장감이 넘쳐흐른다. 해방 후 임화 시에 나타난 주체-객체의 이분법은 해방 이전부터 임화 시의 핵심원리로 작용한 주객변증법의 한 발현태이다. 잘 알려져 있듯이 주객변증법은 객체에 의해 주체가 규정되고, 역으로 주체가 객체를 변화시켜 간다는 마르크스주의의 주요 논리이다. 주객변증법은 임화가 마르크스주의자로 변신한 뒤 그의 세계 인식틀이 되었고, 시 세계를 구성하는 핵심 원리로 기능했다. 임화 시에서 주객변증법을 가장 집약적으로 보여 주는 작품이 「적敵」[26]이다. 이 시는 주체와 객체의 분명한 구분과 그에 기초한 주체의 정체성 획득, 그리고 주체와 객체의 불가분의 상호연관성과 투쟁을 내용으로 하는 메타시이다.[27] 이 시의 주체-객체 구도는 해방 후 임화 시에서 다양하게 변주되어 나타났다. 당대 현실이 민족 대 반민족, 저항과 억압의 대립구도를 형성하고 있었고, 상존하는 현실의 적들로 인해 민주주의 민족국가 수립이라는 희망은 계속 지연되었기 때문이다. 그래서 그의 시는 당

25_ 이경원, 「탈식민주의의 계보와 정체성」, 38면.

26_ 임화, 「적(適)」, 『중앙』, 1936. 5. 이 시는 『현해탄』에도, 『회상시집』에도 수록되어 있다.

27_ 이 시는 임화 자신도 중요하게 생각한 작품이다. 임화는 이 시의 한 구절을 변용하여 자신의 묘지명으로 삼았기 때문이다. 그의 묘지명은 이렇다. "오오 적이여 너는 나의 용기이다." 임화, 「나의 묘지명」, 『삼천리』, 1936. 11, 372면. 그런 의미에서 이것은 임화의 문학, 나아가 삶 전체를 집약한 문장이라 해도 과언이 아니다.

대 현실의 본질적 국면의 반영이자 적에 대한 비판과 분노와 저항의 산물이다. 임화 시의 수사학적 특성을 차이의 수사학으로 부를 수 있는 것은 이 때문이다. 이러한 이분법은 전선을 분명히 함으로써 집단 구성원의 결속을 강화하고 투쟁의지를 고양시키는 정치적 효과를 발휘한다. 그런데 지금까지 주체-객체의 이분법은 식민주의의 인식틀이자 지배전략이라고 무수히 비판받아 왔다. 임화 시의 이분법은 담론상으로는 식민주의의 이분법을 뒤집은 것으로서 식민주의와 유사한 인식구도를 보인다. 그러나 그것은 탈식민을 실천하기 위한 헤게모니적 전략으로서 임화가 전유appropriation한 것이다. 임화에게 그것은 영원불변한 진리가 아니라 식민주의의 극복을 위한 한시적이고 조건적인 원리였다. 그의 사유체계 속에는 식민주의적 욕망이 존재하지 않기 때문이다. 따라서 임화 시의 이분법은 식민주의의 이분법과 분명히 변별된다. 특정 담론이 어떤 목적에서 사용되는가, 어떤 맥락에 놓이는가에 따라 그 의미는 전혀 달라진다. 예컨대 민족 개념은 맥락의 차이에 따라 식민주의적 폭력도 되고 탈식민적 저항도 되며, 종족주의도 되고 민족자결주의도 된다.[28] 그와 마찬가지로 임화의 이분법도 식민주의의 이분법과 전혀 다른 맥락에서 사용됨으로써 식민주의의 억압이 아니라 탈식민 저항의 수단으로 기능했다.

해방 후 임화 시에 나타나는 차이의 수사학은 상반된 두 가지의 은유적 의미계열체를 형성한다. 즉 의미 층위에서 볼 때, '우리-인민-동지' 등이 계열체의 한 축을 형성한다면, '너희-원수-적' 등이 다른 한 축을 형성한다. 후자부터 살펴보면 해방 직후에 쓴 「길」에서부터 객체는 "적"으로 표현되고 있다. 이후 임화 시에서 탈식민 저항의 대상은 "인민의 원수"(「우리들의 전구」), "외국상관의 늙은 종"(「깃발을 내리자」) 등 다양한 양상으로 표현된다. 구체적

28_ 하정일, 「탈식민의 역학」, 27면. 하정일은 이 글에서 언어는 사회적 상호작용의 산물이라는 바흐찐의 논리에 기초하여 해체론적 탈식민주의의 텍스트주의적 독법을 비판하고 새로운 독법으로서 수행적 독법(performative reading)을 제안하고 있다. 그가 제안한 수행적 독법이란 언어의 의미는 수행적으로 생성된다는 관점에 기초한 작품 읽기의 방법을 말한다. 이에 대해서는 하정일, 같은 글, 26-32면을 참고할 것.

으로 이들은 친일-매판세력, 즉 친일지주, 친일자본가, 친일관리, 친일경찰, 미군정의 관리, 매판자본가 등이며, 남조선민주의원, 한민당, 한독당 등의 핵심세력이다. 임화는 이들이 윤리적으로는 식민권력의 하수인으로서 민족을 배반했다는 점에서, 경제적으로는 (신)식민주의에 대한 종속성의 강화를 통해 자신들의 살을 찌운다는 점에서, 정치적으로는 특권층의 이익을 대변한다는 점에서 탈식민의 과제를 수행할 능력이 없고, 오히려 새 국가 건설의 걸림돌 내지 적이 될 뿐이라고 간주했다. 다음으로 주체는 주로 "우리"로 표현되는데, 이는 인민이라는 집단주체 개념에 포함될 수 있는 존재들에 대한 총칭이다. 임화 시에서 집단주체는 성취해야 할 공적 과제와 그것을 실천할 집단이 실재할 때 어김없이 등장했다. 해방기에는 민주주의 민족국가 건설이란 공적 과제가 있었고, 노동자·농민을 중심으로 한 통일전선체가 실제로 존재했다. 따라서 인민이라는 집단주체가 해방기 임화 시에 등장한 것은 필연이었다.

우리들이 사랑하는 철도로 하여금
자유의 나라의 대동맥이 되게 하기 위하여
일제의 악한들이 남기고 간 파괴의 흔적과 영영營營히 싸우고 있을 때
인민의 원수들은 이 철도로 재빨리 친일파와 반역자를 실어다가
인민의 자유를 파괴할 온갖 밀의密議를 여는 데 분주하였다
우리들이 사랑하는 철도로 하여금
새로운 공화국에 문화와 과학을 실어올 대로가 되게 하기 위하여
밤과 낮을 헤아리지 않고 근면하였을 때
인민의 원수들은 이 철도로 썩어빠진 전제주의와 파시즘의 독소를 실어다가
평화로운 조국에 내란의 씨를 뿌리려고 음모하였다
우리들이 사랑하는 철도로 하여금
신생하는 조국의 부가 집산하는 운하가 되게 하기 위하여

형언할 수 없는 기아의 고통과 싸우고 있을 때
인민의 원수들은 외방 물자와 호열자를 실어다가
고난한 동포 가운데 가난과 불행을 펼쳐 놓았다

-「우리들의 전구戰區」 부분[29]

이 시는 1946년 9월 총파업을 배경으로 한 것으로서 해방기 임화 시에서 정서적 강도가 가장 강한 작품이다. 이 시에서 주체인 '우리'는 철도노동자들이다. 9월 총파업은 경성철도공장 노동자들이 미군정의 대량 감원과 임금제 변경에 맞섬으로써 발발했다. 그들의 투쟁은 이후 들불처럼 번져나가 전국적 연대파업을 유도했으며, 마침내는 10월 항쟁을 일으키는 도화선으로 작용했다. 9월 총파업이나 10월 항쟁이 일정 부분 남로당의 전략에 따른 것이기는 했지만, 그것들이 그렇게 걷잡을 수 없이 확산된 것은 해방기 현실의 모순이 그만큼 극에 달했기 때문이다. 임화는 이 시에서 바로 그러한 모순, 즉 인민의 고통과 원수의 죄악을 생생히 형상화한다. 인용 부분은 인민의 국가 건설 노력과 인민의 원수들의 반민족 행위를 대조적으로 표현한 것인데, 해방 후 임화 시 가운데에서 주체-객체의 이분법을 가장 선명하게 보여 준다. 철도는 일제강점기에 식민지 조선에 대한 일본 식민주의의 경제적 지배와 수탈의 수단이었다. 그러나 임화의 「현해탄」 연작에서 알 수 있듯이, 그것은 식민주의에 맞선 조선 청년들의 저항의 길이기도 했다. 이 시에서 임화는 철도가 인민의 원수들이 "친일파와 반역자", "전제주의와 파시즘", "외방 물자와 호열자"를 실어오는 반민족적 수단으로 이용되고 있음을 낱낱이 고발한다. 그와 아울러 철도노동자의 투쟁에 대한 형상화를 통해 바로 그 철도가 신식민주의에 대한 저항의 토양이 됨을 제시한다.

월북 후 임화 시 역시 주체-객체의 이분법에 기초하고 있는 만큼 차이의

29_ 임화, 「우리들의 전구(戰區)」, 『임화전집1』, 272-273면.

수사학이 여전히 나타나는데, 그 양상은 약간 달라진다. 임화는 「계관시인」에서 국제청년데이 기념대회(1946. 9. 1.)에서 「누구를 위한 벅차는 우리의 젊음이냐?」를 낭송한 이유로 수감된 시인 유진오를 "계관시인", "장군"으로 불렀다. 이 시에서 유진오는 영웅의 형상으로 나타나며, 숭고한 존재와 찬미의 대상으로 부각된다. 이런 방식은 「현해탄」 연작의 '청년'에 대한 표현방식과 매우 흡사한데, 월북 후에 쓴 「형제」, 「그 고향이여! 한층 더 아름다워라」, 「기적 울리는 죽령 고개에」, 「대숲 어득히 흔들리는 거기」에서 인민유격대(빨치산)를 형상화하는 데 활용되었다. 임화는 이 작품들에서 이들을 온갖 고난에도 불구하고 인민의 전위에서, 인민을 대표하여 반민족적, (신)식민적 적에 맞서 불퇴전의 항쟁을 수행하는 숭고한 존재, 즉 '인민의 영웅'으로 형상화했다. 한국전쟁기에 쓴 작품에 나타난 인민의용군이나 인민군에 대한 형상화도 이러한 수사학적 원칙의 연장선상에서 이루어졌다. 한편 객체의 측면에서 볼 때, 변화된 점은 미국에 대한 표현이 뚜렷이 나타난다는 것이다. 임화 시에서 미국은 잘 등장하지 않았다. 임화 시에서 인민의 원수는 주로 친일-매판세력, 우익파쇼집단이었다. 해방 직후 임화는 미국이 민주주의를 수호하고 약소국을 독립시킨 나라라고 보았기 때문이다. 또한 미국의 본질이 분명히 드러난 후에도 임화 시에서 미국에 대한 표현은 보이지 않는다. 미소공위의 성공을 위해 미국에 대한 명시적 비판을 자제했던 분위기 탓이 아니었나 싶다. 제2차 미소공위가 결렬됨으로써 한반도의 운명은 모스크바 삼상결정과 무관하게 흘러갔다. 그 후에야 비로소 미국은 그의 시에서 조국의 자유를 빼앗으려는 강도에 비유되기 시작했다. 즉 미국은 "전쟁의 불씨를 던지려는/ '월가' 장거리의 강도들", "미제국주의 도적"(「노력하자 투쟁하자 5·1절이다」)으로 표현된다. 월북 후 한국전쟁기까지 임화 시에서 미국은 아름다운 조국을 빼앗으려는 강탈자의 이미지로 표현된다.[30] 그와 마찬가지로

30_ 임화 시에서 미국이 부정적 은유로 표현된 것은 이때가 처음은 아니다. 그는 이미 1920년대에 쓴 「담(曇)-1927」(『예술운동』, 1927. 11.)에서 미국에 대한 반감을 강하게 표현한 바 있다. 이 시는 1920년대에 미국 노동자 자

친일-매판세력도 남한 단독정부 수립 이후에는 "천추만대의 망국역적"(「노력하자 투쟁하자 5·1절이다」)과 같이 한층 더 증오 어린 수사로 묘사된다. 이처럼 임화 시에서 이들은 조국과 민족의 반역자의 이미지로 표상된다.

임화 시에 구현된 차이의 수사학은 통사 층위에서도 살펴볼 수 있다. 통사 층위에서 볼 때, 임화 시에는 대조, 반복과 같은 구문적 수사가 많이 사용되었다. 우선 대조는 두 대상의 차이를 부각시킴으로써 각각의 정체성을 분명히 하는 데 쓰이는 수사이다. 그런 점에서 대조는 임화 시에서 수사학적 핵심이라 할 수 있다. 대조는 앞서 인용한 「우리들의 전구」뿐만 아니라 「나의 눈은 핏발이 서서 감을 수가 없다」에서는 주체와 객체의 차이를 분명히 부각하고, 주체의 정당성과 객체의 부당성을 견줌으로써 주체의 이념적·윤리적 우위성을 확보하기 위해 쓰였다. 또한 시에서 반복은 주로 전달하려는 의미를 강조하기 위해 사용된다. 그와 아울러 반복은 실용적·미적 목적을 위해서도 활용된다.[31] 임화 시에서도 반복은 전언의 강조, 정서의 효과적인 표현, 그리고 심미성과 실용성의 확보를 위해 두루 사용되었다. 구체적으로 말하면, 적들의 죄악상을 고발하기 위해(「나의 눈은 핏발이 서서 감을 수가 없다」), 싸움의 정당성을 주장하기 위해(「밟으면 아직도 뜨거운 모래밭 건너」), 때로는 자식을 향한 사무친 그리움을 표현하기 위해(「너 어느 곳에 있느냐」), 「해방 전사의 노래」와 같은 해방가요에서는 심미성(리듬, 균제미)과 실용성(기억)을 위해 쓰였다.

가난한 동포의
주머니를 노리는

코, 반제티의 억울한 죽음에 대한 분노를 프롤레타리아 국제주의에 입각하여 노래한 작품이다. 그는 이 작품에서 "살인자", "아메리카 범죄자", "인류의 범죄자", "역사의 도살자", "지구의 강도" 등 강도 높은 원색적 표현을 동원하여 미국 정부를 버판했다.

31_ 박현수는 수사법으로서 반복은 "암송과 전달을 용이하게 하는 실용적 필요성과 언어의 표현과 구조를 반복하면서 생기는 음악적 즐거움, 그리고 구조의 안정감을 마련해 주는 일종의 균형감각에 의해 발생"한다고 보고 있다. 박현수, 「전통주의의 수사학」, 『현대시와 전통주의의 수사학』, 서울대학교출판부, 2004, 27면.

외국상관의

늙은 종들이

광목과 통조림의

밀매를 의논하는

폐 왕궁의

상표를 위하여

우리의 머리 위에

국기를 날릴

필요가 없다

동포여

일제히

깃발을 내리자

—「깃발을 내리자」 부분[32]

임화 시의 담론적 특성인 대화성은 「9월 12일」이나 「헌시」 등 일부 작품을 제외하고는 해방 후 시에서도 지배적으로 나타난다. 대화성은 통사 층위의 수사학적 특성을 결정하는 하나의 원인으로 작용한다. 대화성이 수렴하는 수사적 장치는 돈호, 청유, 명령, 설의와 같은 감정적 수사이다. 이 가운데 임화 시에서 활용빈도가 높은 것이 돈호, 청유이다. 인용시는 돈호와 청유가 결합하여 시에서 어떤 효과를 발휘하는지를 잘 보여 준다. 이 시는 정판사 사건(1946. 5.) 직후에 발표되었는데, 해방기 현실의 모순을 세 가지로 집약하여 보여 주고 그 각각의 연 뒤에 "동포여/ 일제히/ 깃발을 내리자"라는 격한 외침을 한 연으로 처리하여 현실에 대한 분노를 표현한 작품이다.

32_ 임화, 「깃발을 내리자」, 『임화전집1』, 264-265면.

이 시에서 깃발은 "국기"를 가리키는데, 아마도 그것은 태극기를 의미하는 것으로 보인다. 그런데 임화가 "깃발을 내리자"라고 하는 이유는 숭고한 이념을 표상하는 깃발이 전혀 그렇지 못한 현실에서 날리고 있음에 대한 분노 때문이다. 그것은 "남조선/ 민주의원의/ 깃발"(「3월 1일이 온다」)이었기 때문이다. 그래서 임화는 그 깃발이 날리는 하늘을 "욕된 하늘", "더러운 하늘"로 표현한다. "깃발을 내리자"라는 이 강렬한 전언은 역설적으로 '다른 깃발을 올리자'라는 말과 중첩되어 들린다. 그것은 "민중의 깃발"(「9월 12일」), "자유의 깃발"(「해방전사의 노래」), "민주조선의 깃발"(「3월 1일이 온다」)을 의미한다. 한편 돈호는 다양한 목적에서 쓰이지만 주로 대화 상대의 주의를 환기하거나 정서적 친밀감을 조성하기 위해 쓰인다. 또한 청유는 청자에게 어떤 행동을 촉구하고, 그것을 실행하도록 하기 위해 쓰인다. 그래서 돈호와 청유는 「깃발을 내리자」에서 확인할 수 있듯이 선전선동시에 적극 쓰인다. 해방 후 임화 시에서는 이 둘이 결합되어 선전선동성을 강화하는 사례를 많이 발견할 수 있다.

┌ 임화 시의 탈식민성

임화는 시인으로서, 비평가로서, 문학사가로서, 문예운동가로서 근대문학사에서 끊임없는 모색과 자기갱신을 통해 현실에 대한 문학적 응전의 가능성을 다채롭게 보여 주었다. 임화 문학은 (신)식민지 근대라는 특정한 시대적 국면에 대한 반응의 산물이다. 그러나 그러한 국면과 현시대가 본질적 측면에서는 별반 다르지 않다는 점에서 그의 문학은 분명 현재적 의의가 있다. 그래서 임화 문학은 오늘날 한국문학이 현실을 성찰하고 그와 대결하기 위해 늘 참조점으로 삼아야 할 대상이다. 특히 해방 후 임화 시가 뿜어낸 전투적 서정은 한국 현대시사에서 민족·민중시적 서정의 계보 가운데 신동엽, 김남주로 이어진 혁명적 서정의 기원이다. 이러한 전투적 서정은 오늘날의 초국적 자본주의 세계체제에서도 여전히 유효하다. 게다가 그것은 현실적 상상력의 회복을 지속적으로 요청받고 있는 지금의 한국시단에 자기반성의 거울이 되어 줄 수 있다. 그런 점에서 임화 시는 계속해서 현시대에 소환하여 새롭게 읽어야 한다. 이 글은 임화 문학의 이 같은 현재성을 고려하여 탈식민주의와 수사학을 분석틀로 하여 해방 후 임화 시에 대한 새로운 읽기를 시도한 것이다.

해방 후 임화는 '인민'이 주체가 되는 부르주아 민주주의 혁명의 완수를 통한 자주적 민주주의 국가 건설을 희망했다. 이는 박헌영의 8월 테제에 연원을 두고 있다. 이러한 기획은 자본주의적 근대도 아니고, 그렇다고 사회주의적 근대라고도 할 수 없는 제3의 기획이다. 임화의 민족문화론(문화운동론)은 이 같은 제3의 근대기획이 문화 차원에 적용된 탈식민 담론이다. 민족문학론 역시 그의 탈식민 구상을 잘 보여 준다. 그는 민족문화, 민족문학 건설을 통해 민족국가 건설에 기여하고자 했다. 임화에게 시쓰기는 제3의 근대기획의 실현을 위한 문학적 실천이자 민족문학론의 창작적 구현이었다. 임화는 시쓰기를 탈식민 저항으로 간주했기 때문에 시쓰기에서 탈식민 주체의 구성과 그러한 주체의 투쟁의 형상화에 역점을 두었다. 그가 시에서 구성한 주체는 해방기에는 인민이라는 집단주체였고, 월북 후에는 인민유격대와 같은 인민의 영웅이었다. 그는 이러한 주체의 자기해방 투쟁을 형상화함으로써 시를 통한 선전선동적 효과를 극대화하고자 했다. 임화의 탈식민 저항은 이런 담론의 차원에 국한되지 않고 운동의 차원에까지 확대되었다. 운동의 차원의 탈식민 저항은 임화에게 시쓰기의 자원이자 시의 리얼리티를 보장하는 물적 토대였기 때문이다. 따라서 임화의 탈식민 저항은 담론적 실천과 운동적 실천의 변증법적 결합 양상을 띤다.

해방 후 임화 시는 '우리/너희', '인민/원수', '동지/적'과 같은 주체-객체의 이분법에 기초하고 있다. 이는 임화 시의 핵심원리인 주객변증법의 한 발현태이다. 주객변증법은 임화 시의 핵심원리로서 주체와 객체의 상호연관을 논리적 요체로 한다. 그와 아울러 주체-객체의 이분법은 당대 현실의 역학관계의 반영이기도 했다. 임화 시의 수사학적 특성을 차이의 수사학으로 부를 수 있는 것은 그 때문이다. 이러한 이분법은 전선을 분명히 함으로써 집단 구성원의 결속을 강화하고 투쟁의지를 고양시키는 정치적 효과를 발휘한다. 이는 탈식민을 실천하기 위한 헤게모니적 전략으로서 임화가 전유한 것이다. 임화 시에 나타나는 차이의 수사학은 의미 층위에서 볼 때 '우리-인민-동지' 대 '너희-원수-적'이라는 상반된 은유적 의미계열체를 형성한다. 임화 시의 차이의 수사학은 통사 층위에서도 나타난다. 통사 층위에서 볼 때, 임화 시에는 대조, 반복과 같은 구문적 수사와 돈호, 청유와 같은 감정적 수사가 많이 쓰였다. 의미 층위와 통사 층위에서 활용된 수사들은 모두 탈식민적 시쓰기를 위한 장치로 기능했다.

임화 시에 나타난 탈식민성과 수사학적 특성은 다른 시인들의 그것들과 비교함으로써 더욱 분명히 밝힐 수 있을 것이다. 예컨대 해방기만 하더라도 임화와 동일한 이념과 시학에 근거를 두었던 김기림, 권환, 이용악, 오장환 등의 기성시인들과 유진오, 김상훈, 김상민 등의 신진시인들의 시의 탈식민성을 수사학적으로 규명하고, 그것들이 어떻게 같고 다른지를 비교함으로써 각 시인들의 시 세계는 물론이고 해방기 시 전체를 새롭게 조명해 볼 수 있을 것이다. 나아가 일제강점기부터 이어져 온 근현대시의 탈식민적 계보를 수사학의 측면에서 고찰해 볼 수도 있을 것이다. 따라서 임화를 매개로 하여 근현대시의 탈식민성을 계보학적으로 고찰하는 작업이 뒤따를 필요가 있다. 그것은 근현대시에 대한 새로운 논의를 산출하는 것이자 근현대시의 새로운 면모를 드러내는 것이다.

제3부

임화와 근대 문예운동

제 10 장

카프의 문예운동과 프로시 대중화론

┌ 문학대중화와 프로시

1929년, 『조선지광』 2월호에 임화의 시 「우리 오빠와 화로」가 게재되었다. 그러자 김기진은 이 시를 '단편서사시'라고 명명하면서 "성장하는 ×××××× [프롤레타리아]의 시로서 근래에 보기 드문 가작"이라고 극찬했다.[1] 김기진이 이 시를 이토록 고평한 이유는 여러 가지 문제점으로 인해 침체된 프로시의 활로를 이 작품의 형식을 통해 모색할 수 있을 것이라 판단했기 때문이다. 그 형식이란 "한 개의 통일된 정서를 전파하는 동시에 감격으로 가득찬 한 개의 생생한 소설적 사건을 안전에 전개"하고 있다는 분석에서 짐작할 수 있다. 그것은 '사건'과 '정서'의 조화이다. 김기진은 「우리 오빠와 화로」에서 사건과 정서의 조화를 읽어내고, 그것으로 프로시의 양식을 삼아야 한다고 생각했던 것이다. 임화가 낳고 김기진이 이론화한 이러한 형식은 이후 여러 프로시인들이 즐겨 차용함으로써 프로시의 모범적 양식이 된다.

1_ 김기진, 「단편서사시의 길로」, 『조선문예』, 1929. 5.

그렇다면 임화의 단편서사시 이전의 프로시는 어떠했는가. 1927년 무렵 카프는 전체 사회운동의 방향전환에 발맞추어 목적의식기로 전환한 상태였다. 프로시인들은 신경향파 시기와 카프 초기 프로시의 특징, 즉 고통받는 민중에 대한 동정과 연민, 모순적 현실에 대한 즉자적 분노를 표출하는 데서 점차 벗어나 마르크스주의적 세계관과 역사 전망, 프롤레타리아 계급의식에 의거하여 현실의 모순을 비판하고 변혁의 열정을 노래했다. 그러나 그들은 여전히 민중이 처한 조건과 그것의 극복이라는 주제를 구체적 형상과 결합하여 표현해 내지 못하고 있었다. 이 시기의 대표적인 시인인 김창술, 김해강, 유적구 등의 작품을 보면 당시 프로시의 한계를 분명히 알 수 있다. 이들의 시에 공통적으로 나타나는 문제점은 우선 현실세계가 겨울 또는 어둠의 이미지로, 그것을 극복한 세계는 봄이나 빛의 이미지로 상징화된 채 단순 대립하고 있다는 것이다. 또한 낡은 세계를 거부하고 새로운 세계로 나아가는 무산계급 주체의 열정과 신념이 구체적 현실의 매개를 통해 생성되는 것이 아니라 추상적 관념으로부터 손쉽게 표출된다는 것이다. 그래서 이들의 작품은 단지 노동자, 농민의 비참한 처지 혹은 계급적 위대성을 노래하는 데 그치거나 마르크스주의 사상의 직설적 표출 혹은 프롤레타리아 계급투쟁의 정당성을 일방적으로 선전선동하는 수준에 머물러 있었다. 이 시기의 프로시인들은 마르크스주의를 통해 세계관을 확립하는 데에는 어느 정도 성공했으나, 현실에 대한 천착을 통해 작품을 축조하는 리얼리즘 창작방법을 제대로 구현하지 못하고 있는 상태였다. 따라서 이들이 구축한 시적 주체와 세계는 단지 사상을 표현하는 도구의 역할로 전락하게 되었다. 결국 이들의 시 창작 작업은 몇 개의 유형화된 패턴을 반복하는 정도에 그쳐 프로시의 활성화를 기대할 수 없었고, 작품마저 소수의 진보적 인텔리겐치아에게만 읽히고 있었다.

그런데 프로시 침체의 원인은 시인들의 형상화 기술의 미숙성뿐만 아니라 이론의 교조성에서도 찾을 수 있다. 카프 방향전환의 핵심은 "자연생장적 문학에서 목적의식적 문학으로"[2]였다. 그에 따라 비평 담론들은 프로문학의 독자성을 확립함으로써 밖으로는 민족주의 문학 진영에 대항하고, 안으로는 비마르크스주의적 경향을 일소하는 데 초점이 맞춰져 있었다. 그 때문에 계급예술의 본질을 올바로 이해하고 식민지 조선의 특수성을 고려한 구체적 창작지침을 제시하지 못했다. 그러니 시인들은 그야말로 슬로건 차원에서 선언적으로 제시된 방향전환론의 핵심적 내용을 실제 작품 창작에 효과적으로 결합시킬 방법을 찾지 못했다. 게다가 비평가들은 당면정세에 대한 단순한 파악과 계급예술의 역할에 대한 편향된 인식 탓에 올바른 지도원리를 확립하지 못한 채 공식적이고 교조적인 경향마저 보이고 있었다. 이는 프로시 창작을 짓누르는 또 하나의 질곡으로 작용했다. 당시 카프 서기장이었던 윤기정의 말을 통해 그것을 확인할 수 있다.

> 그러나 혁명 전기에 있어 프롤레타리아 문예운동은 혁명을 촉진하는 데 한 도움이 된다면 거기에 만족한다. 투쟁기에 재한 프로문예의 본질이란 선전적 선동의 임무를 다하면 그만이다.
>
> 한 예술가가 공리적 목적 위에서 현상의 부정을 목적의식하고 한 개의 예술품을 창조하였다고 하자. …(중략)… 그래 그 창조품이 선전포스터 이상의 효과를 나타냈고 노방연설의 임무를 다하였고 인민위원회 정견발표문에 불과하였더라도 혁명 전기에 속한 프로예술가로서는 조금도 수치를 느끼지 않을 뿐 아니라 도리어 프롤레타리아 일원인 자기로서의 역사적 필연의 임무를 다하였다고 만족해 할 뿐이다.[3]

인용문에서 우선적으로 눈길을 끄는 부분은 당대를 '혁명 전기'라고 지적하는 부분이다. 윤기정은 혁명은 '혁명 전기→혁명기→혁명 후기'의 3단

2_ 박영희, 「문예운동의 방향전환」, 『조선지광』, 1927. 4.
3_ 윤기정, 「계급예술의 신전개를 읽고」, 『조선일보』, 1927. 3. 25-3. 30(3. 25).

계 과정을 거치며, 각 단계마다 프로문예의 임무가 있다고 규정한다. 그리고 '현재'는 혁명 전기이며, 이 시기에 적합한 프로문예의 임무는 '선전선동'에 있다고 본다. 왜냐하면 혁명이 시작된 급박한 시기에는 충분한 시간적 여유를 갖고 작품을 창작할 수 없으며, 비록 완성도가 낮은 작품이라도 급박한 정세에 맞게 선전선동의 임무를 수행하면 그만이기 때문이다. 이 같은 정세 파악은 "세계자본주의 몰락과정"[4]이나 "무산계급 ××[혁명]의 ×[전]야인 세계사적 현 과정"[5] 등의 표현에서 알 수 있듯이 당시 카프 이론분자들의 공통적인 인식이었던 것으로 보인다. 이러한 판단은 러시아 혁명의 성공과 소비에트 사회의 건설, 자본주의 모순의 심화와 전 세계 노동운동의 고양과 같은 현실적인 근거에서 도출된 것이다. 그러나 윤기정의 논리, 즉 급박한 정세이기 때문에 불완전한 작품이라도 선전선동 효과를 발휘할 수 있으면 그만이라는 생각은 예술에 대한 편향된 인식일 뿐 아니라 일종의 자기합리화를 위한 알리바이가 아닐 수 없다. 결국 그들의 담론은 원칙만을 되풀이했을 뿐 실제 창작에는 별 도움을 주지 못했다.

프로문학이 무산대중의 계급적 각성과 투쟁의식 고취를 통해 그들을 계급투쟁의 주체로 세우기 위해서는 이념의 수립뿐만 아니라 어떤 작품을 어떻게 창작하고, 창작된 작품을 어떻게 대중에게 읽힘으로써 프로문학의 대중적 영향력을 확보할 것인가에 대한 고민이 필수적이다.[6] 더구나 당시 사회운동은 노동조합, 농민조합, 청년동맹 등의 조직을 건설하고, 여기에 광범위한 대중이 참가하는 대중운동을 지향하고 있었다. 따라서 카프도 소수 전위적 인텔리겐치아와 각성한 일부 노동자만이 아니라 광범위한 대중을 독자로 확보할 때 비로소 효과적인 문예운동을 전개할 수 있었다. 대중화의

4_ 이북만, 「예술운동의 방향전환론은 과연 진정한 방향전환론이었던가?」, 『예술운동』, 1927. 11, 10면.

5_ 장준석, 「현단계에 있어 조선무산계급예술운동의 실천적 임무는 무엇이냐?」, 『중외일보』, 1928. 5. 18-6. 6(5. 18).

6_ 사실 작품을 어떻게 쓸 것인가에 대한 논의는 창작방법론이다. 그러나 창작방법 문제도 독자 확보의 관점에서 보면 대중화론의 일부분으로 볼 수 있다.

요구는 운동의 진전과 아울러 필연적으로 제기되기 마련이다. 김기진은 그러한 문제의식에 기초하여 실천적 지침을 마련하고자 본격적으로 노력했다. 김기진이 임화의 단편서사시를 주목했던 것은 이런 맥락에서였던 것이다. 김기진은 방향전환 전후 박영희와의 '내용-형식논쟁'을 통해 이러한 모색의 단초를 보여 주었고, 지속적으로 이 문제의 해결에 천착하였다. 그리고 그의 논의에 동경 소장파들이 가세함으로써 예술대중화론은 카프 목적의식기의 주요한 비평담론의 하나로 자리매김하게 된다.

이 장에서는 방향전환 이후 산발적이나마 원론적 차원에서 제기된 대중화 논의, 김기진이 시를 매개로 제기한 프로시 대중화론, 그리고 그러한 김기진의 논리를 비판하면서 구축되어 간 볼셰비키파의 대중화론을 정리한 후, 각 논자들의 주장을 상호 비교해 보고자 한다. 그럼으로써 대중화론의 논리적 타당성과 현실적 가능성을 문예운동론적 관점에서 평가해 보고자 한다. 물론 당대의 대중화 논의가 시를 중심으로만 이루어진 것은 아니다. 비중으로 따지면 오히려 원론적 차원의 논의가 대부분이다. 그럼에도 불구하고 시를 중심에 놓고 예술대중화론을 살펴보는 이유는 이런 방식의 논의가 거의 없었거나, 김기진의 대중화론을 다루면서 부분적으로만 거론해 왔기 때문에 프로시 대중화 문제는 상대적으로 소홀히 다루어져 왔다는 문제의식 때문이다.

┌ 당위적 차원의 대중화 논의

카프가 프롤레타리아 해방을 목표로 하는 전체 변혁운동의 일익으로서 자신의 목적을 달성하기 위해서는 광범위한 무산대중을 독자로 끌어들여야 했다. 그래서 예술을 통해 그들을 의식화하고 계급투쟁의 주체로 세워야 했다. 그러나 대중은 여전히 프로문예로부터 멀리 떨어져 있었고, 통속적이고 오락적인 예술작품을 향유하고 있었다. 이를 카프의 책임으로 돌릴 수는 없다. 프로문예에 대한 무산대중의 접근성은 전체 사회운동의 성장과 비례한다. 그런데 식민지 조선에서 계급운동은 그 역사가 짧았고, 내적 분열과 외적 탄압으로 인해 제대로 성장할 수 없었다. 하지만 그렇다 하더라도 대중성 확보 문제는 프로문예운동의 질적 성장을 위해 반드시 해결해야 할 과제임은 틀림없었다.

프로문예 비평가들은 객관적 한계에도 불구하고 프로문학이 안고 있던 이러한 문제를 해결하기 위한 자기 나름의 방안을 제출한다. 이들의 주장은 한마디로 무산대중의 눈높이에 맞는 작품을 쓰자는 것이다. 김동환은 사회 각 방면의 운동이 대중운동으로 전환되고 있으므로 프로문학도 그에 보조를 맞추기 위하여 모든 민중이 다 알아들을 말로 "쉽게 쓰자"[7]라고 주장한다. 또한 장준석은 프로예술이 진정 프롤레타리아 자신의 예술이 되기 위해서는 "그들이 이해할 수 있는 예술"[8]을 창작할 것을 제안한다. 이북만도 교양 정도가 낮은 무산계급에게 "아지의 유일, 최선의 방법은 언어와 구체적 표현-그것도 아주 알기 쉽게 해야 된다.-을 빌어서 할 수밖에 없을 것"[9]이라고 말한다. 작품을 쉽게 써야 한다는 주장은 "'대중 속으로' 즉 '공장으로, 농촌으로!'"[10]라는 당시 예술운동의 당면임무에서 도출되었다. 즉 대중을 의식화하기 위해서는 예술가들이 대중 속으로 들어가 그들의 삶을 형상화하되 교양 정도가 낮거나 문자해독층이 얇은 당시의 노동자, 농민의 조건을 고려하여 작품을 써야 한다는 것이다.

원칙적인 차원에서 제기되던 대중화론은 윤기정에 의해 좀 더 상세하게 논의된다. 윤기정은 「문예시평」[11]에서 1928년의 프로문예운동을 결산하면

7_ 김동환, 「초춘잡감」, 『조선지광』, 1928. 2, 57면.

8_ 장준석, 「왜 우리는 작품을 쉽게 쓰지 않으면 안 되는가?」, 『조선지광』, 1928. 5, 78면.

9_ 이북만, 「사이비 변증론의 배격」, 『조선지광』, 1928. 7.

10_ 장준석, 같은 글, 78면.

11_ 윤기정, 「문예시평」, 『조선지광』, 1928. 11 · 12.

서 프로문예작품이 없었다거나 적었다는 그간의 비판[12]에 대해 "예술운동이 초기에 있어서는 필연적으로 이론이 작품보다가 앞서게 되는 것"이라고 반박한다. 이론적 차원에서 프로예술의 원칙과 규준을 확립하고 부르주아 예술과 투쟁하는 것이 우선적인 과제이고, 이것이 해결되어야만 진정한 프로예술 작품을 제작할 수 있다는 말이다. 하지만 그도 작품이 희소한 것이 문제라는 점은 인정한다. 그는 그다지 많지 않은 작품이 발표된 것, 그나마 검열 탓에 발표되지 못한 작품도 많다는 것은 예술운동상 큰 손실이므로 반드시 이에 대한 대책이 있어야 할 것이라 지적한다. 윤기정이 카프 서기장으로서 당시의 상황을 비교적 정확하게 파악하고 있었다 하더라도 그에 대한 해결책은 앞서 살펴본 김동환이나 장준석, 이북만의 것에 비해 그다지 새로울 것이 없어 보인다. 그 역시 대중이 알기 쉬운 작품을 많이 써서 널리 읽히자는 당위적 차원의 해법을 제시하는 정도에 그치고 있기 때문이다. 다음의 인용문이 윤기정이 제시하는 대중화의 방법이다.

> 계급예술운동에 있어서 각 부문의 기술자가 필요하고 요구되느니만치 작품이 필요하고 요구되는 것이다. 우리는 작품을 무수히 제작하여 널리 대중에게 읽혀야겠다. 일반이 알아보기 쉽고 이해하기 쉬울 만치 소설을 쓰고 시를 짓자. 기중其中에도 시는 기회 있는 대로 여러 사람 앞에서 낭독하기를 잊지 말자. 여러 사람이 아니고 단 두 사람이나 세 사람 앞에서도 좋다.[13]

이러한 주장은 물론 지극히 당연하다. 그런데 당시 프로작가들에겐 쉽게 쓰자는 주장보다 어떻게 하면 쉽게 쓸 수 있는가에 대한 규명이 더 긴요했을 것이다. 그러나 이들의 글은 쉽게 쓰는 방법에 관한 구체적 논의를 담

12_ 카프 외부는 물론 내부에서도 이런 비판은 제기되었다. 박영희는 "작년 일 년 동안에 작품은 거의 전무하였다. 금년에도 이미 일 년의 끝이 얼마 남지 아니하였으나 우리에게는 작품이 거의 없었다"라고 비판했다. 박영희, 「최근 문예 소감」, 『조선일보』, 1928. 10. 28-11. 6.

13_ 윤기정, 「문예시평」, 73면.

고 있지 않다. 또 작품을 대중 속에 침투시키는 방법도 장준석의 주장을 통해 알 수 있듯이 기관지 『예술운동』과 지부 조직을 통해 '다양한 방법으로, 일상적으로 부단히, 통일적으로'[14]라는 원칙적인 차원의 논의에 그치고 있다. 이들의 글은 당시 사회운동의 변화에 발맞추어 프로문예운동이 나아갈 방향을 지시했다는 정도 이상의 의미는 없어 보인다.

┌ 김기진의 대중화론과 볼셰비키파의 대중화론

김기진의 '작품 중심'의 대중화론 ／

예술대중화의 당위론, 즉 예술이 진정 민중의 것이 되기 위해서는 그들이 예술작품 감상의 주체가 되도록 해야 한다는 생각은 이미 카프 비평가들에게는 일반화된 문제의식이었다. 김기진은 이 문제를 '프로예술의 대중화'라는 명제로 정식화하여 본격적으로 논의한다. 김기진은 「프로시가의 대중화」[15]에서 예술이 진정 대중의 것이 되기 위해서는 "프롤레타리아 시가가 대중 속으로 깊이 들어가 작용하고 그들에 의하여 성장되고 더 나아가서는 그들의 손으로 제작도 되어야 한다"라고 지적한다. 하지만 프로예술은 일부 지식청년들에게만 작용하고 그들에 의해 성장했다. 그에 의하면, 대중화가 미흡한 이유는 세 가지이다. 즉 시를 민중에게 직접 보여 주지 못했다는 것, 그들이 알기 쉽게 쓰지 못했다는 것, 그들의 흥미를 끌거나 취향에 맞게 만들지 못했다는 것이다. 김기진은 임화의 「우리 오빠와 화로」에서 프로시 대중화의 가능성을 발견하였으나 이 글에서는 대중화 문제를 시보다는 시가를 중심으로 논의한다. 그가 시가를 통해 대중화를 실현하고자 했던 것은 시가 지닌 전달상의 한계와 무산대중에게 시는 감상이나 창작 면에서 어

14_ 장준석, 「현단계에 있어 조선무산계급예술운동의 실천적 임무는 무엇이냐?」, 『중외일보』, 1928. 5. 21. 참고.
15_ 김기진, 「프로시가의 대중화」, 『문예공론』, 1929. 6.

려운 장르라는 것을 깨달았기 때문일 것이다. 즉 그는 조선의 노동자는 대부분 의식화되지 못한 상태이고, 교양정도가 낮고, 민요나 잡가를 즐겨 부르는 상황이어서 그들에게 익숙한 시가 장르에서 대중화의 방향을 모색하는 것이 더 효과적일 것으로 간주한 듯하다. 그래서 「예술의 대중화에 대하여」[16]에서는 대중화를 효과적으로 전개하기 위하여 대중을 교양정도에 따라 두 부류로 나누고 서로 다른 방식으로 대중화해야 할 것이라 상론한다.[17] 단편서사시와 같은 프로시는 진보적 인텔리겐치아와 전위 노동자를 독자로 하고, 민요와 같은 시가 형식은 교양 정도가 낮은 일반대중을 대상으로 해야 한다는 것이다. 그는 시가의 효과는 관념을 추상적으로 설명하거나 정치적 의미의 구어를 나열하는 데 있는 것이 아니라 구체적 생활과 그 생활내용에서 생기는 감정을 감동적으로 묘사함으로써 생긴다고 역설한다. 시가의 임무는 "정치적 의견의 전개"가 아닌 "감정의 전달과 선동"에 있다는 말이다. 그래서 김기진은 카프 수원지부의 공석정이 개사한 아리랑[18]을 예로 들면서 대중에게 쉽고 친근한 노래 형식을 활용하여 널리 전파함으로써 무산대중의 계급적 각성과 투쟁정신 고취를 실현하자고 주장한다.

> 우리의 시가의 대중화의 방법으로 취할 길은 그 형식상에 있어서는 쉬운 말로 노래 불러질 만큼-즉 가곡의 형식으로 창작하는 길이 첩경이라는 것이다. 그리고 그 내용에 있어서는 재래의 시가의 퇴폐적, 향락적, 이기주의적 사상과 취미로부터 대중을 격리, 구출하고 그들의 구체적 생활상과 그들의

16_ 김기진, 「예술의 대중화에 대하여」, 『조선일보』, 1930. 1. 1-1. 14.

17_ 김기진은 소설에 대해서도 이와 유사한 논리를 편다. 「대중소설론」(『동아일보』, 1929. 4. 14-4. 20.)에서 그는 프롤레타리아 전위의 관점으로 파악한 사회적 내용을 담은 본격적 프로소설과 함께 의식화되지 않은 광범한 대중을 염두에 둔 비교적 단순하고 초보적인 내용의 대중소설이 제작될 필요성을 제기한다.

18_ 이 노래는 1929년 5월 11일 밤, 카프 수원지부 설립기념 제1회 강연회의 뒤풀이 자리에서 불렸다. 가사는 다음과 같다. "1. 아리랑 타령이 왜 생겼나?/ 슬픈 놈 가슴이 미어진다/ (후렴)아리랑 아리랑 아라리요/ 아리랑 살고개로 넘어간다// 2. 밭가는 농부의 아리랑은/ 도조와 장리가 걱정일세// 3. 일 년 열두 달 지어 논 것은/ 누구의 곳집을 채워주나?// 4. 제사장 여직공 아리랑은/ 시집갈 밑천이 걱정일세// 5. 기계는 돌아서 돈을 낳고/ 돈은 돌아서 어디로 가나?" 송영, 「수원행」, 『조선지광』, 1929. 6, 97면.

사회적 계급적 지위를 인식케 하고 나아가서는 그들의 불평불만의 감정을 추출하여 이것을 마르크스주의적 투쟁정신에까지 앙양, 결정케 하는 감정과 정신을 담아야 할 것이다.[19]

한편 김기진은 「예술운동의 일 년간」[20]에서 그간 주장해 온 대중화론을 좀 더 체계화한다. 그에 의하면, 예술대중화의 관건은 발표기관의 문제, 검열제도의 문제, 독자대중의 교양정도 문제, 창작자의 기술 문제 등을 해결하는 데 있다. 이 문제들을 김기진의 논의에 따라 정리하면 다음과 같다. 프로예술 작품을 노동대중과 친하게 하려면 우선 발표기관과 각종 행사를 통해 감상의 기회를 주어야 한다. 현재의 상황에서는 신문이나 잡지를 이용할 수밖에 없는데, 그나마 가혹한 검열 때문에 제대로 이루어지지 않고 있다. 여기서 검열 통과가 중요한 문제로 부각된다. 이 검열을 통과하더라도 대중의 수준이 낮아 제대로 된 감상이 이루어지지 못한다. 그래서 창작방법의 문제가 제기된다. 이에 김기진은 "우리의 목적을 더욱 교묘히 전달하는 수단으로 재미있게, 평이하게, 대중이 친할 만큼, 검열에서 통과되도록" 작품을 만들어야 한다고 주장한다.

이상에서 살펴본 바와 같이 김기진은 대중화 문제를 주로 대중성 있는 작품 창작을 중심으로 고민하고 논의하였다. 그래서 창작된 작품의 유통 문제에 대해서는 별반 언급하지 않았다. 대중화론의 마지막 글이라 할 수 있는 「예술의 대중화에 대하여」에 와서야 비로소 작품을 각 부문 단체로 가지고 가서 대중집회나 생산현장 등에서 대중이 감상할 수 있도록 보급사업을 전담할 조직과 프로예술 작품을 담을 기관지 확보의 필요성을 짤막하게 제기한다. 그런데 그의 논의는 여기에서 중단된다. 그러면서 보급조직 건설과 기관지 확보가 현실적으로 어려우니 기존의 잡지와 신문을 이용해야 한다

19_ 김기진, 「예술의 대중화에 대하여」, 『조선일보』, 1930. 1. 8.
20_ 김기진, 「예술운동의 일 년간」, 『조선지광』, 1930. 1.

는 주장으로 글을 마무리하고 있다. 이로써 볼 때, 김기진의 대중화론은 작품을 어떻게 창작할 것인가, 그것도 주로 형식 문제를 중심으로 전개된다는 것을 알 수 있다. 바로 이 때문에 김기진의 대중화론은 볼셰비키파로부터 '우경적'이라는 공격을 받게 된다.

김기진의 프로시가 대중화론은 박완식에 의해 재론된다.[21] 박완식은 프로시가의 임무는 부르주아 예술과 그것을 생산하는 사회를 파괴하는 무기가 되는 데 있으며, 프롤레타리아 이데올로기를 인식·파악한 작가의 노래만이 프로시가가 될 수 있다고 주장한다. 그런데 그에 의하면 프로시가는 극소수의 시인에 의해 극소수가 생산되었다. 그나마 작품은 대중의 취미에 부합하지 못했고, 평이한 수법으로 쓰이지 않아서 소수 인텔리겐치아에게만 이해되고 음미되었다. 또한 대중에게 전파할 기관지가 없었고, 검열이라는 제약이 가로놓여 있었다. 이상이 그가 생각하는 대중화 실패의 원인이다. 박완식의 상황 판단은 비교적 정확했다고 할 수 있다. 그런데 이러한 박완식의 평가는 실상 김기진이 일 년 동안 대중화론을 전개하면서 지적한 사항들을 충실히 정리한 것일 뿐 그 자신의 독자적인 견해라고 보기 어렵다. 그가 대중화 실패의 원인을 진단한 후 제시하는 해법을 보면 사실이 좀 더 분명해진다. 박완식은 대중의 의식과 지적 교양이 현재보다 앙양되기 전에는 대중이 단편서사시를 섭취하지 못할 것이므로 현재 대중의 수준에 맞는 시가인 민요를 통해 대중을 계급적으로 각성시키고 투쟁에 나설 수 있도록 선전선동해야 한다고 주장한다. 아울러 기관지를 획득하고 검열 문제를 극복할 것을 제안한다. 이렇게 본다면 박완식의 논의는 김기진의 것과 차이가 별로 없다는 것을 알 수 있다. 다만 기관지 획득 문제와 관련하여 자금을 모집하여 공장신문이나 농촌신문 등을 발간하자거나, 검열 극복 문제와 관련하여 검열제도개정기성동맹 같은 단체를 조직하여 투쟁하자는 주장은 김기

21_ 박완식, 「프롤레타리아 시가의 대중화문제 소고」, 『동아일보』, 1930. 1. 7-1. 10. 박완식은 이 글 외에도 「프로시가에 대한 당면적 임무」(『조선일보』, 1930. 2. 1-2. 5.)를 발표한 바 있으나 앞의 글과 내용상 거의 동일하다.

진의 것보다 구체성을 지닌 것으로 평가할 수 있다.

볼셰비키파의 '조직 중심'의 대중화론／

김기진이 대중화론을 구상하는 와중에 볼셰비키파도 김기진을 비판하면서 대중화론을 제출하기에 이른다. 이들은 김기진처럼 시나 소설 같은 특정 장르를 매개로 대중화론을 전개한 것은 아니고, 주로 조직론의 차원에서 대중화 문제에 대한 견해를 피력했다. 그러나 각 이론분자들의 논의를 종합하여 분석해 보면, 프로시 대중화 문제에 대한 이들의 생각을 읽어 낼 수 있다.

먼저 김두용의 「우리는 어떻게 싸울 것인가」[22]를 살펴보자. 김두용은 외적 탄압과 내적 분열이라는 열악한 상황 속에서도 예술의 역할은 "××[공산]주의를 선×[전]하며 ×[당]의 슬로건을 '대중의 슬로건'으로 하기 위한 모든 선동, 선전"을 하는 데 있음을 강조한다. 이러한 선전선동의 임무는 "조직은 우리의 전부다"라는 명제가 잘 말해 주고 있듯이 프롤레타리아 조직 건설 및 강화와 긴밀하게 연관된다. 여기에는 조직을 건설하고 강화시킬 수 있는 강력한 무산계급 주체가 요구된다. 그렇기 때문에 프로시인은 예술가이기 이전에 프롤레타리아 계급의식으로 무장한 전위가 되어야 하며, 각 층에서 일어나는 혁명적 움직임과 당의 슬로건을 결부시킬 수 있어야 한다. 김두용은 이런 논리에 입각하여 프로시인은 작품을 어떻게 쓸 것인가를 고민하기보다는 계급적 임무를 어떻게 다할 것인가를 고민해야 한다고 주장하면서, '단편서사시론'을 제기한 김기진을 두고 "'프로예술'을 팔아서 문단적 명예를 보전하며 민족문학자와 타협하여 반동적 문학을 선전하는 몰락한 소부르주아 문사"라는 극단적 평가를 내린다. 김두용은 이런 자신의 견해에 입각하여 프로 생활감정은 있으나 혁명적 슬로건이 박약한 정용산의 시 「이 길을 닦아서」보다는 생활감정은 박약하나 슬로건적·삐라적 성격이

22_ 김두용, 「우리는 어떻게 싸울 것인가」, 『무산자』, 1929. 7.

짙은 적포탄의 시 「메이데이는 준비되었느냐」, 전맹의 시 「잊지 말아라」가 오히려 선전선동적이어서 혁명적 노동자, 농민에게 환영받을 것이라고 평가한다. 요약하면 김두용의 대중화론은 프로예술이 프롤레타리아 조직 사업을 조력하기 위해 당의 슬로건을 선전선동해야 하며, 그러기 위해서 작가는 혁명적 전위가 되어야 한다는 것이다. 그는 그러할 때 광범위한 대중을 투쟁의 주체로 세울 수 있고, 프로예술의 대중적 영향력도 확대할 수 있다고 여겼다.

그런데 프로예술의 임무가 당의 슬로건을 선전선동하는 것임을 인정한다 하더라도, 삐라와 같은 형식이 반드시 더 효과적이라고 볼 근거는 없다. 이는 김두용이 창작방법에 대한 심도 깊은 인식이 없었던 데서 야기된 결과이다. 예컨대 슬로건을 선전선동해야 하는데 그것이 어떻게 표현될지는 잘 모르겠다고 토로한 점, 어떻게 평이하게 쓸지에 대해 생각할 필요가 있다는 추상적 대안을 내놓은 점이 그 증거이다. 게다가 김두용의 작품평가 기준과 예술가관은 방향전환 초기의 카프 비평가들과 별반 차이가 없다.

다음으로 대중화 논의의 촉매적 존재였던 임화는 어떠한 입장을 취했는지를 살펴보자. 임화는 김기진의 주장, 즉 대중이 "알아보기 쉽게" 작품을 써야 하며 객관적 정세의 악화라는 조건하에서는 "'연장으로서의 문학'은 그 정도를 수그려야" 한다는 주장[23]에 대해 "원칙의 치명적인 무장해제적 오류", "합법성의 추수", "의식적인 퇴각"이라는 표현을 써 가며 맹렬히 비판한다.[24] 임화에 따르면, 객관적 정세의 악화에 대처하는 방법은 김기진처럼 형식에 대한 연구가 아니라 철저하게 원칙을 고수하면서 투쟁하는 것밖에 없다. 김기진이 어쨌든 검열의 장벽을 넘기 위해서 사상은 견지하되 표현 강도를 낮추어야 한다고 본다면, 임화는 그러한 상황을 야기한 요소들과의 투쟁을 통해 문제를 해결할 수 있을 것이니 표현기술을 고민할 필요가

23_ 김기진, 「변증적 사실주의」, 『동아일보』, 1929. 2. 25-3. 7.

24_ 임화, 「탁류에 항하여-문예적인 시평」, 『조선지광』, 1929. 8; 『임화전집4』, 140면.

없다고 간주한다.

임화는 「시인이여! 일보 전진하자!」[25]에 이르러 프로시 대중화에 대해 본격적으로 논의한다. 이 글의 핵심은 두 가지이다. 하나는 지도부 비판이고, 다른 하나는 자신을 포함한 프로시인들 비판이다. 우선 임화는 카프가 위기상황에 빠진 이유는 예술운동의 조직적 미력화에 있으며, 조직의 힘이 약화된 결정적인 원인은 지도부의 미력화 때문이라고 파악한다. 그렇기 때문에 임화는 "여하한 희생과 곤란 속에서라도 강고한 지도부를 확립하고 그 밑에 규율 정제한 각 기술별 분업조직의 확립에로의 정력적인 노력이 있어야 할 것"이라는 해법을 제시한다. 다음으로 임화는 김기진이 고평한 자신의 '단편서사시'를 철저하게 비판한다. 그 비판의 요지는 '감상성'에 있다. 소부르주아적 근성 때문에 쓸데없는 감상을 늘어놓았다는 것이다. 이러한 자기비판을 토대로 그가 제시하는 방안이 시인의 프롤레타리아화이다. 임화는 프롤레타리아화한 시인만이 대중의 생활과 정서를 잘 표현할 수 있고, 그런 한에서 그의 시는 대중성을 획득할 수 있을 것으로 본다. 예술가의 임무와 예술의 존재가치는 프롤레타리아의 혁명 투쟁을 조력하는 데 있는데, 이것이 가능하기 위해서는 "'시인'인 것을 완전히 포기"해야 한다는 것이다. 다시 말해 프로시인은 프롤레타리아의 생활 속으로 들어가서 그들의 생활감정을 자신의 것으로 하고, 성장하는 프롤레타리아의 투쟁을 조력하는 '프롤레타리아 전위'가 되어야 한다는 것이다.

대중화 문제에 대한 임화의 견해는 두 가지, 즉 예술가가 대중 속에서 프롤레타리아 전위가 될 것, 그들에 의해 조직을 강화할 것으로 압축된다. 임화는 이 두 문제가 해결되면 대중화는 실현될 수 있을 것으로 여긴 듯하다. 김기진에게 대중화의 방법은 대중의 감수성에 부합하면서도 검열을 통과할

25_ 임화, 「시인이여! 일보 전진하자!」, 『조선지광』, 1930. 6. 이 글은 동경에서 쓰인 것이다. 1929년 도일 후 임화는 동경지부 맹원들과 관계를 맺으며 자신을 사상적으로, 예술적으로 단련시키고 있었다. 이 글은 그들 볼셰비키파의 영향 아래 자신을 재무장한 최초의 결과물이다.

수 있는 작품을 만들어 합법적인 출판물을 통해 대중에게 전달하는 것이다. 그에 반해 임화는 작품 자체의 대중성 확보 문제는 시인이 프롤레타리아화하면 자연 해결될 것이고, 그것의 유통 문제도 프로시인들이 프롤레타리아 전위의 일원으로서 대중 결합력을 높이면 자연히 해결될 것이라 판단한 것으로 보인다.

볼셰비키파의 대중화론을 좀 더 상세히 살펴보기 위해서는 안막의 글을 검토해야 한다. 안막은 「마르크스주의 예술비평의 기준」[26]에서 프롤레타리아 예술가들은 역사적 정세를 이해할 통찰력을 가져야 하며, 노동자 농민의 혁명적 조력자가 되어야 한다고 규정한다. 따라서 프로예술가는 "××[혁명]적 맑시즘에 관철된 프롤레타리아 전위의 '눈'"을 획득해야 하며, 이들이 생산한 작품만이 진정한 프로예술 작품이다. 그렇기 때문에 안막은 소부르주아 인텔리겐치아의 센티멘털리즘, 로맨티시즘을 표현한 임화와 그의 에피고넨들의 시는 진정한 프로예술 작품이 될 수 없다고 지적한다. 이어서 안막은 대중화의 목적과 방법을 '당의 대중화'와 결부시켜 논하고 있다. 안막은 "'×[당]의 슬로건을 대중의 슬로건'으로 만들기 위하여 우리들의 예술은 ×[당]의 대중화와 결부되어 대중화되지 않아서는 안 된다"라고 하여 당의 슬로건을 대중의 슬로건으로 만들기 위한 광범한 아지프로의 중심적 역할을 수행하는 것에서 대중화의 방향을 구하고 있다. 안막은 당 조직의 대중화를 위한 실천이 우선적인 문제이고, 그것을 좀 더 잘 실현하기 위해 대중이 이해하고 애호하며 그들의 사상과 감정과 의지를 결합 향상시킬 수 있는 예술적 형식을 고민해야 한다고 보고 있다. 「프로예술의 형식문제」[27]에서도 그는 대중이 이해하고 흥미를 가질 작품을 만들기 위해 예술의 형식문제를 중요시해야 하긴 하지만, 이 문제는 "조직활동과 거기에 결부된 견고한 배포망" 위에서 생각하지 않으면 안 된다고 주장한다.

26_ 안막, 「맑스주의 예술비평의 기준」, 『중외일보』, 1930. 4. 19–5. 30.
27_ 안막, 「프로예술의 형식문제」, 『조선지광』, 1930. 3 · 6.

볼셰비키파의 대중화론은 '예술운동의 볼셰비키화'와 밀접하게 관련된다. 볼셰비키화론을 최초로 정식화한 것이 안막의 「조선 프로예술가의 당면의 긴급한 임무」[28]이다. 안막은 이 글에서 각국의 프로예술운동의 진전에 발맞추어 조선의 예술운동도 볼셰비키화해야 한다고 말한다. 그는 지금까지 프롤레타리아 예술이라 불려 왔던 것들은 기실 '사회민주주의 예술'이고, 진정한 프롤레타리아 예술은 공산주의 예술이라고 규정한다. 그리고 공산주의 예술을 확립하기 위해서는 프로예술가가 이데올로기적 불철저를 극복하고 "진실로 ××[혁명]적인 맑스주의적 ×[관]점"에 서서 사회민주주의자들을 정리하는 투쟁을 무자비하고 비타협적으로 전개해야 한다고 본다. 동시에 "전 아지프로 역량을 이 볼셰비키적 ×[당] 확대의 선에 집중"시켜야 한다는 것이다. 그때에만 프로예술가는 "진실한 볼셰비키적 ××[맑스]주의적 예술가"가 될 수 있다. 안막은 과거 예술운동의 슬로건, 즉 '노동자 농민의 생활을 그려라', '전위의 눈으로 세계를 파악하라', '예술의 역할은 당의 슬로건을 대중의 슬로건으로 하기 위한 광범위한 아지프로에 있다' 등의 슬로건과 예술의 결합에 대한 명확한 이해가 부족하여 작품 가운데 슬로건을 구체화하는 데 실패했다고 진단한다. 그러면 어떻게 해야 하는가. 정치적 슬로건을 그대로 예술적 슬로건으로 하는 것이 아니라 "그 슬로건 가운데 요약된 계급적 필요를 예술의 형태를 빌리어 구상화하는 것"이다. 상당히 모호하다. 여기서 안막은 다시 한 번 전위의 관점에서 현실을 객관적으로 파악하고 그린다는 소위 '프롤레타리아 리얼리즘'을 대안으로 제시한다. 또한 과거에 노동자, 농민을 제재로 선택한다는 슬로건의 막연함을 비판하면서 "프롤레타리아트와 그 ×[당]이 국제적 국내적 정세에 있어서 당면하고 있는 과제와 밀접히 결부된 제재"를 선택할 것을 주문한다. 아마도 이는 당면 투쟁과제의 형상화를 말하는 것인 듯하다. 마지막으로 예술대중화의 대

28_ 안막, 「조선 프로예술가의 당면의 긴급한 임무」, 『중외일보』, 1930. 8. 16-8. 22.

상도 "현재 조선 ××[혁명] 프롤레타리아트가 그 전력을 집중시키고 있는 중요산업의 대공장 노동자, 빈농"으로 엄격히 제한하고 있다. 안막의 이런 엄격한 기준에서 보면, 김기진의 대중화론은 명확한 계급적 기초에 서지 못했고, 그 때문에 당에 대해 고려가 없는 '사회민주주의적 예술대중화론'에 불과하다. 그러므로 김기진의 대중화론은 검열 또는 대중의 의식수준을 추수함으로써 혁명적 프롤레타리아의 이데올로기를 노동자 농민에게 침투시키는 것을 간과하고, 독자대중을 막연히 노동자 농민으로 규정하여 대상을 명확히 규정하지 못한 것이 된다.

안막은 시인이 프롤레타리아 전위의 눈을 가져야 하고, 예술대중화 문제를 당의 대중화와 관련하여 사고해야 한다고 주장했다. 이런 논의는 임화나 김두용의 논지와 거의 일치한다. 이는 이들이 서로의 논의를 추수했기 때문이라기보다는 볼셰비키파의 조직적 합의가 반영된 결과이다. 안막의 글에서 주목할 점은 미약하긴 하지만 임화나 김두용의 글에서는 없는 형식 문제에 대한 언급이 보인다는 것이다. 그는 김기진과는 달리 형식 문제를 조직 문제와 관련하여 사고했다. 이런 측면에서 안막은 여타의 볼셰비키파 논자들에 비해 비교적 균형 감각을 갖추고 있었던 것으로 보인다. 하지만 그 역시 대중화 문제를 조직대중화의 연장선상에서 고민한 탓에 형식 문제에 대한 심도 깊은 논의는 지속하지 못했다.

볼셰비키파의 대중화론은 권환으로 이어진다. 권환은 「무산예술운동의 별고와 장래의 전개책」[29]에서 대중화 문제를 거론한다. 그는 그간 프로문예는 소부르주아를 독자로 한 작품이 많았다고 지적하고, 임화의 시는 "소부르 문사로 하여금 헐가의 감상적 동정의 눈물은 짜내게 하였지만 노동자 농민으로 하여금 주먹을 부턱쥐고 이를 갈며 전투의 불꽃 속으로 들어가게 하지는 못했다"라고 평가한다. 권환 역시도 프로문예가 소부르주아 문사나 극

29_ 권환, 「무산예술운동의 별고와 장래의 전개책」, 『중외일보』, 1930. 1. 10-1. 31.

소수 전위들을 독자로 하는 것을 문제라고 인식한다. 그 밖에도 권환이 보기에 대중화 문제는 검열의 문제, 출판, 공연, 배포 등의 방법 문제이다. 그 해결책으로서는 조직을 기술자 조직으로 전환 및 볼셰비키화하고 예술가들이 노농대중의 생활 속으로 들어가 그들의 생활을 실제로 체험하며 작품을 만듦으로써 노동자 농민을 독자대중으로 할 것, 잡지와 창작물을 많이 출간하되 조합을 통해 배포할 것, 합법성을 전취하기 위해 투쟁할 것, 작품 평가의 표준은 아지프로적 효과의 여하에 둘 것 등이다. 또한 그는 「시평과 시론」[30]에서 시는 투쟁의 무기가 될 수 있지만 조선의 대중은 수준이 저열한 탓에 시를 훨씬 더 대중화시키기 전에는 아지프로의 역할을 이행하기 어렵다고 말한다. 그런데 그는 예술의 대중화는 분명 필요하나 대중추수나 아리랑 같은 민요양식을 차용한 비속화는 안 된다고 봄으로써 김기진과 입장을 달리하고 있다.

이어서 권환은 「조선예술운동의 당면한 구체적 과정」[31]에서 볼셰비키적 대중화의 구체적 실천방안으로서 조직 개편, 작품의 내용과 형식, 노농대중 속으로의 지입 등 세 가지 문제를 중심으로 논의한다. 첫째, 권환은 카프를 창작적 기술 본위보다도 투쟁역량 본위로 재조직할 것을 주문하면서 인텔리겐치아보다는 "용감하고 희생심 많은 노동자 기술가 획득에 노력"할 것을 주장한다. 둘째, 권환은 "조선의 ××[혁명]적 프롤레타리아트의 이데올로기를 내용으로 할 것"을 주장하면서 제재 선택 기준으로 전위의 활동, 사회민주주의·민족주의 운동의 본질, 노동쟁의, 소작쟁의, 조합 조직과 어용조합의 본질, 노농 연대, 반제국주의 투쟁, 친일 부르주아지와의 투쟁, 프롤레타리아의 국제적 연대 등 열 가지를 제시한다.[32] 형식 문제에서는 "조선

30_ 권환, 「시평과 시론」, 『대조』, 1930. 6.

31_ 권환, 「조선예술운동의 당면한 구체적 과정」, 『중외일보』, 1930. 9. 2-9. 16.

32_ 권환이 제시하는 제재 선택 기준은 일본프롤레타리아 작가동맹이 제2회 대회에서 '예술운동의 볼셰비키화' 방침을 확립하면서 제시한 것과 거의 흡사하다. 관점에 따라 이것을 추수나 베끼기로 볼 수도 있다. 그러나 권환의 제재 선택 기준은 나름대로 조선적 특수성을 분명히 고려한 결과여서 맹목적인 수용으로만 평가할 수는 없을 듯하다.

의 중요산업의 대공장 노동자와 빈농에게 ××[혁명]적 ××[공산]주의적 사상을 아지프로하기에 가장 적절한 형식의 획득에 노력할 뿐"이라고 하면서, "노동자 농민이 잘 이해하고 잘 감흥(그 안에 있는 ××[혁명]적 사상과 감정을)하도록만 하면 그만"이라는 해법을 내놓는다. 즉 문맹층에게는 연극, 영화 등으로 아지프로하고, 겨우 언문소설을 읽을 수 있는 층에게는 "잘 이해하고 잘 감흥하도록 명쾌하게 평이하게" 써서 아지프로하면 된다는 것이다. 대중화의 최종적 완성은 역시 대중들이 작품을 감상할 수 있도록 하는 데 있다. 권환은 마지막으로 '지입' 문제를 볼셰비키화의 가장 긴급한 문제라고 하면서 기관지와 작품 배포에 대해 거론한다. 여기서 기관지는 카프 소속 예술가들에게 혁명적 지도를 함과 아울러 그렇지 않은 예술가들에게는 카프의 영향 아래로 유도하는 기능을 수행해야 한다. 그가 지적하는 주력 지입 대상은 안막의 주장과 마찬가지로 대공장 노동자와 빈농이다.

이상에서 살펴본 것처럼 권환의 대중화론은 안막 등의 논의에서 벗어나지 않는다. 다만 그의 논의 가운데 특기할 사항은 대중을 대상으로 하여 작품을 배포하는 문제와 함께 기관지의 역할에 대한 강조가 나타난다는 점이다. 또한 당면 투쟁과제를 제재로 하여 혁명적 공산주의 사상을 아지프로하기에 적절한 형식을 획득하여 노동자 농민의 의식과 정서 및 수준에 맞게 작품을 제작해야 한다고 함으로써 내용과 형식을 동시에 고민하고 있다는 것이다. 그러나 권환은 기관지의 중요성만 강조했지 그것을 확보하는 것이 구체적으로 어떻게 가능한가에 대해서는 입을 다물고 있다. 마찬가지로 왜 민요양식이 비속한가, 대중의 수준이 낮아 시가 아지프로에 적절하지 못하다면, 어떤 형식이 적절한가에 대한 논의는 찾기 어렵다. 권환 역시도 정작

이는 프로문학의 세계성과 관련하여 이해해야 할 것이다. 코민테른의 단일한 지도 아래 국제 프롤레타리아 혁명을 동시적으로 수행한다는 것, 그와 더불어 각국의 프로문예운동도 서로 긴밀히 보조를 맞춘다는 것, 그러므로 다른 나라 프로문예운동의 선진적 경험을 적극적으로 수용할 수 있고 또 해야 한다는 것. 이것이 당시 프로문학 논자들의 일반적 인식이었을 것으로 짐작된다. 이렇게 본다면, 어느 정도 수용했는가를 비교하는 것보다는 왜 수용했으며, 그것이 과연 얼마나 조선적 특수성에 걸맞게 변용되었는가를 따지는 것이 더 생산적이다.

중요한 실천적 지침을 제시해야 할 시점에서 논의를 중단해 버린다.

┌ 쟁점과 한계

프로문예운동이 진정 효과를 발휘하기 위해서는 변혁운동의 주체세력인 프롤레타리아 대중들을 프로예술의 감상 및 창작의 주체로 세워야 했다. 그러기 위해서는 프로예술가들이 민중 속으로 들어가 그들과 함께 호흡하면서 그들의 삶과 정서에 부합하는 작품을 창작하고, 그렇게 창작된 작품을 조직망을 통해 광범위하게 보급해야 했다. 또한 그들 속에서 생겨나는 창작의욕들을 부단히 현실화해야 했다. 그러할 때 무산대중은 문예작품을 통해 현실의 모순을 인식하고 세계를 변혁하려는 의지를 획득할 수 있다. 대중화론은 창작방법론, 대중조직론, 실천론을 두루 포함하는 이론으로서 카프가 문예운동 조직으로 존립하기 위한 핵심사항이었다. 대중화 논쟁에 참가한 비평가들 가운데 이 모두를 총체적으로 사고한 사람은 없었던 것으로 보인다. 다만 각자의 입장에서 중요하다고 판단한 요소를 중심으로 논의를 전개하였다. 대중화 논쟁에서 가장 첨예한 대립은 대중성 확보의 매개를 무엇으로 볼 것인가 하는 데 있었다. 이러한 쟁점을 두고 김기진은 '작품'에서, 볼셰비키파는 '조직'에서 해법을 찾고 있다. 따라서 이 서로 다른 해법을 중심으로 양측의 논지를 비교해 볼 수 있다.

김기진은 작품 중심으로 대중화를 고민했다. 김기진에게는 많은 대중이 프로문학 작품을 읽기 위해서는 검열을 통과할 수 있으면서도 대중의 교양과 감성에 맞는 작품을 창작하는 것이 무엇보다 중요했다. 그렇기 때문에 그의 대중화론은 작품을 어떻게 만들 것인가 하는 형식 문제에 초점이 맞춰져 있다. 시 장르의 경우 의식 수준이 낮은 대중을 위해서 그들에게 친숙한 전통시가의 양식을 비판적으로 계승해야 한다고 보았다. 그의 시가대중화론은 재래 시가의 형식을 연구하여 적극 활용하되 내용상의 결함인 향락적이고 애상적인 정서를 계급의식과 투쟁정신으로 대체해야 한다는 것으로 요약할 수 있다. 김기진의 이러한 논지는 당시 무산대중의 조건을 충분히 고려한 바탕 위에서 이루어지고 있어서 설득력이 있다. 또 그는 전위 운동가나 혁명적 프롤레타리아트를 위해서 구체적 사건과 현실성 있는 정서가 결합된 단편서사시와 같은 작품을 만들어야 한다고 했다. 물론 이런 주장은 정치적 슬로건을 직설적으로 표출함으로써 검열에 통과되지 못한 그간 프로시의 문제를 해결하기 위한 것이지만, 한편으로는 시 문학의 장르적 특수성을 인식했기 때문에 가능한 것이었다.

볼셰비키파는 시 장르의 고유한 본성과 법칙에 대한 깊은 인식은 없었던 것으로 보인다. 그들은 대중화의 필요성과 방법론을 지속적으로 개진했지만 결코 소홀히 할 수 없는 창작방법 문제에 대해서는 그다지 자세한 논의를 하지 않았다. 조직 문제와 예술가의 실천을 지나치게 강조하다 보니 작품 창작의 문제는 상대적으로 소홀히 하게 되었다. 이는 김두용이나 권환이 쉽게 쓰자는 대중화론 초기의 주장을 그대로 반복한 것이나, 임화나 안막이 구라하라 고레히토藏原惟人의 '프롤레타리아 리얼리즘'의 창작원칙을 대안이라고 말한 것을 보면 알 수 있다. 특히 이들에 의해 제기된 볼셰비키화론은 작품의 대중성과 대중화의 대상을 대폭 축소해 버린 감이 있다. 시적 주체를 당의 슬로건을 전달하는 프롤레타리아 전위만으로 설정했을 경우 작품은 또다시 유형화·도식화되어 작품 자체의 대중성은 희박해 질 수밖에 없다. 그리고 독자대중을 대공장 노동자와 빈농으로만 제한했을 경우 그 밖의 무산대중은 프로문예의 감상과 창작의 주체, 나아가 변혁운동 주체세력에서 제외될 수밖에 없다.

한편 볼셰비키파는 조직 중심으로 대중화의 길을 모색했다. 이들은 예술대중화를 위해서는 대중과 결합할 수 있는 조직 활동이 먼저라고 판단했다. 그래서 대중운동의 전개와 당의 대중화라는 당면 과제를 실천하기 위해

예술가가 프롤레타리아 전위가 될 것, 실천력을 높일 것 등을 요구했다. 운동은 명확한 강령과 확고한 조직을 필요로 한다. 그리고 활동가는 강령과 조직을 지킴으로써 운동의 목표를 달성할 수 있게 하는 원천이다. 어떤 운동조직이든 활동가의 사상적 무장과 대중 활동력의 고양은 조직의 사활이 걸린 필수 사항이다. 카프가 단순히 진보적 문인집단이 아니라 뚜렷한 강령을 가지고 그것을 실현하려는 운동조직이었던 만큼 구성원들은 확실한 전위 운동가가 되어야 했다. 그들 자신이 생활과 투쟁의 현장에서 대중과 밀접하게 결합될 때 비로소 진정한 대중화의 조건이 마련되기 때문이다. 이런 맥락에서 프로예술가는 예술가이기 이전에 프롤레타리아 전위가 되어야 한다는 볼셰비키파의 주장은 타당하다.

볼셰비키파가 주로 조직의 강화와 확대에 주력함으로써 프로문예의 대중적 영향력을 확보하려고 한 반면, 김기진은 이 문제에 대해 거의 고민하지 않았다. 이는 아마도 '진보적 문사'로서 김기진의 자기정체성에서 기인한 듯하다. 즉 그는 변혁사상을 받아들이고 그것을 바탕으로 작품을 창작하는 데까지는 나아갔으나 조직적 실천의 논리는 수용할 수 없었던 것이다. 이처럼 그는 조직적 관점의 미비로 인해 작품 전달의 문제는 합법적 출판물을 통해 해결할 수밖에 없다는 식의 안일한 제안을 내놓았다.

작품과 조직은 프로예술의 대중화에서 주요한 두 개의 국면이다. 이 둘은 별개로 떨어져 있는 것이 아니며, 서로 소통하면서 변증법적 통일을 이룰 때 현실적 효과를 산출할 수 있다. 그러나 대중화를 위한 생산적 논쟁은 조직의 주도권 확보를 둘러싼 경성본부와 동경지부의 갈등 속에서 실종되고 말았다. 게다가 김기진의 대중화론은 검열이 강화되면 될수록 '정도'를 더욱 수그릴 수밖에 없다는 문제를 안고 있었고, 볼셰비키파의 대중화론도 만약 탄압으로 인해 조직이 궤멸되어 버린다면 대중화가 어떻게 가능한가에 대한 고민은 애초부터 없었다.

대중화 논의를 전개하면서 이론분자들이 중요한 당면과제로 가장 많이 거론한 것이 기관지 확보 문제였다. 이는 주로 경성본부 측에서 제기했고, 볼셰비키파도 인정한 사항이다. 카프와 같은 계급문예운동 조직의 출판물은 신문지법, 출판법 등의 악법이 존재하는 한 제대로 출판되기 어려웠다. 실제로 카프의 기관지 『예술운동』은 두·차례 발간되었으나 모두 동경지부에서 간행되었다. 또 그 뒤를 잇는 『무산자』도 동경에서 간행되었으나 국내 발매가 금지되었다. 이런 상황에서는 작가가 아무리 많은 작품을 써도 대중들이 접하기 어렵다. 김기진이 합법적 출판물에 작품을 발표함으로써 전달 문제를 해결하려 했던 것은 이런 현실적 어려움 때문이었다. 자금난은 논외로 한다 하더라도 출판물에 대한 검열과 통제의 강화는 기관지 발행을 원천적으로 봉쇄했고 대중화를 더욱 어렵게 만들었다.

한 가지 더 지적할 점은 활동의 자유 문제이다. 프로예술의 대중화를 위해서는 조직원들의 활동의 자유가 보장되어야 했다. 그러나 각 지부의 창립대회는 금지되기 다반사였고, 공식적인 모임에는 항상 경관이 임석하여 감시, 통제하였다.[33] 사정이 이러했으므로 조직원의 활동에 대한 일상적 감시와 통제가 어떠했을 것임은 미루어 짐작할 수 있다. 안막처럼 "고난의 길을 걸으면서도 우리들의 ××[혁명]적 투쟁은 보다 더 꿋꿋이 계속"[34]되고 있다고 다짐해도, 혹은 안함광처럼 객관적 정세를 탓하는 이들을 질타하며 "치열히 타오르는 실천적 의지"[35]를 강조해도 주체의 의지만으로 객관적 조건을 극복하기란 매우 어려웠다. 프로예술 대중화를 위한 조직적 실천은 이처럼 처음부터 한계를 갖고 출발할 수밖에 없었다.

33_ 유문선, 「카프 결성 현장의 모습을 엿본다」, 『문학동네』 30호, 2002. 봄, 385-386면 참고.

34_ 안막, 「맑스주의 예술비평의 기준」, 『중외일보』, 1930. 4. 19-5. 30(4. 19).

35_ 안함광, 「조선 프로예술운동의 현세와 혼란된 논단」, 『조선일보』, 1931. 3. 19-3. 29(3. 28).

제 11 장

해방기 조선문학가동맹의 문화운동론과 조직적 실천

문학사와 실증주의

지난 십여 년 동안 한국 현대문학 연구는 새로운 방법론으로 한국문학을 재조명하는 데 열중해 왔다. 이것은 지극히 당연하고, 마땅히 해야 할 일이다. 특정한 시대의 문학은 그것과 만나는 또 다른 시대적 조건과 문학사가의 관점에 따라 재해석되기 마련이며, 그럼으로써 문학사는 늘 새롭게 기술될 수 있기 때문이다. 그것은 현대문학사의 풍요로움을 입증하는 일이기도 하다. 문제는 지금의 현대문학 연구가 그러한 방식에 지나치게 몰두하고 있다는 점이다. 이러한 연구 경향은 상대적으로 실증주의적인 연구를 소홀히 하는 편향, 다시 말해 망각된 역사를 복원하고 그 의미를 해명하는 것이 문학사가 존재하는 한 지속되어야 할 작업이라는 점에 대한 간과 현상을 낳고 있지 않은가 한다. 그런 맥락에서 해방기 문학은 현대문학사에서 아직 완전히 복원되지 않은, 그래서 문학사가의 실증주의적 성실성이 요청되는 분야 가운데 하나라고 할 수 있다. 이것이 해방기 문학이 지금도 문학사적 연구의 대상으로서 중요성을 지니는 이유이다.[1]

1945년 8월 15일, 해방을 맞은 조선인들이 최우선적 과제로 생각했던 것은 일제에 의해 강제로 해체된 국가를 재건하는 일이었다. 다시는 이민족의 식민지가 되지 않는 길도, 벼랑 끝에 몰린 민족 대다수의 삶을 개선하는 길도 모두 굳건한 국가 건설에 있었다. 사상과 국가 건설방식에 대한 여러 입장들이 난립하긴 했지만, 극소수를 제외한 당대 조선인들 대부분은 이러한 목표를 공유하고 있었다. 그 가운데 조선공산당을 중심으로 한 변혁세력은 해방기의 정치적 과제를 '인민'이 주인이 되는 자주적 민주주의 국가 건설로 표명했다. 변혁적 문화인들도 문화운동이 전체운동의 일익임을 다시금 상기하고, 문화운동의 목표를 인민이 주인이 되는 민주주의 민족문화 건설로 설정했다. 인민을 문화의 주인으로 만드는 프로젝트는 우선 그들이 문화적 소외 상태에 놓여 있다는 것을 전제로 하며, 그들로 하여금 그러한 상태를 극복하고 문화의 감상자이자 창조자가 될 수 있도록 한다는 것을 주요 내용으로 한다. 따라서 인민의 문화적 주인화는 대부분 문맹인 상태에서 일제에 의해 제국주의적 문화의 수동적 소비자로 전락한 인민이 '진정한' 문화를 감상할 줄 알고, 나아가 새로운 문화 창조의 주역이 된다는 것을 의미한다. 해방기 문화운동은 이러한 과제를 해결하기 위한 고투였다. 그런데 인민을 문화의 감상자이자 창조자로 만드는 일은 곧 문화대중화를 위한 실천이라는 성격을 띤다. 인민을 문화의 주인으로 만들기 위해서는 문화와 인민의 단절을 극복하고, 그들에게 문화를 가져가는 실천이 수반되어야 하기 때문이다. 해방기 문화운동은 곧 문화대중화운동이기도 했던 것이다. 이 장에서는 바로 이 점에 주목하면서 조선문학가동맹을 중심으로 전개된 문화대중화운동의 실상을 파악하고 그것이 지닌 역사적 의미를 해명해 보고자 한다.

해방기 문화대중화운동은 주로 1990년을 전후하여 활발히 연구되었고,

1_ 해방기 문학이 실증주의적 연구의 차원에서만 중요한 것은 아니다. 그것은 지금의 한국문학을 형성한 태반이라는 점에서 한국문학의 현재를 점검하고, 미래를 모색하기 위한 참조점으로서도 중요하다.

그 성과물도 다수 축적되었다.[2] 이 연구 성과들은 반세기 가까이 역사의 지층에 묻혀 있던 해방기의 진보적 문화운동을 발굴하여 역사의 한 부분으로 정당히 자리매김했다는 점에서 커다란 의의가 있다. 그런데 해방기의 문화대중화 문제는 담론적 차원에서 논의되었을 뿐만 아니라 조직적 차원에서 실천되었다는 사실에 비추어 볼 때, 기존 연구는 대중화 담론의 구조나 논리적 정합성을 살피는 데 치중하고 있음을 부인하기 어렵다. 그렇다고 기존 연구가 대중화의 실천적 측면을 전연 도외시한 것은 아니다. 해방기의 텍스트들에 대한 성실한 검토를 통해 대중화 실천을 어느 정도 재구성하고 있기 때문이다. 그러나 이론적 논의가 어떻게 실천으로 전화되었는지에 대해서는 충분히 만족할 만한 논의를 제시하지 못하고 있다. 게다가 1990년대 중반 이후에는 해방기 문학에 대한 관심 자체가 적어지고, 그에 대한 실증주의적 노력도 약화되면서 문화대중화운동에 대한 연구는 답보 상태에 놓여 있다. 이런 문제의 가장 큰 원인은 자료 부족에 있는 것 같다. 하지만 해방기 자료가 아직 완전히 검토, 정리되지 않았다는 점에서 문화대중화운동은 좀 더 고찰되어야 할 영역으로 남아 있다. 따라서 해방기 문화대중화운동 연구는 기존 연구 성과를 바탕으로 하되, 이론적 논의와 실천적 활동을 아우르는 관점과 기존 연구가 간과한 자료들에 대한 세밀한 검토 작업을 통해 그 총체상을 최대한 복원하고, 그럼으로써 역사적 의미를 다시금 생각해 보는 방향으로 전개될 수 있을 것이다.

따라서 이 장의 목표는 해방기 조선문학가동맹의 문화대중화운동을 두 시기로 나눈 후, 조직적 층위에서 전개된 담론과 실천 양상을 함께 고찰해

2_ 해방기 문학 연구 성과 가운데 문화대중화운동을 집중적으로 다룬 대표적 연구로는 다음의 논저를 들 수 있다. 신형기, 『해방직후 문학운동론』, 제3문학사, 1989; 윤여탁, 「해방정국의 문학 대중화 운동의 의의와 성과에 대한 연구」, 『선청어문』 18집, 서울대학교 국어교육과, 1989; 윤여탁, 「해방정국의 문학운동과 조직에 대한 연구」, 김윤식 외, 『해방공간의 문학운동과 문학의 현실인식』, 한울, 1989; 임규찬, 「8 · 15 직후 미군정기의 문학운동에 있어서의 대중화 문제」, 김윤식 외, 같은 책; 박헌호, 「해방직후의 문예대중화론 연구」, 성균관대학교 석사논문, 1991; 류덕제, 「해방직후 문학론에서의 대중화 문제」, 『문학과 언어』 14집, 문학과언어학회, 1993; 김영진, 「해방기 대중화론의 전개」, 『어문논집』 28집, 중앙어문학회, 2000.

보는 것이다. 이 장이 대상으로 하는 시기는 1945년 8월부터 1947년 8월까지이다. 문화대중화운동의 기간을 1947년 8월까지로 설정한 것은 1947년 8월 총검거 사태를 겪으면서 운동을 수행할 주체세력이 현저히 약화되었고, 그에 따라 대중화를 위한 논의나 실천도 거의 소멸했기 때문이다. 그리고 문화대중화운동을 두 시기로 나누어 고찰하는 것은 1946년 8월을 기점으로 대중화 논의와 실천 양상이 뚜렷이 변화하기 때문이다. 아울러 문화대중화의 이론과 실천을 함께 살피고자 함은 문화대중화운동의 총체상을 재구성하고 그 역사적 의미를 도출해 내는 데 필요하다고 판단하기 때문이다.

┌ 문화통일전선 결성과 계몽운동적 실천

해방기 문화운동 주체들은 전체운동의 일익으로서 자신의 정체성을 분명히 했으므로 철저히 전체운동 노선에 입각해 활동을 전개했다. 그 전체운동 노선을 최초로 제시했고, 해방기 내내 운동의 기본노선 역할을 했던 것이 박헌영의 「현 정세와 우리의 임무」[3]이다. 그러므로 「8월 테제」에 대한 분석은 해방기 문화운동의 성격과 전개과정을 해명하는 출발점이다. 박헌영은 이 문건에서 조선은 "세계문제가 해결되는 마당에 따라서" 해방되었으며, 당대는 "세계혁명의 발전과정"이라고 규정한다.[4] 이러한 정세판단은 제2차 세계대전의 결과를 파시즘에 대한 민주주의 세력의 승리로 인식하고, 소련의 경험을 통해 혁명의 가능성을 확신한 데에서 비롯된 것이다. 조

3_ 이 문건은 박헌영에 의해 「일반 정치노선에 대한 결정」이란 제목으로 1945년 8월 20일에 작성되었고, 이후 수정보완 과정을 거쳐 1945년 9월 20일 조선공산당 중앙위원회에서 당의 잠정적 정치노선으로 채택된다. 이 문건은 "당 대회를 통해 정식 강령을 결정하지 못했던 조선공산당 안에서 당 강령 역할을 했던 문건이며, 당시 조공의 부르주아 민주주의 혁명론을 가장 정식화된 형태로 보여주는 대표적인 글"로 평가받고 있다. 이정박헌영전집 편집위원회 편, 『이정박헌영전집5』, 역사비평사, 2004, 51면 해제. 이하 '8월 테제'.

4_ 박헌영, 같은 책, 52면.

선 해방이 혁명적인 국제정세의 결과라면, 해방된 조선은 어떠한 혁명적인 변화를 만들어 낼 수 있을까? 이에 대한 박헌영의 대답은 '민족의 완전독립과 토지문제의 혁명적 해결을 중심과업으로 하는 부르주아 민주주의 혁명'이다.[5] 그는 그러한 혁명을 수행할 주체는 부르주아가 아니라 인민, 즉 노동자계급을 중심으로 한 농민, 도시소시민, 인텔리겐치아 등이라고 규정한다.[6] 이런 판단은 조선의 부르주아는 이미 근대 초기에 일제의 주구가 됨으로써 혁명성을 상실했고, 해방 이후에도 여전히 반민족적·반인민적 성격을 지니고 있다는 인식에서 비롯된 것이다.

변혁운동은 당면 정세에 대한 정확한 분석과 그에 근거한 현실성 있는 목표 수립이 전제되어야 한다. 그러나 그것으로 운동이 성립되는 것은 아니다. 운동을 수행할 조직이 있어야 하며, 목표를 달성하기 위한 구체적 방법이 마련되어야 한다. 「8월 테제」에서 정세 분석과 혁명의 목표 설정 다음에 이어지는 내용이 바로 조직과 실천에 관한 것이다. 박헌영은 상기한 정세 분석에 기초하여 대중운동 전개, 조직사업 실행, 노동자계급의 헤게모니 획득, 인민정부 수립을 조선공산당의 당면 임무로 제시한다.[7] 이 가운데 궁극적인 임무는 인민정부 수립이며, 그것을 통한 민주주의 조선의 건설이다. 그런데 당시 남한의 정치상황에서 인민정부의 수립은 인민 스스로의 투쟁을 통해 이룩하는

5_ 박헌영, 『박헌영전집5』, 54면. 이러한 단계론적 혁명론은 과거 코민테른의 「12월 테제」나 모택동의 혁명론과 유사한데, 「8월 테제」 작성에 레닌이나 모택동의 문건들이 커다란 영향을 미쳤기 때문일 것이다. 그러나 그것은 그들의 혁명론을 기계적으로 추수한 결과라기보다는 당대 남한 현실에 대한 인식에서 비롯된 것으로 보아야 한다. 즉 완전독립과 토지문제의 해결은 해방 직후 남한에서 해결해야 할 가장 시급한 과제였다. 그러나 미군정의 남한 지배와 친일세력 비호, 그리고 혁명 주체세력의 미약성은 그러한 과제의 완수를 어렵게 했다. 그처럼 열악한 상황에서 사회주의 혁명을 운운하는 것은 일종의 급진적 모험주의가 아닐 수 없었다. 당시 최익한, 이청원, 임해 등 장안파 공산주의자들은 해방으로 인해 부르주아 민주주의 혁명 과업은 거의 완수되었으니 이제 사회주의 혁명 과업을 수행해야 한다고 주장한 바 있는데, 그는 이 글에서 이들을 '극좌적 파벌주의자'라고 맹렬히 비판한다. 그렇다고 그가 사회주의 혁명 단계를 설정하지 않은 것은 아니다. 혁명 주체세력의 성장과 부르주아 민주주의 혁명과업의 완수에 따라 혁명은 다음 단계로 발전해야 한다는 것을 역설하고 있기 때문이다. 하지만 해방 직후 현실은 아직 그러한 단계를 논할 상황이 아니었다. 그는 이 점을 분명히 인식하고 있었다.

6_ 박헌영, 같은 책, 54-55면.

7_ 박헌영, 같은 책, 59-67면.

것 외에는 다른 방도가 없었다. 그는 그러한 투쟁이 지속적이고 광범위하게 전개되기 위해서는 각 방면에서 대중운동을 일으키고, 대중을 조직화하며, 조직화된 대중을 지도할 강고한 전위세력이 있어야 한다고 주장한다. 대중의 자연발생적 투쟁이 도처에서 발생하고 있다면, 문제는 그러한 투쟁을 조직적·통일적으로 지도할 강고한 전위세력의 구축에 있을 것이다. 그가 전국적으로 통일된 볼셰비키당의 건설을 공산주의자의 첫 번째 과업으로 설정한 것은 이 때문이다. 확고한 전위당이 건설된다면, 다음 문제는 당이 대중과 어떻게 결합할 것인가에 있다. 이 지점에서 대중운동과 조직사업의 중요성이 부각된다. 그가 구상한 조직사업은 두 가지다. 하나는 야체이크로부터 중앙위원회로 이어지는 당의 기본조직을 건설하는 것이고, 다른 하나는 이러한 기본조직과 연결된 다양한 보조적 대중단체를 조직하는 것이다. 두 층위의 조직을 매개로 한 대중운동의 전개는 당의 대중적 기반 확대, 즉 당의 대중화를 의미한다. 이처럼 박헌영은 당의 기본 및 보조 조직을 통한 통일적 대중운동의 전개를 조선공산당의 당면 임무로 제시했는데, 조직 건설과 대중운동 전개는 이후 각 부문운동의 핵심과제로 인식, 실천되었다. 「8월 테제」는 해방기 문화운동을 비롯한 여러 부문운동의 전개과정에서 나침반 역할을 하게 된다.

임화의 「현하의 정세와 문화운동의 당면 임무」는 해방 직후 최초로 발표된 문화운동론으로서 박헌영의 「8월 테제」를 문화 영역에 적용한 최초의 글이다.[8] 임화는 이 글에서 해방 직후 민중의 혁명적 대두와 그러한 민중을 지도할 지도력의 부재라는 혼란 속에서 단일한 지도중심을 수립하기 위해

8_ 임화, 「현하의 정세와 문화운동의 당면 임무」, 『문화전선』, 1945. 11. 15. 이하 '당면 임무'. 이 글은 제목이 '정세'와 '임무'를 핵심 개념으로 한다는 점, 논지가 정세 분석을 토대로 문화운동의 임무와 주체, 기본노선에 대한 언급으로 전개된다는 점, 정세 판단과 혁명의 성격 규정, 운동의 방향 설정이 박헌영의 주장에 의거하고 있다는 점 등에서 「8월 테제」와 유사성을 보인다. 그러므로 「당면 임무」는 해방기 문화운동의 「8월 테제」라고 할 수 있다. 한편 한효의 「예술운동의 전망」(『예술운동』, 1945. 12.)도 「8월 테제」에 기초하고 있기 때문에 「당면 임무」와 유사하다. 차이점은 한효의 글이 당파성과 전위의 역할을 표 나게 강조하고 있다는 점이다. 그는 진보적인 문학가들이 전위조직을 결성하고, 프랙션 활동을 통해 대중조직을 결성함으로써 문학운동의 통일전선을 구축해야 한다고 보았다. 이러한 논리는 「8월 테제」의 '전위당-보조적 대중단체' 도식을 문학운동에 기계적으로 적용한 것인데, 이러한 기계적인 적용은 한효의 예술관에서 비롯되었다. 한효의 예술관에 대해서는 박헌호, 「해방직후의 문예대중화론 연구」, 12-13면을 참고할 것.

'문화통일전선운동'이 전개되었음을 지적한다. 이는 박헌영의 정세 분석과 볼셰비키당 재건 논리와 흡사하다. 또한 부르주아 민주주의 혁명의 기본과제는 여전히 미해결의 상태로 남아 있다고 주장하는데, 이 역시 박헌영의 부르주아 민주주의 혁명론에 입각한 것이다. "현하 문화운동의 근본과제는 문화상에서 부르주아 민주주의 혁명을 수행하는 데 있다"라는 주장이 이를 적실히 증명한다. 아울러 그는 문화운동의 주체 역시 박헌영과 마찬가지로 "가장 혁명적 계급인 노동자계급을 위시한 농민과 중간층의 진보적 시민으로 형성된 통일전선"으로 규정한다. 이러한 인식을 바탕으로 임화는 문화방면에서 일제 잔재와 봉건 잔재, 몰락기 시민문화 잔재를 청산하고, 새로운 조선문화를 건설해야 한다고 주장한다.

> 그리하여 우리 자신이 현재 가지고 있는 문화를 이 투쟁을 통하여 인민 전체의 문화로 성장시켜 가는 한편 인민 자신의 손으로 생산되는 문화 또는 노동자계급, 농민, 일반 근로자 자신의 문화적 창조자를 만들어내고 그것의 육성을 조력하여 조선문화가 명실 공히 인민 자신의 문화가 되도록 노력하지 아니하면 아니 된다.
>
> 요컨대 문화활동의 기초와 목적을 한 가지로 인민에 둘 것, 이것이 현재 우리의 문화통일전선운동의 기준이요, 노선이 되어야 한다.
>
> 문화에 있어서 모든 반인민적인 것과의 투쟁, 이것이 또한 문화통일전선의 투쟁 목표가 되지 아니하면 아니 된다.
>
> 이러해야만 문화통일전선은 명목만이 아니라 실질에 있어 추이해 가는 새 정세와 호흡을 같이할 수 있으며 문화건설중앙협의회의 조직도 거기에 적응하도록 새로운 기초 위에서 재조직되어야 한다.[9]

9_ 임화, 「현하의 정세와 문화운동의 당면 임무」, 『임화전집5』, 367면. 문화통일전선 수립의 필요성에 대한 언급은 조선문화건설중앙협의회(문건협) 결성대회의 선언에서 이미 발견되며, 문건협이 1945년 8월 31일에 채택한 「문화활동의 기본적 일반방책」에도 나타난다.

인용문에서 간명하게 드러나듯이 문화통일전선을 수립하고 인민에 기초한 문화운동을 전개해야 한다는 임화의 논리는 해방기 문화운동의 기본 원칙을 천명한 것이자 문화대중화운동의 당위성을 역설한 것이다. 임화는 문화를 대중화함으로써, 다시 말해 인민을 문화의 창조와 감상의 주체로 만듦으로써 인민정부 수립 투쟁에 문화운동이 일익적 임무를 담당해야 한다고 주장한 것이다. 「당면 임무」는 문화운동의 기본노선과 방향을 거시적으로 규정한 것으로서, 전체운동의 전개과정에서 「8월 테제」가 그러했듯이, 해방기 문화운동의 준거점 역할을 하게 된다. 그러므로 「당면 임무」는 해방기 문화운동에서 매우 중요한 위치를 차지하고 있다.

해방 직후 제시된 문화운동 담론들은 1946년 1월 조선공산당 중앙위원회에서 채택된 「조선 민족문화건설의 노선(잠정안)」[10]으로 수렴된다. 문건협 소속 문인들의 논리가 대폭 반영된 이 문건은 당의 공식적 문화노선으로 정식화됨으로써 향후 문화운동의 이념과 방법을 규정하는 중요한 지표가 된다. 특히 이 문건은 조선문학자대회(1946. 2. 8-2. 9.)와 조선문화단체총연맹(문련) 결성대회(1946. 2. 24.)가 개최될 무렵 당 기관지인 『해방일보』를 통해 공표됨으로써 변혁적 문화인 내부의 이념적·방법적 갈등을 잠재우는 위력을 발휘한다. 「문화건설노선」은 민주주의 정권 수립과 민족통일전선 투쟁에서 문화활동의 중요성, 문화운동의 기본노선 수립과 그에 따른 활동의 필요성, 문화운동의 기본 임무로서 부르주아 민주주의 혁명 수행을 위한 광범한 투쟁의 일익이 되는 것, 당면 과제로서 일제문화 잔재와 봉건유물 청산 등 문화운동의 목표와 방향을 총괄적으로 제시하고 있다. 이는 「당면 임무」가 제시한 문화운동의 기본노선과 거의 일치한다. 이와 아울러 문화운동이 철저히 「8월 테제」에 기초하여 전개되어야 함을 강조하고 있다. 그런 점에서 「문화건설노선」은 「8월 테제」와 긴밀한 연관성을 지닌 것이며, 「당면 임무」를 당적 차원에서 공

10_ 조선공산당 중앙위원회, 「조선 민족문화건설의 노선(잠정안)」, 『해방일보』, 1946. 2. 9-2. 10. 이하 '문화건설노선'.

식화한 것이다. 그렇다면 문화대중화운동은 왜 필요하고, 그것은 어떻게 전개될 수 있는가? 「문화건설노선」의 여덟 번째 조항에서 그 답을 찾을 수 있다. 이 조항은 "일반인민의 계몽과 교화"를 위해 "대중의 지적, 의식적 수준과 상태를 항상 주의 깊게 관찰, 연구, 조사하여야 하고, 거기에 적당한 활동방법(특히 연극, 영화, 예술, 음악, 조각)과 형태를 도출하여 대중이 즐기어 문화에 접근하고 문화가 용이히 대중 가운데 들어갈 수 있는 확실한 길을 개척"함으로써 궁극적으로 "대중의 문화적 발전"을 도모해야 한다고 명시하고 있다.[11]

이상에서 살펴본 바와 같이 해방기 문화운동의 기본노선은 「8월 테제」를 기원으로 하고, 「당면 임무」에서 체계화되며, 「문화건설노선」을 통해 공식화된다. 이 기본노선은 해방기 문화운동이 부르주아 민주주의 혁명을 통한 인민정권 수립에 일익적 임무를 다해야 한다는 것, 그 목표는 민주주의 민족문화 건설에 있다는 것, 그것은 문화통일전선에 의한 문화대중화운동을 통해서 가능하다는 것으로 요약할 수 있다. 그리고 이것은 예술부문과 학술부문 등 여러 문화방면으로 전파되며 구체화되는데, 가장 활발한 논의와 가시적 성과가 산출되는 분야가 문학부문이다.

해방기에 건설된 여러 문화단체 가운데 문학가동맹은 조선문학건설본부(문건) 결성(1945. 8. 16.), 조선프롤레타리아문학동맹(프로문맹) 결성(1945. 9. 17.), 두 단체의 합동을 위한 공동위원회 개최(1945. 12. 3.), 합동에 관한 공동성명서 발표(1945. 12. 6.), 조선문학동맹이란 명칭으로 합동총회 개최(1945. 12. 13.), 제1회 전국문학자대회에서 강령 확정과 조직 구성 및 조선문학가동맹으로 명칭 확정(1945. 2. 9.) 등의 과정을 거치면서 비로소 조직적 태세가 마련된다.[12] 이

11_ 조선공산당 중앙위원회, 「조선 민족문화건설의 노선(잠정안)」, 1946. 2. 10. 이 조항은 문화대중화운동을 인민계몽과 연관 짓고 있는데, 이는 향후 대중화 실천이 계몽운동과 결합되어 전개될 것임을 말해 준다.

12_ 문학가동맹의 결성과정은 이미 여러 연구자들에 의해 비교적 상세히 재구성되었으므로 여기서는 주요 사건 중심으로 간략히 언급했다. 해방직후 문학운동 조직의 건설과정에 대해서는 다음의 논저를 참고할 것. 권영민, 『해방직후의 민족문학운동연구』, 서울대학교출판부, 1986; 윤여탁, 「해방정국의 문학운동과 조직에 대한 연구」, 김윤식 외, 『해방공간의 문학운동과 문학의 현실인식』, 한울, 1989; 이우용, 「'문건'과 '프로문맹'의 문학운동론과 조직노선」, 이우용 편, 『해방공간의 문학연구1』, 태학사, 1990.

로써 문학부문에서 문화운동을 전개할 단일하고 통일적인 중앙조직 결성이 완료된다. 이와 비슷한 시기에 미술, 영화, 연극, 음악 등 다양한 예술단체와 학술원, 과학자동맹, 법학자동맹 등 여러 학술단체들이 속속 결성된다. 한편 문학가동맹은 문건협과 조선프롤레타리아예술연맹(프로예맹) 산하의 문화단체 통합을 촉진하기 위해 1946년 1월 8일에 김남천, 이원조, 권환, 한효 등을 위시한 다수의 문학인을 촉진위원으로 선정하여 활동하도록 한다. 그런 노력의 결과 변혁적 문화단체의 통일전선인 문련이 결성되기에 이른다. 이는 일찍이 임화가 제기한 문화통일전선론이 현실화된 것이다. 이로써 각 부문 조직이 결성되고 문련 산하로 집결함으로써 문화통일전선은 일단 수립되었다. 인민이 주인이 되는 문화, 즉 민주주의 민족문화를 실현하려는 문화대중화운동의 토대가 마련된 것이다. 1945년 8월 해방부터 1946년 2월 문련 결성까지 문화운동은 기본노선 수립과 더불어 통일전선 조직 건설에 집중되었던 셈이다.

문화운동은 중앙조직뿐만 아니라 각 지역과 직역에 하부조직이 마련되어야만 효과적으로 전개될 수 있다. 지역 및 직역 조직은 중앙조직이 인민에게 가까이 다가갈 수 있도록 하는 거점이자 문화대중화를 용이하게 실천할 수 있게 하는 매개이기 때문이다. 그러므로 통일적 지도조직의 건설 못지않게 지방, 직역 조직의 건설도 문화대중화를 실천하기 위해 간과할 수 없는 과제였다. 문건협은 본국 조직부나 산하 각 부문 본부가 산발적으로 전개해 온 지방 문학인과 동호인 조직화의 문제점을 점검하면서 통일적이고 일관된 조직화 방침으로 「지방조직에 대한 잠정적 조치 방침」[13]을 채택한다. 이 「잠정적 조치」는 모두 11개 항목으로 구성되어 있는데, 그 가운데 중요한 항목 여덟 가지를 요약하면 다음과 같다. 1) 지방에 거류하는 문건협 회원이나 동호인은 동지적 문화혼합집단을 만들 것, 2) 이 집단이 양적·질적으로 발

13_ 문건협, 「지방조직에 대한 잠정적 조치 방침」, 『문화전선』, 1945. 11. 15. 이 조치 방침은 1945년 9월 5일에 채택되었다. 이하 '잠정적 조치'.

전하면 부문별 집단으로 분화시킬 것, 3) 분화된 집단은 지구 내지 지방 협의연락기관을 만들 것, 4) 미분화 집단은 문건협의 지시를 받을 것, 5) 분화된 부문별 집단은 문건협 산하 동일 부문의 지시를 받을 것, 6) 지역 협의연락기관은 문건협의 지시를 받을 것, 7) 이 조직(집단 및 기관)은 독자적 활동을 함과 아울러 문건협의 출판물 배포, 대리, 연락기관이 될 것, 8) 이 조직은 문건협의 행동강령과 문화활동의 기본방책을 따를 것. 이 가운데 앞의 세 가지는 지방 문화조직의 단계적 건설에 관한 방침이며, 뒤의 다섯 가지는 이런 조직에 대한 문건협의 지도에 관한 방침이다. 이 「잠정적 조치」에서 지방 문화조직 건설을 촉진함으로써 문화적 욕구를 가진 대중을 조직화함은 물론이고, 문건협이 지도기관의 역할을 함으로써 중앙과 지방을 아우르는 통일적 조직체를 만들려고 한 문건협 지도부의 의도를 읽을 수 있다. 문건협은 이를 효과적으로 수행하기 위해 지방, 직역에 기관지 『문화전선』의 통신원 제도를 계획하기도 했다.[14] 그들을 통해 지방, 직역의 '문화적 사건'을 접수하고 전파함으로써 지방, 직역 조직 건설을 촉진하고자 했던 것이다.

「잠정적 조치」에서 알 수 있듯이 지방조직 건설의 필요성과 방침은 일찍부터 논의되었다. 그러나 이러한 논의가 곧바로 실천적 성과로 전화되지는 못했다. 문건협은 산하 각 부문 단체의 재조직화와 프로예맹과의 통합, 문련 결성 등 중앙조직 건설에 여념이 없었기 때문이다. 또한 "종래에 본국 조직부 또는 소속 각 본부에서 취한 지방 동지, 동호와의 연락과 조직방법이 산발적이나마 불가피한 임시적 조치"[15]라는 표현을 통해서 볼 때, 「잠정적 조치」를 결정하기 전부터 문건협이 지방 문화인과 연락을 취하고 있었고 조직화를 위해 노력했다는 것을 알 수 있다. 그러나 산발적 조직방법이 「잠정적 조치」 이후 통일적 형태로 전환되고 실행되었다면, 어느 정도의 가시적인 성과는 있어야 했다. 하지만 지방에 거류하는 회원이나 동호인이 문

14_ 문건협, 「지방 직역 통신원제도의 설정」, 『문화전선』, 1945. 11. 15.

15_ 문건협, 「지방조직에 대한 잠정적 조치 방침에 관하여」.

건협의 지도에 따라 지방 문화조직을 건설했다는 기록은 찾을 수 없다. 아울러 『문화전선』은 지속적으로 간행되지 못했으므로 통신원제도도 유명무실할 수밖에 없었다.

이러한 사정은 문학가동맹도 마찬가지였다. 조선문학동맹 합동총회에서 지방조직에 관한 토의가 있었다고 알려져 있다.[16] 그러나 그 논의가 그다지 큰 성과로 이어지지는 못했다. 다만 진주지부가 합동총회 직후에 결성[17]되었을 뿐, 지부 건설은 지지부진했다. 문학가동맹 지부가 건설되기 위해서는 우선 문학가동맹의 강령과 노선에 동의하는 문학자가 지방에 존재해야 하고, 그들이 지부를 건설하기 위한 실천을 전개해야 한다. 이런 조건이 구비되어야만 비로소 지부는 건설될 수 있을 것이다. 지부 건설 실적이 미미한 것은 이러한 조건이 제대로 갖추어지지 못했음을 증명한다. 문학가동맹이 결성된 지 반년이 지나도록 문화대중화운동이 제대로 전개될 수 없었던 결정적 이유는 바로 여기에 있었다. 이후 문학가동맹은 제3회 중앙집행위원회를 개최하고 지방조직 건설에 대한 결정을 내린다.[18] 이 「지방조직결정」은 지부의 명칭에서부터 강령, 규약, 회원의 자격요건, 조직구성, 활동방침, 본부와의 관계 등 지방조직 건설에 대해 상당히 세밀하게 규정하고 있다. 이에 따라 문학가동맹 서울지부가 결성된다.[19] 문학가동맹 본부는 "문

16_「조선문학동맹 결성」, 『해방일보』, 1945. 12. 15.

17_ 진주지부 결성일은 1945년 12월 20일이다. 결성 당시 위원장은 김병호, 서기장은 손풍산이었고, 위원으로 이일, 정태, 이석우, 남대우, 권병탁, 김성봉, 허광, 김오산, 정한섭, 장일영, 심규섭이 참가하였다. 이들은 조선문학동맹의 강령 가운데 '조선문학의 국제문학과의 제휴'를 제외한 '일본제국주의 잔재의 소탕, 봉건주의 잔재의 청산, 국수주의의 배격, 민족문학의 건설'을 강령으로 하였으며, 기관지 『문학신문』을 발간했다고 한다. 김용호 편, 『1947년판 예술연감』, 예술문화사, 1947. 5, 119-120면. 김병호와 손풍산은 프로문맹 결성 당시 동맹원으로 기록되어 있다. 「조선프롤레타리아문학동맹 결성」, 『예술운동』, 1945. 12, 125면. 진주지부가 구체적으로 어떤 활동을 전개했는지는 알기 어렵다. 본부가 해방 후 일 년이 지나서야 본격적으로 활동하기 시작했다는 점에 비추어 볼 때, 초기에는 그다지 활발한 활동을 한 것 같지는 않다. 김병호와 손풍산을 중심으로 한, 진보적 성향을 지닌 진주 문인들의 소집단이지 않았나 싶다. 진주지부를 비롯한 여러 지부의 실상에 대한 복원작업은 지역문학연구의 차원에서 꾸준히 이루어져야 할 것이다.

18_ 문학가동맹, 「지방조직에 대하여-제3회 중앙집행위원회 결정」, 『문학』, 1946. 7, 이하 '지방조직결정'.

19_ 결성일은 1946년 8월 10일이다. 결성대회에서 김기림이 위원장으로, 조벽암, 박노갑, 허준이 부위원장으로, 계용묵 외 46명이 집행위원으로 선출되었다. 또한 문화정세 보고와 서클운동, 사업계획 등 당면 문제 등에 대한 토

학의 대중화를 급속히 촉진시키고자"[20] 하는 목적을 실현하기 위한 첫 결실인 서울지부 결성을 계기로 중앙집행위원회와 지방 사무만 담당하고 나머지 사업, 특히 문학대중화사업은 서울지부가 맡도록 결정한다. 그러니까 문학가동맹은 문화대중화운동이 제2기로 접어드는 1946년 8월에 이르러서야 거주 동맹원이 가장 많은 서울에 간신히 문학대중화운동과 연관된, 그래서 사실상 첫 번째 지부라고 할 수 있는 서울지부를 건설한 것이다.

그런데 운동 노선 수립과 조직 건설은 문화운동을 본격적으로 전개하기 위한 토대를 마련하는 일이다. 그렇기 때문에 엄밀히 말해 이런 일련의 과정을 두고 문화운동이라 할 수는 없다. 그러면 이 시기에 문화대중화를 위한 구체적 논의와 실천은 없는가? 계몽운동론과 계몽적 실천이 그에 대한 대답이 될 수 있을 것이다. 해방기 문화운동은 문화대중화운동의 형태로 전개되었으며, 문화대중화운동은 계몽운동적 성격을 강하게 지니고 있다. 인민을 새 국가의 주인으로 세우기 위해서는 8할에 달하는 문맹을 퇴치하고, 그들의 의식을 발전시킬 필요가 있었다. 또한 문화로부터 동떨어져 있는 인민에게 단지 문화를 가져다주는 것에 그치지 않고, 그들이 문화의 감상자와 창조자가 될 조건을 갖추도록 해야 했다. 이 지점에서 문화대중화운동은 계몽운동과 만난다.

문화운동이 계몽운동과 결합되어야 한다는 주장은 일찍부터 제기되었다. 김남천은 「문학의 교육적 임무」[21]에서 "새로운 문학의 건설에 있어서 가장 시급하고도 또 중요한 문제 중의 하나"로 문학의 교육적 임무를 제시한 바 있다. 그에 의하면, 문맹정책, 조선문화 말살정책 등 일제의 문화교육정

의가 있었다. 「문맹 서울지부 결성대회 성황-위원장에 김기림 씨 피선」, 『현대일보』, 1946. 8. 11. 그 뒤 내부 논의를 거쳐 결정된 서기국 부서에는 서기장에 김영석, 총무부장에 이근영, 조직부장에 배호, 선전부장에 이용악, 사업부장에 김상원, 출판부장에 지봉문이 인선되었다. 또한 시부위원장으로 김광균, 위원으로 임원호 외 14명이, 소설부위원장으로 현덕, 위원으로 계용묵 외 14명이, 평론부위원장으로 임화, 위원으로 이원조 외 8명이, 희곡부위원장으로 함세덕, 위원으로 이서향 외 5명이 각각 인선되었다. 「문학가동맹 서울시지부 부서」, 『현대일보』, 1946. 8. 21.

20_ 「문학가동맹 서울시지부 부서」, 『현대일보』, 1946. 8. 21.

21_ 김남천, 「문학의 교육적 임무」, 『문화전선』, 1945. 11. 15.

책의 잔재를 소탕하는 계몽운동이 이루어져야만 새로운 문학건설이 가능하기 때문이다. 따라서 김남천은 "종래의 문학이나 문학자들처럼 고답적이고 고립적인 데서 떠나서 어떻게 해서든 간 대중의 가운데로 문학을 가지고 들어가려고 노력하는 한편, 이들을 깨우치고 이끌기 위하여 문학적인 모든 활동을 이 문맹 퇴치와 대중계몽사업에 종속시킬 의무가 있다"라고 주장하면서 문학대중화운동과 계몽운동을 연관 지었다. 그 후 권환은 문학자대회 보고 연설에서 농민문학운동을 계몽운동의 일익으로 보고, 이를 활발히 전개함으로써 궁극적으로 농민 자신이 농민문학을 창조할 수 있도록 해야 한다고 주장한다.[22] 이원조 역시 보고 연설에서 민족 전체가 향유하는 민족문학의 수립을 기도한다면 먼저 인민대중 속에 지반을 마련해야 하는데, 그 방법이 계몽운동에의 참가라고 주장한다. 그러므로 계몽운동을 통해 "인민대중이 좋은 문학작품을 잘 이해하도록 친절한 방조자가 되며 해설자가 되어야 할 것"이며, "남을 계몽하는 동시에 우리 자신을 계몽시켜 창작방법의 정당한 이해와 민족문학이론의 확립으로써 우리 문학의 더 높은 향상과 발전을 기하지 않으면 안 될 것"이라는 것이 그의 주장의 핵심이다.[23]

문학인이 조직적으로 계몽운동에 참가해야 한다는 이들의 논리는 충분히 수긍할 만하다. 문제는 어떻게 계몽운동에 참가하고, 그것을 실천할 수 있는가 하는 것이다. 그러나 이들의 논의는 원론적 차원의 문제제기이기 때문에 계몽운동의 구체적 실천방법에 대한 언급은 찾을 수 없다. 이에 대해서는 김오성과 김기림이 문학자대회 보고 연설을 통해 구체적으로 논의한

22_ 권환, 「조선 농민문학의 기본 방향」, 문학가동맹 서기국 편, 『건설기의 조선문학』, 백양당, 1946. 6, 95면.

23_ 이원조, 「조선문학비평에 관한 보고」, 같은 책, 52-53면. 이원조가 민중계몽과 자기계몽을 동시적으로 수행해야 한다고 주장한 점은 이채롭다. 흔히 계몽운동이라 했을 때, 지식인에 의한 민중계몽으로만 한정 짓기 쉽기 때문이다. 이때 민중은 다만 계몽되어야 할 존재로만 대상화된다. 그러나 진정한 계몽은 계몽의 주체와 대상이 상호대등적이고 쌍방향적인 관계를 형성할 때 가능해진다. 하지만 이원조의 '계몽' 개념은 여기까지 나아가지 못했다. 그가 말한 두 번째 계몽은 그야말로 지식인의 '자기' 계몽이기 때문이다. 이러한 '일방적 계몽' 관은 문학가동맹 내에서 9월 총파업과 10월 항쟁이 있기까지 지배적이었다. 다만 연안 체험을 했던 김태준만은 예외적으로 변증법적 계몽관을 지니고 있었다.

다. 김오성은 문맹 퇴치의 구체적 방법으로 조선어문을 연구하고 보급 기관과 연계하여 교재 편찬, 계몽적 문서 간행에 노력하는 한편, 대중 속에 시의 적절한 인쇄물을 침투 보급하고, 방학을 이용하여 학생들을 재교육시켜 동원하며, 계몽부대를 양성해서 대중 속에 보내는 노력이 필요하다고 주장한다.[24] 문학자가 직접 근로대중 속으로 들어가서 계몽운동을 전개함은 물론이다. 그런 다음 김오성은 계몽운동을 신인문학자 육성 문제와 결부시켜 논의한다. 그가 제시하는 신인 육성 방법은 문학자의 문학서클 지도, 전담교육기관 창설 및 일반 교육프로그램 운영, 사숙, 상금 및 장려금제도 마련, 신인추천제 활성화이다.[25] 계몽운동과 신인 육성은 문학자의 개인적인 차원보다는 문학가동맹이라는 조직을 통해 이루어질 수 있다. 김오성이 이 글을 문학자대회에서 보고하였고, 문학가동맹이 문학운동단체임을 분명히 한 것은 이 점을 염두에 두었기 때문이다. 김기림도 계몽운동을 전개하기 위한 방책을 제시한다. 그것은 계몽운동본부와 계몽학생대의 설치와 활동이다.[26] 즉 그의 계획은 계몽운동본부를 설치함으로써 정기적으로 지방에 동맹원을 파견하고, 파견된 동맹원이 지부 및 기타 단체와 연계하여 지방계몽운동을 전개하는 것이다. 또 하나는 계몽학생대를 조직하여 방학 동안 지방계몽운동에 종사케 하는 것이다. 김기림의 계몽운동 실천론은 상당히 치밀[27]하기는 했으나 조직적 역량이 미약해 실현 가능성이 별로 없었고, 해방 정국의 혼란 속에서 차분히 전개되지 못했다.

그렇다면 문학가동맹의 계몽운동[28]은 실제로 어떻게 전개되었을까? 앞서

24_ 김오성, 「계몽운동의 전개와 신인의 육성」, 『건설기의 조선문학』, 179-180면.

25_ 김오성, 같은 글, 188-191면.

26_ 김기림, 「계몽운동 전개에 대한 의견」, 같은 책, 192-193면.

27_ 구체적으로는 매월 1천 명의 맹원을 지방으로 파견하여 1백 명의 보조자를 얻고, 1명의 보조자가 한 달 동안 60명씩 교도함으로써 월 6천 명을 교도하여 연 7만 2천 명을 문맹으로부터 탈출시키며, 계몽운동본부의 지도 아래 전문대생 6천 명과 중등학교 생도 5만 4천 명이 하기, 동기 방학을 이용하여 매년 4백만을 계몽함으로써 5년 내에 문맹을 일소한다는 것이다.

28_ 해방기 계몽운동은 민주주의 민족전선(민전) 차원에서도 모색되었다. 민전 선전부는 애국운동을 일으키고 민주

살펴본 바와 같이 김오성은 신인 육성의 한 방법으로 일반 교육프로그램[29]을 운영할 것을 주장한 바 있다. 이러한 프로그램은 대중과의 접촉 기회를 확대하는 것으로 신인 육성뿐만 아니라 문학을 통한 대중계몽에도 효과적일 것으로 보았기 때문이다. 문학가동맹이 결성된 이후 1946년 3월까지 개최한 세 번의 문예강연회[30]와 '수해구제 문예강연회'[31], 시부위원회가 개최한 '시의 밤'[32]과 '제1회 현대시강좌'[33] 등을 비롯한 각종 기념 문화행사가 이러한 성과에 해당될 것이다. 또한 문학가동맹은 『문학』 창간호에 수록된 사업보고에서 "문학의 인민적 기초의 확립을 위한 대중활동"으로서 "공장, 사회, 은행, 농촌 등 각 직역에 맹우회를 조직시키어 문학의 연구와 문예의 습득을 조장하는 활동을 적극적으로 전개 중이다"[34]라고 적고 있다. 아울러 이 보고는 『문학』, 『삼일기념시집』, 『건설기의 조선문학』의 간행 및 배포를 언급하고 있다.[35] 이렇게 열거하고 보면 대중계몽의 차원에서 전개한 활동은 풍성한 듯 보인다. 그러나 몇 차례의 강연회나 문화행사가 대중화의 효과를

주의를 이해, 보급시킨다는 목표하에 다양한 계몽사업을 준비하였다. 전자에 해당되는 사업은 애국가, 민전행진곡 등을 선전 보급하는 것, 시나리오 각본을 공모하여 애국적 영화와 연극을 인민대중에게 보여 주는 것이고, 후자에 해당하는 사업은 대중계몽용 『민주주의독본』, 민전 결성대회 결정서, 『민주주의연구』 등의 단행본을 발행하고, 선전대를 지방에 파견하여 강연회, 강습회, 강좌 등을 개최하는 것이다. 「대중계몽운동-'민전' 선전부서 활동 개시」, 『해방일보』, 1946. 3. 3. 민전 선전부가 전개한 계몽사업도 문화운동과 긴밀한 연관성을 지니고 있음을 알 수 있다. 선전부장이 김오성이었고, 차장이 김기림, 이원조였다는 사실을 상기하면 충분히 가능한 일이다. 이 밖에도 이태준과 김태준이 각각 문화부장과 차장이었고, 임화가 기획차장이었으니 민전이 문화를 매개로 한 계몽운동을 모색한 것은 자연스럽다.

29_ 정규 교육기관의 교육과정 외에서 이루어지는 문학강좌, 강습회, 강연회, 기타 문학적 회합을 말한다.

30_ 문학가동맹 서기국, 「조선문학가동맹 운동 사업 개황 보고」, 『문학』, 1946. 7, 149-150면.

31_ 수재민 구제를 목적으로 한 이 행사는 1946년 7월 1일에 개최되었고, 문학강연, 시 낭독 등으로 구성되었다. 「수해구제 문예강연회」, 『독립신보』, 1946. 7. 1.

32_ 이 행사는 문학가동맹 시부위원회와 '시인의 집' 공동주최로 1946년 4월 20일에 개최되었다. 주요 프로그램은 고인시, 외국시, 자작시 낭독, 시 강연 등이었다. 「시의 밤」, 『현대일보』, 1946. 4. 20.

33_ 이 역시 문학가동맹 시부위원회와 '시인의 집' 공동주최로 개최된 행사이다. 애초 이 행사는 70명 정원으로 5월 6일부터 12일까지 시인의 집에서 열릴 예정이었으나 장소 문제로 연기되었다가 6월 5일부터 10일까지 국립도서관에서 100여 명의 청강생이 참석한 가운데 거행된다. 「제1회 현대시강좌」, 『현대일보』, 1946. 4. 29; 「근고」, 『현대일보』, 1946. 5. 7; 「현대시강좌 성황리 폐막」, 『현대일보』, 1946. 6. 11.

34_ 문학가동맹 서기국, 「조선문학가동맹 운동 사업 개황 보고」, 151면.

35_ 문학가동맹 서기국, 『문학』, 1946. 7; 문학가동맹 시부위원회 편, 『삼일기념시집』, 건설출판사, 1946. 3; 문학가동맹 서기국 편, 『건설기의 조선문학』, 백양당, 1946. 6.

얼마나 산출했는지는 의문이다. 서울 중심으로 개최된 이런 행사에는 인텔리계층이나 문학청년들이 청중의 대다수를 차지했을 가능성이 크기 때문이다. 맹우회에 관한 보고는 한 문장 정도의, 그야말로 개황적인 보고에 그쳤는데, 이는 실상 맹우회 조직사업이 그다지 활성화되지 못했기 때문이 아니었을까 한다. 또한 몇 권의 간행물로 대중화 활동을 전개하기엔 역부족이었을 것이다. 문화대중화운동 제1기의 조직적 실천으로 제기된 계몽운동은 무성한 담론에도 불구하고, 그다지 주목할 만한 성과를 낳지는 못했다.

┌ 운동의 방향전환과 조직사업의 다층적 전개

임화는 민족문화건설 전국회의(1946. 4. 19.)의 보고연설에서 해방 후 여러 차례의 논의를 거쳐 일제잔재 청산, 봉건잔재 청산, 국수주의 배격 등 민족문화 건설의 세 가지 원칙이 수립되었다고 전제하고, 이제 문화운동은 "추상적인 논의로부터 구체적인 실천으로 전이해야 할 계단"[36]에 직면해 있다고 천명한다. 1946년 4월이라면 문화운동의 목표와 기본노선 등에 대한 원론적 논의가 충분히 이루어졌을 뿐 아니라 각 방면의 문화단체 결성 및 문련과 같은 문화통일전선 결성이 마무리되었기 때문에 문화운동을 본격적으로 전개할 시점이었다. 문학가동맹으로서도 문련과 민전에 참가함으로써 전체운동의 일익적 임무를 담당하고, 다른 단체와의 연대 투쟁을 전개할 준비가 완료된 상태였다. 게다가 모스크바 삼상회의 결과에 대한 수용 여부를 둘러싸고 찬탁 대 반탁 세력의 대립이 점점 더 격화되고, 정판사 사건이 대표하듯이 변혁세력에 대한 미군정과 친일-매판세력의 탄압이 가중되고 있던 시기였다. 이런 상황은 문화운동 주체들에게 이론적 논의보다는 현실적

36_ 임화, 「조선에 있어 예술적 발전의 새로운 가능성에 관하여」, 『문학』, 1946. 7; 『임화전집5』, 438면.

실천을 요구하고 있었다. 임화의 주장은 이러한 당대적 맥락 속에서 제기된 것이었다. 따라서 임화의 보고연설은 문화운동의 새로운 단계로의 전환을 대내외에 선언한 것이라 할 수 있다.

김남천의 「민족문화 건설의 태세 정비」[37]는 임화의 방향전환론을 심화 발전시킨 논의이자 문화대중화운동의 새로운 전개를 위한 토대를 마련한 글이다. 김남천은 이 글에서 해방 후 일 년 동안의 문화운동이 자발적이고 자주적인 전개, 통일적 기본노선 수립, 조직적 통일태세 확립 등 세 단계를 거쳐 왔다고 평가하고, 이제 문화운동은 이것을 토대로 하여 "거대한 전환"[38]을 해야 할 시기에 이르렀다고 주장한다. 김남천의 방향전환론은 임화의 그것과 마찬가지로 문화운동이 주체적 역량을 갖추었다는 판단에서 비롯된 것이지만, 다른 한편으로는 당대 변혁운동의 전술변화에 보조를 맞춘 것이기도 했다. 조선공산당은 1946년 5월 미소공위의 결렬에 당면하여 합법적인 투쟁에서 비합 내지 반합 투쟁으로의 전환을 골자로 하는 7월 신전술을 채택하게 되는데, 이로 인해 일반 대중에 대한 선전선동의 중요성이 더욱 부각되었다. 이에 따라 문화운동에서도 대중화운동의 중요성이 한층 부각되기에 이른다. 임화와 마찬가지로 김남천의 방향전환론은 이런 맥락에서 제기된 것이다. 그는 이러한 시점에서 문화인은 "문화를 인민 대중의 가운데로 가지고 들어가기 위한 구체적 실천과 활동의 전개"[39]를 위한 계획을 수립하고 실천해야 한다고 주장한다. 이런 주장에서 김남천이 해방 후 일

37_ 김남천, 「민족문화 건설의 태세 정비」, 『신천지』, 1946. 8.

38_ 김남천, 같은 글, 134면. 김영석 역시 비슷한 시기에 "8 · 15 일주년이 가까워오면서 문학 내지 문학운동은 질로나 양으로나 한 단계 올라서지 않을 수 없는 입장에 도달"했다고 보고, 문학자들이 "민주주의 민족문학의 제2년"을 맞이하여 사상적 치열성과 예술적 열정을 가지고 문화대중화운동을 전개할 것을 주문한다. 김영석, 「문단 일 년간의 업적」, 『중외신보』, 1946. 8. 15-8. 19.

39_ 김남천, 같은 글, 134면. 김남천은 문화운동의 방향을 이렇게 제시해 놓고, 그 다음 문장을 "앞으로의 운동은 이 방향 위에서 전개될 것이다"라고 서술하고 있다. 주목할 만한 사실은 서술부가 "전개되어야 할 것이다"가 아니라 "전개될 것이다"란 점이다. "전개되어야 할 것이다"는 주장의 피력일 뿐이지만, "전개될 것이다"는 확정된 사실의 선포다. 그러니까 "전개될 것이다"는 "전개되어야 할 것이다"의 다음 단계에서야 가능한 표현이다. 그런 점에서 이 글은 문화운동의 방향전환에 대한 내부적인 논의와 합의가 이루어진 상황에서 집필된 것임을 알 수 있다. 해방기 문화운동의 주요 문건들은 이런 과정을 거쳐서 나온 것일 터이다.

년 동안의 문화운동은 본격적인 문화운동을 전개하기 위한 준비단계였으며, 이제부터 문화운동은 문화대중화를 중심으로 전개되어야 한다고 판단했음을 읽을 수 있다.

문학가동맹은 1946년 9월에 제2회 대회를 개최할 예정이었으나 9월 총파업과 10월 항쟁에 따른 정세의 악조건으로 인해 결국 제8회 중앙집행위원회(1946. 11. 8.)로 대회를 대신하게 된다. 그리고 중앙집행위원회는 서기국이 제출한 「문학운동의 대중화와 창조적 활동의 전개에 관한 결정서」[40]를 동맹의 새로운 운동방침으로 채택한다. 「중앙 결정서」는 정세 악화로 인한 문학운동의 위기상황과 그에 대한 투쟁의 촉구, 문학가동맹의 결함에 대한 비판과 새로운 전진을 위한 방안 제시 등 총 12개 항목으로 구성되어 있다. 「중앙 결정서」는 문학가동맹의 중대한 결함으로 무엇보다 '비대중성'을 지적한다. 그간 김남천, 김영석 등 여러 문학인들이 문화대중화운동론을 제출한 바 있다. 그럼에도 문학가동맹이 비대중적이란 지적은 그만큼 대중화를 위한 활동이 미미하기 짝이 없었음을 증명한다. 「중앙 결정서」는 문학가동맹의 비대중성을 극복하기 위한 방안으로 동맹의 문호 개방, 지부나 그에 준한 집단 건설, 지부를 거점으로 한 계몽운동과 문학서클 조직화, 전문위원회와 특수위원회 활동의 촉진을 통한 동맹원의 창작 원조, 중앙 및 지부 기관지 간행과 각종 출판물 간행 활성화 등 다섯 가지를 지적한다. 이 가운데 첫 번째는 조직을 대중화해야 한다는 논리이며, 그만큼 문학가동맹이 전문 문학인만의 폐쇄적인 조직이었음에 대한 반성의 의미를 담고 있다. 나머지는 이미 문건협 시대에 제기되었던 주장이다. 그것이 다시 반복된다는 것은 아직도 이러한 방면의 실천이 제대로 이루어지지 않았다는 것을 말해 준다. 실제로 이 무렵에 건설된 지부는 진주지부와 서울지부뿐이었고, 계몽운

40_ 결정서 전문은 『예술통신』(1946. 11. 12-11. 14.)에 게재되며, 이후 『문학』(1947. 4.)에 재수록된다. 그동안 대중화문제에 관한 논의는 김영석과 김남천이 전담하다시피 했다. 또한 김영석은 이 무렵 문학가동맹 서울지부의 서기장이자 문학대중화운동위원회 위원장이었으며, 김남천은 이 회의를 거치면서 본부 서기장으로 취임한다. 따라서 이 결정서 초안은 김영석이나 김남천에 의해 작성되었을 가능성이 매우 높다. 이하 '중앙 결정서'.

동과 문학서클운동에 대한 보고는 없으며, 기관지나 출판물 간행도 매우 제한적이었다. 이렇게 본다면 「중앙 결정서」는 이전부터 제기된 과제를 종합한 것이자 문학대중화운동의 구체적 전개를 위한 총론적 제시라는 성격을 지닌다.

이 회의에서 논의된 또 하나의 주요 안건이 조직 개편이다. 문학가동맹은 논의 결과 다음의 두 가지 조치를 단행한다.[41] 우선 월북으로 인해 공석이 된 지도부를 재편한다. 월북한 이기영, 한설야 대신 이병기를 부위원장으로 보선하였고, 중앙집행위원 윤기정, 한효, 이동규, 박세영, 안함광을 양주동, 염상섭, 조운, 채만식, 박아지, 박태원, 박노갑으로 대체하였으며, 김태준 대신 양주동을 평론부위원장으로, 공석이던 외국문학부위원장에 설정식을 인선하였다. 이는 조직을 내실화하고 문학운동을 실질적으로 전개하기 위한 조치였다. 또한 서기국을 강화했다. 문학가동맹 결성 당시의 서기국 체제는 서기장(이원조)[42], 총무부(김광균, 박찬일), 조직출판부(홍구)였는데, 새로운 서기국은 서기장(김남천), 제2서기장(홍구), 총무부(부장: 홍구), 조직부(부장: 배호, 부원: 김만선), 출판부(부장: 현덕, 부원: 이주홍)로 개편되었다. 변화된 것은 제2서기장이 신설되었고, 인원이 보강되었으며, 조직부와 출판부가 분리되었다는 점이다. 제2서기장을 두고 부서원을 보강한 것은 동맹의 활동력을 신장시키기 위함이다. 서기국이 동맹 활동의 실질적 중심이었기 때문이다. 조직부와 출판부를 분리한 것은 대중화운동을 강화하기 위함이다. 지부 건설과 문학서클 조직 사업은 조직부가 전담하고, 기관지와 출판물 사업은 출판부가 전담하게 함으로써 좀 더 전문적이고 내실 있게 대중화운동을 전개할 수 있기 때문이다.

41_「문맹 중앙위원회-문학운동결정서 등 발표」, 『예술통신』, 1946. 11. 11.

42_1945년 12월부터 1946년 11월의 중앙집행위원회 개최 직전까지 서기장은 '이원조 한효 권환 이원조'의 순서로 변화한다. 이원조가 처음 서기장을 맡은 것은 문건과 프로문맹이 합동할 당시이며, 곧바로 한효로 교체되었다가 문학자대회에서 권환으로 바뀐다. 그 뒤 1946년 6월경부터 다시 이원조가 서기장을 맡게 된다. 윤여탁, 「해방정국의 문학운동과 조직에 대한 연구」, 57면 참고.

문학가동맹 본부 서기국은 제10회 중앙집행위원회(1947. 4. 17.)를 거치며 한 차례 더 개편된다.[43] 서기국의 개편은 서기장 김남천과 제2서기장 홍구의 사표 제출로 인한 것이다. 개편된 서기국 진용을 살펴보면 우선 박태원이 서기장으로 선임된다. 또한 총무부장에 박태원, 부원에 박찬일, 조직부장에 홍구, 부원에 조벽암, 박찬일, 출판부장에 현덕, 부위원에 김만선, 김상훈으로 개편된다. 1차 개편과 비교할 때, 조직부와 출판부 임원을 개편하면서 부원을 한 명씩 더 보강했음을 알 수 있다. 이는 조직사업과 출판사업에 더욱 박차를 가하려는 조치로 보인다. 이 무렵 문학가동맹은 정당과 대중단체의 각급 당부의 문화부 설치, 문학가동맹 지부 건설, 문화서클 조직 등 조직사업과 기관지 및 출판물 간행 사업에 총력을 기울이고 있었다. 조직부와 출판부 강화는 이러한 사업을 좀 더 원활히 수행하기 위한 방안으로 이해할 수 있다.

김남천은 1947년 7월 무렵 문학가동맹은 회원수 3천5백 명이 넘고, 문학서클 동호인은 3만 명에 달한다고 밝힌다.[44] 그러나 그는 여기에 만족해서는 안 되며, 문련의 문화운동 종사자 20만 명 확보운동에 발맞추어 회원수를 열 배로 늘리고 조직 확대 사업에도 힘써야 한다고 주장한다. 아울러 이를 위해 도문련을 거점으로 도내 중요 군읍에 동맹 지부를 조직하는 사업을 적극 추진해야 한다고 지적한다. 김남천은 이를 "조직 확대, 맹원 십배가 운동"[45]이라 명명한다. 이런 사업을 성공적으로 추진하기 위해서는 강력하고 실천적인 지도부가 필요할 것이다. 김남천은 그 방책으로 중앙위원회 재편과 상임위원회 신설, 서기국 강화책을 강구해야 한다고 본다. 이러한 그의 주장은 곧바로 동맹 확대위원회(1947. 7. 9.)로 현실화된다.[46] 이 무렵에는

43_「문동 서기장에 박태원 씨 취임」, 『문화일보』, 1947. 4. 25.
44_ 김남천, 「공위 성공을 위한 투쟁-문학운동의 당면 임무」, 『문학』, 1947. 7, 6면.
45_ 김남천, 같은 글, 6면.
46_「문맹 제2차 확대위원회」, 『문화일보』, 1947. 7. 9.

다수의 지부가 결성되어 조직이 확대된 만큼 기존의 중앙집행위원회로는 실질적인 지도를 수행하기가 어려웠다. 기존의 중앙집행위원회가 확대된 형태의 이 위원회는 기존 중앙집행위원에 각 전문부 및 특수부 대표자, 서울 및 인천지부 책임자, 기타 활동력 있는 중견 맹원을 망라하여 구성되었다. 이로써 중앙과 지방을 아우르는 집단지도체제가 마련되었다. 그에 따라 본부와 지부의 관계를 긴밀히 하고, 조직적 활동을 더욱 강화할 수 있게 되었다. 또한 문학가동맹은 중앙위원회를 기존의 비상임 체제에서 상임 체제로 개편한다. 이는 동맹 활동을 기동력 있게 전개하기 위한 조치였다.

한편 문학가동맹 서울지부는 본부의 제8회 중앙집행위원회에 호응하여 문학대중화운동의 새로운 전개를 논의하기 위해 제5회 집행위원회(1946. 11. 23.)를 개최한다. 이 회의에서 논의된 안건은 위원 보선과 서기국 부서 개선, 문학대중화운동 전개방안 등으로 본부의 회의 안건과 동일하다. 그리고 서울지부는 「중앙 결정서」를 지지하는 동시에 그 결정을 적극 실천하기 위한 구체적 방침으로 결정서[47]를 채택한다. 이 「서울지부 결정서」는 대중화운동을 한 차원 높은 단계로 발전시킬 방안으로 문호 개방, 동맹원의 문화공작자화, 계몽운동과 문학서클운동의 전개, 창조적 활동을 위한 조직적 노력 등을 제시하고 있다. 이는 「중앙 결정서」의 결정을 전폭적으로 수용한 결과이다. 그런데 「서울지부 결정서」는 기존의 '서클위원회'를 확대 강화한 '문학대중화운동위원회'를 통해 문학서클운동을 구체적으로 전개하기로 한다는 점에서 원론적 차원에 그친 「중앙 결정서」의 논의에 비해 진일보한 면을 보여 준다. 특히 이 위원회의 활동내용으로 서클 조직기술 연구, 서클을 매개로 한 민주주의 정당 단체의 하부조직과의 결합 문제 연구와 그것을 실행하기 위해 정당 단체 문화부와의 연락, 서클원과 일반대중 계몽을 위한 문학작품 생산 계획의 작성과 실행, 서클원과 일반대중에 대한 문학적 지도를

47_「문학을 대중 속에-문맹 서울지부 결정서 전문」, 『예술통신』, 1946. 11. 29-11. 30. 이하 '서울지부 결정서'.

위한 교재 작성과 지도계획 수립 및 교사단 편성, 동맹원의 문화공작자로서의 재교육을 위한 계획의 작성과 실행, 기관지와 간행물 배포망 확보와 통신원제도의 확립, 정치적·문화적 자유를 위한 민주주의 정당 단체와의 공통투쟁 등의 일곱 가지를 제시하고 있다. 이를 통해 서울지부가 문학서클운동에 대해 상당히 구체적이고 치밀한 계획을 수립했음을 알 수 있다.

서울지부는 이러한 결정사항을 효과적으로 실천하기 위해 조직 개편을 단행한다.[48] 우선 염상섭, 홍효민, 강형구, 이병기, 조남령, 이주홍, 임선규를 집행위원으로 보선하여 지도부를 강화하며, 서기국을 총무부(부장: 강형구, 부원: 임원호), 조직부(부장: 이용악, 부원: 박영준, 이병철), 선전부(부장: 김용호, 부원: 김철수), 사업부(부장: 김상원, 부원: 오장환, 김광현), 출판부(부장: 지봉문, 부원: 정인섭, 홍구)로 개선한다. 또한 김영석을 위원장으로 하여 문학대중화운동위원회를 구성한다.[49] 이러한 조직 개편에서 다음의 두 가지 사실을 알 수 있다. 우선 개선된 서기국은 신인들이 주를 이루고 있어 질적인 측면에서 다소 떨어지기는 하지만 양적인 측면에서는 본부를 훨씬 능가하고 있다. 신인들이 대거 서기국에 포진했다는 것은 그만큼 서울지부가 대중화운동과 연관하여 신인 육성에 노력한 성과이다. 또한 서클위원회가 문학대중화운동위원회로 확대 개편되고 맹원들이 대거 위원으로 참여한 점은 서울지부가 대중화운동의 전개에 얼마나 열중했는지를 보여 준다. 문학대중화위원회는 개편 후 곧바로 제1회 회의(1946. 12. 2.)를 개최하여 동맹원의 문화공작자 교육 방침을 토의하고, 위원을 동원하여 다수의 문학애호가를 육성할 것을 결의한다.[50]

문학가동맹 본부는 서울지부를 건설한 후 중앙집행위원회(1946. 8. 30.)를 개최하여 지부 건설에 더욱 박차를 가하고자 결의하였으나, 그 후로도 지부

48_「문학가동맹 서울지부 각 부서를 확대 강화」, 『예술통신』, 1946. 11. 28.

49_ 총 30명으로 구성된 위원의 명단은 다음과 같다. 강형구, 김남천, 김광균, 김만선, 김용호, 김철수, 김광현, 김기림, 나선영, 노천명, 박노갑, 박찬모, 변두갑, 배호, 설정식, 안회남, 오장환, 윤태웅, 이명선, 이봉구, 이용악, 이병철, 임원호, 조허림, 조벽암, 조남령, 함세덕, 현덕, 홍구, 홍효민.

50_「문학대중화운동 드디어 본격 진발-문맹 서울지부」, 『예술통신』, 1946. 12. 9.

건설 사업은 별다른 실적이 없었다. 6개월여가 지난 1947년 1월 무렵 김남천은 문화단체의 조직적 태세를 "지극히 한심한 상태"[51]라고 비판한다. 문학운동이 전국적으로 전개되기 위해서는 반드시 중요지역에 지부를 건설할 필요가 있었다. 그러나 지부는 몇 개 되지 않았고, 그나마 서울지부를 제외하고는 이름뿐인 지부였다. 김남천은 바로 이 점을 지적한 것이다. 이후 동맹 본부는 지부 건설 사업에 총력전을 펼친다. 그 결과 1947년 6월까지 전국 주요 도시에 지부가 속속 건설된다. 그리하여 문학가동맹은 1947년 6월 30일 현재 14개의 지부를 건설하고, 3,839명의 맹원을 확보하기에 이른다.[52]

문화대중화운동 제2기로 접어든 문학가동맹은 본부를 강화하고 지부를 건설하는 조직사업을 맹렬히 추진함으로써 대중화 실천을 위한 토대를 더욱 굳건히 하는 한편, 대중화의 구체적 실천으로서 제1기에는 주로 논의만 거듭했던 문화서클 조직, 출판물과 기관지 간행 및 배포, 대중과의 직접적 접촉 등의 조직적 차원의 활동을 실질적으로 전개하기 위해 노력한다. "지부는 문화인의 다리요, 문화는 무기며, 그것을 전달하는 기관지나 간행물, 이동공작대는 문화의 팔이다"[53]라는 표현에서 알 수 있듯이 이 모든 것은 상호 긴밀히 연관된 것이다. 문화서클운동, 기관지 및 출판물 사업, 이동공작대 활동의 순서로 제2기 대중화운동의 실천적 전개양상을 구체적으로 살펴보기로 한다.

문화서클운동론은 제2기 문화대중화운동의 구체적 실천론으로 제기된 것이다. 사실 문화서클은 앞서 살펴보았듯이 해방 직후 문건협에 의해 '문

51_ 김남천, 「신단계에 처한 문화운동-대중화공작의 구체적 전개를 위하여」, 『자유신문』, 1947. 1. 4-1. 16(4. 5).

52_ 지부 및 지부별 인원 현황은 다음과 같다. 서울지부 1,795명, 인천지부 270명, 부산지부 284명, 진주지부 159명, 마산지부 138명, 대구지부 278명, 하동지부 56명, 광주지부 127명, 목포지부 90명, 대전지부 163명, 전주지부 141명, 춘천지부 130명, 강릉지부 125명, 원주지부 83명. 「커가는 문학가동맹-14지부에 맹원 3,839명」, 『문화일보』, 1947. 7. 8. 이 가운데 당대 자료를 통해 결성일을 확인할 수 있는 지부는 진주지부(1945. 12. 20.), 서울지부(1946. 8. 10.), 마산지부(1947. 5. 18.), 대구지부(1947. 6. 16.) 등이다. 앞서 언급했듯이 이들 지부의 결성 과정과 활동상의 복원은 문학사적 과제이다.

53_ 이수인, 「예술대중화의 신방향」, 『예술통신』, 1947. 1. 31-2. 3(1. 31).

화집단'으로, 문학가동맹에 의해 '맹우회'로 지칭되면서 문화대중화운동의 구체적 실천방침의 하나로 제시된 바 있다. 문화서클과 같은 소모임이야말로 "예술가 양성의 온상인 동시에 우리의 정치노선을 삼투시키는 한 개의 말단기관"[54], 좀 더 구체적으로 말해 "전문적 문화운동과 대중의 자주적 문화활동이 결합하는 '고리', 문화운동과 정치운동이 결합하는 '고리', 대중으로부터의 문화적 일꾼과 정치적 일꾼이 무한히 쏟아져 나올 저수지로서의 '고리'"[55]로서 중요한 역할을 담당한다는 인식이 일찍부터 보편화되어 있었기 때문이다. 그러나 문화서클운동은 해방 후 일 년 동안 당위적 차원에서 논의만 되었을 뿐 실제적인 성과는 별로 없었다. 이에 대한 비판과 새로운 모색의 촉구가 제2기 문화대중화운동의 출발점에서 김영석에 의해 제기된다. 김영석의 「문화서클의 성격」[56]은 해방 후 일 년간의 문화대중화운동을 자기비판하고, 대중화의 구체적 실천으로서 문화서클운동을 본격적으로 전개할 것을 제안한 글이다. 김영석은 이 글에서 문화 내지 문학서클이 전문가집단인 것처럼 해석하는 경향을 비판한다. 전문가의 '소그룹'과 일반대중의 '서클'은 분명이 다른 것인데, 이것이 혼동되고 있다는 것이다. 그렇다면 문화 내지 문학서클은 어떠한 모임인가? 그것은 "대중의 문화, 문학적 욕구를 충족시키고 대중의 문화, 문학적 수준을 향상시키는 대중 자신의 조직체"이며, 그 목적은 "대중의 계몽과 문화와 대중과의 조직적 연락"에 있다.[57] 김영석의 말처럼 문학자들만의 그룹으로는 대중과 결합할 효과적인 방안을 찾기 어려울 것이다. 김영석은 우선 창조해야 할 서클은 '문화서클'이고 이 문화서클에 문학자가 참여해야 한다는 것을 강조한다. 또한 그는 문화서클은 전문가집단이 아니므로 특정 이데올로기를 강제하는 것은 피해

54_ 김태준, 「민주주의와 문화」, 김계림 편, 『민주주의 12강』, 문우인서관, 1946. 10, 53면.
55_ 이수인, 「예술대중화의 신방향」, 1947. 2. 3.
56_ 김영석, 「문화서클의 성격-문학대중화운동을 위하여」, 『현대일보』, 1946. 8. 27-8. 28.
57_ 김영석, 같은 글, 1946. 8. 27.

야 하며, 회원도 전문가에 한정해서는 안 된다고 주장한다. 그렇게 된다면 서클은 와해될 것이기 때문이다. 물론 지도력을 발휘해야 할 필요는 있다. 따라서 문학자는 서클이 "신축성 있고 탄력성 있는 참으로 대중적, 자주적인 서클"[58]이 될 수 있도록 문화운동의 목표와 방향은 견지하되 그것을 일방적이고 노골적으로 강요하는 독선적 · 독재적 태도가 아니라 유연하게 관철될 수 있도록 해야 한다는 것이다. 또한 그는 문화서클의 지도 및 운영에서 서클의 오락적·위안적 기능을 염두에 두어야 하며, 자생적 문화소집단을 문화서클로 전환하는 문제, 반동서클의 자주화 방법 등을 고민해야 한다고 주장한다. 그는 이런 문제는 문화서클운동에 참가하는 문학자들의 실천적 경험과 창의적 노력을 통해 해결될 수 있다고 본다. 김태준도 문화대중화운동이 문화서클을 중심으로 전개되어야 한다고 보고 서클 조직화에 대해 논의한다. 김태준이 말하는 서클운동 전개 방법은 간단히 말해 "대중 속에 들어가서 대중을 가르치며, 대중에게 배워야 할 것"[59]으로 요약할 수 있다. 여기서 대중계몽의 내용은 문맹퇴치, 민주주의에 대한 교육이며, 대중에게 배우는 것은 그들의 삶과 의식이다. 그는 그렇게 함으로써 작가가 소부르주아적 근성을 극복하고 진실로 인민적인 작가로 자기를 개조할 수 있다고 말한다. 김남천 역시 문화서클을 "대중단체의 조직적 저수지"[60]로 규정하고, 이 사업에 문화단체뿐만 아니라 대중단체도 적극적으로 참가해야 한다고 주장한다. 대중단체의 조직적 과제가 "다수자 획득"인 만큼 문화서클은 다수자 획득의 한 수단일 수 있다는 것이다.

문화서클운동이 실질적 성과를 얻기 위해서는 그것을 담당할 주체가 필요하다. 이른바 '문화공작자'의 확보 문제는 문화서클운동이 성과를 얻기 위해 해결해야 할 과제였다. 문화공작자의 확보는 기성문학가의 훈련과 문

58_ 김영석, 「문화서클의 성격」, 1946. 8. 28.
59_ 김태준, 「민주주의와 문화」, 『민주주의 12강』, 54면.
60_ 김남천, 「신단계에 처한 문화운동」, 1947. 1. 5.

학애호가의 양성이라는 두 가지 방법을 통해 가능할 것이다. 김남천은 대중화운동을 전국적으로 전개하기 위해 다수의 문화공작자가 시급히 양성되어야 할 필요성을 역설하고, 기성문학가가 문화공작자로서 자기를 개조하는 것과 문화운동의 노선과 상황을 이해하고 대중의 실태를 파악하는 데 능한 조직기능자를 문화공작자로 양성하는 것을 방법으로 제시한다.[61] 그는 그와 아울러 문화노선과 문화운동의 실천을 알 것, 정치노선과 조직노선을 공부할 것, 조선 문화운동사에 대해 공부할 것, 소련, 중국, 일본의 문화운동사를 공부할 것, 문화이론, 나아가 문화감상안을 구비할 것, 조직자가 되기 위한 공작기술을 익힐 것 등 여섯 가지를 실천 방안으로 제시한다.[62] 김영석 역시 문학자가 문화공작자로 되는 방법으로 문학자의 인민과의 결합을 강조한다.[63] 그에 따르면, 문학자가 생활적 측면에서 인민대중과 결합해야만 비로소 진정한 문화공작자가 될 수 있고, 진정한 인민의 문학을 창조할 수 있기 때문이다.

문화서클운동이 실제로 어떻게 전개되었는지를 재구성하기란 매우 어렵다. 문화서클 사업의 실상이 조직선을 통해 보고된 바 없고, 신문이나 잡지를 통해 알려진 바도 거의 없기 때문이다. 다만 앞서 살펴보았듯이 김남천이 1947년 7월 무렵 전국의 문학서클 동호인이 3만 명이라고 한 점으로 미루어 볼 때, 문학 부문에서 어느 정도의 성과가 있었던 것만은 분명해 보인다. 게다가 순수한 문학서클은 아니더라도 혼종적인 형태의 문화서클도 다수 있었을 것으로 짐작된다. 그러나 이러한 문화서클이 모두 김영석이 말한 형태, 즉 문화공작자가 보이지 않게 지도력을 발휘하며 이끌어 가는 형태의 조직이었다고 보기는 어렵다. 조직적 차원은 물론 개인적 차원에서도 그렇게 할 수 있을 만큼 역량이 충분치 못했기 때문이다. 따라서 문화서클

61_ 김남천, 「대중화 노선 적극 추진」, 『예술통신』, 1947. 1. 1.

62_ 김남천, 「신단계에 처한 문화운동」, 1947. 1. 13–1. 14.

63_ 김영석, 「문학자의 새로운 임무–문화공작자로서의 문학자」, 『백제』, 1947. 2.

은 대체로 문화적 욕구가 강한 진보적 성향의 청년들, 그것도 노동조합이나 농민조합, 청년단체 등 대중운동단체에 소속된 조직화된 대중의 문화소모임이었을 가능성이 높다.

한편 기관지 문제는 제2기 문화대중화운동이 시작된 지 반 년이 지난 시점에서도 제대로 해결되지 않고 있었다. 이는 문화단체 전반이 안고 있는 문제였는데, 다만 문학가동맹만은 중앙 기관지 『문학』과 서울지부 기관지 『우리문학』이 있어서 비교적 사정이 나았다.[64] 김남천은 이러한 상황을 언급하면서 기관지가 없는 단체는 운동단체라고 할 수 없다고 단호히 비판한다. 그의 이러한 비판은 기관지가 지부 건설의 촉매라는 인식, 즉 "조직이 먼저 생긴다기보다는 기관지가 먼저 들어가고, 그 배포망을 통하여 조직의 거점이 생긴다"[65]는 인식에 근거를 둔 것이다. 따라서 그는 기관지를 확보하고 통신원제도를 운영함으로써 대중화운동에 더욱 박차를 가할 수 있을 것이라 본다. 그러나 김남천의 이러한 생각은 현실화되지 못했다. 문학가동맹은 상기한 두 개의 기관지 외에 대중화운동 기관지 『건설』을 발행하는 정도에 그친다.[66] 또한 김남천은 기관지와 아울러 "문화공작교정, 과학도서, 농민문학총서, 소인극대본집"[67] 등 다양한 출판물을 간행, 보급함으로써 문화대중화를 효과적으로 수행할 것을 주장한다. 이러한 주장은 대중적 정치

64_ 그 밖에 과학자동맹이 『과학전선』과 『민주주의』를 가지고 있는 정도였다.

65_ 김남천, 「신단계에 처한 문화운동」, 1947. 1. 13.

66_ 이 문화대중화운동 기관지의 간행에 대해서는 1947년 벽두부터 논의가 있었고, 주간 발행의 형태로 창간호가 4월 20일에 빛을 보게 된다. 현재 『건설』이 보존되어 있는 것 같지 않다. 당시 신문에 실린 간략한 소개를 통해 내용을 대략 짐작할 수 있을 따름이다. 1947년 4월 25일자 『문화일보』에 『건설』이 소개되어 있다. 『건설』 창간호가 4월 20일에 나왔으니 이것은 창간호에 대한 소개로 보인다. 전문은 다음과 같다. "건설 조선문학가동맹 중앙위원회 기관지 내용=근로인민 속에서 나온 세계작가들(임화), 탐관오리의 범람(정진석), 기타 소설, 시 등 타블로이드 4페이지, 정가 1부 5원, 발행처 서울시 중구 보교동 6 건설출판사" 한편 1947년 5월 1일자 『문화일보』에도 『건설』에 대한 소개가 실려 있는데, 이는 2호이다. "★『건설』 5월 1일호(문학가동맹 대중화운동 기관지) ◆내용=3 · 22 파업해설, 메이데이와 문학, 스포츠의 사회성(정진석) 좌(座) 소설 등, 발행소 서울 중구 무교동 6 정가 1부 5원, 타블로이드 1*" 이후 『건설』이 몇 호까지 발행되었는지 아직 알 수 없다. 『건설』의 제작 과정과 발행 실태에 대한 섬세한 복원작업이 요청된다.

67_ 김남천, 「신단계에 처한 문화운동」, 1947. 1. 13.

해설서 『민주주의 12강』, 소인극 개론서 『소인극하는 법』, 소인극 대본집 『변천』 등 대중운동적 차원에서 발간된 출판물[68]을 염두에 둔 것으로, 이러한 출판물 사업이 더욱 활발히 전개되기를 주문한 것이다. 이것 역시도 김남천의 바람이 만족할 정도로 실현되지는 못한 듯하다. 김남천의 주장 이후 출간된 출판물 가운데 대중화와 연관된 것으로는 소인극 개론서인 『소인극교정』[69]이나 동맹 소속 작가들의 개인적 작품집 정도였기 때문이다.

1947년 문련은 두 번의 종합예술제를 개최한다. 서울에서 개최한 종합예술제와 문화공작단에 의한 지방순회 종합예술제가 그것이다. 우선 제1차 종합예술제는 추위와 기아로 고통받는 전재민을 구호하기 위해 각 예술운동 단체별로 산발적으로 전개되던 문화사업을 종합한 것으로 1947년 1월 8일부터 개최된다.[70] 이 종합예술제는 개최의 직접적 목적이 전재민 구호에 있었으나 문화의 대중화라는 의미도 있었다. "예술의 대중화를 위하여 '근로자권'을 발행하여 관람료를 할인"[71]해 준 것은 그 구체적인 조치였다. 이에 호응하여 지방예술제도 개최되었다. 부산에서는 『민주중보』와 문련 공동 주최로 종합예술제(1947. 3. 15-3. 16.)가 개최되었고, 인천에서도 문학가동맹, 음악동맹, 연극동맹 인천지부 공동주최로 종합예술제(1947. 3. 16.)가 개최되었다.[72] 이러한 대규모 종합예술제는 그 자체가 문화적 사건이어서 일반인의 주목을 끌 수 있었고, 대중에게 문화를 접할 기회를 제공하는 역할을 했다.

그러나 제1회 종합예술제는 서울에서 개최된 것이어서 대중화의 효과

68_ 김계림 편, 『민주주의 12강』, 문우인서관, 1946. 10; 신고송, 『소인극하는 법』, 신농민사, 1946. 8; 정범수, 『변천』, 신농민사, 1946. 5.

69_ 조선연극동맹 편, 『소인극교정』, 아문각, 1948. 11.

70_ 주요 프로그램은 연극, 무용, 음악, 국악 공연, 영화 상영, 시 낭송이었다. 「'종합예술제'의 성관!-다채한 '프로'에 관중도 감격」, 『예술통신』, 1947. 1. 9. 이 종합예술제는 8일 정오에 중앙극장에서 초연이 있었고, 8일 저녁과 9일 오후 두 차례의 폭탄테러로 인해 중단되었다가 우여곡절 끝에 15일부터 제일극장에서 재개되어 19일까지 공연된다. 「종합예술제 중지-2차의 테러 사건으로」, 『독립신보』, 1947. 1. 11; 「'종합예술제' 금야 개연-전번 발행한 근로자권 유효」, 『예술통신』, 1947. 1. 15.

71_ 「종합예술제 본사 후원-영화, 연극, 무용 등 총동원」, 『독립신보』, 1947. 1. 4.

72_ 「중앙에 호응 지방예술제-일류 예술가 대거 파견」, 『문화일보』, 1947. 3. 15.

는 그리 크다고 할 수 없다. 물론 이에 영향을 받아 지방에서도 종합예술제가 개최되었지만, 그것은 부산, 인천 두 곳에만 국한되었을 뿐이다. 부산과 인천이 종합예술제를 개최했다는 것은 두 지역이 예술제를 개최할 수 있을 만큼의 문화적 여건을 갖추고 있었다는 것을 말해 준다. 그러나 다른 한편으로 볼 때, 이는 지방의 문화적 역량이 전반적으로 미약했음을 증명하는 것이다. 따라서 문화대중화운동을 지방으로 확산하기 위해서는 전국적 차원의 종합예술제가 필요했다. 그것의 실현이 1947년 7월부터 전국적 규모로 추진된 종합예술제이다. 이는 미소공위 재개를 축하하고 성공을 기원하면서 공위의 의의를 계몽선전하고자 하는 목적에서 이루어진 것이지만, 문화의 대중화라는 의도에 따른 것이기도 했다. 문련은 '인민을 위한 문화', '문화를 인민에게' 등의 슬로건을 내걸고 문화공작단을 조직하여 미소공위에 대한 계몽선전이라는 정치적 목적과 문화대중화라는 문화운동적 목적을 동시에 달성하고자 했다. 당시 문련 부위원장이었던 임화는 "문화운동의 새로운 전진의 구체적 제일보이며 문련에 집결한 문화예술가의 애국심과 문화양심을 삼천만 인민 앞에 증명하는 최초의 기회"[73]라는 말로 문화공작단의 의의를 높이 평가했다. 임화의 말처럼 문화공작단은 문화대중화운동의 일환이자 제2기 문화대중화운동의 구체적 성과였다.

문화공작단은 김남천의 구상이 현실화된 것이다. 김남천은 「신단계에 처한 문화운동」에서 문화단체의 시급한 과제로 조직적 거점 마련, 문화서클 사업 추진, 출판물 사업 활성화, 이동적 문화부대 편성 등 네 가지를 제시한 바 있다. 이 글은 「대중화 노선 적극 추진」에 곧바로 이어지는 것이어서 전체적인 논지나 내용면에서 차이가 없다. 그런데 며칠 사이에 새로이 추가된 내용이 있는데, 그것이 바로 '이동적 문화부대'이다. 그는 이 글에서 문화대중화의 방법으로 각종 문화단체 내에 "대중 속에 문화를 가지고 들어가는

73_ 임화, 「문화공작단 출발에 제하여」, 『문화일보』, 1947. 6. 29.

사실상의 첨병부대인 이동적 문화부대"[74]를 편성, 운영해야 한다고 주장하고 있다. 이는 나중에 결성되는 문화공작단과 성격이 일치한다. 이리하여 "문화에 굶주려 있는 인민대중에게 예술과 문화를 열락케 하고 광범한 인민을 토대로 하는 민족문화 수립의 대기치 하에 지방문화운동의 적극적인 원조를 주고자"[75] 결성된 문화공작단은 '공위축하 종합예술제'를 행사 명칭으로 하여 1947년 6월 30일 제1대의 출발을 시작으로 대장정에 오른다. "총원 2백여 명"[76]이 동원되고, 한 달가량이 소요된 해방기 최대의 문화행사였다.

당시 문련 제1서기장을 맡고 있던 김남천은 문화공작단의 지방파견에 즈음하여 지방문화운동의 그간의 성과, 새로운 사태에 대처할 문화운동의 다섯 가지 과제, 문화공작단의 세 가지 임무 등을 상세히 천명한다.[77] 그에 따르면, 그동안의 투쟁을 통해 해결된 조직적 성과는 각 도에 총괄적인 지도적 거점이 생긴 것, 이를 중심으로 문련 산하 각 동맹 지부가 도문련에 결속되어 차츰 지방문화 공작의 조직적 체계가 완성되어 가는 것이다. 그래서 남조선 문화운동 종사자는 6만 5천 명을 돌파하고, 향후 10만 명을 돌파할 것으로 기대된다는 것이다. 이러한 새로운 사태에 대처할 문화운동의 과제로 그가 제시한 것은 10만 문화공작자를 실지實地로 움직이게 할 것, 지방문화운동의 수준 향상을 위해 기술적·학문적·계몽적 출판물과 조직적 협조를 강화할 것, 문화수준의 지표와 문화공작의 모범을 보일 것, 중앙의 예술가, 과학자가 몸소 인민대중 속으로 들어가게 할 것, 중앙과 지방의 문화예술인을 훈련시킬 것 등 다섯 가지이다. 이를 위해 김남천은 지방에 파견되는 문화공작단의 임무로 지방문화운동을 적극적으로 원조하고 추진시키는

74_ 김남천, 「신단계에 처한 문화운동」, 1947. 1. 5. 이동적 문화부대는 종합예술제를 준비, 전개하는 과정에서 내부적으로 논의가 이루어진 듯하다. 속개된 종합예술제에서 박찬모가 "오늘은 여러분을 극장 무대에서 뵈이나 이후는 영등포 공장 구석이나 농촌 원두막 같은 데서 예술활동을 하며 여러분들과 가깝게 지내려 합니다"라는 개회사를 했다는 사실에서 그런 정황을 확인할 수 있다. 「'종합예술제' 속개 초야」, 『예술통신』, 1947. 1. 17.

75_ 「굶주린 인민 속으로 어서 달려가라―출발 앞두고 민전서 격려」, 『문화일보』, 1947. 7. 1.

76_ 오장환, 『남조선의 문학예술』, 조선인민출판사, 1948. 7; 김재용 편, 『오장환전집』, 실천문학사, 2002, 559면.

77_ 김남천, 「제1차 문화공작단 지방파견의 의의」, 『노력인민』, 1947. 7. 2.

임무, 지방문화 조직의 체계를 강화 확립하는 임무, 민전 산하 각 정당 사회단체의 확대 강화 추진, 원조하는 임무를 거론했다.

〈제1대〉

1) 파견 지역 : 경상남도

2) 인적 구성 : 대장(유현), 부대장(오장환, 문예봉), 대원(문련 산하 8개 단체 맹원들)

3) 행사 내용 : 연극 〈위대한 사랑〉(조영출 작) 공연, 음악 공연, 무용 공연, 시 낭독, 만담, 영화 상영, 사진 및 미술 전시 등

4) 활동 기간 : 1947년 6월 30일 출발, 7월 28일 귀환

〈제2대〉

1) 파견 지역 : 충청도(계획은 충청도와 경상북도)

2) 인적 구성 : 대장(서일성), 부대장(조허림), 대원(문련 산하 8개 단체 맹원들)

3) 행사 내용 : 연극 〈족제비〉(함세덕 작) 및 〈미스터 방〉(조영출 작) 공연, 음악 공연, 무용 공연, 시 낭독, 만담, 영화 상영, 사진 및 미술 전시 등

4) 활동 기간 : 1947년 7월 21일 출발, 8월 7일 귀환

〈제3대〉

1) 파견 지역 : 강원도(계획은 경기도와 강원도)

2) 인적 구성 : 대장(황철), 부대장(이용악), 대원(문련 산하 8개 단체 맹원들)

3) 행사 내용 : 연극 〈족제비〉(함세덕 작) 및 〈미스터 방〉(조영출 작) 공연, 시 낭송, 사진 및 미술 전시, 음악 공연, 무용 공연, 영화 상영 등

4) 활동 기간 : 1947년 7월 15일 출발, 귀환일 미확인(계획은 7월 15일-8월 5일)

〈제4대〉

1) 파견 지역 : 경상북도(계획은 전라도)

2) 인적 구성 : 대장(심영), 부대장(김기림), 대원(문련 산하 8개 단체 맹원들)

3) 행사 내용 : 연극 〈태백산맥〉(함세덕 작) 및 〈위대한 사랑〉(조영출 작) 공연, 음악 공연, 무용 공연, 시 낭독, 만담, 영화 상영, 사진 및 미술 전시 등

4) 활동 기간 : 1947년 7월 21일 출발, 8월 6일 귀환(계획은 7월 21일-7월 27일)

문화공작단의 편성과 활동을 당시 자료[78]를 토대로 재구성하면 위와 같다. 여기서 두 가지 특징을 발견할 수 있다. 우선 연극이 중심적 역할을 했다는 점이다. 제1대에서 제4대까지 모두 대장이 연극인이고, 대원들도 연극인이 다수를 차지한다. 예술제 프로그램도 연극 공연을 중심으로 편성되어 있다. 연극이 다른 예술장르에 비해 계몽선전적 효과가 높고, 대중에게 가장 친숙한 장르라는 점에 비추어 볼 때, 이는 당연한 것이다.[79] 반면 문학은 이 행사에 비중 있는 역할을 담당하지는 못했다. 문화공작단에 소수의 시인만이 참가했고, 예술제 프로그램에도 시 낭송만 편성되어 있었다. 원래 예술제라는 것이 공연 위주로 진행되기 마련이기 때문일 것이다. 다만 부대장이 문학가동맹의 지도적 인물들이었다는 점에서 문학가동맹이 운영을 책임지는 역할을 했음을 알 수 있다. 다음으로는 제1대인 경남파견대가 가장 왕성한 활동을 전개했다는 점이다. 문화공작단 활동이 성공하기 위해서는 대원들의 열정과 의지도 중요했지만, 그보다 더 근본적으로는 파견지역의 여건이 뒷받침되어야 했다. 해방 직후 그리고 10월 항쟁을 거치면서 경남 지역은 그 어느 지역보다도 혁명적인 곳이었다. 제1대가 경찰의 탄압과 테러

78_ 핵심 자료만 간추리면 다음과 같다. 「대중의 문화적 욕구에 수응코 문화공작대 대거 출동-먼저 종합예술제를 경남 일대에!」, 『문화일보』, 1947. 6. 28; 「민족문화건설의 웅보」, 『문화일보』, 1947. 7. 1; 「문화공작단 제3대-오는 15일 강원지방 향발」, 『독립신보』, 1947. 7. 12; 「문화공작단 제2, 제4대도 출발」, 『독립신보』, 1947. 7. 22; 「찬란한 프로 편성코 대망의 '예술제' 수 속연-8월 1일부터 5일간 키네마서」, 『민성일보』, 1947. 7. 27; 오장환, 『남조선의 문학예술』, 조선인민출판사, 1948. 7.

79_ 오장환의 다음과 같은 언급은 문화공작단 활동에서 연극이 차지하는 비중을 말해 준다. "문화공작단이 문화를 직접 인민에게 결부시키는 데에 큰 공을 가져오게 한 함세덕 동지의 희곡 「하곡」과 「태백산맥」, 조영출 동지의 「미스터 방」과 「위대한 사랑」, 그리고 연극동맹의 여러 맹원들의 전투는 특기할 만한 일이었다." 오장환, 「남조선의 문학예술」, 『오장환전집』, 580면.

단의 위협에도 불구하고 활동을 성공적으로 전개할 수 있었던 것은 경남 지역의 운동세력이 강고하고, 운동가들의 전폭적 지지와 후원이 있었기 때문이다. 문련이 문화공작단을 제일 먼저 경남에 파견했던 이유도 여기에 있을 것이다. 이는 다른 지역에 파견된 문화공작단의 활동과 비교해 보면 좀 더 분명해진다. 경남파견대의 7월 6일 부산극장 야간공연 중 우익청년의 다이너마이트 투탄 사건으로 대원과 관객이 부상을 입는 사건이 발생한다.[80] 그럼에도 경남파견대는 지방 민전 간부들의 원조에 힘입어 총 49회 공연에 7만 명의 관중 동원이라는 대성과를 거둔다.[81] 반면 제2대-제4대의 실적은 저조하다. 제4대인 경북파견대는 대구에서 7월 24일 심영이 테러를 당하게 되면서 10여 일간 공연이 중단되는 등 제대로 된 활동을 하지 못한다. 또한 제3대인 강원파견대는 춘천 일대에서 공연 도중 테러단과 무력 충돌이 있은 후 경찰에 의해 서울로 송환되었다가 다시 강릉으로 파견되지만 역시 테러단과의 무력 충돌로 더 이상의 활동을 전개하지 못한다. 제2대인 충청파견대는 비교적 사정이 나았다. 파견 초기에 대전에서 대성공을 거두었고, 테러단의 방해가 있었으나 이후 논산, 강경, 청주 등을 순회하며 공연한다. 그러나 경남파견대의 성과에는 훨씬 못 미친다. 이처럼 제2대-제4대의 활동이 미미했던 것은 그 지방의 경찰의 탄압과 우익의 테러가 극심했고, 지방 운동세력이 미약했기 때문이다.[82]

문화공작단 활동은 당시 남한의 주요 지역에서 커다란 반향을 불러일으켰던 것으로 보인다. 문련 산하 단체 맹원 수가 문화공작단 순회 이후 15만 명에서 30만 명으로 늘어났다는 사실[83]이 이를 증명한다. 이는 문련의 문화

80_ 「문화공작대에 투탄-부산 공연중 대원 3명 부상」, 『문화일보』, 1947. 7. 8.

81_ 「문화공작대 경남반 귀환」, 『광명일보』, 1947. 7. 30.

82_ 문화공작단이 파견되지 못한 지역이 전라도였는데, 오장환에 따르면 "전남북의 2도가 너무 테러단이 발호하고 경찰들이 한층 악질이어서 이 지방을 순회하지 못한 것"이다. 오장환, 『오장환전집』, 579면. 전라도에 파견될 예정이었던 제4대가 계획을 변경하여 제2대의 파견지 가운데 하나인 경북을 담당하게 된 것은 이런 사정 때문이었던 것으로 짐작된다.

83_ 오장환, 같은 책, 579면.

운동 종사자 20만 명 확보 계획을 훨씬 상회하는 수치이다. 이로써 볼 때, 문학가동맹의 맹원 역시 정확한 수치는 알 수 없으나 문화공작단 활동 전에 비해 상당수 늘어나지 않았겠는가 하는 추론은 가능하다. 또한 신문보도와 대원들의 보고를 통해서 볼 때, 문화공작단은 지방의 노동자, 농민 등으로부터 열광적인 환영을 받았음을 알 수 있다. 예컨대 제1대가 공연한 진영은 인구가 7천 명인데 하루 3회 공연에 총 입장 인원이 4천 명이 넘었다고 한다.[84] 이러한 사정은 제1대의 다른 지역 공연에서도 마찬가지였으며, 제약이 많았던 다른 지역 파견대의 공연도 거의 비슷했음을 당시 신문을 통해 확인할 수 있다.

┌ 해방기 문화운동의 위상

해방기 문화운동은 인민이 문화의 감상자이자 창조자가 되는 민주주의 민족문화 건설을 목표로 하여 전개되었다. 그렇기 때문에 그것은 문화를 어떻게 대중화할 것인가 하는 문제를 중심으로 전개되었다. 해방기 문화운동을 문화대중화운동이라 할 수 있는 근거가 여기에 있다. 제1기(1945. 8-1946. 7.) 문화대중화 담론은 주로 문화통일전선 결성과 계몽운동에 초점이 맞춰져 있다. 이에 따라 문화운동은 대중적 조직 건설에 집중되었다. 그러나 중앙조직 건설이 활발했던 반면, 지방조직 건설은 제대로 이루어지지 못했다. 계몽운동은 문화대중화의 한 방법으로 간주되었다. 문학가동맹은 대중 계몽을 위한 다양한 활동을 전개하고자 했으나 그 성과는 미미했다. 제2기(1946. 8-1947. 8.) 문화대중화 담론은 방향전환론과 다양한 사업에 관한 논의로 요약된다. 방향전환론은 문화운동이 추상적 논의에서 구체적 실천으로

84_ 오장환, 『오장환전집』, 573면.

전환해야 한다는 논리이다. 따라서 문학가동맹은 중앙 조직 정비와 지부 건설에 박차를 가함으로써 대중화를 위한 유리한 조건을 만들고자 했다. 그 결과 어느 정도 결실을 얻게 된다. 한편 문학가동맹은 문화대중화의 구체적 실천으로 문화서클 조직, 기관지와 출판물 간행, 문화공작단 활동을 전개했다. 이것 역시 제1기에 비해 어느 정도 진전된 성과를 낳았다.

그러나 문학가동맹을 중심으로 전개되었던 문화대중화운동은 문화공작단 활동을 마지막으로 사실상 종언을 고한다. 8·15 2주년 행사는 경찰의 탄압으로 중단되었고, 변혁세력에 대한 총검거는 문화운동뿐만 아니라 변혁운동 자체를 궤멸의 늪에 빠뜨렸다. 이런 상황에서 문학가동맹은 게릴라식 반합법 투쟁을 통해 문화운동을 전개할 수밖에 없었다. 1948년 2·7 구국투쟁 선언에 따라 몇몇 논자들이 구국문학론을 전개하는 과정에서 대중화 문제를 언급하기도 했지만, 그것은 이전의 논의를 반복하는 수준이었다.[85] 대중화를 위한 조직적 실천도 조직이 거의 와해되다시피 한 상황이었기 때문에 현저히 위축되었음은 물론이다. 따라서 문화운동은 다만 '야산대'라는 형태의 게릴라식 반합법 투쟁을 통해 전개될 수밖에 없었는데, 그 또한 대중화의 효과는 미약했다.

해방기 문화대중화운동은 카프 예술대중화운동을 비판적으로 계승한 것이자 1980년대 문화대중화운동의 전사로서 중요성을 지닌다. 또한 숱한 오류와 실패에도 불구하고, 그것은 진정한 민주주의 민족문화를 건설하기 위한 고투였다는 점에서 역사적 정당성을 지닌다. 한편 오늘날 해방기 문화운동 주체들이 목표로 했던 민주주의 민족문화는 건설되지 못했고, 민중은 아직도 문화의 감상자이자 창조자가 되지 못하고 있다. 해방기의 정치적 과제가 해결되지 못하고 현재까지 미해결인 상태로 남아 사회적 모순의 뿌리로 작용하고 있다는 사실을 상기한다면, 해방기 문화대중화운동의 목표가

85_ 구국문학 논의의 전개과정과 의미에 대해서는 박헌호, 「해방직후의 문예대중화론 연구」, 71-75면을 참고할 것.

달성되지 못한 것은 당연한 것인지도 모른다. 해방기 문화대중화운동 주체들은 문화를 매개로 어떻게 대중 속으로 들어갈 것인가, 어떻게 그들을 지도하고 그들로부터 배울 것인가, 어떻게 그들의 거대한 힘을 이끌어 낼 것인가를 치열하게 고민하고 실천했다. 이 점이 해방기 문화대중화운동의 역사적 의의라고 할 수 있다.

제 12 장

해방가요의 이념과 형식

┌ 시와 노래

노래는 문학(가사)과 음악(악곡)이 결합된 종합장르로서 인류사와 운명을 같이해 왔다. 근대 이전에 탄생한 여러 장르의 시는 대개 악곡에 맞춰 가창함을 전제로 창작되었다. 그래서 '시詩'와 '가사歌詞'는 동일한 의미를 지닌 개념으로 인식되었다.[1] 이처럼 시가 곧 가사였던 만큼 시와 노래는 오래전부터 밀접한 관계를 형성하고 있었다. 그런데 음악이 악기의 발달에 힘입어 독자적인 예술로 정립되면서 시와 노래 사이에 균열이 발생하기 시작했다.[2] 역사적으로 볼 때, 시와 노래는 일치된 관계에서 일치와 분리가 공존하는 이중적 관계를 형성하며 전개되었다. 이 둘 사이의 분리가 결정적으로

1_ 동양에서 이런 인식은 고대부터 지배적이었다. 『예기』에서는 "시는 그 뜻을 말하는 것이고, 노래는 그 소리를 읊은 것이다(詩言其志也 歌 其聲也)"라고 풀이하고 있고, 『서경』에서는 "시는 뜻을 말하는 것이고, 노래는 말을 길게 하는 것이다(詩言志 歌永言)"라고 설명하고 있다. 또한 『청구영언』 서문에서도 "노래를 글로 쓰면 시가 되고, 시를 관현에 올리면 노래가 되니, 노래와 시는 진실로 한가지다(歌而文之者爲詩 詩而被之管絃者爲詩 歌與詩固一道也)"라고 말하고 있다.

2_ 성호경, 「한국 고전시가의 존재방식과 노래」, 『고전문학연구』 12집, 한국고전문학회, 1997, 75-78면.

심화된 시대가 근대이다. 근대 이후 시는 '부르고 듣는' 예술에서 '읽고 보는' 예술로 장르의 성격을 변화시켰다. 즉 근대시는 역동적이고 개방적인 구술문화적 특성과 결별하고 고정적이고 폐쇄적인 문자문화적 속성을 발전시켰다. 여기에는 근대적 '문학' 개념의 성립이 결정적 원인으로 작용했다. 근대 시인들은 가사를 시와 별개로 간주함으로써 그것을 근대적 의미의 시, 나아가 문학 범주에서 완전히 배제했다. 오늘날 시인들이 창작한 시가 가사로 활용되는 경우가 흔히 있다. 그 경우 가사를 시라 부르는 데에 아무도 이의를 제기하지 않는다. 하지만 시인이 아닌 이가 만든 가사를 시로 인정하는 사람은 별로 없다. 시가 가사로 전용되어도 여전히 시인 반면, 가사는 악곡을 제거해도 시가 될 수 없게 되었다. 시와 가사의 분리는 시와 노래의 분리를 의미한다. 근대 이후 시와 노래의 간극은 쉽사리 메우기 힘들 만큼 깊고 넓은 심연으로 확대되어 왔다.

그럼에도 시와 노래의 단절을 극복하려는 노력도 지속되어 왔는데, 그것이 문화운동의 형태로 전개된 시기가 해방기였다. 해방기는 일제로부터의 해방의 감격과 새 국가 건설의 열정으로 들끓었던, 한국 근현대사에서 가장 역동적인 시대였다. 수많은 정당, 단체들이 결성되었고, 국가 건설의 담론들이 활발하게 제기되었다. 당시 임화는 이 '새로운 시대'를 "노래의 시대요, 시의 시대"[3]라고 규정했다. 예술사가 증명하듯이 특정 시대나 사회에 부합하는 예술 장르가 있기 마련이다. 그리고 시대적 혹은 사회적 부합성은 특정 예술 장르에 대표성을 부여한다. 해방기와 같은 격동의 시대는 당대의 형상과 지향을 기동력 있게 표현할 수 있는 예술 장르를 요구한다. 그에 가장 걸맞은 것이 시와 노래이다. 시와 노래는 다른 장르에 비해 창작 시간이 적게 걸리므로 현실에 신속히 대응할 수 있고, 집회나 행사를 통한 동시적이고도 광범위한 보급과 감상이 가능해 운동적 목적을 달성하기에 용이하

3_ 임화, 「서문」, 김상훈, 『대열』, 백우서림, 1947. 5.

기 때문이다. 실제로 이 시기에 임화, 박세영, 박아지, 이주홍 등의 문학인들과 김순남, 이건우, 안기영 등의 음악인들이 공동으로 다수의 '해방가요'[4]를 만들었다. 이 노래들은 당대 대중의 보편적 정서와 정치적 열망을 담고 있었고, 일제 말기의 군국가요와는 다른 노래에 대한 대중의 요구에 부응했기 때문에 널리 애창되었다. 이런 현상은 시인들로 하여금 작곡에 용이한, 그래서 작곡을 염두에 둔 것으로 보이는 시를 쓰도록 추동하기도 했다.[5] 해방기에 이르러 시와 노래는 목적의식적으로 재결합의 길을 모색하기 시작한 것이다. 다음의 표는 지금까지 조사한 해방가요를 도표화한 것이다.[6]

연도	곡명	작사	작곡	현존 여부	출전
1945	자유의 노래	김순남	김순남	×	
	건국행진곡	김태오	김순남	◎	중, 인
	독립행진곡	박태원	김성태	◎	애, 중
	아침 해 고울시고	임학수	김성태	◎	애, 중
	여명의 노래	박용구	이건우	◎	중
	해방전사의 노래	임화	안기영	◎	『문화전선』 1호(11. 15.), 애, 중, 인
	건국의 노래	김태오	나운영	◎	중
	농군의 노래	여상현	이홍렬	◎	애, 중
	독립의 아침	이주홍	김순남	◎	『예술운동』 1호(12), 인
	해방의 노래	이주홍	김순남	◎	『예술운동』 1호, 인
	농민가	박아지	김순남	◎	『예술운동』 1호

4_ 해방기에 창작, 보급, 가창된 노래는 '해방가요', '애국가요' 등 여러 가지 용어로 불렸다. 이 글에서는 당시에 가장 많이 사용된 용어인 '해방가요'를 선택한다. 그러나 이것은 어디까지나 잠정적인 결정에 불과하다. 개념의 통일을 위해서는 학술적인 논의가 충분히 이루어져야 할 것이다. 한편 해방기에는 상당한 양의 동요도 만들어졌다. 그러나 이 글에서는 동요를 제외하기로 한다. 연구대상을 정치적 · 운동적 성격을 지닌 성인의 노래로 한정하기 때문이다.

5_ 〈국군행진곡〉(임화), 〈울어라 인경아〉(김기림), 〈인민의 소리〉(임화), 〈오호 안기창 군〉(박누월), 〈해방의 노래〉(박영호), 〈추도가〉(정지용), 〈진달래 피는 나라〉(김기림)와 같은 작품들을 말한다. 〈진달래 피는 나라〉는 나중에 이건우에 의해 작곡되면서 〈진달래 피는 동산〉으로 제목이 바뀐다.

6_ 도표에 누락된 노래들이 있을 것이므로, 이 목록은 미완이다. 현전 여부에서 '◎'은 가사와 악곡 모두 현전함을, '○'는 가사만 현전함을, '×'는 가사와 악곡 모두 부전함을 의미한다. 출전에서 '애'는 『해방기념 애국가집』의, '중'은 『임시중등음악교본』의, '인'은 『朝鮮の人民解放歌謠』의 약칭이다.

연도	곡명	작사	작곡	현존 여부	출전
1945	우리의 노래	이동규	김순남	◎	『예술운동』 1호
	여자청년동맹가	미상	김순남	◎	『여성문화』 1호(12)
	국군행진곡	임화	미작곡	○	『신문예』 1호(12)
	학병의 노래	미상	미상	○	『신문예』 1호
	울어라 인경아	김기림	미작곡	○	『신조선보』(12. 27.)
	조선의 노래	이흡	나운영	◎	애
	축재해외조선군개선가	임학수	이홍렬	◎	애
	무궁화는 피고피고	윤복진	박태준	◎	애
	새나라 세우면서	조남령	안기영	◎	애
1946	예명의 노래	임화	김순남	◎	『여성공론』 1호(1)
	인민의 소리	임화	미작곡	○	『예술신보』 1호(1)
	오호 안기창 군	박누월	미작곡	○	『예술신보』 1호
	해방의 노래	박영호	미작곡	○	『예술신보』 1호
	독립동맹환영가	박세영	김순남	◎	『중앙신문』(2. 1.)
	자유의 종소리	김철수	이건우	◎	『예술통신』(2. 25.), 『중앙신문』(2. 28.)
	3·1기념가	미상	미상	◎	인
	추도가	정지용	미작곡	○	『대동신문』(3. 2.)
	진달래 피는 나라(동산)	김기림	이건우	○	『한성일보』(3. 5.)
	반전가	이건우	이건우	◎	『여성공론』 1호
	학병의 죽음	미상	미상	×	
	인민위원회 노래	미상	미상	×	
	민청가	임화	정종길	◎	인
	에라 동무들아	미상	정종길	◎	인
	우리들의 노래	미상	김순남	×	
	전평의 노래	임화	김순남	×	
	메-데-의 노래	미상	미상	◎	『전국노동자신문』(5. 1.), 인
	청년의 노래	미상	미상	◎	인
	돌격대의 노래	미상	미상	×	
	민전행진곡	임화 외	이건우	◎	『조선해방연보』, 인

연도	곡명	작사	작곡	현존 여부	출전
1946	해방기념가	이병기	이흥렬	◎	『자유신문』(8. 9.)
	인민항쟁가	임화	김순남	◎	인
1947	남조선 형제를 잊지 말아라	임화	김순남	◎	인
	공위환영가	임화	김순남	◎	『광명일보』(6. 7.), 『문화일보』(6. 10.)
	민애청가	임화	김순남	◎	『노력인민』(7. 5.), 『문화일보』(7. 6.)
	인민유격대의 노래	미상	김순남	◎	『김순남』

이처럼 해방가요가 숱하게 만들어졌음에도 지금까지 해방가요를 연구 대상으로 간주한 한국문학 연구자는 극히 드물다.[7] 해방기 문학에 대한 관심은 1980년대 말부터 1990년대 초에 이르는 시기에 일시적으로 고양되었다. 당시 현대문학 연구자들은 해방기 문학과 문학운동에는 지대한 관심을 기울였지만, 작사자들이 거의 문학인이었는데도 해방가요에는 별로 주목하지 않았다. 그 원인은 우선 '텍스트중심주의', 즉 가사는 시와 별개의 것이기 때문에 현대문학 연구자가 관심을 둘 분야가 아니라는 인식에 있다. 이러한 텍스트중심주의는 민요의 가사를 문학에 포함시키는 고전문학 연구자들의 입장과 대조를 이룬다. 또 다른 원인은 '분과학문주의'에 있다. 해방가요를 제대로 연구하기 위해서는 가사와 악곡의 결합 양상, 노래와 사회의 관계, 창작자의 이념과 사회적 조건, 창작과 보급의 과정 등을 총체적으로 고려해야 한다. 그렇기 때문에 해방가요는 문학, 역사학, 정치학, 사회학, 음악학 등 관련 학문들의 학제 간 연구가 필요한 분야이다. 그런 당위와는 달리 분업화·전문화된 현재의 학문연구 경향은 현대문학 연구자들이 해방가요에

7_ 최동호의 「한국 현대 민중가요의 통계적 분석과 그 의미」(『비평문학』 21집, 한국비평문학회, 2005)에 해방가요를 고찰한 부분이 있다. 그러나 이 글은 목록 정리와 주제 분석에 그쳤다. 또한 조영복의 『월북 예술가, 오래 잊혀진 그들』(돌베개, 2002)에 해방가요에 대한 언급이 보인다. 하지만 그것은 김순남의 예술세계와 생애를 서술하면서 해방가요를 약간 거론하는 정도이다. 정경은의 「한국 근현대 민중가요사 연구」(고려대학교 박사논문, 2007)에도 해방가요에 대한 논의가 있지만, 이 글은 개화기부터 현재까지의 민중가요사를 개괄하면서 해방가요를 부분적으로만 다루었다.

접근하는 것을 제도적으로 차단하고 있다.

해방가요는 해방기 문화(운동)의 주된 영역이므로 연구할 가치가 충분히 있다. 일부 고전문학 연구자들은 문화사회학적 관점에 입각하여 문학적 측면과 음악적 측면을 함께 고찰하는 고전시가 연구를 꾸준히 해 오고 있다. 이런 새로운 연구 방식은 새로운 연구 결과를 산출하는 데에 긍정적으로 기여한다. 그렇게 본다면, 현대문학 연구 분야에서 해방가요 연구가 불가능할 이유는 없다. 게다가 해방가요 작사자들은 거의가 문학인들이었다. 그렇기 때문에 해방가요 연구는 그들의 작품세계를 새롭게 조명하는 데에 도움을 줄 것이다. 또한 해방가요 연구는 현대문학 연구의 새로운 영역을 개척한다는 의미도 있다. 이는 그간 텍스트중심주의와 분과학문주의에 갇혀 있던 현대문학 연구의 폐쇄성을 극복하려는 최근의 연구동향에도 부합한다. 한편 민중가요는 한국의 변혁운동 과정에서 탄생, 성장해 왔다. 해방가요는 한국 민중가요[8]의 한 부분이다. 따라서 민중가요사 서술을 위해서도 해방가요 연구는 필요하다.

그렇다고 해방가요가 전혀 연구되지 않은 것은 아니다. 일찍이 노동은, 강헌 등의 음악학자들이 선구적으로 해방가요를 고찰했고, 그 후속 세대가 보완적인 연구를 진행했다.[9] 이들은 1980년대 말 월북음악인에 대한 해금조치가 이루어질 무렵부터 해방기 음악의 역사적 복원을 시도하여 많은 성

8_ 일반적으로 민중가요는 민중의 삶과 투쟁을 담은 노래로 정의되고 있다. 이 정의에 따른다면, 한국 민중가요사는 개화기까지 거슬러 올라간다. 개화기의 현실비판적 민요나 애국계몽적 창가가 초창기 민중가요에 해당된다. 일제강점기에도 민중가요가 만들어져 민중의 생활과 노동 현장에서 불렸다. 당시의 민중가요는 〈적기가〉와 같은 외국 노래, 민요나 창가의 악곡에 당대적 내용을 담은 개사곡이 전부였다. 개화기나 일제강점기의 민중가요는 전문적인 음악인이 아니라 사회운동 세력들에 의해 자생적 · 산발적 · 비전문적으로 창작, 보급되었다. 이와 달리 해방기는 민중가요가 전문예술가들에 의해 만들어지고, 문화운동과 본격적으로 관계를 맺는 최초의 시기였다. 해방가요가 문화사적으로 중요한 것은 이 때문이다.

9_ 노동은, 「해방과 분리공간의 음악사연구1-3」, 『낭만음악』 1-3집, 1988-1989; 『한국민족음악의 현단계』, 세광음악출판사, 1989; 『김순남』, 낭만음악사, 1992; 노동은 · 이건용, 『민족음악론』, 한길사, 1991; 강헌, 「일제강점기 및 미군정기 음악비평 연구」, 서울대학교 석사논문, 1988; 오문숙 외, 「해방공간의 민족음악론」, 『민족음악의 이해』 2집, 민족음악연구회, 1992; 김수현, 「해방공간 조선음악가동맹의 조직과 활동」, 『민족음악의 이해』 4집, 민족음악연구회, 1995.

과를 산출하였다. 좌우파 음악단체의 결성과 활동을 실증적으로 재구성했고, 변혁적 음악인들의 작품 세계를 집중적으로 분석하여 그들의 음악에 '민족음악'이라는 위상을 부여했다. 그런데 이들은 해방가요를 해방기 민족음악과 민족음악운동에 대한 논의의 일부로서만 다루고 있다. 그것도 악곡을 중심으로 논의를 전개하고 있기 때문에 문학적 범주에 속하는 가사의 분석은 주제 언급 정도에 그치고 있다. 한편 사회학 분야에서도 논문이 제출되었다.[10] 이 논문은 처음으로 해방가요와 해방기 노래운동을 단독적으로 다루었으며, 그것의 발생 배경, 전개 과정, 특징을 비교적 잘 정리하였다. 그러나 노래 외적인 측면을 사회학적으로 규명하는 데에 치중하고 있고, 해방가요와 성격이 분명히 다른 예술가곡마저 해방가요에 포함시켜 논의하고 있다. 그 밖에도 1980-90년대 노래운동 종사자들이 해방가요에 대해 논의한 바 있다.[11] 이 글들은 일제강점기부터 당시까지의 민중가요와 노래운동의 역사를 간략히 개관한 것들이다. 전체적으로 볼 때, 사적 흐름을 설득력 있게 서술하고 있고, 각 시대별 노래의 핵심을 제대로 언급하고 있다. 그러나 이 글들만으로는 각 시대별 노래와 노래운동의 양상에 대해 상세히 알기 어렵다. 해방가요도 1980년대 노래운동의 전사라는 측면에서 소략하게 다루어지고 있다. 이처럼 음악학, 사회학, 노래운동 분야에서 이루어진 해방가요 연구는 각자 나름대로 의의가 있지만, 그와 더불어 한계 역시 분명히 지니고 있다.

해방가요를 하나의 문화적 생산물로 본다면, 해방가요 창작에는 당대 현실과 창작자, 향유자 등 다양한 요소들이 개입된다고 할 수 있다. 그러므로 해방가요 연구는 해방기의 정치경제적 상황, 창작주체들의 사회적 조건, 그

10_ 주혜진, 「해방가요와 해방가요운동의 발생과 특성에 관한 연구」, 서울대학교 석사논문, 1999.

11_ 강헌, 「한국 음악운동의 전개와 앞으로의 전망」, 『현상과 인식』 43집, 한국인문사회과학원, 1988; 이영미, 「민중가요의 역사와 음악운동」, 『노래이야기주머니』, 녹두, 1993; 최도은, 「노동운동과 노래」, 김진균 편, 『저항, 연대, 기억의 정치2』, 문화과학사, 2003.

들 간의 결합 방식과 실천 양상, 노래의 창작 과정과 사회적 기능을 함께 고려해야 한다. 그래야만 해방가요의 면모를 제대로 조명할 수 있다. 윌리엄스에 따르면, 문화연구는 문화적인 제도 및 구성체를 사회적으로 분석하고, 한편으로는 이들과 문화적 생산의 물질적 수단 사이의 관계를 탐구하며, 또 한편으로는 이들과 실제적인 문화형태들 사이의 관계를 탐구해야 한다.[12] 윌리엄스가 이러한 방법론적 원칙에 의거하여 도출해 낸 주요 개념은 제도, 구성체, 이념, 생산수단, 형식이다. 이 가운데 해방가요 연구에서 특히 주목해야 할 개념은 '이념ideology'과 '형식form'이다. 해방가요는 해방기 변혁운동세력의 이념적 자장 안에서 창작되었고, 그 이념의 실현을 위해 보급되었다. 그렇기 때문에 해방가요의 이념은 창작주체의 조직화와 실천 방식을 규정했을 뿐만 아니라 노래 형식을 결정하는 요인으로 작용했다. 역으로 해방가요의 형식은 이념을 미학화하고 선전함으로써 그것의 사회적 영향력을 강화하는 기능을 수행했다. 따라서 이 장에서는 이념과 형식의 상관 관계를 중심으로 하여 해방기 현실, 창작주체들의 결합 방식과 실천 양상, 창작과 보급의 과정, 사회적 영향을 아울러 검토함으로써 해방가요를 총체적으로 조명해 보고자 한다. 또한 가사와 악곡을 함께 고찰함으로써 둘 중 어느 한 면에 치우친 기존 연구의 한계를 극복해 보고자 한다. 이러한 방법론을 토대로 제2절에서는 변혁운동세력의 정치노선과 문화노선에 대한 분석을 통해 해방가요 이념의 정립 과정을 살펴볼 것이다. 또한 그러한 이념의 노래적 구현 양상, 창작과 보급에 나타난 통일전선적 실천 양상, 해방가요의 대중적 파급력을 규명해 볼 것이다. 제3절에서는 정세와 변혁운동의 추이에 따라 해방가요의 전개과정을 전기(1945. 8-1946. 8.)와 후기(1946. 8-1947. 8.)로 나누고, 각 시기를 대표하는 노래를 대상으로 가사와 악곡이 어떻게 결합되어 있는지를 살펴볼 것이다. 이러한 고찰을 토대로 해방가요의 특성을 규명할 것이다.

12_ 레이몬드 윌리엄스, 설준규 · 송승철 역, 『문화사회학』, 까치, 1984, 13면.

┌ 민주주의 민족국가 건설과 통일전선적 실천

해방기 조선공산당의 정치노선은 '부르주아 민주주의 혁명론'이다. 해방 직후 박헌영은 조선공산당의 기본노선을 규정한 「현 정세와 우리의 임무」(8월 테제)에서 해방 조선의 과제를 인민, 즉 노동자를 중심으로 한 농민, 도시소시민, 인텔리겐치아의 연합세력이 주체가 되어 민족의 완전독립과 토지문제의 혁명적 해결을 목표로 하는 부르주아 민주주의 혁명의 완수라고 규정했다. 임화는 「8월 테제」를 문화운동에 처음으로 적용한 「현하의 정세와 문화운동의 당면 임무」(당면 임무)[13]에서 문화운동의 목표를 일제 잔재 및 봉건 잔재 청산과 새로운 조선문화 건설을 통해 민주주의 민족국가 건설에 기여하는 것으로 설정했다. 그는 이것을 위해 문화인들이 통일전선을 수립하고, 인민에 기초한 문화운동을 전개해야 한다고 주장했다. 임화의 문화운동론은 당 중앙위원회를 거쳐 「조선 민족문화건설의 노선」(문화건설 노선)[14]으로 정식화된다. 해방기 문화운동의 기본노선은 이처럼 「8월 테제」, 「당면 임무」, 「문화건설 노선」을 거치면서 정립되는데, 통일전선적 문화운동을 통해 전체운동의 일익적 임무를 담당함으로써 민주주의 민족문화 건설, 나아가 민주주의 민족국가 건설을 실현한다는 것으로 요약할 수 있다.

해방가요는 문화운동적 목적에서 창작, 보급되었기 때문에 민주주의 민족국가 건설이라는 해방기 문화운동의 이념을 고스란히 품고 있다. 해방가요의 이념은 노래 속에서 혁명적 낭만주의의 색채를 띠고 있다. 대부분의 노래들이 과거로서 '밤, 암흑, 겨울'과 현재로서 '아침, 광명, 봄'을 뚜렷이 대비시키고 있다. 이러한 대립적 이미지들은 각각 일제강점기와 해방기의 표상으로서 당대 대중들의 보편적 상징체계에 기반을 두고 있다. 해방가요는 그러한 시적 인식에 의거하여 '자유'와 '평등'이 구현된 새 국가를 향한 집단

13_ 임화, 「현하의 정세와 문화운동의 당면 임무」, 『문화전선』, 1945. 11. 15.

14_ 조선공산당 중앙위원회, 「조선 민족문화건설의 노선」, 『해방일보』, 1946. 2. 9-2. 10.

주체의 '희망'을 열정적으로 표현하고 있다. 그 밑바탕에는 몽상 속에서만 존재했던 새로운 세상을 민족적 실천을 통해 지상에 건설할 수 있다는 낙관주의가 깔려 있다.[15] 1946년 중반 무렵부터 미군정과 친일매판세력의 탄압 및 테러가 격심해짐에 따라 조선공산당(남조선노동당)과 변혁운동세력들은 위기에 처하게 된다. 이런 상황에서 해방가요는 전기의 노래에 나타나던 '밤과 아침', '겨울과 봄' 등의 상징적 이미지가 사라지고 '원수와 동지', '매국노와 애국자'와 같은 사실적인 이미지가 등장하는 등 일정한 변화를 보인다. 그러나 전기의 노래가 품고 있던 혁명적 낭만주의는 후기에 이르러서도 변함없이 노래에 반영된다.

변혁운동의 이념은 그것을 실천할 조직과 결합되어야 비로소 실체화된다. 해방기 문화운동의 경우도 마찬가지인데, 문화운동 노선의 정립과 더불어 이를 실천할 조직들이 1945년 8월부터 1946년 2월까지 속속 건설되었다. 이 과정에서 해방가요의 창작주체였던 문학인과 음악인도 각각 조선문학가동맹과 조선음악동맹을 건설[16]하고 함께 노래를 창작, 보급했다. 문학

15_ 따라서 주제나 수사학적 측면에서 볼 때, 해방가요가 천편일률적이라고 비판할 수 있다. 또 해방가요에 나타난 클리셰를 증거로 해방가요는 문학적 수준이 낮다고 말할 수도 있다. 그러나 해방가요가 운동적 목적에서 만들어진 것이라는 점을 상기한다면, 이런 특성은 창작주체들이 의도한 것이라고 보아야 한다. 선전선동과 문화 대중화라는 목적을 달성하기 위해서는 노래가 당대 대중의 의식과 정서는 물론이고 눈높이에도 맞아야 했기 때문이다. 그러므로 가사는 쉽게 기억할 수 있는 것이어야 했고, 악곡은 누구나 부르기 쉬운 것이어야 했다. 이와 관련하여 옹의 다음과 같은 설명은 거듭 음미해 볼 만하다. "'인민의 적'이라든가 '전쟁상인의 자본주의자들'과 같은, 기술 수준이 낮은 발전 도상에 있는 많은 문화에서 정치 고발에 쓰이는 진부한 상투구는 고도로 문자에 익숙한 사람들에게는 야비한 인상을 주겠지만, 이것들은 구술문화의 특징적인 사고 과정에서 생겨난 정형구화된 본질적 요소의 잔존이다." 월터 J. 옹, 이기우 · 임명진 역, 『구술문화와 문자문화』, 문예출판사, 1995, 63-64면.

16_ 문학운동조직의 건설 과정은 다음의 논저에 상세히 정리되어 있다. 권영민, 『해방직후의 민족문학운동 연구』, 서울대학교출판부, 1986; 윤여탁, 「해방정국의 문학운동과 조직에 대한 연구」, 김윤식 외, 『해방공간의 문학운동과 문학의 현실인식』, 한울, 1989. 음악운동조직의 건설은 조선음악건설본부(음건)를 시작으로 몇 번의 변모를 거친 뒤 조선음악동맹(음악동맹)으로 귀착된다. 일제강점기 지하서클이었던 성연회의 중심인물인 김순남, 강장일이 주도하여 음건을 건설(1945. 8. 18.)한다. 그런데 성연회 회원들은 음건에 친일파들이 가입한 것을 문제 삼아 별도로 조선프롤레타리아음악동맹(프로음맹)을 건설(1945. 9. 15.)한다. 또한 교향악단을 원했던 이들도 음건을 이탈하여 고려교향악협회(고교협)를 설립(1945. 9.)한다. 게다가 친일경력이 있는 보수음악인들은 음건의 방침과 배치되는 활동을 한다. 이렇게 되자 음건은 유명무실한 조직이 되었고, 곧 해체(1945. 10.)된다. 이런 상황에서 음악인들의 통일에 대한 요구가 높아지자 프로음맹, 고교협이 중심이 되어 조선음악가협회(음협)를 결성(1945. 10.)한다. 그러나 음협은 운동조직이라기보다는 친목단체적 성격이 짙었다. 따라서 프로음맹이 주축이 되어 음악동맹을 건설(1945. 12. 13.)한다. 해방기의 음악운동조직의 건설 과정과 활동 상황에 대해서는 다음의 논저 참고. 노동은, 「해방과 분리공간의 음악사 연

인과 음악인이 함께 해방가요를 제작한 것은 그들이 공동체를 형성할 수 있었기 때문이다. 일제 말기 전시체제하에서 치욕과 자기환멸에 시달렸던 대부분의 문화인들은 해방을 맞이하자 새로운 출발을 다짐하며 자신들이 지지하는 이념의 깃발 아래에 집결하였다. 해방가요 창작주체들이 집결한 곳은 '인민이 주인이 되는 민주주의 민족국가 건설'의 깃발 아래였다. 이로써 그들은 동일한 이념공동체의 일원이 되었다. 그리고 그들의 이념공동체는 곧 미학공동체를 의미했다. 해방기야말로 정치와 예술의 간극이 홀연 사라지고, 두 영역이 혼연일체가 된 시기였기 때문이다. 그들은 하나의 이념적·미학적 공동체를 구성하고 노래를 통해 문화운동의 이념을 실현하려 했다. 그러므로 해방가요는 변혁적 문학인과 음악인의 통일전선적 실천의 매개체이자 산물이었다.

해방가요 창작주체들은 노래에 남아 있는 일제 잔재를 청산하고 새로운 노래문화를 건설하려 했다. 그들은 해방가요에 일제 말기 군국가요의 악곡적 요소가 잔존함을 비판하고, 그것을 극복하려 노력했다. 해방 직후의 해방가요 가운데 많은 비판을 받은 노래는 역설적이게도 널리 애창된 〈독립행진곡〉, 〈아침 해 고울시고〉였다. 〈독립행진곡〉은 일제 말기의 군가 〈만주행진곡〉의 첫 악절과 유사하며[17], 〈아침 해 고울시고〉는 서양의 7음계에서 '파'와 '시'를 쓰지 않고 악곡을 '솔'로 시작하는 요나누키 음계[18]를 채택하고 있다. 전시체제기에 조선총독부는 학교는 물론이고 군국가요집, 연주회와 음악경연대회, 후생악단과 가창지도대, 각종 관제 행사와 의례, 신문과 방송 매체를 통해 사회 제 방면에 황음화 정책을 실시했다. 군국가요는 물리적 강제력이 수반된 황음화 정책에 힘입어 일제 말기 조선인들의 의식과

구1-2」, 『낭만음악』 1-2집, 1988-1989; 오문숙 외, 「해방공간의 민족음악론」, 『민족음악의 이해』 2집, 민족음악연구회, 1992; 김수현, 「해방공간 조선음악가동맹의 조직과 활동」, 『민족음악의 이해』 4집, 민족음악연구회, 1995.

17_ 노동은, 「해방과 분리공간의 음악사 연구1」, 『낭만음악』 1집, 1988, 86면.

18_ 요나누키 음계는 미야코부시 음계와 함께 일본음악의 대표적인 음계이다. 요나누키 음계는 '도레미솔라', 미야코부시 음계는 '라시도미파라'로 이루어져 있다.

감성을 강력하게 지배했다. 따라서 〈독립행진곡〉, 〈아침 해 고울시고〉가 일본 군가풍의 노래임에도 불구하고 해방 직후에 별 거부감 없이 창작, 애창된 것은 일제 말기를 거치면서 대중들과 작곡가들이 군국가요에 깊이 잠식당해 있었고, 작곡가들이 그것을 대체할 새로운 음악 형식을 창안해 내지 못하고 있었기 때문이다. 이런 현상에 대한 비판이 음악동맹 내부에서부터 쏟아져 나오기 시작했다. 일제 잔재 청산에 대한 요구는 민족적 형식에 대한 모색으로 이어졌다. 그리하여 음악인들은 전통음악 형식을 창조적으로 계승함으로써 음악상의 일제잔재 청산과 민족음악 수립이라는 문화운동적 과제를 실천하고자 했다. 이 일에 가장 열성적인 작곡가는 김순남이었는데, 그는 당시 설립된 국악원에서 전통음악을 배우고 연구하기까지 했다. 그가 작곡한 〈해방의 노래〉, 〈우리의 노래〉, 〈농민가〉는 민속악 장단과 민요적 선율을 차용한 노래로서 일제잔재를 청산한 뒤에 만들어야 할 새로운 노래의 악곡 형식이 어떠해야 하는지를 보여 준 사례로 평가할 수 있다.[19] 그것은 민족적 형식을 현대적으로 계승한 바탕 위에서 외래적 형식을 주체적으로 수용한 악곡일 것이다. 민족적 형식과 외래적 형식의 창조적 결합은 특히 김순남에 의해 지속적으로 시도되었다.

또한 해방가요 창작주체들은 노래를 매개로 문화대중화를 실천하려 했다. 해방기 문화운동의 목표는 인민을 문화의 주인으로 세우는 것이었다. 그것을 실현하기 위해서는 우선 문화를 대중에게 가져감으로써 문화와 대중의 단절을 극복해야만 했다. 그런 점에서 문화대중화는 해방기 문화운동의 사활이 걸린 문제였다. 윌리엄스의 지적처럼 단순한 사회든, 복잡한 사회든 가장 널리 퍼진 대중적인 문화활동은 춤이나 노래이다.[20] 노래는 다른

19_ 이러한 악곡적 특성은 〈농민가〉에서 더욱 분명하게 나타난다. 이 노래에 나타난 전통음악 형식은 계면조와 평조를 교차 사용한 음계, 굴림소리, 뱃놀이 장단이다. 노동은, 「해방과 분리공간의 음악사 연구2」, 25면; 노동은, 『김순남』, 낭만음악사, 1992, 273-275면 참고.

20_ 윌리엄스, 『문화사회학』, 95면.

어떤 예술장르보다 대중적 파급력이 강하며, 대중적 접근성 또한 높기 때문이다. 따라서 해방가요는 문화대중화를 실현하기 위한 효과적인 매개체였다. 해방가요를 매개로 한 문화대중화는 대중 집회와 행사, 생활현장, 학교교육, 문화산업 등 네 가지 층위에서 이루어졌다. 우선 해방가요는 변혁운동세력이 개최한 각종 집회와 행사에서 가창되었다.[21] 『예술운동』이나 『문화전선』에 해방가요가 실리긴 했으나, 이것들의 대중 침투력이 약했고 대중의 악보 해독능력이 낮은 수준이었기 때문에 대중 집회와 행사는 노래를 보급할 수 있는 최고의 통로였다.[22] 해방가요는 이러한 공간에서 집단적으로 가창됨으로써 대중들의 의지와 용기를 북돋우고, 그렇게 생성된 힘의 조직적 분출을 추동하는 역동적 기능을 수행했다. 집회뿐만 아니라 각종 문화행사에서도 해방가요 가창은 빠지지 않았으며, 해방가요 가창 자체가 행사의 목적인 경우도 있었다.[23] 또한 음악동맹은 맹원들을 공장노조나 지역단체에 파견하여 해방가요를 보급하기도 했다. 다양한 층위의 조직에 해방가요를 보급하고, 그 구성원들이 주변 사람들에게 해방가요를 보급하게 함으로써 해방가요의 영향력을 확대, 강화하려 했기 때문일 것이다. 그리고 해방가요는 『임시중등음악교본』[24]에 수록되어 교육현장에서도 불렸다. 총 75면으로 이루어진 이 교본에 〈아침해 고울시고〉, 〈독립행진곡〉, 〈여명의 노래〉, 〈건국의 노래〉, 〈건국행진곡〉, 〈농군의 노래〉, 〈해방전사의 노래〉와

21_ 해방가요는 조선노동조합전국평의회(전평) 결성대회(1945. 11. 5.), 전국인민위원회 대표자대회(1945. 11. 20-11. 21.), 전국농민조합총연맹(전농) 결성대회(1945. 12. 8.), 전국부녀총동맹(부총) 결성대회(1945. 12. 22.), 민주주의민족전선(민전) 결성대회(1946. 2. 15.), 남조선노동당(남로당) 결성대회(1946. 11. 23.) 등 각종 조직 결성대회를 비롯하여 전평의 세계노련 가입 축하대회(1946. 7. 28.), 남로당 창립 축하대회(1947. 1. 15.), 남조선문화예술가 총궐기대회(1947. 2. 15.)에서 제창되었다. 이 외에도 숱한 대중 집회에서 제창되었음은 물론이다.

22_ 강헌, 「한국근대음악운동의 전개과정」, 노래동인 편, 『노래』 3집, 이론과실천, 1988, 86면 참고.

23_ 대표적인 행사로는 음악동맹이 개최한 '해방가요 발표회'(1946. 5. 4-5. 5.), 문학가동맹이 개최한 '조국에 바치는 밤'(1946. 9. 11.)과 '공위축하 시의 밤'(1947. 6. 26.), 문학가동맹과 음악동맹이 공동 개최한 '시와 음악의 밤'(1946. 12. 27.), 조선문화단체총연맹(문련)이 개최한 종합예술제(1947. 1.), 문련 산하 문화공작단의 순회예술제(1947. 6-8.)가 있다.

24_ 중등음악교과편찬위원회 편, 『임시중등음악교본』, 국제음악문화사, 1946. 5.

같은 대표적인 해방가요가 수록되어 있다. 그 밖에도 해방가요는 레코드로 제작, 발매되기도 했다. 〈여명의 노래〉, 〈건국의 노래〉가 고려레코드에서, 〈해방의 노래〉, 〈독립의 아침〉, 〈우리의 노래〉, 〈농민가〉가 리베라레코드에서 각각 SP음반으로 제작, 발매되었다.[25] 제한적이기는 했지만, 해방가요가 문화산업의 형태로 해방기 대중들의 일상생활에 스며들어 그들의 의식과 정서에 영향을 미쳤음을 알 수 있다.

┌ 해방기 변혁운동의 전개와 행진곡의 두 양상

노래는 가사와 악곡이 리듬, 구축, 밀도, 구체성이라는 네 가지 원리에 기초하여 서로 밀접한 관계를 형성하며 구성된다.[26] 시와 가사를 분리하지 않고 한 범주에 포함시켜 살펴본다면, 둘은 리듬, 반복, 의미단위성 등 여러 측면에서 형식적 특성을 공유하고 있음을 확인할 수 있다. 둘의 동일성은 시가 정형시에 가까워질수록 커진다.[27] 그런데 시가 음악의 제약에서 자유로운 것과 달리, 가사는 상대적으로 음악의 규정력에 지배를 많이 받는다. 그렇기 때문에 음악의 구성원리인 리듬, 구축, 밀도, 구체성은 가사 창작과정에서도 매우 중요한 고려사항이 된다. 먼저 '리듬'은 시간예술인 음악의 작은 단위들을 존재하게 하고, 그것들을 엮어가는 역할을 한다. 리듬은 매듭의 질서, 대조와 반복의 질서로 규정할 수 있다. 무한정한 음의 나열은 리듬을 만들어 내지 못한다. 리듬은 일정하게 반복되는 음의 규칙적 흐름에서

25_ 이준희, 「1940년대 후반(1945-1950) 한국 음반산업의 개황」, 『한국음반학』 14집, 한국고음반연구회, 2004, 147면 및 162면 참고.

26_ 이건용, 「시, 노랫말, 노래」, 『민족음악』 1집, 민족음악연구회, 1990, 187면. 노래 구성원리에 대해서는 이건용, 같은 글, 188-198면 참고.

27_ 음악성이 높은 시는 비교적 짧고, 리듬감이 있으며, 일정한 길이의 의미단위로 분절되는 특성이 있다. 이런 시는 그대로 가사로 쓰이는 경우가 많다.

생겨난다. 이 규칙적 흐름은 일정한 매듭이 존재해야만 가능하다. 또한 대조와 반복은 음악의 기초단위를 엮어서 시간 위에 펼쳐 가는 원리이다. 음악의 기초단위는 전후관계가 분명해야 하는데, 앞뒤 단위가 대조나 반복을 통해 서로 대응해야 한다. 이 같은 음악적 특성을 고려하여 만들어지는 것이 장절식 노래이다. 가사는 이러한 장절식 구성원리에 따라 만들어진다. 다음으로 '구축'은 동기를 최소단위로 하여 악구, 악절, 악곡으로 발전되면서 이루어지는 음악의 구성원리이다. 이때 각 단위들은 규칙적이고 간결한 구조를 지녀야 한다. 특히 집단적 정서와 쓰임새를 중시하는 민중가요의 경우 악곡의 간결한 구조는 가사를 선명하게 부각시키는 관건이 되므로 매우 중요하다.[28] 이러한 음악적 원리에 맞추기 위해서는 가사의 의미단위와 전개도 분명하고 간결해야 한다. 그 다음으로 '밀도' 역시 노래의 완성도를 결정하는 원리이다. 가사의 밀도가 높을 때, 다시 말해 가사가 지나치게 많은 이미지를 담고 있을 때 그 의미가 제대로 음미되지 못하여 노래 감상을 방해할 수 있다. 따라서 작곡가들은 이미지의 밀도가 높은 시를 노래화할 경우 반복과 템포의 조정을 통해 시어와 이미지의 흐름을 늦춤으로써 감상을 용이하게 하기도 한다. 또한 가사의 음절을 늘이거나 조사의 무분별한 사용은 음악의 흐름을 방해할 수도 있기 때문에 노래의 밀도를 위해 음절 구성에도 유의해야 한다. 마지막으로 '구체성'은 음악이 지닌 특성에서 연원한다. 음악은 주로 감각을 통해 전달되므로 직접적이고 구체적으로 파악된다. 그런 이유에서 가사도 구체성을 지녀야 한다. 가사의 구체성은 장황한 산문적 설명이나 분석이 아니라 간결한 함축이나 비유를 통해 이루어진다. 이상에서 살펴본 네 가지 구성원리가 해방가요 창작에 어떻게 구현되었는지를 살피는 일은 곧 해방가요의 형식을 분석하는 작업이다. 전·후기 해방가요를 대표하는 노래 두 곡을 중심으로 해방가요의 특성을 살펴보도록 하겠다.

28_ 류형선, 「민중노래의 대중적 양식과 전형」, 김창남 외, 『노래』 4집, 실천문학사, 1993, 111면.

유토피아적 열정과 장조 행진곡 /

해방기 문화운동의 주요 장르였던 노래는 대중의 정서 표출과 변혁이념 전달의 매개였다. 노래에서 정서 표현과 이념 전달은 대개 가사를 통해 이루어지고, 악곡은 가사의 효과적 전달을 위해 만들어진다.[29] 전기 해방가요 가사의 주제는 해방의 감격, 새 국가 건설의 희망과 실천의지로 유형화할 수 있다. 그것을 효과적으로 전달하기 위해 선택된 악곡이 행진곡이다. 이러한 선택은 행진곡의 힘찬 리듬과 선율이 대중의 정서와 이념을 전달하는 데에 적합할 뿐만 아니라 행진곡 형식이 배우고 부르기에 가장 쉽다는 창작 주체들의 판단에서 비롯되었을 것이다. 행진곡은 해방 직후부터 쓰였고, 해방기 내내 가장 많이 선택된 해방가요의 악곡 형식이다.[30] 전기 해방가요 악곡은 장조 행진곡이 주류를 이룬다. 그것은 해방 직후 사회 전체의 낙관적 분위기를 담는 데에는 장조 행진곡이 가장 적합했기 때문이다. 유토피아적 열정과 장조 행진곡이 결합된 전기 해방가요는 1945년에는 문건협과 프로예맹에서 만든 것이 대부분이다. 〈건국행진곡〉, 〈독립행진곡〉, 〈아침해 고울시고〉, 〈여명의 노래〉, 〈해방전사의 노래〉, 〈건국의 노래〉가 문건협 소속이었던 임학수, 박태원, 임화, 김태오, 김성태, 박용구, 김순남, 이건우, 안기영 등에 의해 만들어졌다. 또한 프로예맹 소속이었던 이주홍, 박아지, 이동규, 김순남에 의해 〈독립의 아침〉, 〈해방의 노래〉, 〈농민가〉, 〈우리의 노래〉가 만들어졌다. 문련이 결성된 후에도 이들에 의해 〈독립동맹환영가〉, 〈자유의 종소리〉, 〈진달래 피는 동산〉, 〈청년의 노래〉, 〈인민위원회 노래〉, 〈민청가〉 등이 만들어졌다. 대표적인 해방가요인 〈해방의 노래〉를 중심으

29_ 이러한 특성은 가창에도 영향을 미친다. 민중가요 창작자나 가창자는 운동적 목적을 달성하기 위해 가사 전달을 매우 중요시한다. 그렇기 때문에 가창도 가사의 분명하고 효과적인 전달에 초점을 맞춘 창법을 따른다. 고상미, 「우리의 노래를 어떻게 부를 것인가」, 김창남 외, 『노래』 4집, 실천문학사, 1993, 136면. 해방가요 역시 마찬가지였다. 대부분의 해방가요 악보를 보면, 특별히 강조하고자 하는 부분에 아첸토(>, *accento*)를 표시함으로써 노래를 부를 때 가사를 분명하게 전달하도록 하고 있다.

30_ 그렇기 때문에 나중에는 가사 창작도 이 악곡을 염두에 두고 이루어졌을 것이다. 특히 전평이나 전농, 민전, 민주애국청년동맹(민애청) 등 해방기 변혁운동 단체들의 노래에 부합되는 형식은 행진곡 외에는 달리 없었을 것이다.

로 이 시기 해방가요의 면모를 조감할 수 있다.

1. 조선의 대중들아 들어 보아라
우렁차게 들려오는 해방의 날을
시위자가 울리는 발굽소리와
미래를 고하는 아우성소리
2. 노동자와 농민들은 힘을 다하여
놈들에게 빼앗겼던 토지와 공장
정의의 손으로 탈환하여라
제놈들의 힘이야 그 무엇이랴
–〈해방의 노래〉(이주홍 작사, 김순남 작곡)

〈해방의 노래〉는 당시 "좌익 대중에게 있어서 거의 국가國歌적인 지위"[31]를 얻을 만큼 폭발적인 인기를 누렸다. 당대 음악평론가인 박용구는 〈해방의 노래〉를 "해방가요의 새로운 시스템을 확립한 빛나는 첫 작품"[32]으로서 해방 후 처음으로 '누구를 위하여, 어떤 음악을, 어떻게 해야 하는가'라는 고민을 음악계에 불러일으키는 기폭제 역할을 했다고 극찬했다.[33] 〈해방의 노래〉의 대중적 인기와 민중가요사적 가치의 비결은 우선 가사에서 찾을 수 있다. 작사자가 이주홍[34]인 〈해방의 노래〉는 2절로 이루어진 장절식 노래이다. 1절에서 화자는 대중들에게 해방의 소리를 들어 보라고 청유한다. 비록 해방이 자력에 의한 것이 아니었다 할지라도, 일제의 물러감은 분명한 사실이었

31_ 강헌, 「한국 음악운동의 전개와 앞으로의 전망」, 57면.
32_ 박용구, 「해방가요와 시」, 『신인』, 1948. 3.
33_ 박용구, 「해방후의 음악계 3년」, 『민성』, 1948. 8.
34_ 이 노래가 처음 수록된 곳은 『예술운동』 창간호(1945. 12.)이다. 다른 노래와는 달리 이 노래에만 작사자가 표기되어 있지 않다. 그런데 김용호 편, 『1947년판 예술연감』, 예술문화사, 1947. 5, 70면에는 '이주홍 시'라고 명기되어 있다. 이것이 오식이 아니라면, 이 노래의 작사자는 이주홍이다.

다. 그러니 그 기쁨을 표현하는 것은 당연했다. 거리거리마다 대중들이 쏟아져 나와 깃발을 흔들며 벅차오르는 감격을 표현했다. 깃발을 흔들며 만세를 부르는 군중의 행렬은 해방기를 표상하는 가장 대표적인 이미지일 것이다. 그것을 받아 적은 것이 〈해방의 노래〉 가사이다. 그러나 이 노래는 해방의 감격을 직설적으로 표출하는 것이 아니라 해방 공간에 울려 퍼진 우렁찬 소리의 이미지를 통해 간접화하고 있다. 이주홍은 해방된 조선의 상황을 '소리'로 포착했던 것이다. 그 점이 이 노래 가사를 여타의 상투적이거나 관념적인 노래 가사보다 수준 높은 형상성을 확보하게 했다. 그 소리는 구체적으로 "시위자가 울리는 발굽소리"와 "미래를 고하는 아우성소리"이다. 여기서 아우성소리란 만세를 부르는 함성 소리일 것이며, 발굽소리는 만세행렬의 발걸음 소리일 것이다. 이 두 소리는 가사 안에서 하나로 합쳐져 미래를 향해 전진하는 역동적인 이미지를 만들어 내고 있다. 그런데 이런 이미지 제시가 도치법을 통해 이루어지고 있어 독특하다. 이 노래의 가사는 '호칭, 권유, 이미지'의 구조로 이루어져 있는데, 보통의 구문이라면 권유와 이미지의 순서가 바뀌어야 한다. 일반적으로 수사학에서 도치는 강조나 긴장을 위해 쓰인다. 이 가사에서는 호칭 다음에 "들어 보아라"가 배치됨으로써 이 부분이 강조되고, 무슨 소리를 들어야 하는가 하는 긴장이 유발된다. 그리고 2행에서 그 소리가 거시적이고 추상적으로 제시된 후, 3행과 4행에서 미시적이고 구체적으로 표현된다. 거시에서 미시로, 추상에서 구체로 나아가는 이미지 제시는 반복의 효과가 있어서 전달하려는 의미를 강조할 뿐만 아니라 대중의 의식에 이미지를 깊게 각인시킨다. 다른 한편으로 가사의 이러한 구조는 악곡화를 위한 운율적 배치에서도 연원한다. 이 노래의 가사는 3음보와 3(4)·3(4)·5 자수율을 따르고 있는데, 이런 율격은 네 마디 형식의 악곡에 적합하다. 만약 이 노래의 가사가 일반적인 문장 구조를 취하고 있었다면, 악절에 맞게 의미단위를 분절하기 어렵기 때문에 악곡화하기 힘들었을 것이다. 따라서 이 노래에서 가사 구문의 도치는 수사학적으로나 작곡적으로 적절해 보인다. 그런데 〈해방의 노래〉는 해방의 소리를 형상화하는 데에 그치지 않고 발산된 대중의 힘(함성)을 모아 그 다음으로 해야 할 일이 무엇인지를 2절에서 제시한다. 그 할 일이란 노동자와 농민이 단결하여 일제에게 빼앗겼던 토지와 공장을 탈환하는 것이다. 토지와 공장의 탈환은 노동자와 농민이 생산의 주인이 된다는 것을 의미한다. 그것은 해방기 변혁운동이 제시한 새 국가의 비전이며 목표였다. 〈해방의 노래〉 가사는 해방의 감격을 개성적인 형상화방법을 통해 표현하고, 새 국가 건설의 이념을 생동감 있고 간명하게 제시함으로써 이 시기 다른 어떤 해방가요보다도 탁월한 면모를 보여 준다.

〈해방의 노래〉 가사가 아무리 작품적 완성도가 높다 하더라도 그에 걸

맞은 악곡을 얻지 못했다면 평범한 노래로 전락했을 것이다. 이 노래는 김순남에 의해 작곡됨으로써 비로소 이 시기를 대표하는 노래가 되었다. 가장조A major를 채택한 이 노래는 으뜸음이 둘째 칸에 있는 만큼 힘차고 격정적인 느낌을 준다. 또한 이 노래의 주 리듬은 첫 마디 리듬인데, 이러한 밝고 경쾌한 행진곡 리듬이 악곡 전체에 걸쳐 두루 사용되었다. 이러한 악곡적 특징은 "정열을 가지고 행진곡조로"라는 악상과 거의 대부분의 가사에 붙은 아첸토〉, accento, 각 악절 시작과 끝에 붙은 포르테f, forte, 메조 포르테mf, mezzo forte, 포르티시모ff, fortissimo, 스포르찬도sf, sforzando와 같은 셈여림표에 의해 더욱 강화된다. 무엇보다 이 노래의 가장 중요한 특징이자 장점은 선율 진행에서 나타나는 음의 빈번한 도약이다. 각 악절 셋째, 넷째 마디의 음정 변화를 보면 이를 확실히 알 수 있다. 즉 1악절은 '↘3도↗3도↗3도↗3도'로, 2악절은 '↗2도→1도↗3도↗2도↗3도→1도↗2도↘5도'로 완만한 상하행 도약을 이룬다. 이 노래의 1악절 가사에서 강조되어야 하는 부분은 "들어보아라"인데, 3도씩 상승하는 도약에 아첸토를 가미하여 처리하고 있다. 또한 2악절의 도약은 경쾌한 느낌을 주는 점음표 리듬과 크레센도cresc.를 통해 이루어지는데, "해방의 날"의 기쁨을 점층적으로 표현하였다. 이와 대조적으로 3악절의 '↘3도↗4도↘5도↗8도'와 4악절의 '↘5도↗6도→1도↘2도↘2도'는 전반부에 비해 도약이 심한 편이다. 특히 노래의 절정부분인 3악절 마지막 음을 8도 도약과 포르티시모로 처리함으로써 절정부를 격정적으로 표현하였다. 이러한 도약은 해방 공간에 울려 퍼지는 시위자의 "발굽소리"와 미래를 향한 "아우성소리"를 돋보이게 한다. 그와 아울러 1악절과 2악절, 3악절과 4악절의 마지막 음이 상향음(도)과 하향음(라), 상향음(솔)과 하향음(도)으로 각각 대조를 이루고 있어서 곡을 안정감 있게 해 주고 있다. 이러한 악곡 구조는 가사를 효과적으로 전달하기 위한 목적에서 구축되었다는 것을 알 수 있다. 이처럼 〈해방의 노래〉는 이 시기 해방가요의 주된 악곡 형식인 장조 행진곡의 전형적인 특성을 잘 보여 준다.

인민항쟁의 의지와 단조 행진곡 /

해방가요는 1946년 5월 정판사 사건과 미소공위의 결렬, 조선공산당의 7월 신전술 채택, 9월 총파업과 10월 항쟁 등 정세가 격화됨에 따라 비장한 단조 행진곡풍으로 변화한다. 가사에서도 앞 시기의 낙관적 열정은 사라지고, 현실에 대한 위기의식과 적에 대한 투쟁의지가 전면화된다. 가사의 이 같은 특성은 1946년 봄 무렵에 만들어진 것으로 짐작되는 〈민전행진곡〉에서도 보이는데, 정세의 격화와 더불어 더욱 두드러지게 나타난다. 해방가요가 이처럼 대안문화에서 대항문화로 성격이 변해 감과 동시에 창작주체들의 조직도 대안집단에서 대항집단으로 변모해 간다. 그런데 이 시기에는 전기와는 달리 해방가요 편수가 현격하게 줄어든다. 해방가요 창작주체들이 탄압과 테러로 인해 존립 자체를 위협받는 상황에 처했기 때문이다. 박용구는 1948년 초에 "사회제도의 불합리와 모순이 제거되지 않는 한 투쟁적인 해방가요는 없을 수 없는 동시에 대중이 존재하는 한 일상적인 대중의 노래도 없을 수 없지 않은가"[35]라며 새로운 해방가요 창작을 강력히 요청했다. 그러나 그런 당위는 기본적으로는 옳았지만, 당시로서는 현실적 가능성이 거의 없는 공허한 외침에 불과했다. 대부분의 해방가요 창작주체들은 그 무렵 이미 월북한 상태였기 때문이다. 하지만 창작주체들의 활동이 급격하게 위축되는 가운데서도 몇 곡의 노래가 만들어졌다. 지금까지 알려진 바로는 〈인민항쟁가〉, 〈남조선형제를 잊지 말아라〉, 〈공위환영가〉, 〈민애청가〉, 〈인민유격대의 노래〉가 이 시기의 해방가요이다. 이 가운데 가장 널리 애창된 〈인민항쟁가〉를 분석해 봄으로써 이 시기 해방가요의 성격을 가늠해 볼 수 있을 것이다.

〈인민항쟁가〉는 10월 항쟁기에 만들어져 전국적으로 광범위하게 애창되었고, 4·3항쟁과 빨치산투쟁 과정에서도 널리 불렸으며, 북한에서는 국

35_ 박용구, 「해방가요와 시」, 『신인』, 1948. 3.

가 대용으로 쓰이기도 했다고 알려져 있다. 당시 박영근은 "남조선 일대에 획기적인 인민항쟁이 전개되자 〈인민항쟁가〉의 우렁찬 소리는 방방곡곡에 인민과 더불어 전파되어 진정한 민주혁명의 투쟁사에 빛날 기록적인 자취를 남겨 놓았다"[36]라고 격찬한 바 있다. 또한 이철주는 "〈인민항쟁가〉처럼 불린 노래도 없거니와 〈인민항쟁가〉처럼 사람들의 심금을 울린 노래도 없으리라"[37]라고 회고했다. 해방기를 거쳐 온 많은 이들의 평가와 회상이 이와 다르지 않을 것이다. 두 도막 형식으로 이루어진 이 단순 소박한 노래가 어째서 남과 북을 통틀어 그렇게 열광적으로 애창되었는가? 박용구는 해방가요의 대중적 애창의 한 요건으로 "시가 구체적으로 모멘트를 가지고 있어야"[38] 함을 지적했다. 그가 보기에 김순남이 작곡한 〈독립의 아침〉, 〈인민의 노래〉, 〈우리의 노래〉가 잘 만들어졌음에도 불구하고 대중적으로 애창되지 못한 것은 시(가사)가 구체적이지 못하기 때문이다. 반면 그는 〈인민항쟁가〉가 〈남조선 형제를 잊지 말아라〉와 더불어 대중적으로 애창된 것은 "'구체적인 것'이 세차게 뚜렷이 흘러있는 때문"[39]이라고 지적했다. 그가 말하는 가사의 구체성이란 당대 민중의 투쟁과 정서의 구체적이고 생동감 있는 반영을 가리키는 것으로 판단된다. 사실 앞의 세 노래는 가사가 평이하여 대중들이 쉽게 이해하고 기억할 수 있지만, 해방의 감격을 추상적인 차원에서 노래하거나 정치적 과제를 직설적으로 표현하고 있어서 형상성이 떨어질뿐더러 수사학적으로 볼 때에도 그리 뛰어나다고 할 수 없다. 그렇다면 〈인민항쟁가〉의 가사는 과연 구체성을 지니고 있는가? 이 노래는 우선 10월 항쟁이라는 구체적 사건을 소재로 하고 있다. 잘 알려져 있듯이 10월 항쟁은 1946년 10월 1일 대구에서 발단이 되어 전국적으로 퍼져 나간 해방

36_ 박영근, 「음악계 개관」, 김용호 편, 『1947년판 예술연감』, 예술문화사, 1947. 5.
37_ 이철주, 『북의 예술인』, 계몽사, 1966, 24면.
38_ 박용구, 「해방가요와 시」, 『신인』, 1948. 3.
39_ 박용구, 같은 글, 1948. 3.

기의 대규모 민중항쟁이었고, 4·3항쟁과 여순항쟁, 그리고 빨치산투쟁으로 이어지는 해방기 무장투쟁의 도화선이었다. 해방기 변혁운동의 지도자였던 박헌영은 10월 항쟁이 전개되는 가운데 검거를 피해 월북하게 되는데, 월북 직후 그는 해주에 머물면서 '인민항쟁사' 3부작을 완성했다.[40] 그는 이 문건에서 동학농민전쟁과 3·1운동, 10월 항쟁을 근대 민족해방운동사의 3대 투쟁으로 규정했다. 그만큼 10월 항쟁은 해방기 변혁운동세력에게 중요한 의미를 지니고 있었다. 따라서 10월 항쟁의 형상화가 문화운동 주체들의 새로운 과제로 대두되었다. 임화는 「인민항쟁과 문학운동」[41]에서 3·1운동과 10월 항쟁의 역사적 연속성을 지적하고, 3·1운동이 당시에 새로운 조선문학의 출발점이 된 것과 마찬가지로 10월 항쟁도 새로운 민족문학운동의 출발점이라고 보았다. 그래서 그는 "위대한 인민항쟁을 찬양하자!", "위대한 인민항쟁의 영웅들의 불멸한 예술적 형상을 창조하자!", "위대한 인민항쟁의 영웅들에게 영광과 영생의 노래를 드리자!"[42]라는 세 가지 구호를 통해 작가들이 10월 항쟁을 적극적으로 형상화할 것을 요청했다. 〈인민항쟁가〉는 임화의 이러한 고민의 과정 속에서 탄생하였다. 따라서 〈인민항쟁가〉는 10월 항쟁의 형상화라는 당시 문화운동의 당면 과제를 노래의 차원에서 구현한 것이다.

1. 원수와 더불어 싸워서 죽은
   우리의 죽음을 슬퍼 말아라
   깃발을 덮어다오 붉은 깃발을
   그 밑에 전사를 맹세한 깃발
2. 더운 피 흘리며 말하던 동무

40_「동학농민란과 그 교훈」, 「3·1운동의 의의와 그 교훈」, 「10월 인민항쟁」을 말한다.
41_ 임화, 「인민항쟁과 문학운동」, 『문학』, 1947. 2; 『임화전집5』, 449-454면.
42_ 임화, 같은 글, 454면.

쟁쟁히 가슴 속 울려온다
동무야 잘 가거라 원한의 길을
복수의 끓는 피 용솟음친다
3. 백색 테러에 쓰러진 동무
원수를 찾아서 떨리는 총칼
조국의 자유를 팔려는 원수
무찔러 나가자 인민유격대
–〈인민항쟁가〉(임화 작사, 김순남 작곡)

〈인민항쟁가〉는 임화가 제안했던 10월 항쟁 및 항쟁주체에 대한 찬가의 표본이다. 이 가사의 화자는 항쟁에 참가하여 적과 싸우다 죽은 자이다. 그러나 그는 어떠한 슬픔이나 후회도 느끼지 않는다. 오히려 그는 산 자를 위로하기까지 한다. 화자의 이러한 의지는 '깃발'로 표상되는 이념에 대한 확신으로부터 나온다. 그리고 깃발의 이미지는 "붉은 깃발", "전사를 맹세한 깃발"로 이미지가 확장, 반복됨으로써 변혁적 이념을 강조하고 있다. 1절의 화자가 죽은 자라면 2, 3절의 화자는 산 자이다. 그리고 2, 3절은 죽은 자의 유언을 따르기 위해 산 자가 "복수의 끓는 피"로 "조국의 자유를 팔려는 원수"를 무찌르겠다는 결의를 담고 있다. 이 노래의 가사는 동지와 원수의 분명한 구분, 이념의 선명한 제시, 결사항전의 다짐이 간결하고도 절제된 형식을 통해 형상화되어 있다. 한편 이 노래에서 언급되는 '인민항쟁'이란 직접적으로는 10월 항쟁을 가리키지만, 그 이후의 여러 항쟁을 의미하는 것으로 볼 수도 있다. 당시 변혁운동세력이나 일반 대중들도 이 노래에 표현된 인민항쟁을 단지 10월 항쟁에만 국한하여 이해하지는 않았을 것이다. 따라서 이 노래는 당시 무장투쟁에 나선 이들에게는 대단한 정서적 호소력과 선동적 효과를 발휘했을 것으로 보인다. 바로 자기 자신들의 이야기를 담고 있기 때문이다. 임화에게 해방기는 문학과 정치를 일치시킬 수 있는 가능성의 시대였다. 그의 해방기 시와 비평은 모두 문학과 정치의 일원론에 기초하여 작성되었다. 임화에게 〈인민항쟁가〉 작사는 문학적 실천이자 정치적 실천이었다. 따라서 〈인민항쟁가〉는 임화가 평생에 걸쳐 추구했던 문학과 정치의 일치가 완벽하게 구현된 작품이라 할 수 있다.

〈인민항쟁가〉의 작곡자는 공교롭게도 앞서 살펴본 〈해방의 노래〉의 작곡자인 김순남이다. 해방가요 가운데 절반 이상이 김순남에 의해 작곡되었는데, 김순남을 해방기의 대표적인 작곡가라 할 수 있는 근거가 여기에 있다. 그런데 이 노래의 악곡은 〈해방의 노래〉와는 달리 비장하고 장중한 마단조E minor의 행진곡 형식이다. 가사가 비장한 결의를 담고 있기 때문에 조

형식도 그에 걸맞은 단조를 선택할 수밖에 없었을 것이다. 또한 서정가요가 아닌 행진곡 형식을 따르고 있는 이유는 가사가 비장한 결의와 가열찬 투쟁을 담고 있기 때문이다.[43] 선율의 흐름을 보면, 우선 첫째 마디 "원수와"의 "와"가 점2분음표로 길게 늘어짐으로써 다음에 이어질 부분에 대한 긴장감과 기대감을 유발한다.[44] 그리고 둘째 마디부터 2/4박자로 변환되어 진행되는데, 원수와의 싸움과 전사에 이르는 급박한 과정이 속도감 있게 처리되어 있다. 그런 후 3악절 넷째 마디에서 다시 4/4박자로 되돌아가서 절정부를 시작하고 4악절 첫째, 둘째 마디에서 음 도약을 통해 변화를 주었다가 뒷부분에서 장중하게 마무리하고 있다. 리듬의 측면에서는 가급적 음을 분절하지 않음으로써 단조 행진곡의 분위기를 살리려 했다. 또한 〈해방의 노래〉에서 자주 보였던 음 도약이 이 노래에서도 나타난다. 3악절의 첫째, 둘째 마디는 4도의 하행 도약을 당김법으로 처리하여 뒤의 음을 강조함으로써 후반부인 "붉은 깃발을"의 도약을 예비한다. 이 노래에서 도약은 4악절 "그 밑에 전사를"에서 특히 두드러진다. 이 부분은 절정부로서 악곡적으로 강조되어야 하는데, 김순남은 이를 8도 도약과 포르티시모로 처리하여 힘차고 장엄한 느낌이 들도록 했다. 만약 이 시기나 그 후에 또 다른 노래가 만들어졌다면, 악곡 형식은 아마도 〈인민항쟁가〉와 같은 단조 행진곡이 주류를 이루지 않았을까 짐작된다.

43_ 반면 〈남조선 형제를 잊지 말아라〉는 단조 서정가요 형식이다. 4/4박자에 2분 음표와 4분 음표만을 사용하여 리듬을 단순화했고, 크레센도와 데크레센도를 번갈아 표시하고 "빠르지 않게 정신 차려서"라는 악상을 지시함으로써 전체적으로 비장하고도 장엄한 느낌이 들도록 했다. 가사는 갖은 고난 속에서도 꿋꿋이 싸우는 "남조선 형제"를 잊지 말아 달라는 당부로 이루어져 있는데, 이런 가사의 분위기를 살리기 위해 단조 서정가요 형식을 선택했을 것이다. 가사는 다음과 같다. "1. 짐승들 요란히 우는 깊은 밤/ 남조선 높은 산 봉우리마다/ 기한에 떨면서 용감히 싸우는/ 남조선 형제를 잊지 말아라// 2. 눈보라 날리는 어둔 골짝/ 야수들보다도 잔인한 원수/ 총칼과 더불어 용감히 싸우는/ 남조선 형제를 잊지 말아라"

44_ 노동은, 『김순남』, 90면 참고.

┌ 해방가요와 민중가요

1945년 8·15 해방을 맞은 조선인들은 더 이상 일제 말기의 군국가요를 듣고 부르지 않았고, 실제로 그럴 수도 없었다. 그 대신 그들은 해방의 감격과 새 시대의 열정을 표현할 '새로운' 노래를 요구했다. 그에 따라 그 직전까지 '지배적인' 노래였던 군국가요는 문화적 헤게모니를 급격히 상실한다. 해방기 문화운동에 가담한 예술인들은 바로 이러한 상황에 주목했고, 군국가요나 엔카풍 유행가를 대체할 새로운 노래를 창작, 보급함으로써 새로운 노래문화를 창출하려 했다. 또한 해방기 문화운동의 노선은 통일전선적 문화운동을 통해 민주주의 민족국가 건설이라는 이념을 실현한다는 것이었다. 이를 위해 선택된 예술장르 중 하나가 노래였다. 노래는 가장 대중적인 양식으로서 이념 전달과 집단정서 표출의 효과적인 매개체이다. 문화운동 주체의 입장에서는 민주주의 민족국가 건설이라는 이념을 전파하기에 노래보다 더 효과적인 장르는 없었다. 그래서 해방기의 변혁적 문학인과 음악인은 공동으로 숱한 해방가요를 창작, 보급함으로써 자신들의 이념을 전파하고 문화대중화를 실현하려 했다. 해방가요는 이처럼 새로운 노래에 대한 대중의 요구와 노래 창작주체들의 목적의식이 상응한 결과로 탄생했다.

해방가요는 해방기 정세의 변화와 변혁운동의 전개에 따라 두 개의 시기적 범주로 나누어진다. 전기(1945. 8-1946. 8.) 해방가요는 해방의 감격과 새 국가 건설의 희망이 담긴 가사가 밝고 경쾌한 장조 행진곡과 결합되는 양상을 보인다. 이 시기에 많은 해방가요가 창작되어 목적의식적으로 보급되었다. 〈해방의 노래〉는 이 시기에 가장 널리 애창되었으며, 가사적으로나 악곡적으로 이 시기의 해방가요를 대표할 만한 노래이다. 즉 이 노래의 가사는 해방의 감격을 개성적으로 표현하고 있고, 새 국가 건설의 이념을 생동감 있게 제시하고 있다. 또한 악곡은 이러한 감격과 이념을 행진곡의 리듬과 다채로운 선율을 통해 효과적으로 전달하고 있다. 한편 정세의 격화에 따라 1946년 중반 무렵부터 해방가요는 변모한다. 후기(1946. 8-1947. 8.) 해방가요 가사에서는 위기의식과 투쟁의지가 전면화되고, 악곡에서는 비장한 단조 행진곡이 등장한다. 이 시기에는 창작주체들의 월북과 잠적으로 인해 해방가요의 편수가 현저히 줄어든다. 〈인민항쟁가〉는 이 시기에 남북한에 걸쳐 두루 애창된 노래이다. 〈인민항쟁가〉는 10월 항쟁을 소재로 한 것으로서 10월 항쟁의 형상화라는 당시 문화운동의 당면 과제를 노래의 차원에서 구현한 것이다. 〈인민항쟁가〉는 10월 항쟁을 비롯한 해방기의 여러 항쟁에 참가한 주체의 투쟁과 의지를 표현하고 있다. 이 시기의 노래들은 거의 단조 행진곡의 악곡 형식을 취했을 것으로 짐작되는데, 〈인민항쟁가〉가 그러한 특성을 잘 보여 준다.

민중가요는 한국의 파란만장한 근현대사의 흐름 속에서 운동과 일상의 시공간을 통해 한국인들의 의식을 일깨우고, 정서를 어루만지는 역할을 해왔다. 따라서 민중가요는 한국 문화사의 한 부분으로 정당히 자리매김되어야 한다. 민중가요사는 그러한 당위에 대한 응답이다. 그동안 몇 편의 민중가요사가 쓰였다. 그러나 그 글들은 간략한 사적 개관의 수준에 머물거나 가사만을 대상으로 한 것이어서 진정한 의미의 민중가요사라고 하기 어렵다. 민중가요처럼 한국 근현대사와 함께 자기전개를 계속해 나가고 있는 장르가 대중가요이다. 대중가요는 삶의 희로애락을 담음으로써 오랫동안 한국인을 위무해 왔다. 지금까지 대중가요는 상업적이고, 천박하며, 비현실적이라는 비판을 숱하게 받아 왔다. 하지만 많은 사람들이 대중가요를 연구해 왔으며, 그 성과물도 꾸준히 제출하고 있다.[45] 그에 비해 아직 제대로 된 민중가요사가 없다는 사실은 연구자들에게 반성을 요구한다. 민중가요사의

45_ 대표적인 논저로는 다음을 들 수 있다. 이영미, 『한국대중가요사』, 시공사, 1998; 김광해 · 윤여탁 · 김만수, 『일제 강점기 대중가요 연구』, 박이정, 1999; 이영미, 『흥남부두의 금순이는 어디로 갔을까』, 황금가지, 2002; 이혜숙 · 손우석, 『한국 대중음악사』, 리즈앤북, 2003; 한국대중예술문화연구원 편, 『한국대중가요사1』, 한국대중예술문화연구원, 2003; 장유정, 「일제강점기 한국 대중가요 연구」, 서울대학교 박사논문, 2004; 이동순, 『번지없는 주막–한국가요사의 잃어버린 번지를 찾아서』, 선, 2007.

본격적인 출발점이 해방기라고 본다면, 이 글은 민중가요사 서술의 첫 번째 작업에 해당된다. 따라서 1950년대부터 현재까지 때론 역사의 지층 속에서, 때론 역사의 표면 위에서 중단 없이 흘러 온 민중가요에 대한 사적 고찰이 이 글의 뒤를 이어야 할 것이다.

임화 작품 목록

시

「연주대(戀主臺)」, 『동아일보』, 1924. 12. 8. (필명 '星兒'[1])
「해녀가」, 『동아일보』, 1924. 12. 15.
「낙수」, 『동아일보』, 1924. 12. 15.
「실연1」, 『동아일보』, 1924. 12. 22.
「실연2」, 『동아일보』, 1924. 12. 22.
「소녀가」, 『동아일보』, 1924. 12. 22.

「밤이면」, 『매일신보』, 1926. 3. 28.
「무엇 찾니」, 『매일신보』, 1926. 4. 16.
「밤비」, 『매일신보』, 1926. 9. 12.
「구고(舊稿)」, 『매일신보』, 1926. 9. 12.
「서정소시(抒情小詩)」, 『매일신보』, 1926. 10. 10.
「가을의 탄식」, 『매일신보』, 1926. 10. 24.
「향수」, 『매일신보』, 1926. 12. 19.

「설(雪)」, 『조선일보』, 1927. 1. 2.
「혁토(赫土)」, 『조선일보』, 1927. 1. 2.

1_ 본명으로 발표한 「밤이면」을 제외하고, 이 시부터 「말세」까지 이 필명을 사용한다.

「초상(肖像)」, 『조선일보』, 1927. 1. 31.
「선시(宣詩)」, 『조선일보』, 1927. 1. 31.
「혼광(昏光)의 아들」, 『조선일보』, 1927. 3. 8.
「신조태양(新造太陽)」, 『조선일보』, 1927. 4. 8.
「말세(末世)」, 『조선일보』, 1927. 4. 29.
「화가의 시」, 『조선일보』, 1927. 5. 8. (이 시부터 필명 '林和')
「지구와 '박테리아'」, 『조선지광』, 1927. 8.
「タンクの出發」, 『プロレタリア藝術』, 1927. 10. (이북만 일역)
「담(曇)-1927」, 『예술운동』, 1927. 11.

「젊은 순라(巡邏)의 편지」, 『조선지광』, 1928. 3·4.

「네거리의 순이」, 『조선지광』, 1929. 1. (『카프시인집』[2], 『삼천리』(1935. 3.), 『현해탄』(개작))
「우리 오빠와 화로」, 『조선지광』, 1929. 2. (『카프시인집』)
「어머니」, 『조선지광』, 1929. 4.
「봄이 오는구나」, 『조선문예』, 1929. 5.
「다 없어졌는가」, 『조선지광』, 1929. 8. (『카프시인집』)
「병감(病監)에서 죽은 녀석」, 『무산자』, 1929. 8. (『카프시인집』)
「우산 받은 요코하마의 부두」, 『조선지광』, 1929. 9. (『카프시인집』)

「양말 속의 편지」, 『조선지광』, 1930. 3. (『카프시인집』)
「제비」, 『조선지광』, 1930. 6. (『카프시인집』)
「자장자장」, 『별나라』, 1930. 7. (동시)

「오늘 밤 아버지는 퍼렁 이불을 덮고」, 『제일선』, 1933. 3.
「한 톨의 벼알도」, 『동아일보』, 1933. 9. 28. (후반부 25행 삭제)

「만경(萬頃)벌」, 『우리들』, 1934. 2.

2_ 조선프롤레타리아예술동맹 문학부 편, 『카프시인집』, 집단사, 1931. 11.

「영원한 청춘 세월」, 『문학창조』, 1934. 6. (『현해탄』(「세월」, 일부 삭제))
「암흑의 정신」, 『청년조선』, 1934. 10. (『현해탄』, 『회상시집』)

「주리라」, 『중앙』, 1935. 7. (『현해탄』(「주리라 네 탐내는 모든 것을」)
「다시 네거리에서」, 『조선중앙일보』, 1935. 7. 27. (『현해탄』(일부 삭제), 『회상시집』)
「낮」, 『삼천리』, 1935. 8. (『현해탄』)
「골프장」, 『조선중앙일보』, 1935. 8. 4. (『현해탄』)
「야행차(夜行車) 속」, 『동아일보』, 1935. 8. 11. (『현해탄』)
「옛 책」, 『신동아』, 1935. 9. (『현해탄』)
「최후의 염원」, 『조광』, 1935. 11. (『현해탄』(개작), 『을해명시선집』[3], 『회상시집』)
「안개」, 『조광』, 1935. 11.
「일 년」, 『조광』, 1935. 12. (『동아일보』(1937. 7. 8.), 『현해탄』, 『회상시집』)
「버러지」, 『신동아』, 1935. 12. (『현해탄』(「벌레」))

「들」, 『조광』, 1936. 1. (『현해탄』, 『회상시집』)
「가을 바람」, 『중앙』, 1936. 1. (『현해탄』, 『회상시집』)
「강가로 가자」, 『조광』, 1936. 2. (『현해탄』)
「현해탄」, 『중앙』, 1936. 3. (『현해탄』(「해협의 로맨티시즘」), 『현대조선시인선집』[4], 『회상시집』)
「달밤」, 『신동아』, 1936. 4.
「적(敵)」, 『중앙』, 1936. 5. (『현해탄』, 『회상시집』)
「하늘」, 『신인문학』, 1936. 8. (『현해탄』, 『사해공론』(1938. 10.), 『현대조선문학전집 2-시가집』[5], 『회상시집』)
「단장(斷章)」, 『낭만』, 1936. 11.

「지상의 시」, 『풍림』, 1937. 2. (『현해탄』)
「너 하나 때문에」, 『풍림』, 1937. 3. (『현해탄』, 『삼천리』(1938. 11.), 『회상시집』)
「안개 속」, 『조선문학』, 1937. 5. (『현해탄』, 『회상시집』)

3_ 오희병 편, 『을해명시선집』, 시원사, 1936. 3.
4_ 임화 편, 『현대조선시인선집』, 학예사, 1939. 1.
5_ 『현대조선문학전집2-시가집』, 조선일보사출판부, 1938. 4.

「주유(侏儒)의 노래」, 『조광』, 1937. 5. (『현해탄』)
「밤길」, 『조광』, 1937. 6.
「어린 태양이 말하되」, 『동아일보』, 1937. 6. 23. (『현해탄』, 『회상시집』)
「바다의 찬가」, 『조선일보』, 1937. 6. 23. (『현해탄』, 『찬가』)
「홍수 뒤」, 『조선일보』, 1937. 6. 24. (『현해탄』, 『회상시집』)
「구름은 나의 종복(從僕)이다」, 『사해공론』, 1937. 8. (『현해탄』)
「내 청춘에 바치노라」, 『동아일보』, 1937. 10. 22. (『현해탄』, 『회상시집』)
「새 옷을 갈아입으며」, 『동아일보』, 1937. 10. 24. (『현해탄』, 『회상시집』)
「지도」, 『동아일보』, 1937. 11. 3. (『현해탄』, 『회상시집』)

「나는 못 믿겠노라」, 『현해탄』, 1938. 2.
「밤 갑판 위」, 『현해탄』, 1938. 2. (『회상시집』)
「해상에서」, 『현해탄』, 1938. 2. (『회상시집』)
「황무지」, 『현해탄』, 1938. 2. (『회상시집』)
「향수」, 『현해탄』, 1938. 2. (『삼천리』(1938. 11.), 『회상시집』)
「고향을 지나며」, 『현해탄』, 1938. 2. (『회상시집』)
「다시 인젠 천공에 성좌가 있을 필요가 없다」, 『현해탄』, 1938. 2.
「월하(月下)의 대화」, 『현해탄』, 1938. 2.
「눈물의 해협」, 『현해탄』, 1938. 2. (『회상시집』(「너는 아직 어리고」))
「상륙」, 『현해탄』, 1938. 2.
「현해탄」, 『현해탄』, 1938. 2. (『회상시집』)
「행복은 어디 있었느냐?」, 『현해탄』, 1938. 2. (『삼천리』(1938. 11.), 『회상시집』)
「사랑의 찬가」, 『조광』, 1938. 4.
「통곡」, 『현대조선문학전집2-시가집』, 1938. 4. (『찬가』)
「별들이 합창하는 밤」, 『비판』, 1938. 6. (『소화14년판 조선문학연감』[6], 『찬가』)
「한 잔 포도주를」, 『청색지』, 1938. 6. (『찬가』)
「차중(車中)」, 『맥』, 1938. 10.

「실제(失題)」, 『문장』, 1939. 2. (『찬가』(「자고 새면」))

6_ 최재서 외 편, 『소화14년판 조선문학연감』, 인문사, 1939. 3.

「한여름 밤의 꿈」, 『조선문학』, 1939. 3. (『찬가』(「한여름 밤」))

「길」, 『자유신문』, 1945. 11. 12. (『해방기념시집』[7], 『찬가』)
「해방전사의 노래」, 『문화전선』, 1945. 11. 15. (노랫말, 안기영 작곡)
「국군행진곡」, 『신문예』, 1945. 12. (노랫말)

「학병 돌아오다」, 『학병』, 1946. 1. (『찬가』)
「예명의 노래」, 『여성공론』, 1946. 1. (노랫말, 김순남 작곡)
「인민의 소리」, 『예술신보』, 1946. 1. (노랫말)
「헌시」, 『건설』, 1946. 1. 19. (『찬가』)
「초혼」, 『자유신문』, 1946. 1. 28. (『학병』 2호(1946. 2.), 『찬가』)
「민전행진곡」, 민주주의민족전선 편, 『조선해방연보』, 문우인서관, 1946. (노랫말, 김광균·오장환·김기림과 공동 작사, 김순남 작곡)
「3월 1일이 온다」, 『자유신문』, 1946. 2. 25. (『찬가』)
「발자욱」, 『적성』, 1946. 3. (『1946년판 조선시집』[8], 『찬가』)
「민청가」, 1946. 4. (노랫말, 정종길 작곡)
「전평의 노래」, 1946. (노랫말, 김순남 작곡)
「나의 눈은 핏발이 서서 감을 수가 없다」, 『현대일보』, 1946. 5. 1. (『찬가』)
「손을 들자」, 『조선인민보』, 1946. 5. 5. (『찬가』)
「제사(祭詞)」, 『해방일보』, 1946. 5. 9. (『찬가』)
「깃발을 내리자」, 『현대일보』, 1946. 5. 20. (『찬가』)
「청년의 6월 10일로 가자」, 『조선인민보』, 1946. 6. 10. (『찬가』)
「인민항쟁가」, 1946. 10. (노랫말, 김순남 작곡)

「9월 12일-1945년, 또 다시 네거리에서」, 『찬가』, 백양당, 1947. 2.
「계관시인」, 『찬가』, 1947. 2.
「우리들의 전구(戰區)」, 『찬가』, 1947. 2.
「높은 산봉우리마다」, 『찬가』, 1947. 2.

7_ 중앙문화협회 편, 『해방기념시집』, 1945. 12.
8_ 조선문학가동맹 시부위원회 편, 『1946년판 조선시집』, 아문각, 1947. 3.

「밤의 찬가」, 『찬가』, 1947. 2.
「공위환영가」, 『광명일보』, 1947. 6. 7. (노랫말, 김순남 작곡, 『문화일보』(1947. 6. 10.))
「박헌영 선생이시어 우리게로 오시라」, 『문화일보』, 1947. 6. 13.
「박헌영 선생이시어 『노력인민』이 나옵니다」, 『노력인민』, 1947. 6. 19.
「민애청가」, 『노력인민』, 1947. 7. 5. (노랫말, 김순남 작곡, 『문화일보』(1947. 7. 6.))
「남조선 형제를 잊지 말아라」, 1947. (노랫말, 김순남 작곡)

「눈이 나린다」, 『노동신문』, 1950. 1. 12. (양남수, 말미에 '『노력자』 1949. 12. 10.부에서 전재')
「그 고향이여! 한층 아름다워라」, 민병균 외, 『한 깃발 아래에서』, 문화전선사, 1950. 3.
「형제」, 『한 깃발 아래에서』, 1950. 3.
「기적 울리는 죽령 고개에」, 『한 깃발 아래에서』, 1950. 3.
「영웅전-대숲 어득히 흔들리는 거기」, 『노동신문』, 1950. 3. 21. (양남수, 말미에 '『노력자』지 제167호에서 전재')
「노력하자 투쟁하자 5·1절이다」, 『노동신문』, 1950. 5. 2.
「전선에로! 전선에로! 인민의용군은 나아간다」, 『해방일보』, 1950. 7. 8.
「서울」, 『해방일보』, 1950. 7. 24. (『영광을 조선 인민군에게』[9], 『너 어느 곳에 있느냐』)
「원수와의 싸움에 더욱 용감하라!」, 『노동신문』, 1950. 8. 19.
「전진이다! 진격이다!」, 『노동신문』, 1950. 9. 6. (『너 어느 곳에 있느냐』(「밟으면 아직도 뜨거운 모래밭 건너」))
「노호하라 낙동강」, 『민주조선』, 1950. 9. 15.
「한 번도 본 일 없는 고향 땅에」, 『노동신문』, 1950. 9. 18. (『너 어느 곳에 있느냐』)

「평양」, 『문학예술』, 1951. 4. (『너 어느 곳에 있느냐』)
「너 어느 곳에 있느냐」, 『너 어느 곳에 있느냐』, 문화전선사, 1951. 5.
「한 전호 속에서」, 『너 어느 곳에 있느냐』, 1951. 5.
「바람이여 전하라」, 『너 어느 곳에 있느냐』, 1951. 5.
「흰 눈을 붉게 물들인 나의 피 위에」, 『너 어느 곳에 있느냐』, 1951. 5.

9_ 조선인민군 전선문화훈련국 편, 『영광을 조선 인민군에게』, 1950. 8.

「땅크병의 노래」, 조선인민군 총정치국 편, 『전투원들에게 주는 노래집』, 1951. 6. (노랫말, 김순남 작곡)

「개선행진곡」, 『전투원들에게 주는 노래집』, 1951. 6. (노랫말, 김순남 작곡)

「모스크바」, 『젊은 투사의 깃발』, 청년생활사, 1951. 6.

「인민의 날개」, 『청년문예서클자료집』, 1952.

「기지로 돌아가거든」, 『노동신문』, 1952. 2. 7.

「40년」, 『문학예술』, 1952. 4.

〈시집〉

『현해탄』, 동광당, 1938. 2.

『찬가』, 백양당, 1947. 2.

『회상시집』, 건설출판사, 1947. 4.[10]

『너 어느 곳에 있느냐』, 문화전선사, 1951. 5.

문학(문화 · 예술)비평, 문학(문화 · 예술)사, 산문, 기타

「근대문학상에 나타난 연애-연애와 문예의 신구」, 『매일신보』, 1926. 1. 1. (필명 '星兒'[11])

「젊은 희순이와 영철이」, 『매일신보』, 1926. 1. 31. (소설)

「잡지문학의 해설」, 『매일신보』, 1926. 2. 7. (林星兒)

「문학사상의 2월 25일」, 『매일신보』, 1926. 3. 7.

「풀테스파의 선언」, 『매일신보』, 1926. 4. 4-4. 11.

「근대 문예 잡감」, 『매일신보』, 1926. 5. 23.

「위기에 임한 조선영화계」, 『매일신보』, 1926. 6. 13.

「심심풀이로」, 『매일신보』, 1926. 8. 8. (仁植)

「라인하르트와 민중극장의 의의」, 『매일신보』, 1926. 9. 12.

10_ 『현해탄』에 실린 시들 중에서 24편의 시를 선별하여 엮은 시선집이다.

11_ 「심심풀이로」를 제외하고, 이 글부터 「무산계급을 주제로 한 세계적 작가와 그 작품의 속(續)」 연재 5회분까지 이 필명을 사용한다.

「환멸의 철인」, 『매일신보』, 1926. 10. 3. (산문)
「정신분석학을 기초로 한 계급문학의 비판」, 『조선일보』, 1926. 11. 22-11. 24.
「무산계급을 주제로 한 세계적 작가와 작품」, 『조선일보』, 1926. 12. 3-12. 24.
「무산계급 문화의 장래와 문예작가의 행정-행동 · 선전 · 기타」, 『조선일보』, 1926. 12. 27-12. 28.

「최후의 면회인-3부작의 1」, 『매일신보』, 1927. 1. 16-1. 23. (소설)
「무산계급을 주제로 한 세계적 작가와 그 작품의 속(續)」, 『조선일보』, 1927. 1. 21-2. 8. (연재 6회부터 필명 '林和')
「자본주의 사회에 재한 문학운동의 전개 경향」, 『조선일보』, 1927. 3. 30-4. 2.
「영춘부(迎春賦)」, 『매일신보』, 1927. 5. 8. (星兒, 산문)
「분화와 전개-목적의식 문예론의 서론적 도입」, 『조선일보』, 1927. 5. 16-5. 21.
「착각적 문예이론-김화산 씨의 우론 검토」, 『조선일보』, 1927. 9. 4-9. 11.
「각서」, 『조선일보』, 1927, 10. 2.
「미술영역에 재한 주체이론의 확립-반동적 미술의 거부」, 『조선일보』, 1927. 11. 20-11. 24.

「효용을 위한 문학」, 『조선지광』, 1928. 1. ('현 계단의 조선 사람은 어떠한 예술을 요구하는가' 설문)
「'팬터마임'을 흉내 낸 지하실의 소식」, 『조선일보』, 1928. 3. 30. (대부분 삭제, 산문)
「연애의 종말」, 『조선일보』, 1928. 10. 19-10. 22. (산문)
「토월회 제57회 공연을 보고」, 『조선지광』, 1928. 11 · 12.
「서화협전의 진로-제8회전을 보내며」, 『조선일보』, 1928. 11. 22-11. 29.

「기술적 능력의 확충과 조직」, 『조선지광』, 1929. 1. ('조선예술운동의 당면과제' 설문)
「최근 세계영화의 동향」, 『조선지광』 83호, 1929. 2. (林華)
「별과 나팔소리」, 『별나라』, 1929. 5. (산문)
「신문지와 말대리」, 『별나라』, 1929. 5. (영화소설)
「세계신흥극장소개1-독일·막스 라인하르트 극장」, 『조선문예』, 1929. 5.
「전 조선문사 공천 신선(新選) '반도팔경' 발표」, 『삼천리』, 1929. 6. (설문)
「표현주의의 예술」, 『조선문예』, 1929. 6.

「제1회 '녹향회'전의 비판」, 『조선지광』, 1929. 6.
「영화적 시평」, 『조선지광』, 1929. 6. (林華)
「탁류에 항하여-문예적인 시평」, 『조선지광』, 1929. 8. (林華)
「김기진 군에게 답함」, 『조선지광』, 1929. 11.

「노풍 시평에 항의함」, 『조선일보』, 1930. 5. 15-5. 19.
「시인이여! 일보 전진하자!-시에 대한 자기비판 기타」, 『조선지광』, 1930. 6.

「무대는 이렇게 장치하자-조명과 화장까지」, 『별나라』, 1931. 3.
「서울키노 영화 〈화륜〉에 대한 비판」, 『조선일보』, 1931. 3. 25-4. 3.
「1931년간의 카프예술운동의 정황」, 『중앙일보』, 1931. 12. 7-12. 13.

「유일 지도자는 ○○적 계급-노농층 확대 강화는 사실」, 『조선일보』, 1932. 1. 3. ('조선운동의 금후 방향' 설문)
「전후 자본주의 제3기의 제 문제」, 『조선지광』, 1932. 1·2.
「당면 정세의 특질과 예술운동의 일반적 방향-그의 결단적 전향을 위하여」, 『조선일보』, 1932. 1. 1-2. 10. (임인식)
「1932년을 당하여 조선 문학운동의 신단계-카프작가의 주요위험에 대하여」, 『중앙일보』, 1932. 1. 1-1. 28.
「조선 근대극 발전과정」, 『연극운동』, 1932. 5.
「국제스파이 이야기」, 『신계단』, 1932. 11.
「제2 트로츠키 사건」, 『신계단』, 1932. 11. (생략)[12]
「전쟁과 종교」, 『신계단』, 1932.12 · 1933. 2. (번역)

「정신문화의 위기와 천도교적 문화운동」, 『신계단』, 1933. 2. (생략)
「세계 경제공황의 발전과 노동자계급의 신상태」, 『신계단』, 1933. 3.
「수운주의 문화철학 비판」, 『신계단』, 1933. 3.
「세계 공황과 자본주의 제국의 예산 위기」, 『신계단』, 1933. 5. (번역)
「농업 집단화의 발전과 소비에트 국방의 공고화」, 『신계단』, 1933. 5. (번역)

12_ 목차에는 있으나 본문이 삭제되어 있다. 검열로 인한 삭제로 보인다. 이하 『신계단』에 수록된 글 가운데 '생략'이라 표시한 글들도 모두 그러한 경우에 해당된다.

「영인 기사 중심의 반소비에트 음모사건의 의의」, 『신계단』, 1933. 6.
「중국에 있어서의 장개석 지배의 새로운 동요」, 『신계단』, 1933. 6.
「동지 백철 군을 논함-그의 시작(詩作)과 평론에 대하여」, 『조선일보』, 1933. 6. 14-6. 17.
「아메리카 금본위제 붕괴의 정치적 의의」, 『대중』, 1933. 7.
「나치스의 문화폭압과 파시즘의 파도」, 『신계단』, 1933. 7. (생략)
「6월중의 창작」, 『조선일보』, 1933. 7. 12-7. 19. (임인식)
「이야기의 세계」, 『신계단』, 1933. 8 · 9. (생략)
「태평양 연안제국의 농업노동자」, 『신계단』, 1933. 8 · 9. (생략)
「구라파에서 제일 영양이 좋은 싸동맹의 아동」, 『신계단』, 1933. 8 · 9. (번역)
「카톨릭문학 비판」, 『조선일보』, 1933. 8. 11-8. 18.
「나의 애송시-중야중치의 「닥쳐오는 가을」」, 『조선일보』, 1933. 8. 29.
「예술운동 전후」, 『조선일보』, 1933. 10. 5-10. 8.
「진실과 당파성」, 『동아일보』, 1933. 10. 13.
「문예좌담회」, 『조선문학』, 1933. 11. (좌담)
「비평의 객관성 문제」, 『동아일보』, 1933. 11. 9-11. 10.
「문학에 있어서의 형상의 성질 문제」, 『조선일보』, 1933. 11. 25-12. 2.
「비평에 있어 작가와 그 실천의 문제-N에게 주는 편지를 대신하여」, 『동아일보』, 1933. 12. 19-12. 21.

「신년표어-새해부터는 이 말씀을」, 『별나라』, 1934. 1.
「설문」, 『조선문학』, 1934. 1. (설문)
「자화상」, 『조선문학』, 1934. 1. (설문)
「1933년의 조선문학의 제 경향과 전망」, 『조선일보』, 1934. 1. 1-1. 14.
「33년을 통하여 본 현대 조선의 시문학」, 『조선중앙일보』, 1934. 1. 1-1. 12.
「희망보다 실망」, 『동아일보』, 1934. 1. 12. (산문)
「아동문학 문제에 대한 이삼의 사견」, 『별나라』, 1934. 2.
「현대의 문학에 관한 단상」, 『형상』, 1934. 2.
「1934년에 임하여 문단에 대한 희망」, 『형상』, 1934. 2. (설문)
「신춘 창작 개평」, 『조선일보』, 1934. 2. 18-2. 25.
「현대문학의 제 경향-프로문학의 제 성과」, 『우리들』, 1934. 3.

「집단과 개성의 문제-다시 형상의 성질에 관하여」, 『조선중앙일보』, 1934. 3. 13-3. 20.
「낭만적 정신의 현실적 구조-신창작이론의 정당한 이해를 위하여」, 『조선일보』, 1934. 4. 19-4. 25. (『문학의 논리』)
「십 년 갈 명작, 백 년 갈 걸작」, 『삼천리』, 1934. 5. (설문)
「언어와 문학-특히 민족어와의 관계에 대하여」, 『문학창조』, 1934. 6.
「선배에게-공초 오상순 씨에게」, 『조선중앙일보』, 1934. 6. 17-6. 19.
「현해탄의 백일몽」, 『동아일보』, 1934. 7. 14. (산문)
「병상일기」, 『동아일보』, 1934. 8. 11-8. 12. (일기)

「언어와 문학」, 『예술』, 1935. 1.
「조선적 비평의 정신」, 『조선중앙일보』, 1935. 6. 25-6. 29. (雙樹臺人, 『문학의 논리』)
「역사적 반성에의 요망」, 『조선중앙일보』, 1935. 7. 5-7. 16. (雙樹臺人)
「질풍노도를 초극하는 위대한 정열」, 『조선일보』, 1935. 9. 1.
「비평의 시대」, 『비판』, 1935. 10.
「조선 신문학사론 서설」, 『조선중앙일보』, 1935. 10. 9-11. 13.
「'거울'로서의 톨스토이」, 『조광』, 1935. 11. (雙樹臺人)
「이민」 선후감」, 『삼천리』, 1935. 12.
「담천하의 시단 일 년-조선의 시문학은 어디로!」, 『신동아』, 1935. 12. (『문학의 논리』)

「시의 일반개념」, 『삼천리』, 1936. 1.
「시와 시인과 그 명예-NF에게 주는 편지를 대신하여」, 『학등』, 1936. 1.
「위대한 낭만적 정신-이로써 자기를 관철하라!」, 『동아일보』, 1936. 1. 1-1. 4. (『문학의 논리』)
「문학과 행동의 관계」, 『조선일보』, 1936. 1. 8-1. 10.
「공가(空家)의 향수(鄉愁)」, 『동아일보』, 1936. 1. 19. (산문)
「조선문학의 신정세와 현대적 제상」, 『조선중앙일보』, 1936. 1. 26-2. 13.
「문학의 비규정성의 문제-무이론주의의 일 비판」, 『동아일보』, 1936. 1. 28-2. 4.
「영어 우(又)는 에스어로 번역하여 해외에 보내고 싶은 우리 작품」, 『삼천리』, 1936. 2. (설문)
「금년에 하고 싶은 문학적 활동기」, 『삼천리』, 1936. 2. (설문)
「경원가도의 초입」, 『신동아』, 1936. 2. (산문)

「투르게네프가 만든 영원한 엘레나」, 『조광』, 1936. 2. (산문)
「기교파와 조선시단」, 『중앙』, 1936. 2. (『문학의 논리』)
「문예산책-최근 작품 독후감 이삼」, 『조선중앙일보』, 1936. 2. 15-2. 16.
「언어의 마술성」, 『비판』, 1936. 3. (『문학의 논리』)
「조선어와 위기하의 조선문학」, 『조선중앙일보』, 1936. 3. 8-3. 24.
「진보적 문학에 있어서의 두 가지 문제」, 『조선중앙일보』, 1936. 3. 28-4. 3.
「그 뒤의 창작적 노선-최신 작품을 감상」, 『비판』, 1936. 4.
「문예시평-창작기술에 관련하는 소감」, 『사해공론』, 1936. 4.
「아동이 성인과 신장 겨누기」, 『삼천리』, 1936. 4. ('조선문학의 세계적 수준관' 설문)
「할미꽃 의젓이 피는 낙타산록의 춘색」, 『조광』, 1936. 4. (산문)
「나의 경구」, 『조광』, 1936. 4.
「주유의 변」, 『사해공론』, 1936. 5. (산문)
「외우 송영 형께」, 『신동아』, 1936. 5. (『문학의 논리』(「송영론」))
「푸른 골짝의 유혹」, 『조광』, 1936. 5. (산문)
「언어의 현실성-문학에 있어서의 언어」, 『조선문학』, 1936. 5. (『문학의 논리』)
「말의 빈곤」, 『조선문학』, 1936. 5. (산문)
「만장(挽章)」, 『중앙』, 1936. 5. (산문)
「진보적 문학의 당면적 과제-정확한 인식을 위하여」, 『조선중앙일보』, 1936. 5. 1-5. 6.
「해외문학파의 의의」, 『비판』, 1936. 6.
「『밀림』에의 일 고언」, 『신동아』, 1936. 6.
「현해탄 상의 일야」, 『조광』, 1936. 6. (산문)
「예술적 인식 표현의 수단으로서의 언어」, 『조선문학』, 1936. 6. (『문학의 논리』)
「사회주의 리얼리즘 재검토-사 씨의 서간집」, 『조선문학』, 1936. 6.
「현대적 부패의 표징인 인간탐구와 고민의 정신-백철 군의 소론에 대한 비평」, 『조선중앙일보』, 1936. 6. 10-6. 18.
「정릉리의 계곡」, 『동아일보』, 1936. 6. 28. (산문)
「문단 논단의 분야와 동향」, 『사해공론』, 1936. 7.
「설천야의 대동강반」, 『조광』, 1936. 7. (산문)
「7월의 창작월평」, 『조선중앙일보』, 1936. 7. 18-7. 29.
「객관적 사정에 의하여 규정된다」, 『삼천리』, 1936. 8. ('조선문학의 정의' 설문)
「합포에서」, 『신동아』, 1936. 8. (일기)

「학예자유의 옹호」, 『사해공론』, 1936. 9.
「조선문학의 개념 규정에 반하는 소감」, 『조선문학』, 1936. 9.
「남방비행편」, 『사해공론』, 1936. 10. (산문)
「문학상의 '지방주의' 문제」, 『조광』, 1936. 10.
「가을의 탐승처」, 『조광』, 1936. 10. (설문)
「나의 묘지명」, 『삼천리』, 1936. 11.
「암흑기의 문예는 융성하는가?」, 『조선문학』, 1936. 11.

「진보적 시가의 작금-프로시의 걸어온 길」, 『풍림』, 1937. 1.
「조선문화와 신휴머니즘론-논의의 현실적 의의에 관련하여」, 『비판』, 1937. 4.
「사랑의 진리」, 『조광』, 1937. 3. (산문)
「춘래불사춘」, 『조광』, 1937. 4. (산문)
「문예이론으로서의 신휴머니즘에 대하여-문예학의 기초문제에 빛어 본」, 『풍림』, 1937. 4. (『문학의 논리』)
「르네상스와 신휴머니즘론」, 『조선문학』, 1937. 5. (『문학의 논리』)
「우리 문단의 희귀한 작가 무영」, 『조선문학』, 1937. 5.
「1905년 전의 고리키」, 『조광』, 1937. 6.
「미신설문」, 『조광』, 1937. 6. (설문)
「독서설문」, 『조광』, 1937. 6. (설문)
「작가의 눈과 문학의 세계-「남매」의 작자에게 보내는 편지를 대신하여」, 『조선문학』, 1937. 6. (『문학의 논리』)
「복고현상의 재흥-휴머니즘 논의의 주목할 일 추향」, 『동아일보』, 1937. 7. 15-7. 20.
「타도! 추종비평」, 『동아일보』, 1937. 8. 5.
「사실주의의 재인식-새로운 문학적 탐구에 기하여」, 『동아일보』, 1937. 10. 8-10. 14. (『문학의 논리』)
「주체의 재건과 문학의 세계-현존작가와 문학의 새로운 진로」, 『동아일보』, 1937. 11. 11-11. 16. (『문학의 논리』)
「사상은 신념화, 방황하는 시대정신」, 『동아일보』, 1937. 12. 12-12. 15. (『문학의 논리』(「방황하는 시대정신-정축문단의 회고))

「작가 단편 자서전」, 『삼천리문학』, 1938. 1. (설문)

「나와 호랑이」, 『조광』, 1938. 1. (산문)

「나의 10년 계획」, 『조광』, 1938. 1. (설문)

「명일의 조선 문학」, 『동아일보』, 1938. 1. 1–1. 4. (좌담)

「내 애인의 면영」, 『조광』, 1938. 2. (산문)

「우수(憂愁)의 서(書)」, 『동아일보』, 1938. 2. 13. (일기)

「작가 한설야론」, 『동아일보』, 1938. 2. 22–2. 24. (『문학의 논리』(「한설야론」))

「지난날 논적들의 면영」, 『조선일보』, 1938. 2. 8. (산문)

「빙설 녹을 때」, 『조광』, 1938. 3. (산문)

「극작가 유치진론-현실의 빈곤과 작품의 비극」, 『동아일보』, 1938. 3. 1–3. 2. (『문학의 논리』(「유치진론」)

「엄흥섭 단편집 『길』을 독함」, 『동아일보』, 1938. 3. 15.

「조벽암의 사집 『향수』를 읽고」, 『동아일보』, 1938. 3. 24.

「언제나 지상은 아름답다-고통의 은화를 환희의 금화로」, 『조선일보』, 1938. 3. 5. (산문)

「현대문학의 정신적 기축-주체의 재건과 현실의 의의」, 『조선일보』, 1938. 3. 23–3. 27. (『문학의 논리』)

「작가와 문학과 잉여의 세계-특히 비평의 기능을 중심으로 한 감상」, 『비판』, 1938. 4. (『문학의 논리』(「의도와 작품의 낙차와 비평」))

「휴머니즘 논쟁의 총결산-현대문학과 '휴머니티'의 문제」, 『조광』, 1938. 4. (『문학의 논리』)

「세태소설론」, 『동아일보』, 1938. 4. 1–4. 6. (『문학의 논리』)

「경궤연선(京軌沿線)」, 『동아일보』, 1938. 4. 13. (산문)

「5월 창작평」, 『동아일보』, 1938. 4. 28–5. 7.

「잡지문화론」, 『비판』, 1938. 5.

「비상하는 작가정신」, 『조선일보』, 1938. 5. 7.

「애드벌룬」, 『조선일보』, 1938. 5. 14. (산문)

「최근 조선 소설계 전망」, 『조선일보』, 1938. 5. 24–5. 28. (『문학의 논리』(「본격소설론」))

「창공(蒼空)」, 『동아일보』, 1938. 5. 28. (산문)

「문화월보-문단」, 『비판』, 1938. 6.

「문학과 '저널리즘'과의 교섭」, 『사해공론』, 1938. 6.

「설문」, 『조광』, 1938. 6. (설문)

「문화기업론」, 『청색지』, 1938. 6.

「수필론-문학 '장르'로서의 재검토」, 『동아일보』, 1938. 6. 18-6. 22. (『문학의 논리』)

「번역문학의 중흥-『해외서정시집』을 읽고」, 『조선일보』, 1938. 6. 22.

「몽롱중에 투명한 것을?」, 『조선일보』, 1938. 6. 26.

「예문의 융성과 어문정리」, 『사해공론』, 1938. 7.

「현대조선문학전집 『평론집』을 독함」, 『조선일보』, 1938. 7. 16.

「문단시감」, 『조선일보』, 1938. 7. 17-7. 23. (『문학의 논리』(「문단적인 문학의 시대」))

「작가기질론」, 『청색지』, 1938. 8.

「사실의 재인식」, 『동아일보』, 1938. 8. 24-8. 28. (『문학의 논리』)

「10월 창작평」, 『동아일보』, 1938. 9. 20-9. 28.

「박승극 수필집 『다여집』」, 『조선일보』, 1938. 9. 24.

「'비평'의 시대」, 『비판』, 1938. 10.

「전형기의 조선극단의 전망」, 『사해공론』, 1938. 10.

「김대봉 시집 『무심』을 독함」, 『조선일보』, 1938. 11. 4.

「속문학의 대두와 예술문학의 비극-통속소설론에 대하여」, 『동아일보』, 1938. 11. 17-11. 27. (『문학의 논리』(「통속소설론」))

「조선문화의 장래와 현재」, 『경성일보』, 1938. 11. 29-12. 8. (좌담, 『문학계』(「조선문화의 장래」, 1939. 1.))

「『대지』의 세계성-노벨상 작가 '펄 벅'에 대하여」, 『조선일보』, 1938. 11. 17-11. 20. (『문학의 논리』)

「신극론」, 『청색지』, 1938. 12.

「저회하는 시 정신」, 『동아일보』, 1938. 12. 23-12. 25.

「문예시평」, 『조선문학』, 1939. 1. (『문학의 논리』(「비평의 고도」))

「신건할 조선문학의 성격」, 『동아일보』, 1939. 1. 1. (좌담)

「문학건설 좌담회-장편소설의 핵심」, 『조선일보』, 1939. 1. 3. (좌담)

「신인론-그 서장」, 『비판』, 1939. 2. (『문학의 논리』)

「사온(四溫)」, 『조선일보』, 1939. 2. 5. (산문)

「박태원 저 『천변풍경』평」, 『조선일보』, 1939. 2. 17. (『박문』(1939. 3.))

「역사·문화·문학 혹은 시대성이란 것에의 일 각서」, 『동아일보』, 1939. 2. 18-3. 1. (『문학의 논리』)

「조선의 현대문학」, 『경성일보』, 1939. 2. 23-2. 25. (일문)
「전체주의의 문학론-'아스팔트' 문화에 대신하는 것은?」, 『조선일보』, 1939. 2. 26-3. 2. (『문학의 논리』)
「소화 13년도 개관-창작계」, 『소화 14년판 조선문예연감』, 1939. 3. (『문학의 논리』(「소화 13년 창작계 개관」))
「문학어로서의 조선어-일 편의 조잡한 각서」, 『한글』, 1939. 3.
「아내 있는 사람과의 사랑」, 『여성』, 1939. 4. (산문)
「문예잡지론-조선잡지사의 일 측면」, 『조선문학』, 1939. 4-6.
「내지 문단에의 공개장」, 『국민신보』, 1939. 4. 30. (일문)
「현대의 매력」, 『조선일보』, 1939. 4. 13. (산문)
「최근 10년간 문예비평의 주조와 변천」, 『비판』, 1939. 5-6.
「잡록」, 『청색지』, 1939. 5. (산문)
「김문집 저서 『비평문학』에 대한 각계의 일가견」, 『청색지』, 1939. 5.
「조선의 시가와 여성」, 『국민신보』, 1939. 5. 21. (일문)
「독서력에 반영된 세상-무엇 때문에 책이 팔리는가」, 『동아일보』, 1939. 5. 2.
「신인불가외」, 『동아일보』, 1939. 5. 6.
「19세기의 청산」, 『동아일보』, 1939. 5. 12-5. 14. (『문학의 논리』)
「카톨리시즘과 현대정신」, 『조선일보』, 1939. 5. 2-5. 4. (『문학의 논리』)
「김태오 씨 시집 『초원』」, 『조선일보』, 1939. 5. 22.
「연애의 자유」, 『신세기』, 1939. 6. (산문)
「신세대론」, 『조선일보』, 1939. 6. 29-7. 2. (『문학의 논리』(「소설과 신세대의 성격」))
「제1회 신인문학 콩쿠르 심사회를 마치고-신인들의 작품 수준을 논함」, 『동아일보』, 1939. 7. 5-7. 9.
「7월 창작평」, 『조선일보』, 1939. 7. 19-7. 28. (『문학의 논리』(「현대소설의 귀추-창작 32인집을 중심으로」))
「경성 풍토기」, 『국민신보』, 1939. 7. 30. (일문)
「폭우 내리는 날」, 『신세기』, 1939. 8. (산문)
「말을 의식한다」, 『경성일보』, 1939. 8. 16-8. 20. (일문)
「하일몽환」, 『매일신보』, 1939. 8. 11-8. 14. (산문)
「시단의 신세대-교체되는 시대조류」, 『조선일보』, 1939. 8. 18-8. 26. (『문학의 논리』)
「최근 소설의 주인공」, 『문장』, 1939. 9. (『문학의 논리』(「현대소설의 주인공」))

「교육의 문화」, 『매일신보』, 1939. 9. 6.

「개설 신문학사」, 『조선일보』, 1939. 9. 2-10. 31.

「농민과 문학」, 『문장』 9호, 1939. 10.

「관찰의 정신과 실험의 세계-에밀 졸라 저, 하서청 역, 『실험소설론』」, 『인문평론』, 1939. 10.

「단편소설의 조선적 특성-9월 창작평에 대신함」, 『인문평론』, 1939. 10.

「악서담의」, 『매일신보』, 1939. 10. 20. (산문)

「교양과 조선문단」, 『인문평론』, 1939. 11.

「낙엽일기」, 『국민신보』, 1939. 11. 5. (일문)

「조선어의 운율형」, 『매일신보』, 1939. 11. 5.

「전시오락」, 『매일신보』, 1939. 11. 25. (산문)

「창작계의 1년-중견 13인론」, 『문장』, 1939. 12. (『문학의 논리』(「중견작가 13인론」))

「창작계의 1년」, 『조광』, 1939. 12.

「세모(歲暮) 수필」, 『국민신보』, 1939. 12. 10. (일문)

「전기(傳記)」, 『매일신보』, 1939. 12. 22. (산문)

「신문학사」, 『조선일보』, 1939. 12. 5-12. 27.

「신극의 새 활로-고협 중앙공연을 보고」, 『조선일보』, 1939. 12. 28-12. 30.

「신춘좌담회-문학의 제 문제」, 『문장』, 1940. 1. (좌담)

「일본 농민문학의 동향-특히 '토(土)의 문학'을 중심으로」, 『인문평론』, 1940. 1. (『문학의 논리』)

「기계미」, 『인문평론』, 1940. 1.

「모던문예사전」, 『인문평론』, 1940. 1.

「묘지로 가는 길」, 『인문평론』, 1940. 1. (번역)

「문예시평-'리얼리즘'의 변모, 혹은 생활의 발견」, 『태양』, 1940. 1. (『문학의 논리』(「생활의 발견」))

「문화현세의 총검토-토의되는 제 문제에 문화인의 진지한 기염」, 『동아일보』, 1940. 1. 1-1. 4. (좌담)

「조선문학 연구의 일 과제」, 『동아일보』, 1940. 1. 13-1. 20. (『문학의 논리』(「신문학사의 방법」))

「시민문화의 종언」, 『매일신보』, 1940. 1. 6.

「구우(舊友)」, 『매일신보』, 1940. 1. 20. (산문)
「해후」, 『매일신보』, 1940. 1. 24. (산문)
「영화조선의 새 출발」, 『조선일보』, 1940. 1. 4. (좌담)
「경계할 아류의식-새로운 정신과 언어를 기대」, 『조선일보』, 1940. 1. 9. (신춘문예 선후감)
「시단의 현상과 희망」, 『조선일보』, 1940. 1. 13-1. 17. (김광균과의 대담)
「어떤 청년의 참회」, 『문장』, 1940. 2. (산문)
「이광수 씨의 소설 「무명」에 대하여」, 『경성일보』, 1940. 2. 15-2. 16. (일문)
「영화문화인 간담회」, 『매일신보』, 1940. 2. 10. (좌담)
「속 신문학사-신소설의 대두」, 『조선일보』, 1940. 2. 2-5. 10.
「「전망」의 윤리」, 『조선일보』, 1940. 2. 13.
「골동열」, 『매일신보』, 1940. 2. 15. (산문)
「작가의 다양성-토마스 만의 작품에 나타난 애정」, 『조선일보』, 1940. 2. 29.
「장안 신사가정 명부」, 『삼천리』, 1940. 3. (설문)
「고균전 잡감」, 『삼천리』, 1940. 3.
「귀의와 자각」, 『매일신보』, 1940. 3. 29. (산문)
「생산소설론-극히 조잡한 각서」, 『인문평론』, 1940. 4.
「모던문예사전」, 『인문평론』, 1940. 4.
「소설문학의 20년」, 『동아일보』, 1940. 4. 12-4. 20.
「이출문학」, 『매일신보』, 1940. 4. 27. (산문)
「유료시사회」, 『매일신보』, 1940. 4. 30. (산문)
「시와 현실과의 교섭」, 『인문평론』, 1940. 5.
「소설의 현상타개의 길」, 『조선일보』, 1940. 5. 11-5. 15.
「동경문단과 조선문학」, 『인문평론』, 1940. 6.
「조선문학통신-현 문단의 구조」, 『文藝』, 1940. 6. (일문)
「시정담의」, 『매일신보』, 1940. 6. 1-6. 4. (산문)
「조선문학 연구의 과제」, 『매일신보』, 1940. 6. 13-6. 16.
「시집 『망양』」, 『매일신보』, 1940. 6. 19.
「문화의 신대륙-혹은 '최후의 구라파인들'」, 『조선일보』, 1940. 6. 29.
「현대 조선문학의 환경」, 『文藝』, 1940. 7. (일문)
「예술의 수단」, 『매일신보』, 1940. 8. 21-8. 27.

「일상성」, 『매일신보』, 1940. 9. 20. (산문)
「창조적 비평」, 『인문평론』, 1940. 10.
「신문과 신문화」, 『조광』, 1940. 10.
「사치론」, 『매일신보』, 1940. 10. 29-11. 1. (산문)
「개설 조선신문학사」, 『인문평론』, 1940. 11-1941. 4.
「고전의 세계-혹은 고전주의적인 심정」, 『조광』, 1940. 12.
「시단은 이동한다」, 『매일신보』, 1940. 12. 9-12. 16.
「현상문예심사 중간 보고-강한 개성 가지라」, 『매일신보』, 1940. 12. 29. (정지용과의 대담)

「신춘좌담회-문학의 제 문제」, 『문장』, 1941. 1. (좌담)
「현대의 서정정신」, 『신세기』, 1941. 1.
「기독교와 신문화」, 『조광』, 1941. 1.
「유진오 저 『봄』」, 『매일신보』, 1941. 2. 7.
「문예시평-여실한 것과 진실한 것」, 『삼천리』, 1941. 3.
「총력연맹 문화부장 야나베 에이사부로 · 임화 대담」, 『조광』, 1941. 3. (대담)
「농촌과 문화」, 『조광』, 1941. 4.
「조선영화발달소사」, 『삼천리』, 1941. 6.
「우인오랑 저 『미켈란젤로』」, 『춘추』, 1941. 6.
「유진오 저 『화상보』를 독함」, 『춘추』, 1941. 7.
「조선 주택 문제 좌담」, 『춘추』, 1941. 8. (좌담)
「독서론」, 『신시대』, 1941. 9. (산문)
「학생론」, 『조광』, 1941. 10. (산문)
「조어비의(釣魚秘義)」, 『춘추』, 1941. 10. (산문)
「조선영화론」, 『춘추』, 1941. 11.

「문예동원을 말한다」, 『국민문학』, 1942. 1. (좌담, 일문)
「결혼론」, 『신시대』, 1942. 1. (산문)
「조선영화의 신출발」, 『조광』, 1942. 1. (좌담)
「연극시평」, 『매일신보』, 1942. 1. 31-2. 3.
「영화의 극성과 기록성」, 『춘추』, 1942. 2.

「조선영화론」, 『매일신보』, 1942. 6. 28-6. 30.
「윤승한 저 역사소설 『대원군』」, 『매일신보』, 1942. 10. 14.
「'백조'의 문학사적 의의-일 전형기의 문학」, 『춘추』, 1942. 11.
「연극경연대회의 인상」, 『신시대』, 1942. 12.

「소설의 인상-다섯 편의 단편을 읽은 감상」, 『춘추』, 1943. 1.
「신서시평」, 『매일신보』, 1943. 3. 11-3. 12.
「함화진 편 『증보가곡원류』」, 『매일신보』, 1943. 6. 19.

「아랑의 〈대동강〉」, 『매일신보』, 1944. 11. 7.

「권환 저 시집 『윤리』」, 『매일신보』, 1945. 2. 7.
「우리는 이론보다 실천을 위주로 한다」, 『선구』, 1945. 10.
「현하의 정세와 문화운동의 당면 임무」, 『문화전선』, 1945. 11. 15.
「조선문화의 방향」, 『민성』, 1945. 12.
「문화에 있어서 봉건적 잔재와의 투쟁 임무」, 『신문예』, 1945. 12.
「아동문학 앞에는 미증유의 큰 임무가 있다」, 『아동문학』, 1945. 12.
「문학의 인민적 기초」, 『중앙신문』, 1945. 12. 8-12. 14.

「조선문학의 지향」, 『예술』, 1946. 1. (좌담, '아서원 좌담회')
「박헌영」, 『신천지』, 1946. 2. (산문)
「문학자의 자기비판」, 『중성』, 1946. 2. (좌담, '봉황각 좌담회', 『인민예술』 2호(1946. 10.))
「조선민족문학건설의 기본과제에 관한 일반 보고」, 『조선일보』, 1946. 2. 13. (『건설기의 조선문학』)
「민주주의 민족전선-통일전선의 민주주의적 기초」, 『인민평론』, 1946. 3.
「반민주적 분자의 가면을 베껴라!」, 『조선인민보』, 1946. 4. 2. (산문)
「방황하는 일제의 망령」, 『현대일보』, 1946. 4. 3. (산문)
「민주적 문화정책」, 『조선인민보』, 1946. 4. 9.
「비평의 재건」, 『독립신보』, 1946. 5. 1.
「칼 맑스와 예술-맑스 탄생일에 제하여」, 『현대일보』, 1946. 5. 5.

「서평에 관하여」, 『현대일보』, 1946. 5. 8.
「정쟁은 명랑히 하라!」, 『현대일보』, 1946. 5. 29. (산문)
「혁명극장과 삼일공연에 제하여」, 『영화시대』, 1946. 6.
「조선 소설에 관한 보고」, 조선문학가동맹 편, 『건설기의 조선문학』, 백양당, 1946. 6.
「김기림 시집 『바다와 나비』」, 『현대일보』, 1946. 6. 6.
「'고리키'와 세계문학」, 『조선인민보』, 1946. 6. 18.
「조선에 있어 예술적 발전의 새로운 가능성에 관하여-민족문화건설전국회의에서 보고한 연설요지」, 『문학』, 1946. 7.
「망국의 교훈-국치일을 당하여」, 『조선인민보』, 1946. 8. 30. (산문, 임인식)
「서」, 김광현 외, 『전위시인집』, 노농사, 1946.

「인민항쟁과 문학운동-3·1운동 제28주년 기념에 제하여」, 『문학』, 1947. 2.
「진정한 민족문학의 건설」, 『선구』, 1947. 2.
「계관시인-옥중의 유진오 군에」, 『우리문학』, 1947. 3.
「민족문학의 이념과 문학운동의 사상적 통일을 위하여」, 『문학』, 1947. 4.
「북조선의 민주건설과 문화예술의 위대한 발전」, 『문학평론』, 1947. 4.
「작품에 관한 서간」, 『문학평론』, 1947. 4. (안회남과의 서간)
「민족의 원수를 제외한 정부를」, 『문화일보』, 1947. 6. 6. (산문)
「천재적 인민의 지도자, 정열의 사(士) 이승엽 선생」, 『노력인민』, 1947. 6. 26. (산문)
「문화공작단 출발에 제하여」, 『문화일보』, 1947. 6. 29.
「서」, 김상훈, 『대열』, 백우서림, 1947.

「눈 덮인 폐허 속에서 불사의 새는 날아난다」, 『노동신문』, 1951. 1. 15. (산문)
「침략자들의 말로를 명확하게 표시」, 『노동신문』, 1951. 2. 25. (산문)

「러시아의 위대한 사실주의 작가 니콜라이 바실리예비치 고골리」, 『인민』, 1952. 4.
「크레믈린의 붉은 별」, 『조소문화』, 1952. 11. 26.

〈평론집〉

『문학의 논리』, 학예사, 1940. 12.

임화 문학 연구자료 목록

연도별

1920-1950년대

김기진, 「단편서사시의 길로-우리 시의 양식문제」, 『조선문예』, 1929. 5.

신고송, 「시단만평-기성시인, 신흥시인」, 『조선일보』, 1930. 1. 5-1. 12.

권환, 「시평과 시론」, 『대조』, 1930. 6.

김안서, 「『카프시인집』」, 『동광』, 1932. 1.

안재좌, 「신구문인 언파레트(속)」, 『삼천리』, 1933. 3.

김남천, 「임화에 관하여-그에 대한 수감의 이 토막 저 토막」, 『조선일보』, 1933. 7. 22-7. 25.

박팔양, 「지용과 임화 시」, 『중앙』, 1936. 1.

윤곤강, 「임화론」, 『풍림』, 1937. 4.

이동규, 「임화론」, 『풍림』, 1937. 5.

최재서, 「시와 휴머니즘-임화 시집 『현해탄』을 읽고」, 『동아일보』, 1938. 3. 25.

이찬, 「임화 시집 『현해탄』을 읽고」, 『조선일보』, 1938. 3. 31.

김중원, 「임화의 처녀시집 『현해탄』을 읽고」, 『매일신보』, 1938. 4. 17.

민병휘, 「그리운 문우들-젊은 문화인 임화 군」, 『청색지』, 1938. 12.

권환, 「임화 저 『문학의 논리』를 읽고」, 『매일신보』, 1941. 2. 24.

이원조, 「임화 저 『문학의 논리』에 대하여」, 『문장』, 1941. 3.

한설야, 「임화 저 『문학의 논리』」, 『인문평론』, 1941. 4.

안함광, 「임화 저 『문학의 논리』」, 『춘추』, 1941. 7.

김동석, 「임화론-그의 시를 중심으로」, 『상아탑』, 1946. 1.

김영건, 「시집 『찬가』」, 『문화일보』, 1947. 3. 13.

이병철, 「시인이 본 시인3-임화」, 『문화일보』, 1947. 4. 24.

정진석, 「『찬가』를 읽고」, 『자유신문』, 1947. 4. 24.

임긍재, 「임화론」, 『백민』, 1948. 4·5.

안함광, 「전시하의 조선문학」, 『문학예술』, 1951. 4.

엄호석, 「작가들의 사업과 정열-최근의 창작을 중심으로」, 『문학예술』, 1951. 7.

안함광,「싸우는 조선의 시문학이 제기하는 주요한 몇 가지 특징」,『문학예술』, 1951. 9.
한설야,「전국 작가예술가대회에서 진술한 한설야 위원장의 보고」,『조선문학』, 1953. 10.

1970년대 이후

김윤식,「임화연구」,『한국근대문예비평사연구』, 일지사, 1976.

양일운,「북한의 숙청문인-상허와 임화를 중심으로」,『북한학보』 5집, 북한연구소, 1981.

김윤식,「현해탄의 사상과 품천역의 사상」,『한국근대문학사상사』, 한길사, 1984.

정영곤,「임화 시의 연구-시의식의 변화를 중심으로」,『어문교육논집』 9집, 부산대학교 국어교육과, 1986.

김윤식,「이식문학론 비판」,『한국문학의 근대성과 이데올로기 비판』, 서울대학교출판부, 1987.
신경림,「서정시인 임화」, 마쓰모토 세이쪼, 김병걸 역,『북의 시인 임화』, 미래사, 1987.
정재찬,「1920-1930년대 한국경향시의 서사지향성 연구-단편서사시를 중심으로」, 서울대학교 석사논문, 1987.
조은희,「한국 현대시에 나타난 다다이즘 · 초현실주의 수용양상에 관한 연구」, 서울대학교 석사논문, 1987.

고형진,「'단편서사시'와 부유한 관념-임화론」,『현대시학』 237호, 1988. 12.
김윤식,「신문학사론 비판」,『한국 현대문학사론』, 한샘, 1988.
김윤식,「임화를 위한 변론-정치적 진실과 문학적 진실」,『실천문학』 9호, 1988. 봄. (『한국 현대문학사론』, 한샘, 1988)
박성준,「'역사의 비극' 선택받은 시인 임화」,『현대공론』 6호, 1988. 10.
이경훈,「임화 시 연구-시집『현해탄』을 대상으로」, 연세대학교 석사논문, 1988.
정재찬,「시인 임화론」,『임화선집1』, 세계사, 1988.

김성윤, 「1920-30년대 경향시의 전개양상」, 연세대학교 석사논문, 1989.
김윤식, 『임화 연구』, 문학사상사, 1989.
김재홍, 「낭만파 프로시인 임화」, 『한국문학』, 1989. 6-7. (『카프시인비평』, 서울대학교출판부, 1990)
박민수, 「계급적 자아의 확립과 저항적 분노」, 『현대시의 사회시학적 연구』, 느티나무, 1989.
송창섭, 「임화와 백석론」, 『북한』 210집, 북한연구소, 1989.
유창근, 「임화론」, 『시문학』 215호, 1989. 6.
채수영, 「임화론」, 『한국문학연구』 12집, 동국대학교 한국문학연구소, 1989.
최두석, 「임화의 시세계」, 『사회비평』 2호, 1989. 여름. (『리얼리즘의 시정신』, 실천문학사, 1992)

김외곤, 「'물' 논쟁의 미학적 연구」, 『외국문학』 24호, 1990. 가을.
김윤식, 「1930년대 후반기 카프문인들의 전향유형 분석」, 『한국학보』 59호, 1990. 여름.
김윤식, 「해방공간 문화운동의 갈래와 그 전망-임화, 김남천의 내면풍경 분석을 중심으로」, 『한국학보』 58호, 1990. 봄.
김재용, 「진보적 문학가 임화의 삶과 문학」, 『민족문학운동의 역사와 이론』, 한길사, 1990.
김정석, 「임화 시 연구- '시적 자아'의 변모과정」, 『국학연구』 3집, 국학연구소, 1990.
김진희, 「임화 시 연구- '단편 서사시'를 중심으로」, 이화여자대학교 석사논문, 1990.
민경희, 「임화의 소설론 연구」, 서울대학교 석사논문, 1990.
박상천, 「임화의 시 연구」, 『한국근대시의 비평적 성찰』, 국학자료원, 1990.
신승엽, 「식민지 시대 임화의 삶과 문학」, 윤여탁·오성호 편, 『한국현대리얼리즘시인론』, 태학사, 1990.
유임하, 「임화 시의 변모양상에 관한 연구」, 동국대학교 석사논문, 1990.
윤여탁, 「1920-30년대 리얼리즘시의 현실인식과 형상화 방법에 대한 연구」, 서울대학교 박사논문, 1990.
이상경, 「임화의 소설사론과 그 미학적 근거에 대한 비판적 검토」, 『창작과 비평』, 1990. 가을.
이현식, 「1930년대 후반 사실주의 문학론 연구-임화와 안함광을 중심으로」, 연세대학교 석사논문, 1990.

정경운, 「임화의 낭만주의론 연구」, 전남대학교 석사논문, 1990.
한기형, 「임화의 문학사 서술에 대한 관점의 몇 가지 문제」, 김학성·최원식 편, 『한국근대문학사의 쟁점』, 창비, 1990.
황정범, 「임화 비평의 연구」, 부산대학교 석사논문, 1990.

강진호, 「임화 낭만주의론의 성격과 의미」, 『우리문학』, 1991. 여름.
김용직, 『임화 문학 연구』, 세계사, 1991.
김정훈, 「임화 시 「담-1927-자코 반제티의 명일에」 소고」, 『한양어문연구』 9집, 1991.
김정훈, 「임화 시 연구를 위한 소론-초기시를 중심으로」, 『국제어문』 12·13집, 국제어문연구회, 1991.
손진은, 「새로운 시 양식의 시도와 실패-임화론」, 『문학과 언어』 12집, 문학과언어학회, 1991.
신두원, 「임화의 현실주의론 연구」, 서울대학교 석사논문, 1991.
신명경, 「임화 시 연구」, 동아대학교 석사논문, 1991.
신명경, 「임화의 낭만정신론 연구」, 『동아어문논집』 1집, 동아어문학회, 1991.
신승엽, 「이식과 창조의 변증법」, 『창작과 비평』, 1991. 가을. (『민족문학을 넘어서』, 소명출판, 2000)
오현주, 「임화의 문학사 서술에 대한 고찰」, 『현상과 인식』 52호, 한국인문사회과학원, 1991. 봄·여름.
이태숙, 「임화 시의 변모 양상에 관한 고찰」, 서울대학교 석사논문, 1991.
이훈, 「임화 '신문학사'에 대한 연구1」, 『문학과 논리』, 1991. 10.
임규찬, 「임화의 신문학사를 바라보는 최근의 관점과 비판」, 『한길문학』, 1991. 가을. (『문학사와 비평적 쟁점』, 태학사, 2001)
조두섭, 「임화 서간체시의 정체」, 『대구어문론총』 9집, 대구어문학회, 1991.
홍희선, 「임화 시 연구」, 서울여자대학교 석사논문, 1991.

김수정, 「1930년대 휴머니즘론 연구-백철·임화를 중심으로」, 고려대학교 석사논문, 1992.
김은영, 「경향시의 서사지향성 연구-임화와 이용악의 이야기시를 중심으로」, 부산대학교 석사논문, 1992.

김주언, 「임화 시론 연구」, 단국대학교 석사논문, 1992.
남기혁, 「임화 시의 담론구조와 장르적 성격 연구」, 서울대학교 석사논문, 1992.
박성준, 「임화의 본격소설론 연구1」, 『대전어문학』 9집, 대전대학교 국어국문학과, 1992.
박윤우, 「1930년대 후반 프로시론에 있어 현실성의 인식에 대한 연구」, 『선청어문』 20집, 서울대학교 국어교육과, 1992.
성진희, 「임화의 신문학사론 연구」, 서울대학교 석사논문, 1992.
송근호, 「1930년대 후반 임화의 문학론 연구」, 연세대학교 석사논문, 1992.
신종호, 「임화 연구」, 숭실대학교 석사논문, 1992.
신종호, 「임화의 비평의식 연구」, 『숭실어문』 9집, 숭실어문학회, 1992.
오성호, 「1920-30년대 한국시의 리얼리즘적 성격 연구」, 연세대학교 박사논문, 1992.
오현주, 「임화의 문학사 서술의 추이에 관한 연구」, 『실천문학』, 1992. 봄.
유병석, 「임화의 〈신문학사〉 연구」, 『한국학논집』 21·22집, 한양대학교 한국학연구소, 1992.
윤여탁, 「임화의 시론과 서술시의 전개」, 『이규창박사정년퇴임기념국어국문학논문집』, 집문당, 1992.
이경훈, 「전쟁을 시쓰기-임화 시집 『너 어느 곳에 있느냐』에 대하여」, 『한길문학』 13호, 한길사, 1992.
이양숙, 「해방직후 임화의 민족문학론에 대하여」, 『문학과 논리』 2호, 태학사, 1992.
전상기, 「임화 리얼리즘론의 변모과정 연구」, 성균관대학교 석사논문, 1992.
정찬영, 「1930년대 후반기 리얼리즘론 연구-김남천과 임화를 중심으로」, 부산대학교 석사논문, 1992.

김병구, 「임화의 소설론 연구」, 서강대학교 석사논문, 1993.
김재용, 「카프 해소파의 이론적 근거-임화론」, 『실천문학』, 1993. 여름.
김재홍, 「정치의 길, 예술의 길, 임화」, 『한국 현대문학의 비극론』, 시와시학사, 1993.
김주일, 「1930년대 리얼리즘론 연구-임화·김남천의 문예론을 중심으로」, 연세대학교 박사논문, 1993.
김중호, 「임화 초기시의 형식문제」, 『홍익어문』 12집, 홍익어문연구회, 1993.
김지연, 「임화의 시론과 시에 관한 일고찰」, 『국어국문학』 110집, 국어국문학회, 1993.

나병철, 「임화의 리얼리즘론과 소설론」, 한국문학연구회 편, 『1930년대 문학 연구』, 평민사, 1993.
박용찬, 「프로문학 선택과 시의 창작방법-임화론1」, 『어문학』 54집, 한국어문학회, 1993.
이경훈, 「임화의 1930년대 후반기 시 연구」, 『비평문학』 7호, 한국비평문학회, 1993. (『어떤 백년, 즐거운 신생』, 하늘연못, 1999)
이명찬, 「1920-30년대 한국시의 서사화 과정에 대한 연구」, 『관악어문연구』 18집, 서울대학교 국어국문학과, 1993. (『1930년대 한국시의 근대성』, 소명출판, 2000)
이상갑, 「임화의 단편서사시 연구」, 『우리어문연구』 6·7호, 우리어문학회, 1993.
이숭원, 「임화 시의 선동성과 낭만적 열정」, 『한국 현대 시인론』, 개문사, 1993.
이훈, 「1930년대 임화의 문학론 연구」, 서울대학교 박사논문, 1993.
전재은, 「해방 후 임화 시 연구」, 숙명여자대학교 석사논문, 1993.
정효구, 「임화의 단편서사시에 나타난 방법적 특성의 고찰」, 『인문학지』 9집, 충북대학교 인문학연구소, 1993. (『20세기 한국시의 정신과 방법』, 시와시학사, 1995)
정희모, 「임화의 〈본격소설론〉 연구」, 『연세어문학』 25집, 연세대학교 국어국문학과, 1993.
최원식, 「이식론과 내재적 발전론을 넘어서」, 『창작과 비평』 81호, 1993. 가을.

권성우, 「1920-30년대 문학비평에 나타난 '타자성' 연구」, 서울대학교 박사논문, 1994.
김명인, 「1930년대 중후반 임화 시의 양상과 성격」, 『민족문학사연구』 5호, 민족문학사학회, 1994. (『불을 찾아서』, 소명출판, 2000)
김정훈, 「임화의 문학관 연구1」, 『국제어문』 14 · 15집, 국제어문학회, 1994.
김주언, 「임화의 문학사 서술에 나타난 근대성 인식의 문제」, 『국문학논집』 14집, 단국대학교 국어국문학과, 1994.
김현정, 「임화와 김기림 비평의 대화적 연구」, 대전대학교 석사논문, 1994.
오문석, 「1920-30년대 프로시론의 전개과정 연구」, 연세대학교 석사논문, 1994.
이훈, 「임화의 초기 문학론 연구-프로문학으로의 전환과정을 중심으로」, 『국어국문학』 111집, 국어국문학회, 1994.

조현일, 「임화의 소설론 연구」, 『한국현대문학연구』 3집, 한국현대문학회, 1994.

김오경, 「임화 시 연구」, 충남대학교 석사논문, 1995.
김외곤, 「임화의 소설론과 생활 세계의 인식」, 『한국학보』 81집, 1995. 겨울.
김정훈, 「단편서사시의 개념, 대상, 범주 고찰」, 『국제어문』 16집, 국제어문학회, 1995. (『임화 시 연구』, 국학자료원, 2001)
김진기, 「임화의 『조선신문학사』 비판」, 『겨레어문학』 19집, 겨레어문학회, 1995.
양진오, 「이식과 전통의 문학사-임화 문학사에 대한 새로운 이해」, 『서강어문』 11집, 서강어문학회, 1995.
이수남, 「한국 현대 서술시의 특성 연구-임화, 박세영, 백석, 이용악의 시를 중심으로」, 부산외국어대학교 석사논문, 1995.
이훈, 「임화의 1920년대 중반-1930년대 초 문학론 연구」, 『국어국문학』 114집, 국어국문학회, 1995.
이훈, 「임화의 1940년대 전반기 문학비평 연구-전망의 상실과 관련하여」, 『논문집』 16집1호, 목포대학교, 1995.
최두석, 「한국 현대 리얼리즘시 연구-임화, 오장환, 백석, 이용악의 시를 중심으로」, 서울대학교 박사논문, 1995.
황국명, 「임화의 소설론 연구」, 『인제논총』 11권2호, 인제대학교, 1995.

김영옥, 「한국현대시의 서사성 연구-김동환, 임화, 신동엽을 중심으로」, 충남대학교 석사논문, 1996.
김정훈, 「임화 시 연구」, 한양대학교 박사논문, 1996. (『임화 시 연구』, 국학자료원, 2001)
김춘식, 「한국문예비평사의 사회·문화사적인 서술을 위한 시론-임화의 '신문학사 서술 방법론'을 중심으로」, 『국어국문학논문집』 17집, 동국대학교 국어국문학과, 1996.
김형숙, 「임화 리얼리즘 문학론 연구- '주체' 문제를 중심으로」, 한국교원대학교 석사논문, 1996.
류보선, 「1930년대 후반기 문학비평 연구」, 서울대학교 박사논문, 1996.
박정선, 「1930년대 후반기 임화 시 연구」, 경북대학교 석사논문, 1996.
서경석, 「1930년대 문학비평에 나타난 '탈근대성' 연구-임화·김남천의 '사상' 모색을

중심으로」, 『한국학보』 84호, 1996. (『한국 근대 리얼리즘 문학사 연구』, 태학사, 1998)
이승훈, 「1920년대 한국 모더니즘시 연구」, 『한국학논집』 29집, 한양대학교 한국학연구소, 1996.
이장렬, 「한국 근대시에 나타난 도시공간 연구-김기림과 임화를 중심으로」, 경남대학교 석사논문, 1996.
이형권, 「임화 시의 비유적 특성」, 『목원어문학』 14집, 목원대학교 국어교육과, 1996.
이형권, 「임화 시와 이미지」, 『문예시학』 7집, 문예시학회, 1996.
임성운, 「임화의 문학사기술방법 연구-지리적 공간인식을 중심으로」, 『어학연구』 7집, 순천대학교 어학연구소, 1996.
정호웅, 「임화 소설 비평의 구조」, 『한국학보』 83호, 일지사, 1996. (『한국 현대 소설사론』, 새미, 1996)
정호웅, 『임화』, 건국대학교출판부, 1996.
최두석, 「1930년대 후반의 낭만적 시경향」, 『시와 리얼리즘』, 창비, 1996.

김중호, 「임화 연구-창작방법론에 나타난 문학의 논리와 전향의 논리」, 홍익대학교 석사논문, 1997.
박진영, 「임화 신문학사론 연구」, 연세대학교 석사논문, 1997.
신은주, 「나카노 시게하루(中野重治)와 한국 프롤레타리아 문학운동-임화, 이북만과의 관계를 중심으로」, 『일본연구』 12집, 한국외국어대학교 일본연구소, 1997.
이형권, 「임화 문학 연구」, 충남대학교 박사논문, 1997.
정호웅, 「'임화 소설사'의 몇 가지 내용에 대한 비판적 검토」, 『현대문학이론연구』 8집, 현대문학이론학회, 1997.
조남익, 「프로시와 이야기시의 전개-임화 편」, 『시문학』 309호, 1997. 4.

김병택, 「임화의 시론고」, 『인문학연구』 4집, 제주대학교 인문과학연구소, 1998.
김영민, 「해방 직후 민족문학론 연구1-임화의 경우를 중심으로」, 『매지논총』 15집, 연세대학교 매지학술연구소, 1998.
김외곤, 「민족문학론의 근대성에 대한 비판적 연구-임화의 논의를 중심으로」, 『한국현대문학연구』 6집, 한국현대문학회, 1998.
김정훈, 「광복 직후의 임화 시 연구」, 『국어교육』 97집, 한국어교육학회, 1998. (『임화

시 연구』, 국학자료원, 2001)

김한식, 「현대문학사 기술에서 '근대'를 보는 관점의 비교 연구」, 『어문논집』 37집, 안암어문학회, 1998.

박용찬, 「해방기 시의 현실인식과 창작방법 연구」, 경북대학교 박사논문, 1998.

박희병, 「임화의 이식문학론 비판」, 『한국문화』 22집, 서울대학교 한국문화연구소, 1998.

서준섭, 「문학과 정치-임화의 문학비평」, 『강원인문논총』 6집, 강원대학교 인문과학연구소, 1998. (『한국 근대문학과 사회』, 월인, 2000)

신경림, 「임화 · 역사의 격랑 속에 침몰한 혁명시인」, 『시인을 찾아서』, 우리교육, 1998.

안심순, 「임화 연구-시의 변모양상과 그 요인」, 국민대학교 석사논문, 1998.

이순욱, 「카프의 서술시 연구」, 『한국문학논총』 23집, 한국문학회, 1998.

전승주, 「임화의 신문학사 방법론에 관한 연구」, 서울대학교 석사논문, 1998.

정희모, 「임화의 리얼리즘론과 소설론 연구」, 『비평문학』 12집, 한국비평문학회, 1998.

채호석, 「임화와 김남천의 비평에 나타난 '주체'의 문제」, 『상허학보』 4집, 상허학회, 1998. (『한국 근대문학과 계몽의 서사』, 소명출판, 1999)

최수진, 「1930년대 임화 시 연구-『현해탄』에 나타난 낭만성을 중심으로」, 경희대학교 석사논문, 1998.

홍기삼, 「한국문학 전통과 현대적 계승」, 『한국문학연구』 20집, 동국대학교 한국문학연구소, 1998.

권용선, 「30년대 후반 임화 문학론에 나타난 근대성 인식 고찰」, 『인천어문학』 14·15집, 인천대학교 국어국문학과, 1999.

김외곤, 「임화의 '신문학사'와 오리엔탈리즘」, 『한국문학이론과 비평』 5집, 한국문학이론과 비평학회, 1999.

김정훈, 「1920년대 아나키즘 논쟁의 일고찰-임화의 초기 평론을 중심으로」, 『전농어문연구』 11집, 서울시립대학교 국어국문학과, 1999.

문혜원, 「1920년대 시론 연구-경향시론을 중심으로」, 『관악어문연구』 24집, 서울대학교 국어국문학과, 1999.

박배식, 「임화의 문학론과 현실인식」, 『한국문학이론과 비평』 6집, 한국문학이론과비평학회, 1999.
서경석, 「1930년대 후반의 카프-한설야의 「지하실의 수기」와 임화의 「어떤 청년의 참회」를 중심으로」, 『어문학』 66집, 한국어문학회, 1999. (『한국근대문학사연구』, 태학사, 1999)
서지영, 「한국 현대시의 산문성 연구-오장환·임화·백석·이용악·이상 시를 대상으로」, 서강대학교 박사논문, 1999.
선주원, 「1930년대 후반 반파시즘 인민전선론에 관한 비판적 검토」, 『청람어문학』 21집, 청람어문학회, 1999.
송기섭, 「서정의 힘과 이념-임화론」, 『어문연구』 31집, 어문연구학회, 1999.
신명경, 「일제강점기 로만주의 문학론 연구」, 동아대학교 박사논문, 1999.
양영길, 「한국 근대문학사의 서술양상 연구」, 제주대학교 박사논문, 1999.
오형엽, 「1930년대 시론의 구조적 연구-김기림·임화·박용철을 중심으로」, 고려대학교 박사논문, 1999.
유성호, 「현실과 진리를 향한 간단없는 질문과 탐색」, 『실천문학』 56호, 1999. 가을.
이명찬, 「1930년대 후반 한국시의 고향의식 연구」, 서울대학교 박사논문, 1999.
이미경, 「1930년대 '기교주의 논쟁'의 전개양상과 그 의미」, 『어문학』 67집, 한국어문학회, 1999.
최명표, 「단편서사시론」, 『한국문학논총』 24집, 한국문학회, 1999.
허형만 · 이훈, 「1930년대 임화의 리얼리즘론 연구」, 『한국언어문학』 42집, 한국언어문학회, 1999.

김미정, 「임화의 단편서사시 연구」, 동아대학교 석사논문, 2000.
김외곤, 「1930년대 후반 임화의 문학론 재론」, 『현대문학이론연구』 13집, 현대문학이론학회, 2000.
김외곤, 「임화의 문학비평과 미술비평의 관련성」, 『인문과학연구』 9집, 서원대학교 인문과학연구소, 2000.
김윤태, 「1930년대 한국 현대시론의 근대성 연구-임화와 김기림의 시론을 중심으로」, 서울대학교 박사논문, 2000.
김재용, 「한국전쟁과 임화」, 『작가연구』 10호, 2000. 12.
김재용, 「해주시절의 임화와 영웅시편의 문제」, 『실천문학』, 2000. 봄.
김태석, 「기교주의 논쟁 발단에 담긴 내포적 의미」, 『국문학논집』 17집, 단국대학교 국어국문학과, 2000.
류찬열,「1930년대 기교주의 논쟁에 관한 연구-김기림 시론과 임화 시론에 나타난 낭만주의 수용과 재평가를 중심으로」,『어문론집』 28집, 중앙어문학회, 2000.
박배식,「1930년대 임화의 리얼리즘론의 변모 양상」,『국민어문연구』 8집, 국민대학교 국어국문학연구회, 2000.
박승희,「한국시의 미적 근대성 연구-최남선, 임화, 김기림을 중심으로」, 영남대학교 박사논문, 2000.
양영길,「임화의 한국 근대문학사 인식 방법 연구」,『백록어문』 16집, 백록어문학회, 2000.
유종호,「다시 읽는 한국시인-임화」,『문학동네』, 2000. 봄-가을. (『다시 읽는 한국 시인』, 문학동네, 2002)
이명원,「카프 해산 직후 임화 비평에 나타난 '주체제건'의 양상에 대한 고찰」,『타는 혀』, 새움, 2000.
임규찬,「임화 시론 연구」, 반교어문학회 편,『근현대문학의 사적 전개와 미적 양상 1-해방전편』, 보고사, 2000. (『문학사와 비평적 쟁점』, 태학사, 2001)
임헌영,「서정시와 혁명시-임화의 해방 후 혁명시를 중심으로」, 문덕수.외,『한국 현대 시인 특성론』, 국학자료원, 2000.
정홍섭,「임화 문학론 비판-이식문학론 극복을 위하여」,『작가연구』 10호, 2000.
최동호,「임화의 단편서사시와 전선시가의 문학사적 의미」,『디지털 문화와 생태시학』, 문학동네, 2000.
하재연,「임화 시 연구-발화 구조의 변모를 중심으로」, 고려대학교 석사논문, 2000.

권용선,「1920년대말 한일 프롤레타리아 시인의 근대성 인식 비교 고찰-임화와 나카노 시게하루를 중심으로」,『인하어문연구』 5집, 인하어문연구회, 2001.
김재용,「임화와 양남수」,『한국근대문학연구』 3집, 한국근대문학회, 2001.
김정훈,「1920년대 후반 프로시 양식 논쟁」,『임화 시 연구』, 국학자료원, 2001.
김주언,「임화의 낭만주의론, 그 의미와 한계」,『어문연구』 112집, 한국어문교육연구회, 2001.
남기혁,「임화의「우리 오빠와 화로」,『심상』, 2001. 3. (『한국 현대시와 침묵의 언어』, 월인, 2003)
박배식,「임화의 비평의식 변모 양상」,『인문논총』 8집, 동신대학교 인문과학연구소,

2001.
박은미,「임화 시에 나타난 가족 모티프 연구」,『겨레어문학』 27집, 겨레어문학회, 2001.
송기한,「'단편서사시'의 대화적 담론 구조」,『한국문학이론과 비평』 12집, 한국문학이론과 비평학회, 2001.
신재기,「임화의 창조적 비평론 연구」,『한민족어문학』 38집, 한민족어문학회, 2001. (『창조적 비평의 논리』, 새미, 2004)
이경수,「임화 시에 나타난 '운명'의 의미」,『어문논집』 44집, 안암어문학회, 2001.
이명찬,「네거리를 고향으로 둔 시인의 운명-임화 시론」,『민족문학사연구』 18집, 민족문학사학회, 2001.
이진형,「임화의 소설 이론 연구-본격소설론의 형성과 구조」, 연세대학교 석사논문, 2001.
임규찬,「임화의 문학사 방법론과 문학사 서술」,『문학사와 비평적 쟁점』, 태학사, 2001.
정찬영,「임화의 문학론 연구」,『우암어문논집』 11집, 우암어문학회, 2001.

김영택,「임화의 『신문학사』에 관한 연구」,『한국문예비평연구』 10집, 한국현대문예비평학회, 2002.
김윤식,「작가와 말의 관계에 대한 임화의 태도」,『실천문학』 67호, 2002. 가을. (『일제 말기 한국 작가의 일본어 글쓰기론』, 서울대학교출판부, 2003)
김지연,「임화 시의 낭만성 시의식에 관하여」,『성심어문논집』 24집, 성심어문학회, 2002.
김형필,「임화의 시 연구」,『논문집』 34집, 한국외국어대학교, 2002.
박정선,「식민지 근대와 1920년대 다다이즘의 미적 저항」,『어문론총』 37집, 한국문학언어학회, 2002.
방민호,「임화의 '이식문화론' 재고」,『관악어문연구』 27집, 관악어문연구회, 2002.
신두원,「계급문학, 민족문학, 세계문학-임화의 경우」,『민족문학사연구』 21집, 민족문학사학회, 2002.
염형운,「소설 위기상황 인식의 전체주의로의 귀결-최재서, 임화, 김남천의 소설론을 중심으로」,『한국어문학연구』 16집, 한국어문학연구회, 2002.
와타나베 나오키,「'조선문학'이란 무엇인가-1930년대 중후반의 임화의 견해를 중심으로」, 『한중인문학연구』 9집, 한중인문학회, 2002.
이형권, 「현해탄 시편의 양가성 문제-30년대 후반의 임화 시를 중심으로」, 『한국언어문학』 49집, 한국언어문학회, 2002.
전병준, 「이상화와 임화의 시 비교 연구」, 고려대학교 석사논문, 2002.
조영복, 「운명에 동화되어버린 낭만주의자, 임화」, 『월북예술가, 오래 잊혀진 그들』, 돌베개, 2002.
채호석, 「탈-식민의 거울, 임화」, 『한국학연구』 17집, 고려대학교 한국학연구소, 2002.

김면수, 「식민지 '청년' 지식인의 내면 보고서-임화론」, 상허학회 편, 『새로 쓰는 한국시인론』, 백년글사랑, 2003.
김외곤, 「임화의 초기 문학 활동 연구」, 『인문과학연구』 12집, 서원대학교 인문과학연구소, 2003.
박몽구, 「임화의 서술시와 대화주의」, 『한국언어문화』 24집, 한국언어문화학회, 2003.
방민호, 「주체적 시각으로의 전회-1930년대 임화의 비평적 행로」, 『문명의 감각』, 향연, 2003.
오성호, 「임화의 월북 후 활동과 숙청」, 『현대문학의 연구』 21집, 한국문학연구학회, 2003.
오창은, 「'자생성'과 '종속성'의 경계, 그리고 지식의 '탈식민적 가능성'」, 문학과비평연구회, 『탈식민의 텍스트, 저항과 해방의 담론』, 이회문화사, 2003.
윤수하, 「네거리의 순이」의 영화적 요소에 관한 연구」, 『한국시학연구』 9집, 한국시학회, 2003.
이숭원, 「정치 현실에 대한 두 시인의 반응-임화와 김수영의 경우」, 『한민족어문학』 43집, 한민족어문학회, 2003.
이정환, 「'바다' 시편에 나타난 일제말 임화의 내면 풍경」, 『어문논집』 48집, 민족어문학회, 2003.
임경순, 「비평행위와 현실인식의 상관성에 관한 연구-임화의 문학 비평을 중심으로」, 『한국언어문학』 51집, 한국언어문학회, 2003.
채호석, 「탈-식민과 (포스트-)카프문학」, 『민족문학사연구』 23집, 민족문학사학회, 2003.

김신정, 「정치적 행동으로서의 시와 시의 형식-임화의 시론과 시작의 의미」, 문학과사상연구회, 『임화문학의 재인식』, 소명출판, 2004.
김영민, 「임화의 신문학사 연구의 성과와 의미-시문학의 발생 및 성장 과정에 대한 논의를 중심으로」, 문학과사상연구회, 『임화문학의 재인식』, 소명출판, 2004.
김예림, 「초월과 중력, 한 근대주의자의 초상-일제 말기 임화의 인식과 언어론」, 『한국근대문학연구』 5집, 한국근대문학회, 2004. (『1930년대 후반 근대인식의 틀과 미의식』, 소명출판, 2004)
김재용, 「임화의 이식문학론과 조선적 특수성 인식의 명암」, 문학과사상연구회, 『임화문학의 재인식』, 소명출판, 2004.
김재용, 「해방직후 임화의 민족문학과 통일독립」, 문학과사상연구회, 『임화문학의 재인식』, 소명출판, 2004.
김진희, 「반성과 거울의 양식-1930년대 후반 임화의 시」, 『한국근대문학연구』 5집, 한국근대문학회, 2004. (『근대문학의 장과 시인의 선택』, 소명출판, 2009)
김형규, 「'이야기'의 시적 의미화 양상 고찰-임화의 단편서사시와 백석의 초기시에 나타난 담화특성을 중심으로」, 『숭실어문』 20집, 숭실어문학회, 2004.
박상준, 「임화의 문학사 연구에 나타난 이론 구성과 실제 기술의 변증법」, 『한국근대문학연구』 5집, 한국근대문학회, 2004.
박진영, 「임화의 문학사론과 신문학사 서술」, 문학과사상연구회, 『임화문학의 재인식』, 소명출판, 2004.
배개화, 「1930년대 후반 전통담론의 탈식민성 연구」, 서울대학교 박사논문, 2004.
양문규, 「임화의 한국 근대소설의 인식과 문제점」, 문학과사상연구회, 『임화문학의 재인식』, 소명출판, 2004.
와타나베 나오키, 「임화의 언어론-1930년대 중·후반의 견해를 중심으로」, 『국어국문학』 138집, 국어국문학회, 2004.
유문선, 「카프 작가와 프롤레타리아 국제주의」, 『민족문학사연구』 24집, 민족문학사학회, 2004.
유성호, 「비극적 근대시인의 시적 경로」, 문학과사상연구회, 『임화문학의 재인식』, 소명출판, 2004.
이경훈, 「서울, 임화 시의 좌표」, 문학과사상연구회, 『임화문학의 재인식』, 소명출판, 2004.
이상갑, 「분열의 수사와 근대 극복-임화론」, 『한국근대문학연구』 5집, 한국근대문학회회, 2004.
이현식,「주체 재건을 향한 도정과 실천으로서의 리얼리즘-1930년대 후반 임화의 비평」, 문학과사상연구회,『임화문학의 재인식』, 소명출판, 2004.
조혜진,「시의 논리와 논리의 운명-임화 시 연구」,『돈암어문학』 17집, 돈암어문학회, 2004.
최현식,「낭만성, 신념과 성찰의 이중주-임화의 '네거리' 계열 시를 중심으로」, 문학과사상연구회,『임화문학의 재인식』, 소명출판, 2004.
하정일,「'사실' 논쟁과 1930년대 후반 문학의 성격」, 문학과사상연구회,『임화문학의 재인식』, 소명출판, 2004.
하정일,「이식·근대·탈근대」, 문학과사상연구회,『임화문학의 재인식』, 소명출판, 2004.
황경,「임화 문학사론의 구도와 시각」,『우리어문연구』 23집, 우리어문학회, 2004.

고영진,「임화의 리얼리즘 변모 양상과 소설론」,『문예시학』 16집, 문예시학회, 2005.
김춘식,「임화의 '근대성'과 '전통'-임화의 신문학사 인식을 중심으로」,『한국언어문화』 27집, 한국언어문화학회, 2005.
나병철,「한국문학과 탈식민」,『상허학보』 14집, 상허학회, 2005.
박세미,「북한형 인테리 형성 과정-"오랜 인테리" 임화 숙청을 중심으로」, 경남대학교 석사논문, 2005.
서준섭,「한국 근대 시인과 탈식민주의적 글쓰기-한용운, 임화, 김기림, 백석의 경우를 중심으로」,『한국시학연구』 13집, 한국시학회, 2005.
전병준,「1930년대 후반 임화의 시 연구」,『한국시학연구』 13집, 한국시학회, 2005.
조명숙,「임화의 단편서사시 연구」, 아주대학교 석사논문, 2005.
차승기,「임화와 김남천, 또는 '세태'와 '풍속'의 거리-1930년대 후반 '전환기'의 문화적 대응들」,『현대문학의 연구』 25집, 한국문학연구학회, 2005.
하정일,「임화의 현재성」,『문학수첩』 9호, 2005. 봄.
한정호,「임화와 지하련-마산에서의 결핵 체험과 문학살이」,『시와 비평』, 2005. 6.

곽효환,「임화 초기시의 경향 연구」,『비평문학』 23집, 한국비평문학회, 2006.
구재진,「1930년대 사회주의비평과 '조선' 인식」,『민족문학사연구』 31집, 민족문학사학회, 2006.

권성우, 「임화의 문화담론과 에세이 연구-미디어에 대한 성찰을 중심으로」, 『한민족문화연구』 19집, 한민족문화학회, 2006. (『횡단과 경계』, 소명출판, 2008)

권재일, 「체코와 한국의 프롤레타리아 시 비교 연구」, 『동유럽연구』 17집, 한국외국어대학교 동유럽발칸연구소, 2006.

류찬열, 「1930년대 후반기 리얼리즘시 연구-임화, 이용악 시의 서사성 수용 양상을 중심으로」, 『어문논집』 35집, 중앙어문학회, 2006.

박승희, 「1920년대 시적 주체와 여성 화자」, 『한국문학이론과 비평』 33집, 한국문학이론과 비평학회, 2006.

박정선, 「임화 시의 시적 주체 변모과정 연구」, 경북대학교 박사논문, 2006.

백은주, 「임화 시의 낭만성 연구를 위한 시론」, 『한국시학연구』 17집, 한국시학회, 2006.

신재기, 「임화의 문학언어론 연구」, 『한국문예비평연구』 19집, 한국현대문예비평학회, 2006.

이길연, 「임화의 혁명과 프로문학의 향방-시의식의 변모 양상을 중심으로」, 『현대문학의 연구』 29집, 한국문학연구학회, 2006.

이찬, 「임화와 조동일의 문학사 비교 연구」, 『우리어문연구』 26집, 우리어문학회, 2006.

정효구, 「1930년대 시에 나타난 가족의 양상과 그 의미」, 『한국문학논총』 42집, 한국문학회, 2006.

하정일, 「일제 말기 임화의 생산문학론과 근대극복론」, 『민족문학사연구』 31집, 민족문학사학회, 2006. (『탈식민의 미학』, 소명출판, 2008)

허정, 「임화 다다이즘 시의 행방과 계급의식의 출발」, 『한국시학연구』 16집, 한국시학회, 2006.

강호정, 「1930년대 시에 나타난 영화적 기법의 양상-오장환과 임화의 경우」, 『비교한국학』 15권1호, 국제비교한국학회, 2007.

권성우, 「임화 시에 나타난 '탈식민성' 연구」, 『한국문예비평연구』 24집, 한국현대문예비평학회, 2007. (『횡단과 경계』, 소명출판, 2008)

권성우, 「임화, 혹은 세 가지 저항의 방식」, 『현대문학의 연구』 33집, 한국문학연구학회, 2007. (『횡단과 경계』, 소명출판, 2008)

권성우, 「임화의 메타비평 연구-비평적 자의식에 대한 고찰을 중심으로」, 『상허학

보』 19집, 상허학회, 2007. (『횡단과 경계』, 소명출판, 2008)

권혁웅, 「임화 시의 비유적 특성과 그 계승」, 『한국문학이론과 비평』 37집, 한국문학이론과 비평학회, 2007.

김성숙, 「우리 옵바와 화로」 등 임화의 단편 서사시에 대한 일고찰」, 『현대문학의 연구』 31집, 한국문학연구학회, 2007.

김지형, 「임화 비평의 탈식민성 연구」, 한국외국어대학교 석사논문, 2007.

김진희, 「1930-1940년대 해외 기행시의 인식과 구조-임화와 김조규의 일본·만주 기행시를 중심으로」, 『현대문학의 연구』 33집, 한국문학연구학회, 2007.

박상준, 「임화 신문학사론의 문학사 연구 방법론적 성격에 대한 연구」, 『외국문학연구』 28집, 한국외국어대학교 외국문학연구소, 2007.

여태천, 「언어의 현실성과 민족어의 가능성-임화의 경우」, 『민족연구』 29집, 한민족연구원, 2007.

이성혁, 「1920년대 한국 근대시의 전위성 연구-아나키즘 다다와 임화의 초창기 시문학에 대한 비교문학적 접근」, 한국외국어대학교 박사논문, 2007.

주영중, 「이상화와 임화 시의 낭만성 연구」, 『어문논집』 55집, 민족어문학회, 2007.

최명표, 「해방기 임화의 시와 행동」, 『현대문학이론연구』 32집, 현대문학이론학회, 2007.

허정, 「1930년대 중후반 임화 시와 비평의 관계」, 『한국문학논총』 45집, 한국문학회, 2007.

허정, 「임화와 종로」, 『한국문학논총』 47집, 한국문학회, 2007.

권성우, 「시대에 대한 성찰, 혹은 두 가지 저항의 방식-임화와 김기림」, 『한민족문화연구』 26집, 한민족문화학회, 2008.

김동식, 「'리얼리즘의 승리'와 텍스트의 무의식-임화의 「의도와 작품의 낙차와 비평」에 관한 몇 개의 주석」, 『민족문학사연구』 38집, 민족문학사학회, 2008.

김동식, 「1930년대 비평과 주체의 수사학-임화·최재서·김기림의 비평을 중심으로」, 『한국현대문학연구』 24집, 한국현대문학회, 2008.

김명인, 「임화 민족문학론의 현재성」, 『민족문학사연구』 38집, 민족문학사학회, 2008.

김미영, 「식민지시대 문인들의 미술평론의 두 가지 양상-임화와 권구현을 중심으로」, 『한국문화』 44집, 서울대학교 한국학연구원, 2008.

김우동, 「강용흘과 임화의 문학」, 『비평문학』 29집, 한국비평문학회, 2008.
김현양, 「임화의 '신문학사' 인식과 전통- '구소설'과 '신소설'의 연속성」, 『민족문학사연구』 38집, 민족문학사학회, 2008.
남기혁, 「임화 시에 나타난 근대 풍경과 이념적 시선의 변모과정」, 『한국시학연구』 23집, 한국시학회, 2008.
박경수, 「현대시에 나타난 현해탄 체험의 형상화 양상과 의미」, 『한국문학논총』 48집, 한국문학회, 2008.
박성창, 「1930년대 후반 한국 근대 문예비평에 나타난 묘사론 연구-임화와 김남천의 묘사론을 중심으로」, 『한국현대문학연구』 26집, 한국현대문학회, 2008.
박영식, 「임화의 시에 나타난 민족 담론 연구」, 『민족문화론총』 40집, 영남대 민족문화연구소, 2008.
박정선, 「일제 말기 전시체제와 임화의 「찬가」 연작」, 『한국시학연구』 22집, 한국시학회, 2008.
박정선, 「민족국가의 시쓰기와 탈식민의 수사학-해방 후 임화 시에 대하여」, 『민족문학사연구』 38집, 민족문학사학회, 2008.
배개화, 「민족어, 민족문학, 리얼리즘-임화의 경우」, 『현대소설연구』 37집, 한국현대소설학회, 2008.
손유경, 「임화의 유물론적 사유에 나타나는 주체의 위치」, 『한국현대문학연구』 24집, 한국현대문학회, 2008.
신두원, 「변증법적 사유와 실천의 한 절정-1940년을 전후한 시기의 임화」, 『민족문학사연구』 38집, 민족문학사학회, 2008.
신재기, 「임화의 수필론 연구」, 『우리말글』 42집, 우리말글학회, 2008.
최병구, 「임화 문화론 연구」, 성균관대학교 석사논문, 2008.
최윤정, 「1930년대 낭만주의의 탈식민성 연구-임화, 김기림, 박용철의 시론과 시 텍스트를 중심으로」, 서강대학교 박사논문, 2008.
허정, 「임화 시 연구」, 동아대학교 박사논문, 2008.

김신정, 「임화 시에서 '청년'의 의미와 역할」, 『한국시학연구』 24집, 한국시학회, 2009.
김진희, 「한국 근대 기행시 연구」, 숙명여자대학교 박사논문, 2009.
남기혁, 「시어로서의 '조선어=민족어'의 풍경과 시단의 지형도-1930년대 중후반 임화의 시와 평론을 중심으로」, 『비평문학』 33집, 한국비평문학회, 2009.

방민호, 「임화와 학예사」, 『상허학보』 26집, 상허학회, 2009.

배개화, 「1930년대 말 치안유지법을 통해 본 조선 문학-조선문예부흥사 사건과 조선 문학자들」, 『한국현대문학연구』 28집, 한국현대문학회, 2009.

백지은, 「역설의 일관성-임화의 언어론 연구」, 『동양학』 46집, 단국대학교 동양학연구소, 2009.

여태천, 「임화의 언어의식과 시의 현실성」, 『어문논집』 59집, 민족어문학회, 2009.

오문석, 「식민지 조선에서 영화적인 것과 시적인 것」, 『한민족어문학』 55집, 한민족어문학회, 2009.

와타나베 나오키, 「식민지 조선에서 '만주' 담론과 정치적 무의식-문학평론가 임화의 1940년대 전반의 논의를 중심으로」, 『진단학보』 107집, 진단학회, 2009.

윤대석, 「1930년대 말 임화의 언어론」, 『우리말글』 45집, 우리말글학회, 2009.

장문석, 「전형기 임화와 '조선'의 발견-출판활동과 신문학사 서술을 중심으로」, 서울대학교 석사논문, 2009.

조순형, 「임화의 시론 연구」, 『문예시학』 20호, 문예시학회, 2009.

조윤정, 「번역가의 과제, 글쓰기의 윤리-임화와 해외문학파의 논쟁적 글쓰기」, 『반교어문연구』 27집, 반교어문학회, 2009.

조은주, 「임화의 '비평적 주체'의 정립 과정과 비평의 윤리」, 『한국문화』 47집, 서울대학교 한국학연구원, 2009.

하정일, 「일제말기 임화의 문학비평과 이중과제론」, 『한국근대문학연구』 20집, 한국근대문학회, 2009.

김미영, 「'이식' 논의를 통해 본 임화의 신문학사론」, 『한국문화』 49집, 서울대학교 한국학연구원, 2010.

김수이, 「임화의 서정주 시 비평의 논리와 근거」, 『어문연구』 63집, 어문연구학회, 2010.

김수이, 「임화의 '신성한 잉여'의 세 가지 의미」, 『우리문학연구』 29집, 우리문학회, 2010.

김수이, 「임화의 시비평에 나타난 해석과 평가의 시차-김기림, 이상, 백석, 오장환의 시에 대한 임화의 비평을 중심으로」, 『한국문예비평연구』 31집, 한국현대문예비평연구학회, 2010.

김응교, 「임화와 일본 나프의 시」, 『현대문학의 연구』 40집, 한국문학연구학회, 2010.
김지형, 「『신문학사』와 『한국 문학사』의 동일성 소고」, 『상허학보』 28집, 상허학회, 2010.

분야별

작가 연구 및 총론적 연구

권성우, 「시대에 대한 성찰, 혹은 두 가지 저항의 방식-임화와 김기림」, 『한민족문화연구』 26집, 한민족문화학회, 2008.
김남천, 「임화에 관하여-그에 대한 수감의 이 토막 저 토막」, 『조선일보』, 1933. 7. 22-7. 25.
김외곤, 「임화의 초기 문학 활동 연구」, 『인문과학연구』 12집, 서원대학교 인문과학연구소, 2003.
김용직, 『임화 문학 연구』, 세계사, 1991.
김욱동, 「강용흘과 임화의 문학」, 『비평문학』 29집, 한국비평문학회, 2008.
김윤식, 「임화연구」, 『한국근대문예비평사연구』, 일지사, 1976.
김윤식, 「임화를 위한 변론-정치적 진실과 문학적 진실」, 『실천문학』 9호, 1988. 봄. (『한국 현대문학사론』, 한샘, 1988)
김윤식, 『임화 연구』, 문학사상사, 1989.
김윤식, 「해방공간 문화운동의 갈래와 그 전망-임화, 김남천의 내면풍경 분석을 중심으로」, 『한국학보』 58호, 1990. 봄.
김윤식, 「1930년대 후반기 카프문인들의 전향유형 분석」, 『한국학보』 59호, 1990. 여름.
김재용, 「진보적 문학가 임화의 삶과 문학」, 『민족문학운동의 역사와 이론』, 한길사, 1990.
김재용, 「한국전쟁과 임화」, 『작가연구』 10호, 2000. 12.
김재용, 「임화와 양남수」, 『한국근대문학연구』 3집, 한국근대문학회, 2001. 상반기.
김재용, 「해방직후 임화의 민족문학과 통일독립」, 문학과사상연구회, 『임화문학의 재인식』, 소명출판, 2004.
민병휘, 「그리운 문우들-젊은 문화인 임화 군」, 『청색지』, 1938. 12.
박성준, 「'역사의 비극' 선택받은 시인 임화」, 『현대공론』 6호, 1988. 10.

박세미, 「북한형 인테리 형성 과정-“오랜 인테리” 임화 숙청을 중심으로」, 경남대학교 석사논문, 2005.
방민호, 「임화와 학예사」, 『상허학보』 26집, 상허학회, 2009.
배개화, 「1930년대 말 치안유지법을 통해 본 조선 문학-조선문예부흥사 사건과 조선 문학자들」, 『한국현대문학연구』 28집, 한국현대문학회, 2009.
서경석, 「1930년대 후반의 카프-한설야의 「지하실의 수기」와 임화의 「어떤 청년의 참회」를 중심으로」, 『어문학』 66집, 한국어문학회, 1999. (『한국근대문학사연구』, 태학사, 1999)
송창섭, 「임화와 백석론」, 『북한』 210집, 북한연구소, 1989.
신경림, 「서정시인 임화」, 마쓰모토 세이쪼, 김병걸 역, 『북의 시인 임화』, 미래사, 1987.
신경림, 「임화 · 역사의 격랑 속에 침몰한 혁명시인」, 『시인을 찾아서』, 우리교육, 1998.
신고송, 「시단만평-기성시인, 신흥시인」, 『조선일보』, 1930. 1. 5-1. 12.
신두원, 「변증법적 사유와 실천의 한 절정-1940년을 전후한 시기의 임화」, 『민족문학사연구』 38집, 민족문학사학회, 2008.
신승엽, 「식민지 시대 임화의 삶과 문학」, 윤여탁 · 오성호 편, 『한국현대리얼리즘시인론』, 태학사, 1990.
신은주, 「나카노 시게하루(中野重治)와 한국 프롤레타리아 문학운동-임화, 이북만과의 관계를 중심으로」, 『일본연구』 12집, 한국외국어대학교 일본연구소, 1997.
양일운, 「북한의 숙청문인-상허와 임화를 중심으로」, 『북한학보』 5집, 북한연구소, 1981.
오성호, 「임화의 월북 후 활동과 숙청」, 『현대문학의 연구』 21집, 한국문학연구학회, 2003.
오창은, 「‘자생성’과 ‘종속성’의 경계, 그리고 지식의 ‘탈식민적 가능성’」, 문학과비평연구회, 『탈식민의 텍스트, 저항과 해방의 담론』, 이회문화사, 2003.
유종호, 「다시 읽는 한국시인-임화」, 『문학동네』, 2000. 봄-가을. (『다시 읽는 한국시인』, 문학동네, 2002)
유창근, 「임화론」, 『시문학』 215호, 1989. 6.
윤곤강, 「임화론」, 『풍림』, 1937. 4.
이병철, 「시인이 본 시인3-임화」, 『문화일보』, 1947. 4. 24.

이형권, 「임화 문학 연구」, 충남대학교 박사논문, 1997.
임긍재, 「임화론」, 『백민』, 1948. 4·5.
정재찬, 「시인 임화론」, 『임화선집1』, 세계사, 1988.
정호웅, 『임화』, 건국대학교출판부, 1996.
조영복, 「운명에 동화되어버린 낭만주의자, 임화」, 『월북예술가, 오래 잊혀진 그들』, 돌베개, 2002.
한설야, 「전국 작가예술가대회에서 진술한 한설야 위원장의 보고」, 『조선문학』, 1953. 10.
한정호, 「임화와 지하련-마산에서의 결핵 체험과 문학살이」, 『시와 비평』, 2005. 6.
허정, 「임화와 종로」, 『한국문학논총』 47집, 한국문학회, 2007.

시 연구

강호정, 「1930년대 시에 나타난 영화적 기법의 양상-오장환과 임화의 경우」, 『비교한국학』 15권 1호, 국제비교한국학회, 2007.
고형진, 「'단편서사시'와 부유한 관념-임화론」, 『현대시학』 237호, 1988. 12.
곽효환, 「임화 초기시의 경향 연구」, 『비평문학』 23집, 한국비평문학회, 2006.
권성우, 「임화 시에 나타난 '탈식민성' 연구」, 『한국문예비평연구』 24집, 한국현대문예비평학회, 2007. (『횡단과 경계』, 소명출판, 2008)
권용선, 「1920년대말 한일 프롤레타리아 시인의 근대성 인식 비교 고찰-임화와 나카노 시게하루를 중심으로」, 『인하어문연구』 5집, 인하어문연구회, 2001.
권재일, 「체코와 한국의 프롤레타리아 시 비교 연구」, 『동유럽연구』 17집, 한국외국어대학교 동유럽발칸연구소, 2006.
권혁웅, 「임화 시의 비유적 특성과 그 계승」, 『한국문학이론과 비평』 37집, 한국문학이론과 비평학회, 2007.
김기진, 「단편서사시의 길로-우리 시의 양식문제」, 『조선문예』, 1929. 5.
김면수, 「식민지 '청년' 지식인의 내면 보고서-임화론」, 상허학회 편, 『새로 쓰는 한국시인론』, 백년글사랑, 2003.
김명인, 「1930년대 중후반 임화 시의 양상과 성격」, 『민족문학사연구』 5호, 민족문학사학회, 1994. (『불을 찾아서』, 소명출판, 2000)
김미정, 「임화의 단편서사시 연구」, 동아대학교 석사논문, 2000.
김성숙, 「「우리 옵바와 화로」 등 임화의 단편 서사시에 대한 일고찰」, 『현대문학의 연구』 31집, 한국문학연구학회, 2007.
김성윤, 「1920-30년대 경향시의 전개양상」, 연세대학교 석사논문, 1989.
김수이, 「임화의 시비평에 나타난 해석과 평가의 시차-김기림, 이상, 백석, 오장환의 시에 대한 임화의 비평을 중심으로」, 『한국문예비평연구』 31집, 한국현대문예비평연구학회, 2010.
김신정, 「정치적 행동으로서의 시와 시의 형식-임화의 시론과 시작의 의미」, 문학과 사상연구회, 『임화문학의 재인식』, 소명출판, 2004.
김신정, 「임화 시에서 '청년'의 의미와 역할」, 『한국시학연구』 24집, 한국시학회, 2009.
김안서, 「『카프시인집』」, 『동광』, 1932. 1.
김영건, 「시집 『찬가』」, 『문화일보』, 1947. 3. 13.
김영옥, 「한국현대시의 서사성 연구-김동환, 임화, 신동엽을 중심으로」, 충남대학교 석사논문, 1996.
김오경, 「임화 시 연구」, 충남대학교 석사논문, 1995.
김윤식, 「현해탄의 사상과 품천역의 사상」, 『한국근대문학사상사』, 한길사, 1984.
김은영, 「경향시의 서사지향성 연구-임화와 이용악의 이야기시를 중심으로」, 부산대학교 석사논문, 1992.
김응교, 「임화와 일본 나프의 시」, 『현대문학의 연구』 40집, 한국문학연구학회, 2010.
김재용, 「해주시절의 임화와 영웅시편의 문제」, 『실천문학』, 2000. 봄.
김재홍, 「낭만파 프로시인 임화」, 『한국문학』, 1989. 6-7. (『카프시인비평』, 서울대학교출판부, 1990)
김재홍, 「정치의 길, 예술의 길, 임화」, 『한국 현대문학의 비극론』, 시와시학사, 1993.
김정석, 「임화 시 연구- '시적 자아'의 변모과정」, 『국학연구』 3집, 국학연구소, 1990.
김정훈, 「임화 시 연구를 위한 소론-초기시를 중심으로」, 『국제어문』 12 · 13집, 국제어문연구회, 1991.
김정훈, 「임화 시 「담-1927-자코 반제티의 명일에」 소고」, 『한양어문연구』 9집, 1991.
김정훈, 「단편서사시의 개념, 대상, 범주 고찰」, 『국제어문』 16집, 국제어문학회, 1995. (『임화 시 연구』, 국학자료원, 2001)
김정훈, 「임화 시 연구」, 한양대학교 박사논문, 1996. (『임화 시 연구』, 국학자료원, 2001)

김정훈, 「광복 직후의 임화 시 연구」, 『국어교육』 97집, 한국어교육학회, 1998. (『임화 시 연구』, 국학자료원, 2001)
김중원, 「임화의 처녀시집 『현해탄』을 읽고」, 『매일신보』, 1938. 4. 17.
김중호, 「임화 초기시의 형식문제」, 『홍익어문』 12집, 홍익어문연구회, 1993.
김지연, 「임화의 시론과 시에 관한 일고찰」, 『국어국문학』 110집, 국어국문학회, 1993.
김지연, 「임화 시의 낭만성 시의식에 관하여」, 『성심어문논집』 24집, 성심어문학회, 2002.
김진희, 「임화 시 연구- '단편 서사시'를 중심으로」, 이화여자대학교 석사논문, 1990.
김진희, 「반성과 거울의 양식-1930년대 후반 임화의 시」, 『한국근대문학연구』 5집, 한국근대문학회, 2004. (『근대문학의 장과 시인의 선택』, 소명출판, 2009)
김진희, 「1930-1940년대 해외 기행시의 인식과 구조-임화와 김조규의 일본 · 만주 기행시를 중심으로」, 『현대문학의 연구』 33집, 한국문학연구학회, 2007.
김진희, 「한국 근대 기행시 연구」, 숙명여자대학교 박사논문, 2009.
김형규, 「'이야기'의 시적 의미화 양상 고찰-임화의 단편서사시와 백석의 초기시에 나타난 담화특성을 중심으로」, 『숭실어문』 20집, 숭실어문학회, 2004.
김형필, 「임화의 시 연구」, 『논문집』 34집, 한국외국어대학교, 2002.
남기혁, 「임화 시의 담론구조와 장르적 성격 연구」, 서울대학교 석사논문, 1992.
남기혁, 「임화의 「우리 오빠와 화로」」, 『심상』, 2001. 3. (『한국 현대시와 침묵의 언어』, 월인, 2003)
남기혁, 「임화 시에 나타난 근대 풍경과 이념적 시선의 변모과정」, 『한국시학연구』 23집, 한국시학회, 2008.
류찬열, 「1930년대 후반기 리얼리즘시 연구-임화, 이용악 시의 서사성 수용 양상을 중심으로」, 『어문논집』 35집, 중앙어문학회, 2006.
박경수, 「현대시에 나타난 현해탄 체험의 형상화 양상과 의미」, 『한국문학논총』 48집, 한국문학회, 2008.
박몽구, 「임화의 서술시와 대화주의」, 『한국언어문화』 24집, 한국언어문화학회, 2003.
박민수, 「계급적 자아의 확립과 저항적 분노」, 『현대시의 사회시학적 연구』, 느티나무, 1989.
박상천, 「임화의 시 연구」, 『한국근대시의 비평적 성찰』, 국학자료원, 1990.

박승희, 「한국시의 미적 근대성 연구-최남선, 임화, 김기림을 중심으로」, 영남대학교 박사논문, 2000.
박승희, 「1920년대 시적 주체와 여성 화자」, 『한국문학이론과 비평』 33집, 한국문학이론과 비평학회, 2006.
박영식, 「임화의 시에 나타난 민족 담론 연구」, 『민족문화론총』 40집, 영남대학교 민족문화연구소, 2008.
박용찬, 「프로문학 선택과 시의 창작방법-임화론1」, 『어문학』 54집, 한국어문학회, 1993.
박용찬, 「해방기 시의 현실인식과 창작방법 연구」, 경북대학교 박사논문, 1998.
박은미, 「임화 시에 나타난 가족 모티프 연구」, 『겨레어문학』 27집, 겨레어문학회, 2001.
박정선, 「1930년대 후반기 임화 시 연구」, 경북대학교 석사논문, 1996.
박정선, 「식민지 근대와 1920년대 다다이즘의 미적 저항」, 『어문론총』 37집, 한국문학언어학회, 2002.
박정선, 「임화 시의 시적 주체 변모과정 연구」, 경북대학교 박사논문, 2006.
박정선, 「일제 말기 전시체제와 임화의 「찬가」 연작」, 『한국시학연구』 22집, 한국시학회, 2008.
박정선, 「민족국가의 시쓰기와 탈식민의 수사학-해방기 임화 시에 대하여」, 『민족문학사연구』 38집, 민족문학사학회, 2008.
박정희, 「임화 시 연구-시적 양식을 중심으로」, 『논문집』 15집, 한양여전, 1992.
박팔양, 「지용과 임화 시」, 『중앙』, 1936. 1.
백은주, 「임화 시의 낭만성 연구를 위한 시론」, 『한국시학연구』 17집, 한국시학회, 2006.
서준섭, 「한국 근대 시인과 탈식민주의적 글쓰기-한용운, 임화, 김기림, 백석의 경우를 중심으로」, 『한국시학연구』 13집, 한국시학회, 2005.
서지영, 「한국 현대시의 산문성 연구-오장환·임화·백석·이용악·이상 시를 대상으로」, 서강대학교 박사논문, 1999.
손진은, 「새로운 시 양식의 시도와 실패-임화론」, 『문학과 언어』 12집, 문학과언어학회, 1991.
송기섭, 「서정의 힘과 이념-임화론」, 『어문연구』 31집, 어문연구학회, 1999.
송기한, 「'단편서사시'의 대화적 담론 구조」, 『한국문학이론과 비평』 12집, 한국문학이론과 비평학회, 2001.
신명경, 「임화 시 연구」, 동아대학교 석사논문, 1991.
신종호, 「임화 연구」, 숭실대학교 석사논문, 1992.
안심순, 「임화 연구-시의 변모양상과 그 요인」, 국민대학교 석사논문, 1998.
안함광, 「전시하의 조선문학」, 『문학예술』, 1951. 4.
안함광, 「싸우는 조선의 시문학이 제기하는 주요한 몇 가지 특징」, 『문학예술』, 1951. 9.
엄호석, 「작가들의 사업과 정열-최근의 창작을 중심으로」, 『문학예술』, 1951. 7.
오문석, 「식민지 조선에서 영화적인 것과 시적인 것」, 『한민족어문학』 55집, 한민족어문학회, 2009.
오성호, 「1920-30년대 한국시의 리얼리즘적 성격 연구」, 연세대학교 박사논문, 1992.
유문선, 「카프 작가와 프롤레타리아 국제주의」, 『민족문학사연구』 24집, 민족문학사학회, 2004.
유성호, 「현실과 진리를 향한 간단없는 질문과 탐색」, 『실천문학』 56호, 1999. 가을.
유성호, 「비극적 근대시인의 시적 경로」, 문학과사상연구회, 『임화문학의 재인식』, 소명출판, 2004.
유임하, 「임화 시의 변모양상에 관한 연구」, 동국대학교 석사논문, 1990.
윤수하, 「「네거리의 순이」의 영화적 요소에 관한 연구」, 『한국시학연구』 9집, 한국시학회, 2003.
윤여탁, 「1920-30년대 리얼리즘시의 현실인식과 형상화 방법에 대한 연구」, 서울대학교 박사논문, 1990.
윤여탁, 「임화의 시론과 서술시의 전개」, 『이규창박사정년퇴임기념국어국문학논문집』, 집문당, 1992.
이경수, 「임화 시에 나타난 '운명'의 의미」, 『어문논집』 44집, 안암어문학회, 2001.
이경훈, 「임화 시 연구-시집 『현해탄』을 대상으로」, 연세대학교 석사논문, 1988.
이경훈, 「전쟁을 시쓰기-임화 시집 『너 어느 곳에 있느냐』에 대하여」, 『한길문학』 13호, 한길사, 1992.
이경훈, 「임화의 1930년대 후반기 시 연구」, 『비평문학』 7호, 한국비평문학회, 1993. (『어떤 백년, 즐거운 신생』, 하늘연못, 1999)
이경훈, 「서울, 임화 시의 좌표」, 문학과사상연구회, 『임화문학의 재인식』, 소명출판, 2004.
이길연, 「임화의 혁명과 프로문학의 향방-시의식의 변모 양상을 중심으로」, 『현대문학의 연구』 29집, 한국문학연구학회, 2006.
이명찬, 「1920-30년대 한국시의 서사화 과정에 대한 연구」, 『관악어문연구』 18집, 서울대학교 국어국문학과, 1993. (『1930년대 한국시의 근대성』, 소명출판, 2000)
이명찬, 「1930년대 후반 한국시의 고향의식 연구」, 서울대학교 박사논문, 1999.
이명찬, 「네거리를 고향으로 둔 시인의 운명-임화 시론」, 『민족문학사연구』 18집, 민족문학사학회, 2001.
이상갑, 「임화의 단편서사시 연구」, 『우리어문연구』 6·7호, 우리어문학회, 1993.
이성혁, 「1920년대 한국 근대시의 전위성 연구-아나키즘 다다와 임화의 초창기 시문학에 대한 비교문학적 접근」, 한국외국어대학교 박사논문, 2007.
이수남, 「한국 현대 서술시의 특성 연구-임화, 박세영, 백석, 이용악의 시를 중심으로」, 부산외국어대학교 석사논문, 1995.
이순욱, 「카프의 서술시 연구」, 『한국문학논총』 23집, 한국문학회, 1998.
이숭원, 「임화 시의 선동성과 낭만적 열정」, 『한국 현대 시인론』, 개문사, 1993.
이숭원, 「정치 현실에 대한 두 시인의 반응-임화와 김수영의 경우」, 『한민족어문학』 43집, 한민족어문학회, 2003.
이승훈, 「1920년대 한국 모더니즘시 연구」, 『한국학논집』 29집, 한양대학교 한국학연구소, 1996.
이장렬, 「한국 근대시에 나타난 도시공간 연구-김기림과 임화를 중심으로」, 경남대학교 석사논문, 1996.
이정환, 「'바다' 시편에 나타난 일제말 임화의 내면 풍경」, 『어문논집』 48집, 민족어문학회, 2003.
이찬, 「임화 시집 『현해탄』을 읽고」, 『조선일보』, 1938. 3. 31.
이태숙, 「임화 시의 변모 양상에 관한 고찰」, 서울대학교 석사논문, 1991.
이형권, 「임화 시의 비유적 특성」, 『목원어문학』 14집, 목원대학교 국어교육과, 1996.
이형권, 「임화 시와 이미지」, 『문예시학』 7집, 문예시학회, 1996.
이형권, 「현해탄 시편의 양가성 문제-30년대 후반의 임화 시를 중심으로」, 『한국언어문학』 49집, 한국언어문학회, 2002.
임헌영, 「서정시와 혁명시-임화의 해방 후 혁명시를 중심으로」, 문덕수 외, 『한국 현대 시인 특성론』, 국학자료원, 2000.
전병준, 「이상화와 임화의 시 비교 연구」, 고려대학교 석사논문, 2002.

전병준, 「1930년대 후반 임화의 시 연구」, 『한국시학연구』 13집, 한국시학회, 2005.
전재은, 「해방 후 임화 시 연구」, 숙명여자대학교 석사논문, 1993.
정영곤, 「임화 시의 연구-시의식의 변화를 중심으로」, 『어문교육논집』 9집, 부산대학교 국어교육과, 1986.
정재찬, 「1920-1930년대 한국경향시의 서사지향성 연구-단편서사시를 중심으로」, 서울대학교 석사논문, 1987.
정진석, 「『찬가』를 읽고」, 『자유신문』, 1947. 4. 24.
정효구, 「임화의 단편서사시에 나타난 방법적 특성의 고찰」, 『인문학지』 9집, 충북대학교 인문학연구소, 1993. (『20세기 한국시의 정신과 방법』, 시와시학사, 1995)
정효구, 「1930년대 시에 나타난 가족의 양상과 그 의미」, 『한국문학논총』 42집, 한국문학회, 2006.
조남익, 「프로시와 이야기시의 전개-임화 편」, 『시문학』 309호, 1997. 4.
조두섭, 「임화 서간체시의 정체」, 『대구어문론총』 9집, 대구어문학회, 1991.
조명숙, 「임화의 단편서사시 연구」, 아주대학교 석사논문, 2005.
조은희, 「한국 현대시에 나타난 다다이즘 · 초현실주의 수용양상에 관한 연구」, 서울대학교 석사논문, 1987.
조혜진, 「시의 논리와 논리의 운명-임화 시 연구」, 『돈암어문학』 17집, 돈암어문학회, 2004.
주영중, 「이상화와 임화 시의 낭만성 연구」, 『어문논집』 55집, 민족어문학회, 2007.
채수영, 「임화론」, 『한국문학연구』 12집, 동국대학교 한국문학연구소, 1989.
최동호, 「임화의 단편서사시와 전선시가의 문학사적 의미」, 『디지털 문화와 생태시학』, 문학동네, 2000.
최두석, 「임화의 시세계」, 『사회비평』 2호, 1989. 여름. (『리얼리즘의 시정신』, 실천문학사, 1992)
최두석, 「한국 현대 리얼리즘시 연구-임화, 오장환, 백석, 이용악의 시를 중심으로」, 서울대학교 박사논문, 1995.
최두석, 「1930년대 후반의 낭만적 시경향」, 『시와 리얼리즘』, 창비, 1996.
최명표, 「단편서사시론」, 『한국문학논총』 24집, 한국문학회, 1999.
최명표, 「해방기 임화의 시와 행동」, 『현대문학이론연구』 32집, 현대문학이론학회, 2007.

최수진, 「1930년대 임화 시 연구-『현해탄』에 나타난 낭만성을 중심으로」, 경희대학교 석사논문, 1998.
최윤정, 「1930년대 낭만주의의 탈식민성 연구-임화, 김기림, 박용철의 시론과 시 텍스트를 중심으로」, 서강대학교 박사논문, 2008.
최재서, 「시와 휴머니즘-임화 시집 『현해탄』을 읽고」, 『동아일보』, 1938. 3. 25.
최현식, 「낭만성, 신념과 성찰의 이중주-임화의 '네거리' 계열 시를 중심으로」, 문학과사상연구회, 『임화문학의 재인식』, 소명출판, 2004.
하재연, 「임화 시 연구-발화 구조의 변모를 중심으로」, 고려대학교 석사논문, 2000.
허정, 「임화 다다이즘 시의 행방과 계급의식의 출발」, 『한국시학연구』 16집, 한국시학회, 2006.
허정, 「1930년대 중후반 임화 시와 비평의 관계」, 『한국문학논총』 45집, 한국문학회, 2007.
허정, 「임화 시 연구」, 동아대학교 박사논문, 2008.
홍희선, 「임화 시 연구」, 서울여자대학교 석사논문, 1991.

비평 연구

강진호, 「임화 낭만주의론의 성격과 의미」, 『우리문학』, 1991. 여름.
고영진, 「임화의 리얼리즘 변모 양상과 소설론」, 『문예시학』 16집, 문예시학회, 2005.
구재진, 「1930년대 사회주의비평과 '조선' 인식」, 『민족문학사연구』 31집, 민족문학사학회, 2006.
권성우, 「1920-30년대 문학비평에 나타난 '타자성' 연구」, 서울대학교 박사논문, 1994.
권성우, 「임화, 혹은 세 가지 저항의 방식」, 『현대문학의 연구』 33집, 한국문학연구학회, 2007. (『횡단과 경계』, 소명출판, 2008)
권성우, 「임화의 메타비평 연구-비평적 자의식에 대한 고찰을 중심으로」, 『상허학보』 19집, 상허학회, 2007. (『횡단과 경계』, 소명출판, 2008)
권용선, 「30년대 후반 임화 문학론에 나타난 근대성 인식 고찰」, 『인천어문학』 14·15집, 인천대학교 국어국문학과, 1999.
권환, 「시평과 시론」, 『대조』, 1930. 6.
권환, 「임화 저 『문학의 논리』를 읽고」, 『매일신보』, 1941. 2. 24.
김동석, 「임화론-그의 시를 중심으로」, 『상아탑』, 1946. 1.

김동식, 「'리얼리즘의 승리'와 텍스트의 무의식-임화의 「의도와 작품의 낙차와 비평」에 관한 몇 개의 주석」, 『민족문학사연구』 38집, 민족문학사학회, 2008.

김동식, 「1930년대 비평과 주체의 수사학-임화·최재서·김기림의 비평을 중심으로」, 『한국현대문학연구』 24집, 한국현대문학회, 2008.

김명인, 「임화 민족문학론의 현재성」, 『민족문학사연구』 38집, 민족문학사학회, 2008.

김병구, 「임화의 소설론 연구」, 서강대학교 석사논문, 1993.

김병택, 「임화의 시론고」, 『인문학연구』 4집, 제주대학교 인문과학연구소, 1998.

김수정, 「1930년대 휴머니즘론 연구-백철·임화를 중심으로」, 고려대학교 석사논문, 1992.

김영민, 「해방 직후 민족문학론 연구1-임화의 경우를 중심으로」, 『매지논총』 15집, 연세대학교 매지학술연구소, 1998.

김예림, 「초월과 중력, 한 근대주의자의 초상-일제 말기 임화의 인식과 언어론」, 『한국근대문학연구』 5집, 한국근대문학회, 2004. (『1930년대 후반 근대인식의 틀과 미의식』, 소명출판, 2004)

김외곤, 「'물' 논쟁의 미학적 연구」, 『외국문학』 24호, 1990. 가을.

김외곤, 「임화의 소설론과 생활 세계의 인식」, 『한국학보』 81집, 1995. 겨울.

김외곤, 「민족문학론의 근대성에 대한 비판적 연구-임화의 논의를 중심으로」, 『한국현대문학연구』 6집, 한국현대문학회, 1998.

김외곤, 「1930년대 후반 임화의 문학론 재론」, 『현대문학이론연구』 13집, 현대문학이론학회, 2000.

김윤식, 「작가와 말의 관계에 대한 임화의 태도」, 『실천문학』 67호, 2002. 가을. (『일제 말기 한국 작가의 일본어 글쓰기론』, 서울대학교출판부, 2003)

김윤태, 「1930년대 한국 현대시론의 근대성 연구-임화와 김기림의 시론을 중심으로」, 서울대학교 박사논문, 2000.

김재용, 「카프 해소파의 이론적 근거-임화론」, 『실천문학』, 1993. 여름.

김정훈, 「임화의 문학관 연구1」, 『국제어문』 14·15집, 국제어문연구회, 1994.

김정훈, 「1920년대 아나키즘 논쟁의 일고찰-임화의 초기 평론을 중심으로」, 『전농어문연구』 11집, 서울시립대학교 국어국문학과, 1999.

김정훈, 「1920년대 후반 프로시 양식 논쟁」, 『임화 시 연구』, 국학자료원, 2001.

김주언, 「임화 시론 연구」, 단국대학교 석사논문, 1992.

김주언, 「임화의 낭만주의론, 그 의미와 한계」, 『어문연구』 112집, 한국어문교육연구회, 2001.
김주일, 「1930년대 리얼리즘론 연구-임화 · 김남천의 문예론을 중심으로」, 연세대학교 박사논문, 1993.
김중호, 「임화 연구-창작방법론에 나타난 문학의 논리와 전향의 논리」, 홍익대학교 석사논문, 1997.
김지형, 「임화 비평의 탈식민성 연구」, 한국외국어대학교 석사논문, 2007.
김태석, 「기교주의 논쟁 발단에 담긴 내포적 의미」, 『국문학논집』 17집, 단국대학교 국어국문학과, 2000.
김현정, 「임화와 김기림 비평의 대화적 연구」, 대전대학교 석사논문, 1994.
김형숙, 「임화 리얼리즘 문학론 연구- '주체' 문제를 중심으로」, 한국교원대학교 석사논문, 1996.
나병철, 「임화의 리얼리즘론과 소설론」, 한국문학연구회 편, 『1930년대 문학 연구』, 평민사, 1993.
나병철, 「한국문학과 탈식민」, 『상허학보』 14집, 상허학회, 2005.
남기혁, 「시어로서의 '조선어=민족어'의 풍경과 시단의 지형도-1930년대 중후반 임화의 시와 평론을 중심으로」, 『비평문학』 33집, 한국비평문학회, 2009.
류보선, 「1930년대 후반기 문학비평 연구」, 서울대학교 박사논문, 1996.
류찬열, 「1930년대 기교주의 논쟁에 관한 연구-김기림 시론과 임화 시론에 나타난 낭만주의 수용과 재평가를 중심으로」, 『어문론집』 28집, 중앙어문학회, 2000.
문혜원, 「1920년대 시론 연구-경향시론을 중심으로」, 『관악어문연구』 24집, 서울대학교 국어국문학과, 1999.
민경희, 「임화의 소설론 연구」, 서울대학교 석사논문, 1990.
박배식, 「임화의 문학론과 현실인식」, 『한국문학이론과 비평』 6집, 한국문학이론과비평학회, 1999.
박배식, 「1930년대 임화의 리얼리즘론의 변모 양상」, 『국민어문연구』 8집, 국민대학교 국어국문학연구회, 2000.
박배식, 「임화의 비평의식 변모 양상」, 『인문논총』 8집, 동신대학교 인문과학연구소, 2001.
박성준, 「임화의 본격소설론 연구1」, 『대전어문학』 9집, 대전대학교 국어국문학과, 1992.

박성창, 「1930년대 후반 한국 근대 문예비평에 나타난 묘사론 연구-임화와 김남천의 묘사론을 중심으로」, 『한국현대문학연구』 26집, 한국현대문학회, 2008.
박윤우, 「1930년대 후반 프로시론에 있어 현실성의 인식에 대한 연구」, 『선청어문』 20집, 서울대학교 국어교육과, 1992.
방민호, 「주체적 시각으로의 전회-1930년대 임화의 비평적 행로」, 『문명의 감각』, 향연, 2003.
배개화, 「1930년대 후반 전통담론의 탈식민성 연구」, 서울대학교 박사논문, 2004.
배개화, 「민족어, 민족문학, 리얼리즘-임화의 경우」, 『현대소설연구』 37집, 한국현대소설학회, 2008.
백지은, 「역설의 일관성-임화의 언어론 연구」, 『동양학』 46집, 단국대학교 동양학연구소, 2009.
서경석, 「1930년대 문학비평에 나타난 '탈근대성' 연구-임화·김남천의 '사상' 모색을 중심으로」, 『한국학보』 84호, 1996. (『한국 근대 리얼리즘 문학사 연구』, 태학사, 1998)
서준섭, 「문학과 정치-임화의 문학비평」, 『강원인문논총』 6집, 강원대학교 인문과학연구소, 1998. (『한국 근대문학과 사회』, 월인, 2000)
선주원, 「1930년대 후반 반파시즘 인민전선론에 관한 비판적 검토」, 『청람어문학』 21집, 청람어문학회, 1999.
손유경, 「임화의 유물론적 사유에 나타나는 주체의 위치」, 『한국현대문학연구』 24집, 한국현대문학회, 2008.
송근호, 「1930년대 후반 임화의 문학론 연구」, 연세대학교 석사논문, 1992.
신두원, 「임화의 현실주의론 연구」, 서울대학교 석사논문, 1991.
신두원, 「계급문학, 민족문학, 세계문학-임화의 경우」, 『민족문학사연구』 21집, 민족문학사학회, 2002.
신명경, 「임화의 낭만정신론 연구」, 『동아어문논집』 1집, 동아어문학회, 1991.
신명경, 「일제강점기 로만주의 문학론 연구」, 동아대학교 박사논문, 1999.
신재기, 「임화의 창조적 비평론 연구」, 『한민족어문학』 38집, 한민족어문학회, 2001. (『창조적 비평의 논리』, 새미, 2004)
신재기, 「임화의 문학언어론 연구」, 『한국문예비평연구』 19집, 한국현대문예비평학회, 2006.
신종호, 「임화의 비평의식 연구」, 『숭실어문』 9집, 숭실어문학회, 1992.

안함광, 「임화 저 『문학의 논리』」, 『춘추』, 1941. 7.
여태천, 「언어의 현실성과 민족어의 가능성-임화의 경우」, 『민족연구』 29집, 한민족연구원, 2007.
여태천, 「임화의 언어의식과 시의 현실성」, 『어문논집』 59집, 민족어문학회, 2009.
염형운, 「소설 위기상황 인식의 전체주의로의 귀결-최재서, 임화, 김남천의 소설론을 중심으로」, 『한국어문학연구』 16집, 한국어문학연구회, 2002.
오문석, 「1920-30년대 프로시론의 전개과정 연구」, 연세대학교 석사논문, 1994.
오형엽, 「1930년대 시론의 구조적 연구-김기림·임화·박용철을 중심으로」, 고려대학교 박사논문, 1999.
와타나베 나오키, 「'조선문학'이란 무엇인가-1930년대 중후반의 임화의 견해를 중심으로」, 『한중인문학연구』 9집, 한중인문학회, 2002.
와타나베 나오키, 「임화의 언어론-1930년대 중·후반의 견해를 중심으로」, 『국어국문학』 138집, 국어국문학회, 2004.
와타나베 나오키, 「식민지 조선에서 '만주' 담론과 정치적 무의식-문학평론가 임화의 1940년대 전반의 논의를 중심으로」, 『진단학보』 107집, 진단학회, 2009.
윤대석, 「1930년대 말 임화의 언어론」, 『우리말글』 45집, 우리말글학회, 2009.
이명원, 「카프 해산 직후 임화 비평에 나타난 '주체재건'의 양상에 대한 고찰」, 『타는 혀』, 새움, 2000.
이미경, 「1930년대 '기교주의 논쟁'의 전개양상과 그 의미」, 『어문학』 67집, 한국어문학회, 1999.
이상갑, 「분열의 수사와 근대 극복-임화론」, 『한국근대문학연구』 5집, 한국근대문학회, 2004.
이양숙, 「해방직후 임화의 민족문학론에 대하여」, 『문학과 논리』 2호, 태학사, 1992.
이원조, 「임화 저 『문학의 논리』에 대하여」, 『문장』, 1941. 3.
이진형, 「임화의 소설 이론 연구-본격소설론의 형성과 구조」, 연세대학교 석사논문, 2001.
이현식, 「1930년대 후반 사실주의 문학론 연구-임화와 안함광을 중심으로」, 연세대학교 석사논문, 1990.
이현식, 「주체 재건을 향한 도정과 실천으로서의 리얼리즘-1930년대 후반 임화의 비평」, 문학과사상연구회, 『임화문학의 재인식』, 소명출판, 2004.
이훈, 「1930년대 임화의 문학론 연구」, 서울대학교 박사논문, 1993.

이훈, 「임화의 초기 문학론 연구-프로문학으로의 전환과정을 중심으로」, 『국어국문학』 111집, 국어국문학회, 1994.
이훈, 「임화의 1920년대 중반-1930년대 초 문학론 연구」, 『국어국문학』 114집, 국어국문학회, 1995.
이훈, 「임화의 1940년대 전반기 문학비평 연구-전망의 상실과 관련하여」, 『논문집』 16집, 목포대학교, 1995.
임경순, 「비평행위와 현실인식의 상관성에 관한 연구-임화의 문학 비평을 중심으로」, 『한국언어문학』 51집, 한국언어문학회, 2003.
임규찬, 「임화 시론 연구」, 반교어문학회 편, 『근현대문학의 사적 전개와 미적 양상 1-해방전편』, 보고사, 2000. (『문학사와 비평적 쟁점』, 태학사, 2001)
전상기, 「임화 리얼리즘론의 변모과정 연구」, 성균관대학교 석사논문, 1992.
정경운, 「임화의 낭만주의론 연구」, 전남대학교 석사논문, 1990.
정찬영, 「1930년대 후반기 리얼리즘론 연구-김남천과 임화를 중심으로」, 부산대학교 석사논문, 1992.
정찬영, 「임화의 문학론 연구」, 『우암어문논집』 11집, 우암어문학회, 2001.
정호웅, 「임화 소설 비평의 구조」, 『한국학보』 83호, 일지사, 1996. (『한국 현대 소설사론』, 새미, 1996)
정희모, 「임화의 〈본격소설론〉 연구」, 『연세어문학』 25집, 연세대학교 국어국문학과, 1993.
정희모, 「임화의 리얼리즘론과 소설론 연구」, 『비평문학』 12집, 한국비평문학회, 1998.
조순형, 「임화의 시론 연구」, 『문예시학』 20호, 문예시학회, 2009.
조윤정, 「번역가의 과제, 글쓰기의 윤리-임화와 해외문학파의 논쟁적 글쓰기」, 『반교어문연구』 27집, 반교어문학회, 2009.
조은주, 「임화의 '비평적 주체'의 정립 과정과 비평의 윤리」, 『한국문화』 47집, 서울대학교 한국학연구원, 2009.
조현일, 「임화의 소설론 연구」, 『한국현대문학연구』 3집, 한국현대문학회, 1994.
차승기, 「임화와 김남천, 또는 '세태'와 '풍속'의 거리-1930년대 후반 '전환기'의 문화적 대응들」, 『현대문학의 연구』 25집, 한국문학연구학회, 2005.
채호석, 「임화와 김남천의 비평에 나타난 '주체'의 문제」, 『상허학보』 4집, 상허학회, 1998. (『한국 근대문학과 계몽의 서사』, 소명출판, 1999)

채호석, 「탈-식민과 (포스트-)카프문학」, 『민족문학사연구』 23집, 민족문학사학회, 2003.
최병구, 「임화 문화론 연구」, 성균관대학교 석사논문, 2008.
하정일, 「'사실' 논쟁과 1930년대 후반 문학의 성격」, 문학과사상연구회, 『임화문학의 재인식』, 소명출판, 2004.
하정일, 「임화의 현재성」, 『문학수첩』 9호, 2005. 봄.
하정일, 「일제 말기 임화의 생산문학론과 근대극복론」, 『민족문학사연구』 31집, 민족문학사학회, 2006. (『탈식민의 미학』, 소명출판, 2008)
하정일, 「일제말기 임화의 문학비평과 이중과제론」, 『한국근대문학연구』 20집, 한국근대문학회, 2009.
한설야, 「임화 저 『문학의 논리』」, 『인문평론』 16호, 1941. 4.
허형만 · 이훈, 「1930년대 임화의 리얼리즘론 연구」, 『한국언어문학』 42집, 한국언어문학회, 1999.
황국명, 「임화의 소설론 연구」, 『인제논총』 11권2호, 인제대학교, 1995.
황정범, 「임화 비평의 연구」, 부산대학교 석사논문, 1990.

문학사 연구

김미영, 「'이식' 논의를 통해 본 임화의 신문학사론」, 『한국문화』 49집, 서울대학교 한국학연구원, 2010.
김영민, 「임화의 신문학사 연구의 성과와 의미-시문학의 발생 및 성장 과정에 대한 논의를 중심으로」, 문학과사상연구회, 『임화문학의 재인식』, 소명출판, 2004.
김영택, 「임화의 『신문학사』에 관한 연구」, 『한국문예비평연구』 10집, 한국현대문예비평학회, 2002.
김외곤, 「임화의 '신문학사'와 오리엔탈리즘」, 『한국문학이론과 비평』 5집, 한국문학이론과 비평학회, 1999.
김윤식, 「이식문학론 비판」, 『한국문학의 근대성과 이데올로기 비판』, 서울대학교출판부, 1987.
김윤식, 「신문학사론 비판」, 『한국 현대문학사론』, 한샘, 1988.
김재용, 「임화의 이식문학론과 조선적 특수성 인식의 명암」, 문학과사상연구회, 『임화문학의 재인식』, 소명출판, 2004.
김주언, 「임화의 문학사 서술에 나타난 근대성 인식의 문제」, 『국문학논집』 14집, 단국대학교 국어국문학과, 1994.
김지형, 「『신문학사』와 『한국 문학사』의 동일성 소고」, 『상허학보』 28집, 상허학회, 2010.
김진기, 「임화의 『조선신문학사』 비판」, 『겨레어문학』 19집, 겨레어문학회, 1995.
김춘식, 「한국문예비평사의 사회·문화사적인 서술을 위한 시론-임화의 '신문학사 서술 방법론'을 중심으로」, 『국어국문학논문집』 17집, 동국대학교 국어국문학과, 1996.
김춘식, 「임화의 '근대성'과 '전통'-임화의 신문학사 인식을 중심으로」, 『한국언어문화』 27집, 한국언어문화학회, 2005.
김한식, 「현대문학사 기술에서 '근대'를 보는 관점의 비교 연구」, 『어문논집』 37집, 안암어문학회, 1998.
김현양, 「임화의 '신문학사' 인식과 전통- '구소설'과 '신소설'의 연속성」, 『민족문학사연구』 38집, 민족문학사학회, 2008.
박상준, 「임화의 문학사 연구에 나타난 이론 구성과 실제 기술의 변증법」, 『한국근대문학연구』 5집, 한국근대문학회, 2004.
박상준, 「임화 신문학사론의 문학사 연구 방법론적 성격에 대한 연구」, 『외국문학연구』 28집, 한국외국어대학교 외국문학연구소, 2007.
박진영, 「임화 신문학사론 연구」, 연세대학교 석사논문, 1997.
박진영, 「임화의 문학사론과 신문학사 서술」, 문학과사상연구회, 『임화문학의 재인식』, 소명출판, 2004.
박희병, 「임화의 이식문학론 비판」, 『한국문화』 22집, 서울대학교 한국문화연구소, 1998.
방민호, 「임화의 '이식문화론' 재고」, 『관악어문연구』 27집, 관악어문연구회, 2002.
성진회, 「임화의 신문학사론 연구」, 서울대학교 석사논문, 1992.
신승엽, 「이식과 창조의 변증법」, 『창작과 비평』, 1991. 가을. (『민족문학을 넘어서』, 소명출판, 2000)
양문규, 「임화의 한국 근대소설의 인식과 문제점」, 문학과사상연구회, 『임화문학의 재인식』, 소명출판, 2004.
양영길, 「한국 근대문학사의 서술양상 연구」, 제주대학교 박사논문, 1999.
양영길, 「임화의 한국 근대문학사 인식 방법 연구」, 『백록어문』 16집, 백록어문학회, 2000.

양진오, 「이식과 전통의 문학사-임화 문학사에 대한 새로운 이해」, 『서강어문』 11집, 서강어문학회, 1995.

오현주, 「임화의 문학사 서술에 대한 고찰」, 『현상과 인식』 52호, 한국인문사회과학원, 1991. 봄·여름.

오현주, 「임화의 문학사 서술의 추이에 관한 연구」, 『실천문학』, 1992. 봄.

유병석, 「임화의 〈신문학사〉 연구」, 『한국학논집』 21·22집, 한양대학교 한국학연구소, 1992.

이상경, 「임화의 소설사론과 그 미학적 근거에 대한 비판적 검토」, 『창작과 비평』, 1990. 가을.

이찬, 「임화와 조동일의 문학사 비교 연구」, 『우리어문연구』 26집, 우리어문학회, 2006.

이훈, 「임화 '신문학사'에 대한 연구1」, 『문학과 논리』, 1991. 10.

임규찬, 「임화의 신문학사를 바라보는 최근의 관점과 비판」, 『한길문학』, 1991. 가을. (『문학사와 비평적 쟁점』, 태학사, 2001)

임규찬, 「임화의 문학사 방법론과 문학사 서술」, 『문학사와 비평적 쟁점』, 태학사, 2001.

임성운, 「임화의 문학사기술방법 연구-지리적 공간인식을 중심으로」, 『어학연구』 7집, 순천대학교 어학연구소, 1996.

장문석, 「전형기 임화와 '조선'의 발견-출판활동과 신문학사 서술을 중심으로」, 서울대학교 석사논문, 2009.

전승주, 「임화의 신문학사 방법론에 관한 연구」, 서울대학교 석사논문, 1998.

정호웅, 「'임화 소설사'의 몇 가지 내용에 대한 비판적 검토」, 『현대문학이론연구』 8집, 현대문학이론학회, 1997.

정홍섭, 「임화 문학론 비판-이식문학론 극복을 위하여」, 『작가연구』 10호, 2000.

채호석, 「탈-식민의 거울, 임화」, 『한국학연구』 17집, 고려대학교 한국학연구소, 2002.

최원식, 「이식론과 내재적 발전론을 넘어서」, 『창작과 비평』 81호, 1993. 가을.

하정일, 「이식·근대·탈근대」, 문학과사상연구회, 『임화문학의 재인식』, 소명출판, 2004.

한기형, 「임화의 문학사 서술에 대한 관점의 몇 가지 문제」, 김학성·최원식 편, 『한국근대문학사의 쟁점』, 창비, 1990.

홍기삼, 「한국문학 전통과 현대적 계승」, 『한국문학연구』 20집, 동국대학교 한국문학연구소, 1998.
황경, 「임화 문학사론의 구도와 시각」, 『우리어문연구』 23집, 우리어문학회, 2004.

기타

권성우, 「임화의 문화담론과 에세이 연구-미디어에 대한 성찰을 중심으로」, 『한민족문화연구』 19집, 한민족문화학회, 2006. (『횡단과 경계』, 소명출판, 2008)
김미영, 「식민지시대 문인들의 미술평론의 두 가지 양상-임화와 권구현을 중심으로」, 『한국문화』 44집, 서울대학교 한국학연구원, 2008.
김외곤, 「임화의 문학비평과 미술비평의 관련성」, 『인문과학연구』 9집, 서원대학교 인문과학연구소, 2000.
신재기, 「임화의 수필론 연구」, 『우리말글』 42집, 우리말글학회, 2008.

당대 관련자료

「〈유랑〉 부일 공개」, 『조선일보』, 1928. 1. 22.
「서울키노 1회 작품 〈昏街〉 전10권-금월 하순 개봉」, 『중외일보』, 1928. 6. 16.
송영, 「수원행」, 『조선지광』, 1929. 6.
박완식, 「조선 영화인 개관2-각 인(人)에 대한 촌평」, 『중외일보』, 1930. 3. 13.
일기자, 「자유결혼의 신가정 방문기-동지애, 인류애로 악수」, 『조선일보』, 1932. 1. 7.
안막, 「조선프롤레타리아 예술운동 약사」, 『사상월보』, 1932. 10.
안석주, 「문단 메리고라운드」, 『조선일보』, 1933. 1. 21.
「안석영 씨가 본 현 문단 제씨 만화상」, 『삼천리』, 1933. 3.
「문단여문-이기영 임화 양군 매우 빈궁한 생활」, 『조선일보』, 1933. 5. 18.
이귀례, 「새벽공부엔 딱 질색」, 『조선중앙일보』, 1934. 1. 1.
「문단잡사」, 『삼천리』, 1934. 11.
「삼천리 기밀실」, 『삼천리』, 1935. 6.
일기자, 「시인 임화 부부는 그 뒤 어찌 되었나」, 『조선문단』, 1935. 7.
「학예왕래」, 『매일신보』, 1935. 9. 11.
「조선문단신문」, 『조선문단』, 1935. 10.
「문화투쟁을 감행한 예맹 10년의 역사-그 창립부터 방향전환까지 활동한 인물과 경위」, 『조선중앙일보』, 1935. 10. 27.

일기자, 「문인 임화 씨와의 잡담집」, 『신인문학』, 1936. 10.
「소혹판」, 『사해공론』, 1936. 11.
「문단왕래」, 『삼천리』, 1940. 5.
「문사 제씨와 여성 제씨의 근황」, 『삼천리』, 1940. 10.
이현욱, 「일기」, 『여성』, 1940. 10.
「정보실-우리 사회의 제 사정」, 『삼천리』, 1941. 9.
「임화 씨 엄친」, 『매일신보』, 1945. 5. 25.
「월북했던 시인 임화 다시 남한에 잠약설」, 『동아일보』, 1949. 12. 23.

| 참고문헌 |

국내자료

강동진, 『일본근대사』, 한길사, 1985.

강만길, 『한국현대사』, 창비, 1994.

강성호, 『마르크스주의 역사학의 새로운 시작을 위하여』, 책세상, 2003.

강헌, 「일제강점기 및 미군정기 음악비평 연구」, 서울대학교 석사논문, 1988.

강헌, 「한국 음악운동의 전개와 앞으로의 전망」, 『현상과 인식』 43집, 한국인문사회과학회, 1988.

강헌, 「한국근대음악운동의 전개과정」, 노래동인 편, 『노래』 3집, 이론과실천, 1988.

경상대학교 사회과학연구소 편, 『마르크스의 방법론과 가치론』, 한울, 2000.

고부응, 『초민족 시대의 민족 정체성』, 문학과지성사, 2002.

고상미, 「우리의 노래를 어떻게 부를 것인가」, 김창남 외, 『노래』 4집, 실천문학사, 1993.

고재석 편, 『일본문학 · 사상명저사전』, 깊은샘, 1993.

권영민, 『한국 계급문학운동사』, 문예출판사, 1998.

권영민, 『해방직후의 민족문학운동 연구』, 서울대학교출판부, 1986.

김경일, 『일제하 노동운동사』, 창비, 1992.

김계림 편, 『민주주의 12강』, 문우인서관, 1946. 10.

김명인, 『불을 찾아서』, 소명출판, 2000.

김성기 편, 『모더니티란 무엇인가』, 민음사, 1994.

김수현, 「해방공간 조선음악가동맹의 조직과 활동」, 『민족음악의 이해』 4집, 민족음악연구회, 1995.

김영진, 「해방기 대중화론의 전개」, 『어문논집』 28집, 중앙어문학회, 2000.

김용직 외, 『한국현대시사연구』, 일지사, 1983.

김용호 편, 『1947년판 예술연감』, 예술문화사, 1947. 5.
김윤식, 『북한문학사론』, 새미, 1996.
김재석, 『일제 강점기 사회극 연구』, 태학사, 1995.
김재용 외, 『한국근대민족문학사』, 한길사, 1993.
김재용, 『북한 문학의 역사적 이해』, 문학과지성사, 1994.
김재용, 『분단구조와 북한문학』, 소명출판, 2000.
김재용 편, 『오장환전집』, 실천문학사, 2002.
김재현, 「일제하부터 1950년대까지 맑스주의의 수용」, 『철학사상』 5호, 서울대학교 철학사상연구소, 1995.
김종욱 편, 『실록 한국영화총서(상)』, 국학자료원, 2002.
김종회 편, 『북한문학의 이해』, 청동거울, 1999.
김주현, 『이상 소설 연구』, 소명출판, 1999.
김준오, 『시론』, 삼지원, 1982.
김진균 · 정근식 편, 『근대주체와 식민지 규율권력』, 문화과학사, 1997.
김채수, 『일본사회주의운동과 사회주의문학』, 고려대학교출판부, 1997.
노동은, 「해방과 분리공간의 음악사 연구1-3」, 『낭만음악』 1-3집, 1988-1989.
노동은, 『김순남』, 낭만음악사, 1992.
노동은, 『한국민족음악의 현단계』, 세광음악출판사, 1989.
노동은 · 이건용, 『민족음악론』, 한길사, 1991.
도정일, 『시인은 숲으로 가지 못한다』, 민음사, 1994.
류덕제, 「해방직후 문학론에서의 대중화 문제」, 『문학과 언어』 14집, 문학과언어학회, 1993.
류형선, 「민중노래의 대중적 양식과 전형」, 김창남 외, 『노래』 4집, 실천문학사, 1993.
맑스코뮤날레 조직위원회 편, 『지구화시대 맑스의 현재성1-2』, 문화과학사, 2003.
문학가동맹 서기국 편, 『건설기의 조선문학』, 백양당, 1946. 6.
민족문학사연구소 편, 『민족문학과 근대성』, 문학과지성사, 1995.
민주주의민족전선 사무국 편, 『조선해방연보』, 문우인서관, 1946. 10.
박영균, 「맑스주의의 '주체'와 포스트적 전화의 담론들」, 『문예미학』 10호, 문예미학회, 2002.
박인기, 「한국현대시의 모더니즘 수용 연구」, 서울대학교 박사논문, 1987.
박인기, 『한국문학의 현대적 전개』, 지식산업사, 1999.

박현수, 『모더니즘과 포스트모더니즘의 수사학-이상문학연구』, 소명출판, 2003.
박헌호, 「해방직후의 문예대중화론 연구」, 성균관대학교 석사논문, 1991.
박현수, 『현대시와 전통주의의 수사학』, 서울대학교출판부, 2004.
방기중, 『한국근현대사상사연구』, 역사비평사, 1992.
방기중 편, 『일제하 지식인의 파시즘체제 인식과 대응』, 혜안, 2005.
백승영, 『니체, 디오니소스적 긍정의 철학』, 책세상, 2005.
사회과학원 문학연구소 편, 『조선문학통사』, 사회과학출판사, 1959(인동, 1988).
서대숙, 『한국 공산주의 운동사 연구』, 이론과실천, 1985.
서울사회과학연구소, 『근대성의 경계를 찾아서』, 새길, 1997.
서정자 편, 『지하련 전집』, 푸른사상, 2004.
성대경 편, 『한국현대사와 사회주의』, 역사비평사, 2000.
성호경, 「한국 고전시가의 존재방식과 노래」, 『고전문학연구』 12집, 한국고전문학회, 1997.
송승철, 「주체와 타자의 순환」, 『실천문학』 53호, 1999. 봄.
신승엽 편, 『임화전집 I』, 풀빛, 1988.
신형기, 『해방직후 문학운동론』, 제3문학사, 1989.
신형기 · 오성호, 『북한문학사』, 평민사, 2000.
역사문제연구소 편, 『한국의 근대와 근대성 비판』, 역사비평사, 1996.
오문숙 외, 「해방공간의 민족음악론」, 『민족음악의 이해』 2집, 민족음악연구회, 1992.
오미일, 「1930년대 사회주의자들의 사회성격논쟁」, 『역사비평』, 1990. 봄.
유문선, 「카프 결성 현장의 모습을 엿본다-일제 정보 보고서에 기초하여」, 『문학동네』 30호, 2002. 봄.
유현목, 『조선영화발달사』, 한진출판사, 1986.
윤여탁, 「해방정국의 문학 대중화 운동의 의의와 성과에 대한 연구」, 『선청어문』 18집, 서울대학교 국어교육과, 1989.
윤여탁, 「해방정국의 문학운동과 조직에 대한 연구」, 김윤식 외, 『해방공간의 문학운동과 문학의 현실인식』, 한울, 1989.
윤여탁 · 이은봉 편, 『시와 리얼리즘 논쟁』, 소명출판, 2001.
이건용, 「시, 노랫말, 노래」, 『민족음악』 1집, 민족음악연구회, 1990.
이경원, 「탈식민주의의 계보와 정체성」, 고부응 편, 『탈식민주의-이론과 쟁점』, 문학과지성사, 2003.

이수일, 「1930년대 사회주의자들의 현실인식과 마르크스주의 이해」, 한국사학논총간행위원회 편, 『한국근현대의 민족문제와 신국가건설』, 지식산업사, 1997.
이영미, 「민중가요의 역사와 음악운동」, 『노래이야기주머니』, 녹두, 1993.
이우용, 「'문건'과 '프로문맹'의 문학운동론과 조직노선」, 이우용 편, 『해방공간의 문학연구1』, 태학사, 1990.
이정, 「지하련의 삶과 문학」, 『여성과 사회』 6호, 1995. 6.
이정박헌영전집 편집위원회 편, 『이정박헌영전집5』, 역사비평사, 2004.
이주형, 『한국근대소설연구』, 창비, 1995.
이준희, 「1940년대 후반(1945-1950) 한국 음반산업의 개황」, 『한국음반학』 14집, 한국고음반연구회, 2004.
이중연, 『'황국신민'의 시대』, 혜안, 2003.
이진경, 『맑스주의와 근대성』, 문화과학사, 1997.
이철주, 『북의 예술인』, 계몽사, 1966.
임규찬, 「8·15 직후 미군정기의 문학운동에 있어서의 대중화 문제」, 김윤식 외, 『해방공간의 문학운동과 문학의 현실인식』, 한울, 1989.
임화문학예술전집 편찬위원회 편, 『임화문학예술전집1-5』, 소명출판, 2009.
장성만, 「개항기의 한국 사회와 근대성의 형성」, 김성기 편, 『모더니티란 무엇인가』, 민음사, 1994.
장신, 「1930년대 전반기 일제의 사상전형정책 연구」, 『역사와 현실』 37호, 2000. 9.
정경은, 「한국 근현대 민중가요사 연구」, 고려대학교 박사논문, 2007.
정영진, 「비운의 여류작가 지하련」, 『현대공론』 13호, 1989. 5.
정진석, 『한국 언론사』, 나남, 2001.
조선국민음악연구회 편집부 편, 『해방기념 애국가집』, 조선국민음악연구회, 1946. 2.
조영복, 『월북 예술가, 오래 잊혀진 그들』, 돌베개, 2002.
주혜진, 「해방가요와 해방가요운동의 발생과 특성에 관한 연구」, 서울대학교 석사논문, 1999.
중등음악교과서 편찬위원회 편, 『임시중등음악교본』, 국제음악문화사, 1946. 5.
최도은, 「노동운동과 노래」, 김진균 편, 『저항, 연대, 기억의 정치2』, 문화과학사, 2003.
최동호, 「한국 현대 민중가요의 통계적 분석과 그 의미」, 『비평문학』 21집, 한국비평문학회, 2005.

최원식, 「프로문학과 프로문학 이후」, 『민족문학사연구』 21집, 민족문학사학회, 2002. 하반기.
하정일, 『민족문학의 이념과 방법』, 태학사, 1993.
하정일, 『탈식민의 미학』, 소명출판, 2008.
하정일, 『20세기 한국문학과 근대성의 변증법』, 소명출판, 2000.
하정일, 『분단 자본주의 시대의 민족문학사론』, 소명출판, 2002.
함동주, 「중일전쟁과 미키 키요시(三木清)의 동아협동체론」, 『동양사학연구』 56집, 동양사학회, 1996.
현수, 『적치 6년의 북한문단』, 국민사상지도원, 1952(보고사, 1999).
홍승용, 「변혁주체」, 『문예미학』 10호, 문예미학회, 2002.
홍정선, 『카프와 북한문학』, 역락, 2008.
홍종욱, 「중일전쟁기(1937-1941) 사회주의자들의 전향과 그 논리」, 서울대학교 석사논문, 2000.

국외자료

가라타니 고진, 김경원 역, 『마르크스 그 가능성의 중심』, 이산, 1999.
마루야마 마사오, 김석근 역, 『현대정치의 사상과 행동』, 한길사, 1997.
쓰루미 슌스케, 최영호 역, 『전향』, 논형, 2005.
이에나가 사부로 편, '수유+너머' 일본근대사상팀 역, 『근대 일본 사상사』, 소명출판, 2006.
후지타 쇼조, 최종길 역, 『전향의 사상사적 연구』, 논형, 2007.
히로마쓰 와타루, 김항 역, 『근대초극론』, 민음사, 2003.
山根俊郎 編, 『朝鮮の人民解放歌謠』, 東京 : 長征社, 1990.
中野重治, 『中野重治詩集』, 東京 : ナウカ社, 1935.
골드만, 루시앙, 송기형·정과리 역, 『숨은 신』, 연구사, 1986.
니체, 프리드리히 윌리엄, 이진우 역, 『니체전집2-비극의 탄생; 반시대적 고찰』, 책세상, 2005.
니체, 프리드리히 윌리엄, 정동호 역, 『니체전집13-차라투스트라는 이렇게 말했다』, 책세상, 2000.

데카르트, 르네, 최명관 역, 『방법서설 · 성찰』, 서광사, 1983.
라라인, 호르헤, 신희영 역, 『맑스주의와 이데올로기』, 백의, 1998.
라이히, 빌헬름, 황선길 역, 『파시즘의 대중심리』, 그린비, 2006.
런, 유진, 김병익 역, 『마르크시즘과 모더니즘』, 문학과지성사, 1986.
루카치, 게오르그, 박정호 · 조만영 역, 『역사와 계급의식』, 거름, 1986.
루카치, 게오르그, 반성완 역, 『영혼과 형식』, 심설당, 1988.
르페브르, 앙리, 이종민 역, 『모더니티 입문』, 동문선, 1999.
리히터, 한스, 김채현 역, 『다다-예술과 반예술』, 미진사, 1985.
마르크스, 칼, 김수행 역, 『자본론』, 비봉출판사, 1989.
마르크스, 칼 · 엥겔스, 프리드리히, 김대웅 역, 『독일 이데올로기』, 두레, 1989.
마르크스, 칼 · 엥겔스, 프리드리히, 김영기 역, 『마르크스 엥겔스의 문학예술론』, 논장, 1989.
버만, 마샬, 윤호병 · 이만식 역, 『현대성의 경험』, 현대미학사, 1994.
뷔르거, 페터, 최성만 역, 『전위예술의 새로운 이해』, 심설당, 1986.
사이드, 에드워드, 박홍규 역, 『오리엔탈리즘』, 교보문고, 1991.
세제르, 에이메, 이석호 역, 『식민주의에 관한 담론』, 동인, 2004.
아체베, 치누아, 이석호 역, 『제3세계 문학과 식민주의 비평』, 인간사랑, 1999.
애쉬크로포트, 빌 외, 이석호 역, 『포스트콜로니얼 문학이론』, 민음사, 1996.
엥겔스, 프리드리히, 윤혁식 외 역, 『자연변증법』, 중원문화, 1989.
옹, 월터 J., 이기우 · 임명진 역, 『구술문화와 문자문화』, 문예출판사, 1995.
윌리엄스, 레이몬드, 이일환 역, 『이념과 문학』, 문학과지성사, 1982.
윌리엄스, 레이몬드, 설준규 · 송승철 역, 『문화사회학』, 까치, 1984.
윌리엄스, 레이몬드, 나영균 역, 『문화와 사회』, 이화여자대학교출판부, 1988.
이글튼, 테리, 김준환 역, 『포스트모더니즘의 환상』, 실천문학사, 2000.
카이저, 볼프강, 김윤섭 역, 『언어예술작품론』, 대방출판사, 1982.
칼리니스쿠, 마테이, 이영욱 외 역, 『모더니티의 다섯 얼굴』, 시각과언어, 1993.
캘리니코스, 알렉스, 임상훈 · 이동연 역, 『포스트모더니즘 비판』, 성림, 1994.
캘리니코스, 알렉스, 정남영 역, 『현대철학의 두 가지 전통과 마르크스주의』, 갈무리, 1995.
캘리니코스, 알렉스, 박형신 · 박선권 역, 『이론과 서사』, 일신사, 2000.
코젤렉, 라인하르트, 한철 역, 『지나간 미래』, 문학동네, 1998.

파농, 프란츠, 남경태 역, 『대지의 저주받은 사람들』, 그린비, 2004.
홉스봄, 에릭, 강성호 역, 『역사론』, 민음사, 2002.
후쿠야마, 프란시스, 이상훈 역, 『역사의 종말』, 한마음, 1992.